本书受杭州市社会科学院出版经费资助

水库工程和谐移民的浙江实践

SHUIKU GONGCHENG HEXIE YIMIN DE
ZHEJIANG SHIJIAN

张祝平　等◎著

暨南大学出版社
JINAN UNIVERSITY PRESS

中国·广州

图书在版编目（CIP）数据

水库工程和谐移民的浙江实践/张祝平等著. —广州：暨南大学出版
社，2017.8
ISBN 978 - 7 - 5668 - 2067 - 9

Ⅰ.①水…　Ⅱ.①张…　Ⅲ.①水库工程—移民安置—研究—浙江
Ⅳ.①D632.4

中国版本图书馆 CIP 数据核字（2017）第 033236 号

水库工程和谐移民的浙江实践
SHUIKU GONGCHENG HEXIE YIMIN DE ZHEJIANG SHIJIAN
著　者：张祝平　等

出 版 人：徐义雄
责任编辑：陈绪泉
责任校对：黄佳娜　亢东昌
责任印制：汤慧君　周一丹

出版发行：暨南大学出版社（510630）
电　　话：总编室（8620）85221601
　　　　　营销部（8620）85225284　85228291　85228292（邮购）
传　　真：（8620）85221583（办公室）　85223774（营销部）
网　　址：http://www.jnupress.com
排　　版：广州市天河星辰文化发展部照排中心
印　　刷：虎彩印艺股份有限公司
开　　本：787mm×1092mm　1/16
印　　张：20.75
字　　数：405 千
版　　次：2017 年 8 月第 1 版
印　　次：2017 年 8 月第 1 次
定　　价：60.00 元

目　录

第一编　安民为先：圆浙西南人民半个世纪的梦想

第二编 富民为本：把扶贫工程建成民心工程

第一编

安民为先：圆浙西南人民半个世纪的梦想

导　论

滩坑电站：浙江省帮扶致富建设的一项伟大实践

"现在我宣布：滩坑水电站工程下闸蓄水了！"2008 年 4 月 29 日下午两点，随着时任省委副书记、省长吕祖善洪亮的声音，大坝上礼花绽放、鞭炮齐鸣，滩坑水电站正式下闸蓄水。

2008 年 8 月 16 曰，水花汹涌，轮机飞转，滩坑水电站正式发电了！

……

"她的建成，从此载入浙江省经济社会发展史册，将对丽水乃至整个浙西南地区经济和社会发展产生乘数效应！必将加快丽水融入全省率先在全国实现现代化的步伐！她所提炼的'滩坑精神'，必将激励丽水市 251 万人民在'生态文明建设'中作出更大的贡献！"①

一

滩坑水电站位于瓯江支流小溪的中游河段，因坝址在青田县北山镇滩坑村附近而得名，距青田县城约 32 公里，距温州 92 公里，距丽水市 107 公里。

滩坑水电站库长 80 公里，整个库区面积 70.93 平方公里，是紧水滩库区的两倍。最大坝高 161.5 米，正常蓄水位 160 米，电站水库总库容 41.5 亿立方米，是千岛湖的四分之一，是杭州西湖的 800 倍；装机总容量 60 万千瓦，年发电量 10.35 亿千瓦时，总投资达 50 个亿（不含库区专项复建和安置点有关配套项目），工程规模，仅次于新安江水电站。

水库特征值：

总库容：41.50 亿立方米

正常蓄水位：160.00 米

---

① 转引自大型专题电视纪录片《滩坑史诗》。

正常库容：35.20 亿立方米

校核洪水位：169.15 米

死水位：120.00 米

调节库容：21.26 亿立方米

台汛期限制水位：156.50 米

防洪库容：3.50 亿立方米

保证出力：84.10 兆瓦

年利用小时：1 606 小时

年发电量：9.633 8 亿千瓦时

水库淹没影响青田、景宁的 11 个乡镇 75 个行政村，淹没耕地 22 935 亩，园地 2 327 亩，林地 45 296 亩。电站计划移民共 5 万人，其中青田县移民 30 441 人，涉及北山、岭根、万阜、巨浦 4 个乡镇的 28 个行政村，规划县内安置 22 201 人，县外有土安置 8 240 人。

电站以发电为主，兼有防洪、灌溉、航运、旅游等综合效益，是浙江省也是华东地区电网唯一一个具有多年调节性能的水电站，将担负浙江省电力系统调峰、调频、调相及事故备用任务，是瓯江流域规划中的一座重点电站。

<h2 style="text-align:center">二</h2>

滩坑水电站是浙江省"五大百亿"帮扶致富建设的重点项目之一，是浙西南继金温铁路、金丽温高速公路之后最大的一项基础设施建设，也是丽水市有史以来最大的"造血"工程，这是一次大投入，是一项重大的扶贫工程、民心工程和德政工程。建电站早在 20 世纪 40 年代就有设想。新中国成立后，建设水电站一直是省委、省政府扶持丽水山区的重要举措。

2003 年 5 月，国务院常务办公会议研究同意建设滩坑水电站；2004 年 7 月，导流洞正式开工，标志着滩坑水电站建设进入实质性阶段；2005 年 10 月，顺利实现大江截流，正式进入大坝主体施工阶段；2008 年 4 月，正式下闸蓄水；2008 年 8 月，第一台机组投入商业运行；2009 年 2 月，第二台机组投入商业运行；2009 年 7 月，第三台机组投入商业运行。

至此，国家重点建设项目、浙江省目前最大的扶贫致富项目滩坑电站 3 台机组全部建成投产。

千峡湖五章[①]

当年灵运踏青来，艳遇仙姑诗意催。
佳话随风传百代，长留此地叫郎回[②]。

心事挐云思二仙，轻舟一叶上云天。
醒来原是庄生梦，唯见桃花立水边。

今日截流圆美梦，巍巍大坝锁云空。
一湖融得千峰翠，化作霞光日夜红。

三千溪水汇深山，敢与瑶池试比蓝。
快艇追风上天去，请来王母到人间。

截流筑坝气恢宏，裁得千峰囊水中。
造景英雄去何处，钓竿遥指半天虹。

三

　　古今中外，一项伟大的水利工程的兴建带动某地区、某国家民族经济繁荣，泽及后世者，屡见不鲜。我国三峡工程已名留青史，美国的胡佛大坝日益显其威力，因而也不难理解在漫长的岁月里，浙西南人民期盼兴建滩坑水电站的殷切之心了。滩坑水电站是浙西南历史上一项伟大的工程，如今，其巨大的发电、防洪、航运、养殖、供水、旅游等综合效益正越来越明显地体现出来，已成为浙江省帮扶致富建设的一项伟大实践。

（一）滩坑水电站以发电为主，兼顾防洪，并兼有其他综合利用效益

　　滩坑电站装机容量600万千瓦，平均年发电量10.23亿千瓦时。水库具有多项调节性能，可承担浙江电网的调峰、调频、调相及事故备用任务。工程建成后有利于缓解电网调峰压力，优化电源结构，也有利于浙江电网对三

---

　　① 作者为李青葆，浙江青田当代诗人，国家一级作家，青田工作站站长。
　　② 注：公元423年春，永嘉太守谢灵运到青田考察，路经北山郎回，在溪边桥头见二位绝色女子在潭中游泳，便戏之曰：有木也是桥，无木也是乔，去掉桥边木，加女便是娇，叫声我的妻，来也。其中一女随口答道：有米也是粮，无米也是良，去掉粮边米，加女便是娘，叫声我的儿，去吧！另一女则说：有米也是粮，无米也是良，去掉粮边米，加犬便是狼，叫声我的郎，回吧！言毕，二女嘻嘻一笑不见踪影。谢灵运大为惊讶，心想：此二女非仙即妖，人间岂有如此尤物！于是不再前行，立即打道回府。从此，北山人将此地叫作"郎回"。谢灵运回府衙后，梦见自己在高峡中筑坝拦水蓄海，驾着轻舟，追寻二位仙女，直至瑶池。

峡送电和西部水电的低谷电能及季节性电能的吸纳。每年可为浙江电网节约标煤 34 万吨左右，同时电站投入运行后可降低系统内燃煤火电的调峰幅度，改善浙江电网系统的运行条件，减少环境污染。水电站强大的发电量也使其具有很强的营利能力，滩坑电站建成投产后，便成为当地税源增长的亮点。2010 年，滩坑电站税收收入突破亿元大关，成为青田国税第一税源。

浙能滩坑水电站累计发电近 53 亿千瓦时

中电新闻网讯　通讯员寿忆梦报道　（2014 年）一季度以来，地处浙南瓯江小溪流域的浙能滩坑水电站稳定有序发电，截至 4 月 13 日，该站今年累计发电 2.516 亿千瓦时，随之下泄下游河道的 8 亿立方米的水，切实保障了电站下游流域沿线春耕期间的用水和灌溉需求。

……

"雨足郊原正得晴，地绵万里尽春耕。"在完成发电任务的同时，滩坑水电站有效保障了小溪流域下游河道的生态供水和下游青田县城的饮用水源供应，坚决确保河道下游流域两岸耕地春耕生产灌溉用水需要，发挥了大型水电站良好的社会责任和义务。

滩坑水电站为浙江省委、省政府"五大百亿工程"中"百亿帮扶致富建设工程"。目前，已经全面担当起流域防洪、发电、供水等综合责任，在浙江省"五水共治"的方针下，在浙江省第二大河——瓯江流域正发挥着更为重要的作用。自机组投产以来，截至今年 4 月 13 日，该电站已累计发电 52.94 亿千瓦时。[①]

（二）滩坑水库可承担下游防洪任务

瓯江小溪流域台风暴雨频繁，是浙江省暴雨中心之一，常年受到洪水袭击。丽水青田地区因为瓯江小溪的存在也遭受过不少洪灾，因淹地和人口受伤、死亡所带来的直接损失和间接损失非常大（见下表），其以前的防洪标准不足抵抗五年一遇的洪水。滩坑水库建成后，利用设置的 3.5 亿立方米防洪库容，结合下游河道整治和修筑防洪堤等措施，可以使瓯江流域青田河段沿岸集镇和青田县城的防洪标准由五年一遇提高到二十年一遇。这个标准的改变也有利于农业和其他产业的生产和综合开发，可保护农田 7 万亩，人口 15 万人。

---

① 寿忆梦：《浙能滩坑水电站累计发电近 53 亿千瓦时》，中电新闻网，2014 年 4 月 16 日。

1950 年以来瓯江流域洪水受灾主要情况统计表

年份	受灾农田（万亩）	死亡人数（人）	年份	受灾农田（万亩）	死亡人数（人）	年份	受灾农田（万亩）	死亡人数（人）
1950	0.22	未详	1967	0.03	未详	1984	4.55	7
1951	5.40	未详	1968	0.06	未详	1985	1.03	14
1952	3.77	未详	1969	0.02	未详	1986	1.25	3
1953	3.83	未详	1970	2.82	未详	1987	12.14	39
1954	0.61	未详	1971	20.55	未详	1988	27.95	43
1955	7.13	未详	1972	13.53	未详	1989	54.75	37
1956	0.50	未详	1973	19.47	未详	1990	36.74	56
1957	0.55	未详	1974	9.09	未详	1991	3.43	3
1958	1.01	未详	1975	20.07	未详	1992	89.10	31
1959	0.01	未详	1976	2.61	未详	1993	28.22	6
1960	1.17	未详	1977	1.02	未详	1994	150.83	16
1961	0.08	未详	1978	0	未详	1995	75.29	3
1962	3.77	未详	1979	0.37	未详	1996	53.35	13
1963	0.49	未详	1980	3.37	未详	1997	62.35	7
1964	0.26	未详	1981	3.31	9	1998	64.64	8
1965	0.13	未详	1982	12.90	35	1999	34.66	122
1966	2.32	未详	1983	16.58	20			
合计	857.33（万亩）	472（人）	多年平均	17.15（万亩）	24.8（人）			

注：

1. 本表为流域范围统计数，包括规划工程保护区和非保护区。资料来源主要为《浙江省丽水地区水资源调查和水利区划》和省水利厅历年《水利统计资料汇编》以及防汛资料。

2. 不包括本规划无规划项目的温州市区和乐清市。

3. 1950—1980 年缺死亡人数记载。

（三）滩坑水电站的兴建可为库区移民创造脱贫致富的机遇，有利于促进地区社会经济发展

对于滩坑电站的建设，库区群众已经等待了数十年，盼望该电站早日兴建。由于一直等待电站上马，库区基本建设投入很小，工程久拖不决，严重影响了库区经济发展，至今无法脱贫致富。通过本工程建设和移民工程，库

区移民被安置在宁波、绍兴、金华、台州等地较发达的县（市、区）和丽水市内条件较好的县（市、区），他们的生产和生活得到了显著改善，极大地推进了山区群众下山脱贫的步伐。对于居住在160米淹没线以上的库区群众，政府在库区规划复建新的乡镇，完善基础设施的配置，使当地群众的生产生活条件也有了极大的改善。同时，伴随着市辖区开发的全面推进，并借助于库区的水利资源优势，库区的产业改造与提升必然为库区群众发家致富创造前所未有的机遇。

（四）滩坑水电站的兴建形成了一个新的旅游景点——千峡湖

滩坑水电站建成后，水库的整个库容达到了41.5亿立方米，库区水面面积相当于30个杭州西湖面积。水库开始蓄水后，随着水位的抬高和江面的展宽，形成了一个巨大的人工湖——千峡湖，整个湖面蜿蜒曲折，风景优美。千峡湖所形成的格坑岛、驮龙岛、妙后岛、天师岛等十大岛屿和马岭桥半岛、泉山半岛、万阜半岛、排头半岛等九大半岛以及众多的岬角、港湾、湖峡等自然景观和大坝、电站、特大桥等人文景观，共同形成了一幅壮丽景色。整个水库集峰、湖、岛、岩、林等多种独特景观于一体，形成了青田县"秀、幽、奇、神"的特色，为发展旅游业提供了良好的环境。同时，滩坑水电站本身就是一大奇观。华东第一高坝耸立在两岸青山之间，十分壮观。庞大的水域面积，与宏伟壮观的电站交相辉映，必将成为丽水生态旅游的新热点。

此外，滩坑水电站的兴建，还将为灌溉、城市供水、水产养殖提供充足的水源，发挥巨大的综合效益。

第一章　山区人民脱贫致富的畅想

在中国的浙西南，有一条全长233公里的河流叫小溪，她就是瓯江的最大支流，发源于庆元洞宫山脉大毛峰，流经青田县域长达47.3公里，平均年径流量36亿立方米。山为脊梁，水为情怀。这一方子民的梦想就和这千古流淌的小溪紧紧地维系着。

一、经济欠发达：浙西南地区的最大实际

浙江省位于我国东南沿海、长江三角洲南翼，地势由西南向东北倾斜，大致可分为浙北平原、浙西丘陵、浙东丘陵、中部金衢盆地、浙南山地、东南沿海平原及滨海岛屿六个地形区。丽水地处浙江省西南部，东南与温州市接壤，西南与福建省宁德市、南平市毗邻，西北与衢州市相接，北部与金华市交界。丽水古称"处州"，始建于隋开皇九年（公元589年），迄今已有1 400多年历史。2000年7月撤地设市，下辖一区一市七县，即莲都区、龙泉市和青田、缙云、遂昌、松阳、云和、庆元、景宁县，各县（市、区）均为"革命老根据地"。区域面积1.73万平方公里，占浙江陆地面积的1/6，全市总人口266万，约占浙江省的4.5%。丽水的地形地貌属丘陵山区结合部，以中山为主，有低山、丘陵和山间谷地，其中山地占总面积的90%左右，耕地占比不足10%，地区内分布着仙霞岭、洞宫山、括苍山等众多山脉和瓯江、钱塘江、闽江等水系，有"九山半水半分田"之称。

在传统社会，"九山半水半分田"的地域特征制约了传统农业生产活动的开展。山脉、峡谷的阻隔，使得山区人民与外界的交流困难，人居分散、交通落后，也阻碍了区域内部经济信息的正常传递与反馈。丰富的自然资源难以得到有效的开发和利用，致使该地区经济长期发展缓慢。一直以来，丽水的区域经济呈现边缘化的特征，具体表现为经济欠发达、产业结构落后、区域内发展不平衡等状况。至20世纪90年代初，丽水约60万人的温饱问题没有解决，是全国18个集中连片的贫困地区之一。目前，丽水仍属全省集中连片贫困地区。

二、山水资源丰富：浙西南地区的最大优势

大自然赋予丽水秀美壮丽的山水，使丽水蕴藏着十分丰富的水能资源。丽水有一条横贯丽水市的母亲河，叫作瓯江。瓯江是丽水境内的第一大河流，是浙江省内仅次于钱塘江水系的第二大水系，贯穿整个浙西南山区，境跨浙江省丽水、金华、温州、台州4个地级市和福建省寿宁县，计有22个县（市、区）。瓯江干流长384公里，流域面积18 100平方公里（见表1－1），主要流经丽水市的庆元、龙泉、云和、莲都、青田和温州市的永嘉、龙湾、乐清等区、县、市，于温州湾入东海。其中在丽水市境内的干流长316公里，流域面积12 985.47平方公里，占全市总面积的78%。

表1－1　瓯江流域分县（市、区）面积

市	县（市、区）	面积（平方公里）	占流域面积比例（%）
丽水市	龙泉	2 488.0	13.75
	庆元	789.9	4.4
	景宁	1 744.2	9.6
	云和	847.5	4.7
	遂昌	773.7	4.3
	松阳	1 307.1	7.2
	缙云	1 037.1	5.7
	莲都	1 633.7	9.0
	青田	2 486.5	13.7
	小计	13 107.7	72.4
温州市	文成	104.4	0.6
	永嘉	2 663.1	14.7
	乐清	321.3	1.8
	温州市区	889.6	4.9
	小计	3 978.4	22.0
金华市	武义	682.7	3.8
	永康	19.3	0.1
	东阳	3.2	1.2
	磐安	221.3	
	小计	926.5	5.1

（续上表）

市	县（市、区）	面积（平方公里）	占流域面积比例（%）
台州市	仙居	0.4	
	黄岩	48.1	0.3
	小计	48.5	0.3
福建省	寿宁	38.4	0.2
	合计	18 100	100.0

　　瓯江发源于龙泉与庆元交界的百山祖西北麓锅冒尖（主峰 1 770.5 米，1995 国家高程基准），北麓自东南小梅镇以下向东北流，至丽水折向东南流，经青田、温州注入东海。莲都区大港头镇以上河段称龙泉溪，即干流上游段，河长 196.5 公里，河宽 100 ~ 200 米。龙泉溪汇松荫溪后，自大港头至青田县湖边村河段称大溪，即干流中游段，河长 94.6 公里，河宽 250 ~ 400 米，其中碧湖至丽水市区河段宽 400 ~ 800 米。大溪、小溪汇合后，自湖边村至河口称瓯江，即干流下游段，河长 92.9 公里，河宽 400 ~ 800 米，其中龙湾河段宽达2 400 米。在下游河段中，自圩仁以下为感潮河段，长 85 公里。瓯江中上游河段除局部的小平原外，全系山区，河流转折在崇山峻岭之中，水急滩多，水力资源丰富。流域四周为重要木材基地，过去多以木筏外运；下游为台地及滨海冲积平原，江面较宽，潮汐影响所及之河段可通小轮。

　　瓯江的一级支流有小溪、楠溪江、松阴溪、好溪、宣平溪、小安溪、八都溪、船寮溪、浮云溪、四都溪、戌浦溪、岩樟溪、祯埠溪、均溪等（见表1 - 2）。其中最大支流是小溪，它发源于丽水市庆元县洞宫山脉大毛峰，流经云和县，与大溪汇合于青田县石溪村，全长 219 公里，流域面积 3 573 平方公里，水力资源蕴藏量 73.13 万千瓦，其中干流为 31.15 万千瓦。小溪的主要支流有毛洋溪、英川溪、标溪、梧桐坑等，流域内降雨充沛，植被丰富，树种繁多，组合情况良好，且耕地较少，其来水、来砂特征处于天然的相对稳定状态。小溪水力资源量占瓯江流域的三分之一左右，它的河谷深切，河曲发育，滩多水急，是浙西南地区的水能富矿。

表 1-2　瓯江干流及主要支流（$F \geqslant 200$ 平方公里）特征值

河流名称		集水面积（平方公里）	河长（公里）	比降（‰）
瓯江		18 100	384	3.4
一级支流	小　溪	3 574	219	7.3
	楠溪江	2 436	141	6.0
	松阴溪	1 981	119	6.6
	好　溪	1 340	129	4.3
	宣平溪	831	77	7.1
	小安溪	558	68	10.5
	八都溪	396	44	19.8
	船寮港	358	41	19.5
	浮云溪	338	28	39.7
	四都溪	301	45	18.3
	戍浦溪	247	44	22.8
	岩樟溪	229	28	26.8
	祯埠溪	225	35	22.1
	均　溪	207	27	51.5
二级支流	小楠溪	644	88	13.2
	小　港	497	64	12.2
	英川溪	403	43	28.9
	标　溪	364	44	22.8
	东皋溪	310	41	17.0
	章　溪	283	42	19.6
	岩坦溪	267	41	20.0
	左　溪	254	33	23.3
	炉西坑	202	38	31.4

三、滩坑梦：山区人民脱贫致富的梦

中国的水能资源十分丰富，但分布并不均匀。不少地区经济发达，但是水能资源贫乏；而不少山区多峡谷，水能资源十分丰富，但经济发展缓慢。瓯江流域丽水段的水能资源十分丰富，但是其开发利用率不高，同时该地区的经济由于地理因素发展相对滞缓，因此，该地区人民不甘心于这样的发展环境，想要寻找新的机遇，在困境中求发展，改变现状，而对水能资源的开发利用便成了他们摆脱贫困、求得发展的重要途径之一。

（一）建造水电站是开发水能资源的主要方式

水能是一种可以再生的宝贵能源，合理的开发和利用水能是满足人类能源需求的重要方式之一。水能资源的开发利用潜力很大，世界上水能资源开发量较多、开发程度较高或水电比重较大的国家主要有中国、加拿大、美国、巴西、挪威等。

国内外对水能资源的开发利用方式不一。瑞士对水能资源开发利用程度高达84.1%，常常跨流域取得更多的水源。为了充分利用水能资源，常通过沿山修建的长隧道和管道将许多小溪小沟的水流集中到一个水库后再进行引水发电。日本的河流坡陡流急，水能资源比较丰富，由于燃料资源贫乏，水能资源是日本国内的主要能源，1998年，日本的水能资源开发利用程度已经达到75.7%。日本对于水能资源的利用主要以建造水电站为主，建成了引水式径流电站、抽水蓄能电站等类型的水电站，同时为了充分利用水能资源，还在高坝处建造了多座水电站，水电站的坝最高达到了186米。美国的水能资源丰富，但是分布不均匀，主要集中在太平洋沿岸和哥伦比亚河流域。美国水电开发最为集中的是哥伦比亚河，在美国境内的干流上已经建成11座大型水电站，在各支流上已建成242座水电站，其支流和干流的总装机容量为30 920兆瓦。除此之外，美国在缺乏常规水能资源的地区还发展抽水蓄能电站，充分地开发利用了水能资源。

总体来看，各国开发水能资源的方式主要是以建造水电站为主。水能作为一种可以循环利用的能源，是人类对水资源进行调蓄利用的主要形式，优先开发水电是发展的必然。此外，水电站工程还具有防洪、航运、养殖、灌溉等多种效益，所以兴建水电站具有相当重要的意义。同时，水电站的建设还能够带动当地的经济发展，起到扶贫的作用。

（二）滩坑水能资源开发是改善山区人民生存困境、促进浙江经济发展的必然选择

瓯江重要支流小溪流域沿岸山多地少，交通不便，信息闭塞，生产生活条件差，特殊的地域环境迫使青田、景宁人民在困境中求生存，拓展发展空间的欲望尤为强烈。从清末开始，一代又一代的青田人走出大山，漂洋过海，

到海外寻找生存空间。全县现有海外华侨23万，分布在120多个国家和地区，成了闻名遐迩的侨乡。然而，能够外出致富的毕竟只有少部分人，而在家乡的多数人依然要在艰苦的环境中不懈奋斗。特殊的地理条件严重地制约了小溪流域青田、景宁两县各项事业的发展。至2003年，滩坑水电站青田库区农民人均纯收入仅2 800元，只占全市农民人均纯收入的九成，而景宁库区农民人均纯收入仅2 200元，只占全市农民人均纯收入水平的七成。

瓯江水系丰富的水力蕴藏量，开发利用的潜力很大。新中国成立后，曾对其进行了大规模的综合开发和治理，水力资源得到大力开发。在20世纪50年代后期建成一批小型水电站，60—70年代又建成一大批小型重点水电站，70年代以来贯彻小水电"自建、自用、自管"方针，小水电的建设得到蓬勃发展。1983年12月，地处瓯江上中游的庆元、龙泉、云和、景宁、武义、缙云等县被列入全国100个农村初级电气化试点县。农村电气化大大促进了工农业的迅速发展。80年代在干流龙泉溪河段先后建成紧水滩大型水电站、石塘中型水电站，90年代又建成玉溪中型水电站。还相继建成一批小型重点水电站，其中上标水电站最大工作水头高达487米。瓯江水力资源的开发利用，给丽水乃至全省带来了丰富的电能，促进了流域经济的发展，工农业产值得到大幅度增长，人民生活也得到了改善。

浙江省缺煤少油，水电资源相对丰富。全省水力资源技术可开发量约700万千瓦。至2002年底，全省常规水电已开发装机容量407万千瓦，30万千瓦以上电站除滩坑水电站外均已开发。而滩坑恰以其独特的地理位置和丰富的水资源独具水电开发优势：①所在的流域——小溪，是瓯江最大的支流，径流稳定充沛，水量充足；②小溪全部流经山区峡谷，河流曲折，两岸山坡陡峭，具有开发水电的优越条件；③从地理位置角度考虑，滩坑辐射丽水、温州、台州等地区，地点适中，便于输送电能，投资成本相对较低，最具开发条件，适宜修建水电站。

2003年，国家发展和改革委员会在给国务院的《国家发展改革委关于审批浙江瓯江滩坑水电站项目建议书的请示》中提出：

滩坑电站"地理位置优越，交通方便，施工条件较好，是浙江省尚待开发唯一具有多年调节性能、最具开发条件的电源点"。

"建设滩坑水电站不仅可以满足浙江省用电增长需要，而且对于优化浙江电源结构、增强浙江电网调峰能力、促进浙江省经济发展等都具有重要的作用。此外，电站的建设可提高下游河段青田县城的防洪能力，并可为温州、台州地区提供城市供水和农业灌溉用水。"①

　　无疑，建设滩坑水电站是浙西南山区人民的迫切期待。

　　半个多世纪以来，滩坑水电站的建设，从最初的设想、勘察、规划、论证，到 2003 年 5 月 13 日国务院批准立项，再到 2009 年全部建成投产，经历了漫长的企盼、争论和等待过程。

---

　　①　参见《印发国家发展改革委关于审批浙江瓯江滩坑水电站项目建议书的请示的通知》（发改能源〔2003〕358 号）。

第二章 从瓯江电站建设计划到滩坑电站的构想

瓯江流域属于亚热带季风气候区，雨水充沛，多年的平均年降水量高达1 745.8毫米，是省内降水最丰富的河流之一，多年平均年径流总量为193亿立方米，流域范围内人均和耕地亩均占有水资源量都高于全省、全国的平均水平。瓯江流域常遭台风、暴雨和海潮袭击，流域西南部是浙江暴雨区之一，水旱灾害严重。东部平原水网地带地势低洼，常遭洪涝渍害。

瓯江的治理开发历史悠久，早在三国吴赤乌二年（公元239年），勤劳智慧的浙西南人民就在瓯江主要支流好溪上游建古方塘，至今已有1 760年历史。著名的松阴溪通济堰建于公元505年南北朝时期，引水灌溉碧湖平原农田2万亩。然而，千余年来，瓯江的治理开发活动都是局部的、小流域范围的，直到新中国成立，未曾进行过流域的全面查勘和规划，流域内没有一座可以库容10万立方米以上的水库，因此，防御水旱灾害的能力很低。新中国成立后，谱写了瓯江治理开发的新篇章。从20世纪50年代开始，先后进行了40多项流域及区域性的水利、水电、航运等查勘规划，其中重大查勘规划有10余项。

一、瓯江电站建设计划的提出

新中国成立后，随着第一个五年计划的全面实施，电力供应不足逐渐成为长三角地区工业发展的瓶颈。为满足上海、南京、杭州、温州等地区城市工业和农村用电的需要，国家开始在各个流域筹建不同规模的水电站。华东电网水电比重日益减少，急需更多的水电站分担调峰容量，减轻电网的压力，减少污染。瓯江是浙江省的第二大河，流域内水能资源十分丰富，开发条件优越，地理位置适中，因此，华东水电资源除已开发的钱塘江水系外，瓯江水系成了华东三省一市区域内未开发的水电资源最集中的区域。但在新中国成立前，整个瓯江流域只有龙潭（遂昌县）和瓦窑（云和县）两座小水电站，总装机仅72千瓦，水电资源开发率相对于其总蕴藏能量来说较低，未开发的水电资源较多，其水电资源亟待开发和利用。

1952 年，瓯江流域的青田段发生了暴洪，受灾农田范围广，受灾人口多。青田洪灾的严重性启示人们，要从根本上解决瓯江流域的洪灾，必须修建控制水灾的电站，采取综合治理措施，对全流域进行总体规划。20 世纪 50 年代中后期，在全国"水电建设大跃进"的背景下，出现了以建设水库为重点的水利建设高潮，浙江省也提出了"第二个五年计划装机 120 万瓦"①的目标，开始开发富春江和瓯江这两大水系。瓯江水电站被列入了苏联援助新中国建设的大型项目之一。从 20 世纪 50 年代开始，国家对瓯江先后进行了 40 多项流域及区域性的水利、水电、航运等查勘规划，其中重大查勘规划有 10 余项。

1956 年，国家水利电力部上海勘测设计研究院与浙江省水利厅联合组织对瓯江水力资源进行了普查，并提出了《瓯江流域普查报告》。嗣后，上海勘测设计研究院于 1958 年编制了《瓯江流域规划报告》，提出在瓯江干流上建立青田高坝的方案，得到了浙江省人民政府的同意。浙江省政府决定以青田水电站（瓯江水电站）为第一期工程，随即进行了初步设计并开始施工。在当时的社会背景下，中央和浙江省都对瓯江水电站的建设抱有很好的目标设想，认为其"建设后对促进整个江南地区工农业生产的发展有着积极重大的政治和经济意义。根据技术能装机发电 168 万瓦，能够满足上海、南京、杭州等多个地区的城市工业与农村的用电需要"②。

在国家审定瓯江水电站项目后，1958 年 7 月至 9 月期间，工程全面动工。1959 年 4 月，上海勘测设计研究院提出了《瓯江水电站工程初步设计审查意见》，即电站装机 105 万千瓦，土石混合式坝型，最大坝高 135 米，正常蓄水位为 118 米，总库容 195 立方米。③ 同年 6 月下旬，水利电力部对该工程的初级设计方案进行了审查，基本同意所选择的青田坝段、坝型和布置方案。这些方案的审查，为瓯江水电站的动工提供了文件上的支持，并确保其建设能够顺利进行。

二、瓯江电站建设计划受阻

1962 年 7 月 16 日，瓯江水电站停建。其中的原因主要有：基础建设设施投资不足、淹地区域大、工程量大、移民难度大和苏联毁约等，而最直接的导火索则是苏联的毁约。作为当时苏联援建的大型项目之一，按预算，瓯江电站装机约为 120 万千瓦，是新安江电站装机容量的 2 倍左右，规模较大，

---

① 黄宇齐：《万马齐奔，全国水电建设大跃进》，《水力发电》1958 年第 8 期。

② 资料来源：浙江省档案馆。

③ 资料来源：浙江省档案馆。

将在我国的电网发展中占据较为重要的位置。正当瓯江水电站如火如荼地进行规划、设计时，中苏关系恶化，苏联撤走专家。临走时，他们一张图纸都不留下，瓯江水电站被迫停工，导致计划严重受阻。

而当时，国内正经历着三年自然灾害，而后又发生了十年动乱，经济发展受到严重影响，社会动荡不安，人们也难以顾及瓯江水电站的后续建设问题。同时考虑到在瓯江干流上建高坝水电站将会淹没耕地 20 万亩，迁移人口 30 万，淹没损失过大，这些不利因素导致了瓯江电站建设计划一再被搁置。

事实上，在停工前，瓯江电站部分计划已经着手实施，前期准备工程已经逐步推进，比如在导流工程、低下厂房开挖、大坝基础防渗处理试验以及工地交通、施工房屋、风水电工程等施工准备工程方面，已经完成了部分任务，如石方开挖 201 万立方米，土方填挖 138 万立方米，钢筋混凝土浇注 9 124 立方米，灌浆 4 784 米，房屋建筑 15 万平方米，公路修筑 433 公里，投资总额 4 541 万元。[①]

三、建设滩坑水电站的构想

百年来，青田人民不甘心只守着"九山半水半分田"的恶劣环境，他们壮起胆子，走出大山，漂洋过海，足迹遍布 100 多个国家和地区，不仅赢来了"侨乡"的美誉，也铸就了"敢闯敢冒、艰苦奋斗"的青田精神。

建设滩坑电站早在 20 世纪 40 年代就有设想。"更立西江石壁，截断巫山云雨，高峡出平湖。"半个世纪前一首词作中所描绘的情景，如今已成为滩坑水电站建设成果的真实写照。

其实，20 世纪 50 年代中后期，在瓯江水电站建设计划设计、论证和工程前期实施准备的过程中，瓯江水电开发的焦点就由瓯江干流逐渐转向了小溪流域的滩坑水电站。当时，有一些专家提出，如果要在瓯江干流青田段建设瓯江水电站，势必淹没丽水市区，其工程量巨大，且移民多。一系列的严峻问题，使得人们对建瓯江水电站的前景有了种种忧虑。怎样才能充分利用好水资源，尽量减少电站对道路等基础设施的影响呢？在支流流域进行坝址的选择过程中青田滩坑以其独特的地理位置和丰富的水资源优势，在瓯江电站的三个坝址中显得尤为突出，在经过充分的调研和科学的论证后，专家们提出了在流经景宁、青田两县的瓯江支流小溪上建造滩坑水电站的宏伟构想。经过反复勘察、论证，这一设想得到了水利界专家的普遍认同。他们认为，滩坑电站的建成，必将极大地促进丽水的发展，给丽水带来非同一般的意义。然而，要建设滩坑这样一个大型的水电站，钱从哪里来？移民问题又怎样解

---

① 资料来源：浙江省档案馆。

决？本身属于欠发达地区的丽水能承受得了吗？随着瓯江电站计划的受阻，这一伟大构想未能马上付诸实施，被一再搁置多年。

1973年，水利电力部十二工程局勘测设计院重新研究瓯江开发利用问题，组织勘察了紧水滩等18处重点水电工程坝址和库区，重新了解这些水电工程坝址的优势和劣势，以便确定各级水电站的建设顺序与方式。建设滩坑电站也随之被提上了议事日程，面对资金、技术等难题，省委、省政府选择了和国外合作。1974年，在有关部门的联系下，一批抱着对滩坑水电站有浓厚兴趣的日本专家来青田考察滩坑水电站。1980年，日本专家进驻北山镇，深化对滩坑水电站的前期工作，并大致达成了合作意向。但在发电机组设备的问题上，双方最终没有谈拢，合作开发的计划也随之破灭。这一搁又过了若干年。

四、滩坑水电站建设计划在山区人民的不懈追求中曲折发展

为了早日了却夙愿，丽水人一直在不断地争取着、努力着。

1978年12月党的十一届三中全会胜利召开，标志着我国全面进入改革开放的历史新时期，同时也唤醒了水电开发的春天，水电建设步伐明显加快，水电建设迎来了真正的发展高潮，滩坑水电站建设问题再次被提上了议事日程。

1980年，浙江省人民政府与原电力工业部，共同在杭州召开了瓯江流域审查会，同意了华东勘测设计研究院所提出的《瓯江流域规划报告》中的梯级电站方案，认为报告中提出的先建设紧水滩电站时带建石塘电站，然后建设滩坑电站、大均电站的顺序是比较合理的，确定了将滩坑水电站作为瓯江梯级电站的其中一级进行开发。

1985年，丽水地区行政公署与专家团队组成了水库淹没实物调查组，对淹没实物指标进行了实地测量调查，之后省政府确定移民安置工作由浙江省统筹安排，初步计划和安排了移民的安置工作，调查了移民安置区的环境容量，为之后的水电站建设奠定了坚实的基础。

1986年，浙江省科学技术协会组织专家、学者、科技人员和有关领导干部，从源头至河口，重点考察了水力资源开发、干流航运、温州市供水等问题。

1989年，中共丽水地委、丽水地区行署把建设滩坑水电站作为两个重大项目之一纳入地区"九五"计划。

1992年2月，浙江省人民政府领导主持召开了会议，专题研究滩坑水电站水库移民安置问题。会后，丽水地区行政公署与华东勘测设计研究院共同

组成了水库淹没实物调查组，于同年 5 月第一次开展了关于水库淹没实物指标的全面测量勘察调查，编制完成了《浙江省瓯江滩坑水电站水库移民安置规划报告（配合项目建议书）》。

在之后的几年内，政府部门不断研究建设水电站的前期准备工作，1997年 2 月，中共丽水地委通过召开会议，决定成立丽水地区滩坑水电站移民暨筹建领导小组。

在此期间，历届省、市（地）等领导对滩坑水电站倾注了无数的心血。省政府不仅多次组织专家来水电站考察，省委、省政府及省直有关部门的主要领导也多次到青田、景宁，深入库区调查研究，倾听群众意见，以便制定更多切合实际的政策。

与此同时，省人大代表潘建中、陈立荣、张诚仁等多次在两会上提出提案（议案），强烈呼吁兴建滩坑水电站。当时曾有数千名群众捺手印，联名向上级部门要求建滩坑水电站。

但是，由于水电站的兴建必然带来村民搬迁、村庄淹没等一系列问题，可能造成巨大损失，从短期投入与产出的角度来分析，滩坑水电站的直接效益并不明显。因此，滩坑水电站的建设便一直处于僵持状态。

第三章　滩坑水电站的正式立项

"发展第一，群众第一，奉献第一，创新第一!" "四个一" 的滩坑精神在瓯江两岸嘹亮传扬!

发展是侨乡人民孜孜不倦的追求。滩坑电站的兴建和移民工作的有序推进，正是侨乡人民求发展、谋发展、要发展的奋斗目标，发展第一是滩坑精神的核心。

半个多世纪以来，各级党委、政府及众多专家从未停止过对滩坑电站建设计划的关注；各级人大代表、政协委员以及海外华侨、青田人民对于建造滩坑水电站的呼声日益强烈，逐步将建设水电站的要求推到了顶峰。

一、侨领提案：早日批准滩坑水电站立项建设

青田县本身就是著名的侨乡，大量的青田县人民早年离开青田到国外创业和定居。但即使离开了青田，他们也没有忘记自己家乡的建设，时刻记挂着自己家乡的发展，时刻记着自己是一个青田人。他们都清楚地知道，在青田县建设滩坑水电站，无疑能够促进青田县的社会和经济发展，帮助青田人民脱贫致富，改变原有面貌，因此，建设滩坑水电站便成为海外华侨的心愿之一。为了能够使滩坑水电站早日立项成功，海外华侨作出了巨大的贡献，特别是郭胜华先生。郭胜华先生是法国海外省圭亚那江浙沪华侨同乡会会长，浙江省政协八、九届海外委员，圭亚那亚美杰国际投资集团董事长，浙江青田胜华房地产开发有限公司董事长，是一名爱国华侨。

1998 年是郭胜华成为省政协八届海外委员的第一年。在那年，他提交了7 个提案，这些提案大多是跟青田县的发展有关的，其中《关于争取滩坑电站立项建设的提案》排在他7 个提案的第一位，是省政协八届一次会议第163号提案。

郭胜华先生在《关于争取滩坑电站立项建设的提案》中写道：

滩坑电站位于青田县境内，二十余年来经国家地质部门和日本专家多次

勘察，结论是坝址地质优良。电站的装机容量为 60 万千瓦，年发电量 10.46 亿度，建设总投资预计约 60 亿元。滩坑电站与新安江电站相比，规模相当，而淹没的土地只是后者的五分之一，移民量只有后者的八分之一，淹没指标很理想。……滩坑电站的立项建设不仅对青田县，而且对丽水地区乃至全省的经济发展将起到巨大的促进作用。它的立项和建设，对充分利用山区丰富的水利资源，提高防洪能力，优化自然环境，发展工农业生产，推动旅游业及其他第三产业，加速交通、电力、邮电和城市建设，增加国家和地方财政收入，加快青田县致富奔小康的步伐等都将产生明显效果。

这次提案引起了浙江省政府的高度重视，考虑到滩坑水电站建设将带来的社会、经济和生态等方面的效益，省政府开始研究滩坑水电站的相关问题。省政府各级部门编制了移民安置规划与建设资金的筹措方案，并把水电站的建设提上了议事日程，从全局考虑谋划电站建设。同时，青田县的老同志、其他华侨通过给中共浙江省委、浙江省人民政府写信，纷纷要求建造滩坑水电站；青田、景宁县的党员代表、人大代表、政协委员，则通过自身参加党代会、人代会、政协会议的途径，不断地向外界表达要尽早建造滩坑水电站的要求；数千名群众通过按捺手印，联名向上级部门要求建设滩坑水电站。这些群体都强烈表达了要求建设滩坑水电站的夙愿，从而推进了水电站建设的立项。

二、专家建言：滩坑水库千秋万代为浙江人民造福

1997 年，省政府多次召开专题会议，研究滩坑水电站的移民安置、资金筹措、电力建设等问题。会后，各级部门的相关人员组成了两个工作组，赶赴杭州、嘉兴、湖州、绍兴、宁波、台州、金华、衢州八市，向当地政府及有关部门征求滩坑水电站移民安置方案的意见和建议，这八个市对该项目的提出都表示支持，但也反映了关于接收和安置滩坑水库移民的具体困难。1997 年 12 月，丽水地区行署组织了有关部门人员赴三峡考察，学习移民安置经验。在移民安置问题上形成了比较一致的看法，即跨区域安置难度大，不太现实，宜采取"区内安置、区外支援"的开发性移民的安置办法。各级政府和相关部门都为滩坑水电站的建设奋斗、努力着。丽水地委、行署和有关部门、市县对这个工程项目非常重视，对移民问题作出了积极的承诺，进行了具体的安置规划工作。省计经委、电力局等有关部门开始筹划落实建设资金方面的工作，测算 21 世纪初浙江省电力市场的供需平衡关系，尽力创造滩坑水电站的建设条件。省政府有关部门开始抓紧落实 15 亿移民经费的来源，研讨配套资金的筹措办法，深化水电站的前期工作，争取国家早日批准立项建设滩坑水电站，尽早实施这项工程。

经过各个群体为滩坑水电站所做的努力，滩坑电站建造的进度开始逐步加快。1999年8月3日至4日，浙江滩坑水电站可行性研究专家咨询论证会议在北京召开。专家们在经过反复讨论后，得出了较为一致的结论："宏观分析丽水地区容纳5万移民后对地区经济发展和移民安置将会是利大于弊，因此该初步方案是可行的，在各级政府的积极支持下，移民问题可以不再成为延迟电站建设的控制因素，建议早日立项兴建。"

当时的中国工程院副院长、中国科学院院士潘家铮在会上表达了对滩坑水电站这个工程项目的支持，但也指出了建设滩坑水电站这项工程的指标在全国范围内的水电资源来讲或与已建工程相比，并不十分优越，主要是因为移民数量相对较多，电力相对较少，电价相对较高。他强调指出：

浙江水力资源在华东地区是较丰富的，但总量有限。经过四五十年的开发，已建和在建的达到370万千瓦，开发程度较高，如今剩下的大型常规水电地址也只有滩坑一个，具有数十亿立方米的大型多年调节水库的更只有滩坑一个，资源弥足珍贵……我感到滩坑工程现在位于十字路口，可决策修建，或搁下不建。由于社会和经济的发展变化很快，如采取后一种做法，再过若干年，这个工程也许就修不了，这将造成永久的遗憾……作为一位老水利工作者，一位浙江人，我衷心希望能抓住有利时机，把滩坑水库高速高质建成，千秋万代为浙江人民造福。

这些专家的结论和提议，充分地展现了当时各方对于滩坑水电站这个工程项目的重视程度和对项目的理性分析，他们一致认为建造滩坑水电站从总体而言是利大于弊的，其建设性的作用非常大，应尽早得到国务院的立项。

三、省委书记批示：早上、快上是上策

在专家提出建造滩坑水电站将带来的各项效益和肯定这项工程的建设意义后，各级政府部门开始着手解决建造滩坑水电站的最大难题——移民问题。有关部门对移民的安置问题进行不断地规划和论证，对库区移民进行思想安抚，对安置区进行选址，争取为移民的搬迁做好充分的准备工作。1999年9月21日，时任省委书记张德江对滩坑水电站作出了重要批示，他肯定了建造水电站的积极意义，指出："权衡利弊，根据专家和省计经委意见，看来此项目早上、快上是上策。如果朝这个方向努力，还有许多工作要做，最重要的是移民的安置问题，一定要抓实，通过电站建设使移民改善生产生活条件。"

张德江书记对于滩坑水电站这个工程项目立项的支持，意味着滩坑水电站离立项成功又近了一步。有了上级领导的支持，水电站在立项建设的过程

中遇到的阻力也会相对减少，资金等难题也相对容易解决。

1999 年 10 月，浙江省移民办根据浙江省委书记张德江、副省长卢文舸的指示，专门派遣有关部门人员赶赴丽水对滩坑水电站移民安置情况进行了调查，确保移民工作的开展更符合实际。同年 12 月初，副省长卢文舸去丽水考察了滩坑水电站移民安置工作，提出了关于滩坑水电站移民安置方式的调整意见："丽水市范围内安置 5 万移民中的 3.7 万，省内其他市安置 1.3 万人左右。"

经过副省长和其他各级领导的考察和探索后，关于滩坑移民安置的第四次方案形成了，即在丽水市范围内安置 3.7 万移民，在省内其他市安置 1.3 万左右的移民。

2001 年 2 月，浙江省人民政府下发了《浙江省人民政府办公厅关于做好滩坑水电站库区移民安置规划工作的通知》，正式确定了第四次调整后的方案为滩坑水电站移民安置方案，其中市外省内的 1.3 万移民将安置在宁波市、绍兴市、金华市和台州市的 26 个县（市、区）。这次方案就是滩坑水电站移民安置的最终方案。经过 4 次调整，终于确定了最终的安置方案，移民的人口安置必须按照这份方案来执行。

移民问题始终是滩坑水电站的最大难题，各级领导都切实地认识到了这个事实。在 2001 年 9 月的省九届人大第一次会议上，时任省长柴松岳、副省长卢文舸接受代表咨询时，一致表态：滩坑水电站要上马，但丽水要做好前期工作。因为滩坑水电站要想顺利进行建设，就必须完成立项，而解决好移民问题，是水电站立项、上马的重要前提，更是水电站能够顺利进行建设的前提。

至此，滩坑水电站这项工程项目已经得到了侨领的提案、专家的论证支持以及省领导的批示支持，离该项目审批成功又前进了很大的一步，接下去该工程项目应该要以其建设的科学性、经济性、长期效益性来尽力争取省政府所有领导的一致支持，以获得战略上的保障。

四、省政府常务会议决定：建造滩坑水电站

在社会各界的支持下，其面临的建设资金问题也得到了完满的解决，滩坑水电站的建设资金不是由丽水市独立承担的，而是主要由浙江省政府出资，即省能源集团公司投资 90%，丽水市国有资产经营公司投资 10%（1.24 亿元）。2001 年 10 月，这两大出资单位通过沟通和协商，共同组建了浙江北海水力发电有限公司，也就是滩坑水力发电厂建设筹备处，组成了水电站的建设的团队基础，为项目审批通过提供了团队支持。2002 年 4 月至 7 月，华东勘测设计研究院再次编制完成了《滩坑水电站项目建议书》，这为滩坑水电站项目通过审批做好了申请工作上的文件准备。

2002 年 6 月，浙江省人民政府第 69 次常务会议专门研究了滩坑水电站建

设问题，认为省计委关于滩坑水电站项目前期工作情况的汇报材料内容比较务实，方案基本可行，作出了建造滩坑水电站的决定，把电站建设作为浙江省委、省政府对浙西南欠发达地区最大的扶持项目，同时也明确提出要把解决移民问题当作滩坑电站这项工程的头等大事来抓。会议决定：

第一，要把解决移民问题当作这项工程的头等大事来抓，成立滩坑水电站工程建设协调小组，协调工程建设和移民安置工作中的重大问题，确定好移民补偿经费标准；

第二，要给予工程必要的政策扶持，从工程实际出发，在依法、照章的前提下，给予必要的财政、税费等方面的政策支持，能变通的则变通，能减的则减，能免的则免；

第三，要给予工程必要的资金支持，合理安排对项目的 5 亿元扶持资金，将专项资金与扶贫资金有机地结合起来，既支持滩坑水电站的建设，又造福于欠发达地区人民；

第四，要将移民工作与工程建设相分离。

总的来说，这次省政府常务会议不仅肯定了滩坑水电站项目的前期工作，表明了省政府对于滩坑水电站建设的支持，作出了建造滩坑水电站的决定；还为滩坑水电站的建设提出了方向性的建议和对策，有利于水电站建设前期工作的全面开展；同时对于移民问题给予高度重视，具有全局性的意义。

有了这些方向上的方针和政策后，浙江省的各级移民、水利专家赶赴丽水，进行工程和移民安置区域的勘测和考察，评估工程建设的意义、淹没的具体损失，研究和分析移民搬迁过程中遇到的各类问题，比如房屋的抽签、移民的就业，以确保移民工作的顺利进行和水电工程建设的安全性，为水电站工程的建设解决其前期问题，简化后期问题的解决步骤。

五、国务院常务会议：审议通过《滩坑水电站工程项目建议书》

2003 年，浙江省计委向国家发展和改革委员会提交了《浙江瓯江滩坑水电站项目建议书》。在经过中国国际工程咨询公司对水电站项目进行充分的评估后，国家发改委认为批准建设滩坑水电站这个工程项目是有必要的，他们从建设的必要性、建设规模、建设条件、总投资及资金筹措和经济评价这五个方面对滩坑水电站项目进行了分析。同年，国家发改委向国务院递交了《国家发展改革委关于审批浙江瓯江滩坑水电站项目建议书的请示》（发改厅〔2003〕150 号）。

国家发展改革委关于审批浙江瓯江滩坑水电站项目建议书的请示

国务院：

　　浙江省计委报来浙江瓯江滩坑水电站项目建议书，要求审批。对此，中国国际工程咨询公司已进行评估，认为建设该项目是必要的。经研究，现将有关情况及我们的意见报告如下：

　　一、建设的必要性

　　华东电网是我国最大的跨省市电网，覆盖江苏、浙江、安徽和上海三省一市。到2002年底，华东电网发电装机容量为5 936万千瓦，其中水电638万千瓦，占10.3%、火电5 414万千瓦，占87.1%，核电160万千瓦，占2.6%，是一个以火电为主的电网。2002年华东电网全社会用电量3 300亿千瓦时，最高负荷5 600万千瓦，分别比2001年增长14.3%和17.4%。今年以来，电力需求继续保持强劲的增长势头，1—2月份，全社会用电量比去年同期增长23.3%，电力供需矛盾日益突出，已连续出现拉闸限电情况，同时，随着负荷峰谷差的逐年加大，电网的调峰压力越来越大。

　　浙江电网是华东电网的重要组成部分，到2002年底，全省境内发电装机容量为2 068万千瓦（含华东电网直属装机414万千瓦），其中火电和核电约占总装机的72%。浙江省是我国经济最发达的省份之一，经济发展速度处于全国领先水平，用电需求持续快速增长，1990—2000年用电量年均增长12%，最高负荷年均增长11.5%，2002年全社会用电量达到1 017万千瓦时，比2001年增长19.1%，全省最高负荷1 500万千瓦，比2001年增长15.3%。2002年浙江省在接受外送电量123亿千瓦时、最大外送电力245万千瓦时的情况下，仍出现拉闸限电现象，全年拉闸限电10 964次。限电电量超过1亿千瓦时，电力供应紧张和高峰电力短缺的局面已经出现，特别是今年以来，用电需求持续剧增，1—2月用电量再创新高，同比增长高达26.7%，拉闸限电超过7 000次，限电电量超过0.5亿千瓦时。随着经济的持续稳定发展，浙江省用电需求仍将保持快速增长，同时，随着经济结构的调整和人民生活水平的提高，第三产业与居民用电的比重上升很快，负荷峰谷差将逐年加大。特别是2002年以后，随着三峡水电站，秦山核电二、三期向浙江送电及外区送电的比重的增大，浙江电网的调峰问题将更加突出。据初步预测，到2010年全省最高用电负荷及需电量将达2 790万千瓦和1 700亿千瓦时，最大峰谷差将达到1 020万千瓦。考虑在建、拟建及接受外电送入的电源容量共约1 200万千瓦后，2010年仍将缺电力约530万千瓦。因此，加快电源建设，特别是调节性能好的大中型电源项目十分必要。

　　浙江省缺煤少油，水电资源相对丰富。全省水力资源技术可开发量约700万千瓦，至2002年底，全省常规水电已开发装机容量407万千瓦，30万千瓦以上电站除滩坑水电站外均已开发。滩坑水电站位于浙江丽水市青田县境内的瓯江上游支流小溪中游河段，装机60万千瓦，水库具有多年调节能力，是瓯江流域规划的以发电为主，兼有防洪、供水等综合利用效益的骨干电站。电站位于浙东南负荷中心，距温州和丽水92公里和107公里，地理位置优越，交通方便，施工条件较好，是浙江省尚待开发唯一具有多年调节性能、最具开发条件的电源点。建设滩坑水电站不仅可以满足浙江省用电增长需要，而且对于优化浙江电源结构、增强浙江电网调峰能力、促进浙江省经济发展等都具有重要的作用。此外，电站的建设可提高下游河段青田县城的防洪能力，并可为温州、台州地区提供城市供水和农业灌溉用水。因此，建设滩坑水电站是必要的。

二、建设规模

电站安装3台20万千瓦的混流式水轮发电机组，总装机容量60万千瓦，年均发电量为10.35亿千瓦时。

电站枢纽由拦河坝、溢洪道、泄洪洞、引水系统、地面厂房、升压站和开关站等组成。拦河大坝初定为混凝土面板堆石坝，最大坝高161米。

水库正常蓄水位160米，死水位120米，总库容41.5亿立方米，调节库容21.2亿立方米，具有多年调节能力。

三、建设条件

坝址控制流域面积3 330平方公里，平均年径流量38.2亿立方米。

工程区位于浙东南的华南褶皱系南段，区域构造稳定，地震基本烈度为6度。

水库位于中山峡谷区，库周山体雄厚，地下水分水岭高，不存在渗漏和库岸稳定问题。坝址两岸山体浑厚，基岩裸露，坝基岩石为上侏罗纪熔结凝灰岩和集结块，岩石坚硬完整，断层、裂隙不发育，具备建坝条件；引水隧洞和厂房地基均位于坚硬、较完整的火山岩中，进出水口边坡整体性较好，具备成洞及地面厂房建设条件。

水库淹没耕地22 935亩，园地2 327亩，林地45 296亩。推算至2006年，需迁移人口49 173人。

四、总投资及资金筹措

按2002年下半年价格水平测算，工程静态总投资44.83亿元（其中水库淹没处理补偿投资19.02亿元），动态总投资为48.51亿元（其中水库淹没处理补偿投资20.54亿元）。

项目建设资金由政府扶持资金、资本金和银行贷款三部分组成，政府扶持资金8.5亿元，项目资本金按工程总投资的23.5%考虑，为11.38亿元，拟由浙江省电力开发公司和丽水市国有资产经营有限公司按90%和10%的比例共同出资。资本金以外的融资通过银行贷款解决。

五、经济评价

按目前有关信贷、税收政策和资本金财务内部收益率8%测算，该电站建成后平均上网电价为每千瓦时 0.52 元，作为调峰电源，具有较强的市场竞争力。

鉴于滩坑水电站是浙江省尚待开发的唯一的大型常规水电项目，电站调峰能力强，建设条件较好，前期工作充分，建设该电站对于满足浙江电网用电需要，优化电源结构，缓解电网调峰矛盾，以及提高下游防洪能力，促进浙江省经济和社会发展等均具有重要作用。现工程建设条件已经落实，具备了工程建设立项的条件。因此，建议国务院批准其项目建议书。

妥否，请示。

2003 年 5 月 13 日，国家发展和改革委员会向浙江省计委发出了《印发国家发展改革委关于审批浙江瓯江滩坑水电站项目建议书的请示的通知》（发改能源〔2003〕358 号），明确国务院正式批准滩坑水电站项目。消息传来，青田、景宁两地人民奔走相告，击掌相庆！

国家发展和改革委员会文件
发改能源〔2003〕358 号

印发国家发展改革委关于审批浙江瓯江滩坑水电站项目建议书的请示的通知

浙江省计委：

《国家发展改革委关于审批浙江瓯江滩坑水电站项目建议书的请示》（发改厅〔2003〕150 号）业经国务院批准，现印发给你们，请据此编制可行性研究报告，报我委审批。

附：发改厅〔2003〕150 号文件

二〇〇三年五月十三日

水电站项目的立项上马，为水电工程的建设迈出了关键性的一步。这是项目建设的第一步，有了这第一步，这个工程实施便是一个合法的、可进行和有投资来源的项目，后期的水电站建设和移民工作也因此有了国家政策的支持和社会各界的资金投入。立项的成功，为社会各界人士带来了新的希望和动力，鼓舞了全省人民的士气。各级政府和研究院应将这些动力转化为行动，加快编制水电站的可行性研究报告，力求滩坑水库早日兴建，充分发挥其防洪减灾、发电等效益，带动周围城市的发展，为整个浙西南地区乃至浙江省的经济发展作出贡献。

第四章 移民安置规划论证

"移民工作是天下第一难的工作。"

2005 年，时任浙江省委书记习近平在丽水考察时突出强调：滩坑水电站建设，重点在移民，难点在移民，核心在移民。

滩坑水电站的建设涉及 5 万左右移民的搬迁，移民工作十分艰巨。移民安置的过程和结果关系到工程的成败，关系到广大移民的切身利益，也关系到库区经济发展和社会稳定，是工程开工建设的前提条件。移民搬迁工程顺利实施，能够彻底改变库区移民的生产生活环境，为移民脱贫致富创造良好条件，为库区社会的稳定作出积极贡献。因此，有一个切实可行的移民安置规划是至关重要的。

一、《瓯江流域规划报告》

根据水利水电工程勘测设计阶段的划分，水库设计工作分为流域规划、项目建议书、可行性研究报告、初步设计和技施设计五个阶段，在不同设计阶段，对移民工作的方法和深度要求是不同的。

半个世纪以来，水利水电专家在滩坑坝址地质钻孔就达到了 180 个，总进尺 9 413 米；地质平硐达到 52 个，总进尺 2 300 千米。[①] 从 1956 年开始，专家们就开始对瓯江流域的水力资源进行规划，到 1987 年 12 月完成《滩坑水电站初步设计报告》，再到 1988 年正式上报待审，他们对滩坑水电站的设计论证一直在不断地深化和完善。

《瓯江流域规划报告》是滩坑水电站建设计划的基础，是经过不断的探索和论证逐步形成的。从 20 世纪 50 年代开始，在国家层面就对瓯江流域及区域性的水利、水电、航运等进行了数十项的查勘规划。1956 年，浙江省水利厅与水利电力部上海勘测设计研究院联合组织了对瓯江水力资源的普查，提出了《瓯江流域普查报告》。1958 年，水利电力部上海勘测设计研究院编制

---

① 《滩坑纪实》编委会编：《滩坑纪实（上）》（内部资料），2008 年。

了《瓯江流域规划报告》，采用了以青田水电站为第一期工程的青田高坝方案。1973 年，水利电力部十二工程局勘测设计院根据水利电力部指示组织查勘了紧水滩等 18 处重点水电工程坝址和库区，经过反复的勘察和论证后，提出了《瓯江流域规划查勘报告》。1979 年，水利电力部华东勘测设计研究院完成了《浙江省瓯江流域规划报告》，经省人民政府主持审定，确定干流的黄浦，大溪的紧水滩、石塘，小溪的大赤、滩坑，松阴溪的堰后，好溪的上冷水，楠溪江的鲍江 8 座水电站为瓯江水电开发的重点工程，其中紧水滩电站列为第一期工程并开始施工。

由于考虑到移民的利益、水力资源的最大利用率、各种工程效益，有关专家对小溪流域的水力资源开发选点进行了多次研究，1980 年确定了关于滩坑、大均两座大型水电站工程的规划方案，也就是梯级开发方案。

方案一：大均梯级、滩坑梯级、大奕梯级；

方案二：沙湾梯级、大均梯级、滩坑梯级、大奕梯级；

方案三：大赤梯级、田埠梯级、张口梯级、大奕梯级。

综合考虑移民搬迁和耕地淹没损失、梯级布置的合理性、工程投资的经济性以及水资源利用合理和社会与环境的综合效益等各方面因素，专家将方案一认定为最优方案。

《瓯江流域规划报告》可以作为移民安置规划制定的参考文本。移民安置规划是根据水电站的建设规划和选址制定的。因此，瓯江流域规划这一系列的论证过程，为《滩坑水电站可行性研究报告》和可行性阶段的移民安置规划的提出提供了参考价值和理论支持。

二、《滩坑水电站可行性研究报告》

在综合各种因素和条件，确定了在瓯江支流小溪上建造滩坑水电站之后，由建造水电站衍生出来的难题也相继浮出水面：滩坑水电站的建设是一个大型工程，其资金来源于哪里？技术来源于哪里？移民问题该如何解决？这些问题都成为当时各级政府需要解决的难题。面对这些难题，省政府想通过与国外专家合作的方式来进行突破，取得资金投资和技术支持。在 1974 年至1980 年期间，日本专家多次来到青田县进行考察，表示对该工程有浓厚的兴趣。1980 年，日本专家进驻北山镇，深化了滩坑水电站的前期工作，同时对滩坑水电站进行了可行性研究工作。但在发电机组设备的问题上，双方没有谈拢，合作开发的计划也随之破灭。虽然合作计划并没有达成，但这次探索式的合作为滩坑水电站的可行性研究作出了较大的贡献。

在经过两年多的搁置后，滩坑水电站建设的计划又重新被政府提上了议程。1983 年，原水利电力部根据《瓯江流域规划报告》，与日本国际协力事业团共同编制了《滩坑水电站可行性研究报告》。在《滩坑水电站可行性研究报告》中，审定库区移民 50 301 人，移民安置实施阶段复核新增加 1 240 人，合计 5 1541 人。

1984 年，省政府在杭州召开了关于《滩坑水电站可行性研究报告》的审查会，对《滩坑水电站可行性研究报告》的科学性和实用性进行了研究和审查。会后，《滩坑水电站可行性研究报告》综合了各界专家的建议，进行了补充和完善，后上报给国家水利电力部。1985 年 1 月，原水利电力部以（85）水电水规字第 129 号文对该报告作了批复。水电部从滩坑水电站的选址、建设时所预计造成的损失、建成效益等方面考虑，表示同意并认可这份可行性研究报告。

在可行性研究报告阶段，需要根据地方政府意见，提出移民安置去向，初步规划移民恢复生产的基本措施和专项改建方案，估算水库淹没补偿投资。因此，在得到原水电部的认同后，有关专家开始对滩坑水电站进行更加具体的调查和勘察，以尽快形成初步设计报告和移民安置方案。

三、《滩坑水电站初步设计报告》

1985 年，水电部批准同意滩坑水电站进行初步设计，因此，浙江省政府、丽水市政府等相关部门开始筹划初步设计工作。1985 年，丽水地区行政公署与华东勘测设计研究院共同合作，到滩坑水电站的坝址周围进行实地考察，勘察其地理环境，考虑如何预防在建设过程中因地理环境将会遇到的一些问题，对滩坑水电站进行了初步的勘测设计。经过两年左右的调查研究，华东勘测设计研究院对滩坑水电站所处的地理位置和岩石构造，以及如何避免在建设过程中出现坍塌等问题有了较为清楚的分析。此外，还查清了不同水位高程的主要淹没实物数据，为初步设计阶段的移民安置规划提供了参考资料，便于他们制订出更加合理、合适的移民安置方案。

1987 年 12 月，华东勘测设计研究院对滩坑水电站的建设有了初步的设计，编制完成了《滩坑水电站初步设计报告》，这份设计报告具有较高的理论参考价值。

经过对该报告反复的研究和论证后，1988 年，他们正式向上级上报了《滩坑水电站初步设计报告》，等待审查。在对该报告进行审查的过程中，拥有丰富工程经验的老专家组成了专家组，他们认真讨论并研究了初步设计报告，认为该报告达到了初步设计阶段的要求，并以基础资料翔实、内容全面、技术方案合理可行等理由，审批通过了《滩坑水电站初步设计报告》。

《滩坑水电站初步设计报告》的通过，意味着华东勘测设计研究院的初步设计工作得以完成，而这一阶段的水电站初步设计，为这个阶段的移民安置规划的设计奠定了基础并指引了方向，使移民安置方案更加具体化和深入。因此，在这份报告之后，水电站的建设和移民方案有了进一步的发展，开始深入解决建设中的难题。

四、《滩坑水电站项目建议书》

在通过《滩坑水电站初步设计报告》之后，浙江省政府和各级部门开始研究建设滩坑水电站的有关问题，主要是资金和移民两大问题，以确保滩坑水电站建设前期工作尽快完成。

1992 年 2 月，省政府领导主持召开了研究滩坑水电站水库移民安置问题的专题会议。会后，丽水地区行政公署和华东勘测设计研究院共同组成了水库淹没实物调查组，对淹没实物指标进行了实地测量调查。之后，移民安置工作被确定由浙江省统筹安排，省政府调查了移民安置区的环境容量，初步规划了移民的安置去向和安置方式。

紧接着，华东勘测设计研究院结合对淹没实物指标进行的全面实地测量调查结果，分析了正常蓄水位淹没对当地经济发展的影响，开始改进和完善《滩坑水电站项目建议书》，并于 1993 年 8 月向国家计委和原电力工业部上报，水库移民安置规划部分则作为附件和专题，与项目建议书同时上报。提交不久后，浙江省计经委很快得到了国家计委的答复：由于滩坑水电站水库淹没耕地约 2 万亩，库区移民 5 万人，涉及青田、景宁两县，涉及移民的数量较多，同时移民的安置是制约该工程上马的关键性因素，电力工业部要求浙江省编报更为详细的移民安置规划与建设资金的筹措方案。

根据国家计委关于《滩坑水电站项目建议书》的答复，各相关政府部门开始着手制订和完善移民的安置方案，以保证移民早日搬迁和搬迁工作的顺利完成。1994 年，丽水地区滩坑电站筹建领导小组和华东勘测设计研究院共同编制完成了《浙江省瓯江滩坑水电站移民安置规划报告（配合项目建议书）》，决定在丽水地区内安置 1 万人，市外省内安置 4 万人，经评估后该规划满足预可阶段的要求。1996 年，由于原安置方案的外部条件发生了变化，为了促进滩坑水电站的早日立项上马，丽水地委将原方案改变成市内安置移民人数由 1 万人增加到 2.5 万人，市外省内统一安置的移民人数由 4 万人减少到 2.5 万人，并编制了市内 2.5 万人的移民安置方案。虽然这个方案是根据当时的社会实际情况进行调整的，但它最终因移民难度大和方案未成熟而宣告失败。

为了尽快、尽早地使滩坑水电站进入建设阶段，丽水市提出了第三次移民安置方案，即由丽水地区单独承担 5 万移民的安置任务，编制完成了《浙江省瓯江滩坑水电站移民安置规划方案》，以丽署发〔1998〕62 号文件上报浙江省人民政府。除此之外，为保障此次方案得以实施，原地区计委和移民办专门上报了《关于丽水地区安置滩坑水电站 5 万移民可能性的初步分析报告》。为了验证这一方案的可行性，当时的地委、行署在青田县启动了滩坑移民安置试点工作，以便为之后滩坑的大规模移民积累经验。1998 年 11 月，在青田县委、县政府的支持和大力发动下，北山镇陈村垟自然村成为滩坑电站的首个移民安置试点村，在高湖镇计划安置 48 户（156 人）。

这次的移民安置方案是各级政府领导、各界专家综合较多因素，经过多次讨论后形成的，但其可行性和有效性仍有待于专家们的进一步论证，并未成为移民安置的最终方案。

五、《滩坑水电站预可行研究报告》

在对滩坑移民安置方案的探索和论证期间，省政府多次召开专题会议来研究滩坑水电站的移民安置、资金筹措、电力市场等建设条件问题，深化了电站建设的前期工作。

1999 年 1 月 30 日，时任省长柴松岳主持召开了第 16 次省长办公会议，会上大家一致认为，这个水电站项目的移民安置方案和建设资金的筹措思路是越来越清晰了，各项工作也在不断细化中，建设的基本条件也渐趋成熟，会议初步议定该项目的前期工作可以正式进入实质性阶段。但有关领导认为，滩坑水电站项目还是一个"超重量级"的项目，十分重要，各方面的决策都必须慎重。因此，对于电站的未来投资效益和移民资金等有关问题，需要经过全面考虑才能作出决策，之后还需要专家对政府决策进行充分论证，以论证结果来决定决策的可行性和科学性。

1999 年 7 月，经过了再一次的实物指标复核、全面调查分析后，华东勘测设计研究院与丽水行署共同编制了《浙江省瓯江滩坑水电站水库预可行性研究阶段水库移民安置规划》（修编本），为后期的探索提供了政策上的论据。1999 年 8 月，受浙江省计委委托，国家电力公司水利水电规划设计总院在北京主持召开了浙江滩坑水电站预可行性研究专家咨询论证会议，对移民安置规划进行了探讨。经过会议讨论后，专家的基本结论是："宏观分析丽水地区容纳 5 万移民后对地区经济发展和移民安置将会是利大于弊，因此该初步方案是可行的，在各级政府的积极支持下，移民问题可以不再成为延迟电站建设的控制因素，建议早日立项兴建。"

1999 年 11 月，在《滩坑水电站预可行研究报告》（修编本）和专家咨询意见的基础上，同时结合其他因素，华东勘测设计研究院编制完成了《滩坑水电站预可行研究报告》（重编本）。这份报告相比较上一份报告而言，更加完善和具体，但其科学性和可行性还有待于进一步的检验。

2000 年 12 月，中国水电顾问有限公司会同浙江省计委在杭州主持召开了预可报告审查会，会议通过了预可行性研究报告（重编本），并明确地指出：

滩坑水电站的开建，使大批库区移民下山快速脱贫，扩大地方内需，带动当地建筑业、建材业、工商业等各个行业的发展，为大批农村劳动力创造就业机会。滩坑水电工程同样使留守库区人民生存、发展空间大大拓展，随着基础设施的配置完善，他们将和库区移民一道逐步走上致富之路。作为丽水有史以来最大的工程项目，滩坑水电站对丽水经济社会发展意义尤为重大。

这次预可行性研究报告的审查通过，意味着滩坑水电站的前期工作正式进入实质性阶段。在这个阶段，政府有关部门通过对安置区深入调查，论证了安置区环境容量，以确定安置点数量，并对确定的安置点进行了地质勘探，保证了移民居住安全。2001 年 2 月，第四次安置方案在经过调整后终于形成了，即在丽水市范围内安置 3.7 万移民，在宁波市、绍兴市、金华市和台州市的 26 个县（市、区）其他市安置 1.3 万左右的移民。之后，浙江省政府在《浙江省人民政府办公厅关于做好滩坑水电站库区移民安置规划工作的通知》中，正式确定第 4 次调整后的方案为滩坑水电站库区移民安置方案，其中市外省内的 1.3 万移民将安置在宁波市、绍兴市、金华市和台州市的 26 个县（市、区），强调了做好水库移民安置工作的重要性，强调了要加强移民安置资金的筹集和使用管理，提出了移民安置工作的总体要求、详细计划、相关政策等。这份通知为移民安置工作的进行提供了新的思路和方式，确保了安置工作的顺利进行。至此，移民安置方案最终敲定，第四次安置方案成为日后移民搬迁安置的方向性指导文件。

六、《滩坑水电站工程项目建议书》

《滩坑水电站预可行研究报告》和第四次移民安置方案为滩坑水电站的项目立项作出了较大的贡献，但水电站还不能够马上进行建设。因为水电站如果要想着手兴建，就必须先得到国务院的批准立项。

2002 年 4 月至 7 月，华东勘测设计研究院对滩坑水电站库区淹没范围的人口、房屋、土地、山林、果木、专项设施等项目进行全面调查，基本摸清了淹没区内人口、土地、房屋、各类专项设施及重要设施的实物损失情况。根据这次调查的结果，同时综合专家们的前几次意见，再次编制完成了更加完善的《滩坑水电站工程项目建议书》。

2002 年 6 月，省政府第 69 次常务会议专门研究了滩坑水电站的组织领导、移民安置、政策和资金扶持、工作分工等问题，并作出决定——建造滩坑水电站；然后又专门成立了由常务副省长担任组长的滩坑水电站工程建设协调小组，协调小组下设工程建设办公室和移民工作办公室，将工程建设和移民工作分开处理，保证两项工作实施的效率；并把电站建设作为浙江省委、省政府对浙西南欠发达地区最大的扶贫致富项目。

此外，《滩坑水电站工程项目建议书》的科学性还需要专家们的权威评估，2002年11月21日至25日，受国家计委委托，中国国际工程咨询公司在杭州召开了《滩坑水电站工程项目建议书》评估会议。经过评估，专家组认为，鉴于滩坑水电站项目的综合效益和浙江省结合项目开发扶持库区移民下山脱贫的政策支持，滩坑水电站开发建设时机已经成熟，建议国家尽早立项，这意味着该工程项目在论证的道路上又向前进了一步。

2003年，国家发改委就浙江省计委所上报的《滩坑水电站工程项目建议书》向国务院请示是否批准。在《国家发展改革委关于审批浙江瓯江滩坑水电站项目建议书的请示》中，国家发改委从建设的必要性、建设规模、建设条件、总投资及资金筹措、经济评价等反映了其意见和工程的相关情况，综合各项因素的考虑，国家发改委建议国务院批准该项目建议书。2003年5月，国务院第八次常务会议批准了《滩坑水电站工程项目建议书》。2004年8月6日，国家发改委印发了《关于浙江瓯江滩坑水电站项目核准的批复》，滩坑水电站和移民安置的规划论证就此告一段落。

滩坑水电站的正式立项和项目可行性研究报告的编制与完善，意味着滩坑水电站的建设即将进入实质性实施阶段。从此，一个伟大的世纪工程，使滩坑、小溪流域及其周围的5万多人改变了穷守大山的命运，走向全省33个县市，踏上脱贫致富的新征程。

第五章　破解"天下第一难"

移民是"天下第一难事"。滩坑水电站项目之所以前期工作跨度达 40 年之久，上级之所以非常慎重地决策，主要顾虑是移民问题。

自 1992 年库区淹没实物指标调查以来，滩坑水电站移民安置规划方案已历经四次重大调整：

1994 年，第一次安置规划方案：丽水地区安置 1 万人，省内其他市、地安置 4 万人；

1996 年，第二次安置规划方案：丽水地区及省内其他市各安置 2.5 万人；

1999 年，第三次安置规划方案：5 万移民全部在丽水地区安置。

由于种种原因，三次移民安置规划方案都没有真正落实。

2001 年，第四次安置规划方案：丽水市内安置 3.7 万人，省内其他市安置 1.3 万人。

5 万移民，其工作量及任务的艰巨性在丽水市都是创历史的。做好移民安置工作关系到工程建设能否顺利进行，关系到人民群众的切身利益，关系到社会的长治久安。青田县既是滩坑水电站移民动迁大县，又是安置大县，动迁 3.1 万人，其中县内安置 2.3 万人，外迁安置 0.8 万人，任务异常艰巨。

多年来，在省市党委政府的正确领导下，在省市移民主管部门和有关部门精心指导、大力支持下，在各安置地县市全力配合下，青田县举全县之力做好移民工作，破解了一个个难题，攻克了一道道难关，走出了一条具有青田特色的大中型水库移民之路，即"滩坑经验——青田模式"。目前，滩坑水库移民工作重点已向和谐融入、扶持发展、引领提升等方面转移。

滩坑的移民实践表明，各级政府和移民干部在开展移民工作时只要合乎法、顺乎情、达乎理，再加上一颗博大的爱心、一份敬业的精神，就一定能化解矛盾、破解难题。

一、滩坑水电站的移民任务

(一) 概况

滩坑水电站库区淹没涉及青田、景宁两县。根据 2002 年可行性研究阶段水库淹没实物指标调研成果,滩坑水库淹没地区和滑坡塌岸区人口为 48 392 人(水库淹没线以下人口为 44 754 人,影响人口为 2 263 人,坝区人口为 1 375 人),依据工程设计进度和省政府规定的 4 年基本完成动迁安置任务的要求,以淹没线以下人口和影响人口为基数,每年按 10% 的人口自然增长率推算到 2006 年,移民的总人数为 50 301 人(其中机关企事业单位工作人员 2 427 人),淹没各类房屋建筑面积为 167.21 万平方米、耕地为 22 935 亩、园地为 2 327 亩、林地为 45 296 亩,此外还有公路、输变电线路、通信线路、码头等。

在滩坑水电站工程项目中,计划搬迁移民 5 万人,其中丽水市内安置 3.7 万人,丽水市外安置 1.3 万人(分市、县任务见附件)。青田县既是滩坑水电站移民动迁大县,又是安置大县,需动迁 3.1 万人,其中县内安置 2.3 万人,外迁安置 0.8 万人,搬迁移民涉及全县 4 个乡镇 31 个行政村。自 2002 年开始试点,2003 年全面铺开,历经坝址影响区,第一、二、三、四水平年和滑坡塌岸等六个阶段,至 2011 年 4 月基本完成移民动迁安置工作,实际动迁安置 31 497 人,其中外迁安置 7 917 人,县内安置 23 580 人。2008 年 4 月顺利通过电站工程一期蓄水移民验收,2009 年 4 月顺利通过二期蓄水移民验收。

滩坑水电站库区移民各市、县(市、区)安置任务表

地区	计划安置数(人)	县(市、区)	计划安置数(人)
丽水市	37 000	青田县	21 350
		景宁县	4 150
		遂昌县	2 000
		龙泉市	2 000
		松阳县	2 000
		莲都区	4 500
		缙云县	1 000

（续上表）

地区	计划安置数（人）	县（市、区）	计划安置数（人）
宁波市	6 000	江北区	300
		北仑区	400
		镇海区	400
		余姚市	1 000
		慈溪市	1 217
		奉化市	500
		象山县	500
		宁海县	550
		鄞州区	1 133
绍兴市	4 000	绍兴县	1 130
		诸暨市	1 130
		上虞市	1 130
		嵊州市	610
金华市	2 000	义乌市	600
		永康市	600
		东阳市	600
		浦江县	200
台州市	1 000	椒江区	115
		黄岩区	105
		路桥区	120
		临海市	150
		玉环县	110
		温岭市	170
		天台县	80
		仙居县	65
		三门县	85

（二）移民行动

滩坑水电站建设是继新安江水电站之后，浙江省水利移民史上又一次空前的人口大迁移，动迁移民主要涉及青田县北山、岭根、巨浦、万阜4个乡镇的28个行政村和景宁畲族自治县的渤海、鹤溪、陈村、大顺、金钟、外舍、大均等2镇5乡48个行政村。青田县既是滩坑水电站移民动迁大县,又是安置大县,滩坑移民的重点在青田,难点也在青田。滩坑库区青田县包括北山镇、巨浦乡、岭根乡、万阜乡4个乡镇。虽然地处偏远山区,交通、信息等相对不便,但由于北山镇特殊地理条件,镇区处于山底的中心地带,周边山腰及山顶的乡村处于镇区的商业辐射范围。经长期发展,形成特殊的"锅底经济"效应,老百姓也一直能自给自足、自享其乐。因此,以下四方面主要困难和矛盾自始至终贯穿青田县移民动迁安置全过程:一是故土难离情结化解难。移民祖祖辈辈在动迁地生活,与动迁地的一草一木都建立了深厚的感情,更重要的是其固有的社会人际关系、生活方式等都会因搬迁而发生巨大的变化。二是非自愿移民注定会引发最强烈的利益博弈情结,追求利益最大化是移民必然的心态。这就必然产生移民高期望值和现实供给可能性的矛盾,必然产生移民利益要求和政策不能满足之间的矛盾。三是以计划经济方式开展市场经济时期移民动迁安置工作,必然产生"计划"和"市场"间的巨大冲突。3万移民有3万颗心,3万移民就有3万种利益诉求和愿望,这些个体的诉求愿望与统一的政策产生了巨大的不和谐。四是库区移民无论是文化素养、经济基础或者社会关系构成,都存在巨大差异,不可能有一个相对统一的利益支撑点,要寻求并建立主要的支撑点是十分困难的,要让移民普遍接受这个支撑点更加困难。

滩坑水电站库区移民动迁人数多,政策性强,任务十分繁重、艰巨。做好移民安置工作关系到工程建设能否顺利进行,关系到人民群众的切身利益,关系到社会的长治久安。为此,浙江省人民政府专门向全省各市、县(市、区)人民政府和省政府直属各单位下发了《关于切实做好滩坑水电站库区移民安置工作的通知》(浙政发〔2002〕23号)。其中指出:

滩坑水电站具有发电、防洪和其他综合效益,是我省一项规模巨大的基础设施建设工程,也是继金温铁路之后最大的扶贫工程。滩坑水电站的建设,对促进我省经济建设特别是丽水市的跨越式发展,具有重要的战略意义。因此,滩坑水电站建设不仅是丽水市的一项重要任务,也是所有承担移民安置任务的市、县和省级各部门义不容辞的责任。

《通知》明确了滩坑水电站移民工作的总体要求和基本思路:

滩坑水电站库区移民安置工作实行"统一领导,分级负责,责任到市县,乡镇实施"的管理体制,各地要采取切实有效措施,确保完成移民安置任务,确保移民"迁得出,安得下,稳得住,逐步能致富",确保库区和移民地区社会安定。

《通知》还就移民安置的计划和任务、移民安置的有关政策、移民安置资金筹集和使用管理有关规定、加强移民工作的领导作用等作了明确部署。

(三) 基本策略——合法、合作、合理、合情

移民动迁安置是一个带有全局性的战略问题。只有具备了相应的行动策略，才能确保顺利完成移民工作任务。移民工作无小事，地方政府既要大胆作为，又要谨慎从事。尽管林林总总的移民工作千差万别，在移民原因、移民对象、移民规模、移民时限等诸多方面各有其特殊性，但不管怎样千变万化，总有其相通之处。合法、合作、合理、合情是滩坑库区移民实践中的重要遵循原则。

第一，"合法"，即依法依规办事，这是顺利开展移民工作的前提和保障。依法治国是党领导人民治理国家的基本方略，依法行政是依法治国的基本内容和重要组成部分，是依法治国的关键。依法行政，首要问题是行政权力的法定化，各级政府只能在宪法和法律、法规的范围内活动，自觉把行政行为纳入法制化轨道。地方政府要妥善开展移民工作，就必须严格做到依法行政，这是顺利开展移民工作的前提。地方政府唯有以法律为准绳，在法律授予的职权范围内行使移民管理权，依据法律规定的要求和程序开展移民工作，移民行动才具有合法性，才能体现公平与正义，才能赢得民心。政府在移民工作的开展过程中若脱离依法行政的轨道，其移民工作的统筹就会进退失据，陷入人治、权治的困境，失去公平与正义，失去民心。

第二，"合作"，即官民互信共治，这是移民工作顺利有序开展的关键。事实反复证明，各种形式、性质、规模的移民冲突事件，并不是骤然而起、瞬间爆发的，往往有一个演变期、蓄积期，是移民内心的不满、抵触、对立情绪不断滋生、郁积、膨胀的直接结果。这种情绪并不是移民工程一开始就有的，移民工程也是一些当事人梦寐以求的，他们之所以后来会产生这种不满情绪，以至演变成恶性移民事件，往往是由于信息的不对称，或者是各相关部门为移民工程所做的准备工作不充分，抑或是移民政策有纰漏等引发的。鉴于此，在滩坑移民实践中，各级政府通过以下两个途径比较好地实现了政府与民众之间的信息传递，促进了互动与合作：一是充分利用广播、电视、报刊、文件、安民告示等媒介，大力宣传、解读移民政策，力争使其家喻户晓，让移民们对移民政策有足够的认识和理解；二是通过各种方式、渠道来听取移民的心声，了解其真正的需求，从而使得政府与移民在沟通中达到良性互动的理性状态，实现移民的阳光化。

第三，"合理"，即确保移民的合理诉求和合法权益，这是实现和谐移民的根本。从社会学的角度来看，库区人民世世代代生于斯、长于斯，这里有他们的精神寄托，有他们赖以生存的土壤，有他们多年累积的资源和人脉关

系。移民搬迁意味着他们的这些寄托、土壤、资源都将受到影响，甚至化为乌有。因此，移民自然而然就会产生吃亏心理，进而萌生求偿心理，这种补偿要求甚至会高于实际损失。除了求偿心理以外，移民作为有限理性利益人，还存在着追求利益最大化的心理，想要获得尽可能多的补偿金。政府需要慎重对待移民们的搬迁补偿诉求，对于移民们合法的利益要尽量给予充分的满足；对于那些不正当的要求，既要坚持原则，又要以人为本，真正做到"情为民所系，利为民所谋，权为民所用"。只有这样子，才有可能妥善地开展移民工作，实现和谐移民。

第四，"合情"，即竭诚为移民排忧解难，这是促进和谐移民的重要法宝。移民就意味着背井离乡，意味着告别世世代代繁衍生息的故乡热土和低头不见抬头见的乡里乡亲，去到一个人地生疏的他乡另谋生路，另辟天地。这对于有着强烈故土情结的中国人来说，是一场精神与心理上的煎熬，更有可能会遭遇各式各样的实际生活问题。在这样一种情势之下，作为地方政府，必须先移民之忧而忧，后移民之乐而乐，竭诚为移民排忧解难，帮助移民踏上生活的新路。这既是地方政府应尽的责任，同时也是地方政府应有的品格。中国的百姓是富有感恩之心的，地方政府撒向移民的点点滴滴的爱心暖意，终将换得移民的肝胆相照。

滩坑的移民实践表明，各级政府和移民干部在开展移民工作时只要合乎法、顺乎情、达乎理，再加上一颗博大的爱心、一份敬业的精神，就一定能化解矛盾、破解难题。

二、滩坑水电站的移民管理

无论是自愿移民还是非自愿移民，都需要进行移民管理。如何对移民进行正确的管理？如何恰当和综合运用移民管理手段？如何充分发挥移民管理对于移民实践的促进作用？这些都是水利水电工程建设移民工作中必须认真思考并加以研究的问题。

（一）移民管理：实现移民利益与社会利益的有效协调

无论是个体性移民还是群体性移民，无论移民的主体认识呈现的是自愿状态还是非自愿状态，移民的客观条件、移民过程及结果，都要依赖于现存的社会关系和社会条件，都会对现有的社会关系和社会条件产生影响。因此，移民不只是单纯的个人行为或社会移民群体自己的行为。当今任何一个国家无论何种社会制度和意识形态，政府对移民进行管理都是共同的社会现象。当然，由于各国所处的社会发展阶段不同，移民流向和移民群体的构成与流动形态也不同。

发达国家移民管理的重点是国外居民因留学、结婚、庇护等需要而向本国进行的以个体流动形态为主的自愿移民。对于因工程建设原因引发的非自愿群体性移民，发达国家由于经济实力雄厚，移民组织者常常以经济组织和市场驱动为主进行移民。而在发展中国家，从国外流入的外国人自愿移民人数相对较少，但是由于经济发展水平和基础建设的不足，为了拉动经济发展和加强基础设施建设，经常需要进行非自愿群体性移民。在我国，据不完全统计，新中国成立以来，全国共兴建水库 86 000 余座，淹没耕地 3 000 万亩，移民达 1 250 多万人，大量的非自愿性群体移民是政府移民管理的主要对象和重要任务。据迈克尔·M. 塞尼的研究显示，20 世纪 80 年代到 90 年代的 10 年间，全世界因修筑大坝、城市建设、公路建设等有 9 000 万至 1 亿人进行了非自愿性移民，这个数字大大超过了因战争和自然灾害原因而移民人数的总和。这些移民大多数集中在中国、印度、巴西、埃及、尼日利亚等发展中国家。① 发展中国家由于经济实力弱，市场经济发展不充分，无法按照市场经济原则移民，因此需要由政府出面来组织和管理非自愿群体性移民。

移民管理的目的是为了实现移民利益与社会利益的有效协调。从移民实践来看，移民利益与社会利益总是存在矛盾的，非自愿群体性移民更是如此。滩坑库区的移民，他们当初确实是处于非自愿性移民的认知状态和对故土难离的复杂心态，特别是那些动迁安置前条件较好的移民更是如此。但是，滩坑水库的建设又要求他们必须移民。这种移民客观要求与当地移民自身的认知状态的矛盾是客观存在的，是不能自发解决的。只有通过不断完善如《滩坑移民安置工作实施方案》《滩坑移民建房若干规定》《滩坑移民宅基地使用安排规定》《滩坑移民安置优惠政策实施意见》《移民建房质量、安全管理制度》等一系列政策和制度，认真加以贯彻落实，把推进工程建设同各项鼓励移民的措施相结合，才能逐步实现滩坑水库建设要求与非自愿移民向自愿移民认知状态的转变。在移民搬迁过程中，移民补偿期望值同政府补偿能力的矛盾，移民与迁入地居民生计资本同文化影响之间的矛盾，移民融入迁入地也是一个痛苦的主客体相互适应与相互改造的矛盾过程，这一系列矛盾如果离开了有效的移民管理体系、管理措施与手段，是无法解决的。

滩坑水电工程的移民实践表明：

第一，移民管理要超前。如果说政府其他管理可以待实践创造了一些经验后，再通过总结这些成功经验并在此基础上建立一些管理体制、措施等，移民管理却不能等移民实践总结一定管理经验后，再建立管理体系，移民管理必须超前进行，否则结果就会恶化。滩坑水电站建设初期，曾因工程建设

① 迈克尔·M. 塞尼著，水库移民经济研究中心编译：《移民·重建·发展——世界银行移民政策与经验研究（二）》，南京：河海大学出版社 1998 年版，第 80 页。

进度超前与移民工作滞后的矛盾,移民工作提前与政策滞后的矛盾与经验不足、工作不细,连续发生"北山群体事件"、"8·17"异常上访、"10·23"非法集会等事件。再加上非自愿移民的特殊性,移民思想容易发生波动,经常造成移民各项具体工作的反复。

第二,移民管理要主动。这个特点是由非自愿群体性移民主体的认知状态决定的。移民管理者必须主动地做好工作,帮助移民尽快转变认知状态,从对移民行为的非自愿认知状态转变为自愿认知状态。但是,即使移民认知状态转变了,群体性移民行为、政策等仍需要统一、协调。移民管理者只有通过积极有效的管理,才能把移民的认知状态转换的成果进一步转化为移民成功的实践。移民的主动管理说明,群体性移民实践的成功与否,在很大程度上取决于移民管理主体的主动与否。

第三,移民管理要寓管理于服务之中。在滩坑水库移民过程中,无论是政府或移民管理机关,都能看到若干管理法规、政策,这表明滩坑移民管理是有法可依、有章可循的,是规范有序的。随着调研的深入,还可以看到有关部门在一线为移民服务的情景,做到"工作重心前移",领导在一线指挥、干部在一线工作、矛盾在一线解决、业绩在一线创造,让移民感觉到温暖,通过进一步密切干群关系来推进移民工作。反之,若管理部门也仍然以管理者自居而不转变工作作风的话,移民工作肯定难上加难甚至难以实现。

第四,移民管理要多管齐下。管理手段形式多样,主要有行政手段、法律手段、经济手段、思想手段、宣传手段等。这些手段虽然在其他管理活动中也是类似的,但运用于移民管理活动要着眼于移民和移民工作的特点,针对不同区域状况、不同社会群体、不同移民对象综合灵活应用各种权力化手段和非权力化手段,使管理手段更富人性化,更具针对性和实效性。

(二)移民管理在滩坑库区的创新实践

1. 移民安置方式的创新

在我国,传统的水电站工程移民安置方式主要可以概括为以下几种:①大农业模式,即坚持以土为本,以农为主,实行集中安置与分散安置相结合;②村镇化模式,即在库区范围就近建立移民集中安置点,聚集人口以加速推进农村城镇化;③整体性外迁模式,即将生存环境恶劣、生产发展条件极差的地区的居民成建制地外迁到具备生存与发展条件的地区;④混合型安置模式,即考虑水库移民自身条件和安置区的实际情况,分别采取农业、非农业、自谋出路和其他安置方式。①

---

① 郭立:《中国水库移民主要安置方式》,《瞭望新闻周刊》2006年第3期。

总体来看，这些安置方式较多考虑的还是工程本身问题，以及那些可能给移民群体造成的最直接的损失的补偿问题，而忽略了移民的可持续发展，造成移民的政策保障损失、基本保障损失、生产资料损失、基础设施损失、社会关系损失、发展空间损失等，最终导致库区留民和部分移民的长期贫困。所以说，水库移民和库区留民的贫困问题，不是用一般的扶贫办法能够解决的，需要重新建立一套和谐的水库移民社会、经济及生态关系网，使他们真正享有与当地居民同等的条件和机会。

滩坑移民可分为两大类：一类为农村移民，一类为非农业移民。对于非农业移民只进行生活安置，不进行生产安置。而对于农村移民基于其自主选择，分为有统一定点的有土安置和无土安置两种方式。政府根据移民的要求和移民的自身条件安排安置方式，其中无土安置又可分为自谋职业安置、自谋出路安置、投亲靠友安置、养老保障安置四种。

第一，自谋职业安置。是指已从事多年非农经营活动，有固定职业和技术专长的移民，或主要家庭成员是国家工作人员、大中型企业职工的移民，以户为单位，在统一规划点的滩坑移民安置点内自行建房；自愿申请不要生产用地，从事二、三产业经营，自行解决生产安置。

第二，自谋出路安置。是指以户为单位全部成员一次迁移到滩坑移民安置规划区以外的农村或城镇，从事二、三产业经营，自行解决生产生活出路。

第三，投亲靠友安置。是指移民户适合于在政府统一规划的安置地外投靠亲朋好友，自行安置。

第四，养老保障安置。是指具备条件的实行养老保险安置的移民，经乡（镇）人民政府审查同意，县移民主管机构批准后，由移民本人、迁入地乡（镇）人民政府、保险机构三方签订养老保险合同，将其生产安置经费作为投保基金，拨付给保险机构，由保险机构按照规定核发养老保险证，每月支付养老金数额。养老保险金结余可作财产继承。

2. 移民搬迁机制的创新

在我国，传统的水库移民搬迁工程多由政府统一包干，要求统一时间搬迁，统一运输力量，统一行动步伐。这一搬迁运作机制虽然效率较高，但也容易带来一系列的问题，主要有：一是运输工具组织难度大，移民人数众多、分布面广，要在短时期内组织庞大的运输力量，难度非常大；二是运输效率低，搬迁时公路上卡车过多，队伍过长，造成了交通的严重阻塞，运输速度十分缓慢；三是运输压力大，由于是政府组织车辆搬迁，移民将家中原本一些无用的破旧家电也装上车，大大增加了运输压力；四是移民不满意，根据当地风俗，每家每户都想要选择吉日吉时搬迁，一刀切的搬迁时间不符合移民的意愿；五是存在安全隐患。搬迁车辆和人员众多，在阻碍交通的同时也增加了自身安全隐患。

滩坑移民搬迁工作的最大创新在于解放思想、引进市场机制，放手发动群众。鼓励移民自主搬迁，同时政府制订安全保卫方案和应急处理方案。在搬迁方式上，充分利用了市场经济手段，政府设定运输服务方资质条件，经过公开招投标，确定了运输服务方和运输费用，然后政府与运输服务方再签订服务合同，由运输服务方根据移民户的要求确定服务时间，提供安全、优质的运输服务。此外，移民充分发挥了自身的能动性，有的搭便车，有的找空车返回的公共汽车，有的亲帮亲邻帮邻，轻车简从，结果实现了库区清库"零滞留"。

3. 移民安置程序的创新

以往各地的一些水利工程由于对移民安置没有编制规划，或者由于规划编制不科学、执行不严格等原因，导致移民安置工作难以开展，遗留问题多，甚至需要进行二次搬迁。在滩坑移民的搬迁问题上，地方政府因地制宜，在对原有移民安置程序进行深入的利弊分析的基础上，不断完善并创造性地生成了独具特色和民间智慧的方法和程序（详见本章第四部分）。

（三）移民管理职能部门的地位作用

从世界范围来看，政府移民主管机构的设置运行已经有近400年的历史。16—17世纪，英国、荷兰为了进行殖民开拓，国家颁布"特许状"授予对殖民地独占的法律地位，政府设立了殖民大臣。美国独立后不久，在1795年通过了针对移民的归化法；1798年亚当斯政府制定了《国籍法》《外侨法》；林肯当选总统后，推动国会通过了《鼓励外来移民法》，政府有专门的国务院移民专员署，纽约等地有移民办公室。在今天，世界许多国家都有移民局，是政府管理移民的常设机构。在我国和众多的发展中国家，长期以来，在大型工程项目建设中，往往偏重于工程技术本身，而忽视移民工作，或把移民工作当成附属于工程建设的临时任务，因而移民机构鲜为人们所知，甚至被许多人看作是政府的一个临时机构。

从滩坑水电站建设的实践历程来看，无论在工程建设的前期、中期还是后期，政府的职能部门都发挥着巨大的作用。滩坑水电站于2003年2月16日正式开工建设，2008年竣工。在这个过程中，省、市、县各级移民工作主管部门充分发挥了自身作用，具体表现为：

第一，做好维稳工作，确保库区和谐。按库区将维稳工作安排好、排查好、处置好、调度好、上报好，确保了在重大活动时期库区和移民安置区的和谐稳定。

第二，执行移民安置的方针政策和法律法规，加强对移民经费的管理，对移民淹没的损失补偿（补助）以及确保安置过程中的生产生活资料、配套的公共设施和必要的工作经费，按省政府规定的标准执行，实现专款专用。

第三，贯彻落实移民安置规划和实施方案，遵循报批程序，确保那些必须搬迁的单位和移民能够及时、准时搬迁，使他们没有正当理由拒绝搬迁或者拖延搬迁。

第四，协调移民在搬迁过程中所产生的矛盾和纠纷，维护他们的正当利益，解决他们的困难，使移民顺利搬迁并在迁入地安家，努力践行"移得出、安得住、稳得住"的移民目标。

概括地说，移民部门很好地完成了移民搬迁、移民安顿、移民扶持、库区重建等工作。移民部门对整个滩坑水电站工程建设具有贡献性的历史意义。移民部门的历史地位与作用和滩坑水库工程的工期不能混为一谈，它是同移民社会现象相联系的。移民是一种社会现象，在市场经济条件下移民现象还会进一步发展，所以说，移民部门的地位和作用应当是长期的。

正因为移民部门的地位和作用是具有战略性和长期性的，所以要反对把移民管理部门的地位与作用同某项具体工程完全等同的观点，同时还应适时调整其管理部门的结构、层次和职能，以适应移民工作全面协调可持续发展的要求。

三、滩坑水电站移民实践的宏观战略

把握正确方向的管全局、管长远、管根本的宏观战略指导，是取得非自愿群体性移民成果必不可少的重要条件。滩坑库区5万非自愿群体性移民成功之大局，首先应归功于党中央、国务院及省、市党委、政府战略指导的正确。成功的经验启示我们，移民的宏观战略指导应该作为移民过程中的一个重要理论问题予以重视和研究。

（一）滩坑水电站移民实践宏观战略的指导思想

在滩坑水电站项目中，之所以能成功破解5万水库移民这道难题，是与正确的、既符合移民工作规律又有地域特色的战略指导思想分不开的。

第一，解放思想、实事求是、与时俱进，坚持和弘扬党的思想路线。思想路线是我们开展各项工作的理论基础，移民工作也要以此为指导。移民是一项具有自身特点和规律的工作，必须在党的思想路线指导下，不断使主观认识与行动符合移民的实际情况和规律。滩坑移民不仅继承了中国历史上的移民实践经验，也大胆借鉴了世界历史和现实移民的经验，在制定移民方针政策时做到更加解放思想、立足现实，积极探索和大胆创新，形成了以开发性移民方针为核心的移民路线、法规和政策等。同时，人们的移民认知还必须跟上不断变化的社会实际，这就要求移民理论和实践必须与时俱进。在移民实践中提倡的"与时俱进"，主要是围绕怎样贯彻开发性移民方针和正确解决移民中的新情况、新问题，并将这种理念运用于环保问题、物价变动问题、土地政策与法规重大变化问题的解决上。

第二，以人为本，在移民中维护和实现群众的根本利益。以人为本包括维护和发展人民利益两个方面。从维护人民利益来看，是通过依法移民来体现的。法律对于移民个人、集体、国家利益及公私财物权利，都一视同仁地进行保护，既保证了移民工作的公正性，也在很大程度上杜绝了移民工作中的不正之风和贪污腐败现象，使移民的权益不受损害。在有法律保障前提下，制定若干政策作为必要补充，把维护和发展人民利益的工作做具体、做细致，落到实处。从发展人民利益的角度来看，具体是通过把移民与适度发展相结合，使移民群众在移民实践中既做出必要的奉献与牺牲，同时又享有发展的机遇。通过依法实现"以人为本"，通过发展实现"以人为本"，通过干部细致的工作落实"以人为本"，这三个方面的有机统一，充分保证了滩坑移民工作的落实。

第三，用好政府和市场两只手，坚持政府主导与市场调节"双轮驱动"。滩坑水库的5万移民在中国现阶段的国情下，没有政府的积极介入与引导推动是很难启动的，更别说成功，因此，要想顺利完成移民工作，政府必须作为主体之一。但单一的政府主导也无法保证非自愿性移民全部搬迁并稳定秩序。所以，在以政府主导的同时我们也需要发挥市场机制的作用，才能弥补政府在移民工作中的一些不足，如投入能力不足、监管能力不足等，这样才能把移民搬迁从巨大的挑战有效地转化为发展的机遇。在两者相结合的方式上，有很多成功的模式，比如对口支援多种形式、联户自建模式、自谋职业的移民安置的市场模式等。

（二）滩坑水电站移民实践宏观战略的主要内容

第一，遵循移民工作大政方针。滩坑水库移民中最根本的方针就是开发性移民。开发性移民方针把移民与发展适度结合，把移民工程变成了发展的机遇，使库区移民不仅成为滩坑水电站建设的贡献者更是受益者，为移民搬迁工作提供了持久活力。贯彻开发性移民方针，就是要按照以农为本、有土安置为主的原则，将移民相对集中安置到环境容量和条件较好的乡镇，分散安置到行政村，切实解决移民的基本生产资料并配齐生活设施。移民的承包土地、自留地等由迁入村集体调剂解决，标准不低于当地农民的平均水平，并对迁入村实行必要的经济补偿，同时实行补偿性移民及后期扶持相结合的政策。这些政策和移民总方针，能够从整体上为做好移民工作提出方向和提供可操作的措施与途径，有效地防止移民工作出现全局性、根本性的失误。

第二，将移民工作纳入法制化轨道。移民工作是否在法制基础上进行，是否在整体上有法可依，移民各方权利与义务能否依法得到实施和保护，是现代移民工作水平的标志，也是移民工作能否成功的重要保障。要攻克滩坑水库建设 5 万移民的搬迁难题，需要出台关于移民工作的政策和方针，比如各级政府针对滩坑所制定的政策——《浙江省人民政府关于切实做好滩坑水电站库区移民安置工作的通知》（浙政发〔2002〕23 号）、《滩坑水电站库区移民安置实施意见》《滩坑水电站工程移民安置补偿标准》和《滩坑水电站库区移民动迁安置工作程序》。这些政策的制定与实施使得滩坑移民一开始就有法可依、有章可循，且可以根据工作进展情况的变化，动态地适时调整和完善政策，这为移民工作有序推进提供政策和法律依据。

第三，明确"统一领导，分级负责，责任到市县，乡镇实施"的移民管理体制。在浙江省滩坑水电站工程建设协调小组的统一领导下，各政府和相关职能部门需要根据移民安置总体规划要求，实行任务、资金、责任捆绑式包干。丽水市政府负责组织完成全部移民动迁及市内移民安置任务；宁波、绍兴、金华、台州市政府负责完成接收滩坑水电站库区外迁移民的安置任务；省民政厅移民主管部门负责整个移民安置工作的具体指导、协调和管理。从整体上说，移民是社会的局部再造，涉及各个方面，没有权力的介入是无法协调移民工作各方面内容的，因此，这么浩大的工程需要省政府的统一领导。从各部分上说，移民责任下放到市县、乡镇符合中国国情，具有科学性。以县为移民基础的管理体制，既防止了视野的狭小，避免他们无法从全局、宏观的角度把握移民整体工作，又防止了宏观观照中可能出现的盲区和遗漏；既防止了因权限太小，解决不了移民工作中复杂多变的实际问题，还防止了行政效能达不到移民基层单位和移民户的问题，避免移民工作落不到实处的危险性。

第四，全省联动，积极策应，合力推进。采用对口支援模式，能够实现政府移民行为与市场机制的结合，能够为解决移民中的投入缺口、发展动力等问题找到正确的途径。滩坑移民外迁，需要得到外迁地党委政府的大力支持和紧密配合。在外迁工作中，外迁地——宁波、绍兴、金华、台州四市的各级党委政府，讲政治、顾大局，一直把移民安置工作作为支持欠发达地区的实际行动和义不容辞的责任，竭尽全力做好各项准备工作。这四个市的主要领导主持研究制订移民安置方案和有关配套政策，分管领导考察落实移民安置点，及时协调和解决工作中出现的问题，落实相应的组织机构、人员和经费等工作。从接受移民安置任务的那一天起，省内各外迁安置地政府便把安置滩坑移民列入重要议事日程，从安置点选择、对接、建房到后续扶持的每一个环节都尽可能做到周到详致。

第五，正视问题，掌握主动性，及时化解移民过程中的突出矛盾。对于移民过程中出现的问题，各级政府要尽快、及时解决，而且要治之于未乱、防患于未然。在移民动迁前，浙江省政府就制定了《关于切实做好滩坑水电站库区移民安置工作的通知》（浙政发〔2002〕23 号），对滩坑库区移民中可能出现的问题做了全面的摸排，对于需要进一步重视和解决的几个重大问题做了部署，明确提出了滩坑移民安置要达到的目标和要求。

滩坑移民安置要达到的目标和要求

①确保移民迁得出，安得下，稳得住，逐步能致富。

②促进移民与发展有机结合，推进库区和安置区经济社会发展。

③本着对国家、对移民、对历史负责的精神，做好移民工作，不留后遗症，确保社会稳定。

④四年基本完成动迁安置任务。分别由丽水市完成全部动迁及市内安置任务；宁波、绍兴、金华、台州 4 市完成外迁移民安置任务；移民的数量控制在规划设计安置人数的范围内。

⑤确保移民能够得到合理补偿，鼓励移民主动搬迁。

⑥努力达到"两个平均水平"，一是基本生产资料（承包土地、自留地）标准不低于当地农民的平均水平；二是使移民早日达到当地居民的平均生活水平，保障移民的基本利益。

⑦对迁入农村实行必要的经济补偿，维护安置地居民利益。

⑧积极开展帮扶和后期扶持工作，为移民提供受益机会，同时要大力弘扬自力更生、艰苦创业的精神。

⑨库区集（城）镇复建和安置点的专项基础设施项目，按照省政府69次常务会议纪要的精神，市县有关部门要大力支持帮助和配合。

⑩加强资金管理，专款专用，重在使用效率，使移民安置工作成为"廉政工程"。

移民工作就像打仗一样，工作主动权是势在必争的。特别是对于一个微观移民区域，如果移民工作丧失了主动权，就意味着不能如期完成移民任务。在滩坑移民工作中，维稳更是这一原则的具体体现。需要重视研究每个阶段影响稳定的因素、群体及其特点，认真处理和协调移民工作中的利益关系，调动一切积极因素，做到"发现得早、控制得了、处置得好"，积极"走进矛盾、破解难题"，及时处理好各类矛盾，维护库区、安置区稳定。采取切实有效的措施防患于未然，以稳定有序的局面，保障移民的利益。

四、滩坑水电站移民安置的基本原则和方法步骤

移民的具体领导工作以县为基础而展开，即区、县（自治县、市）党委和人民政府是移民微观操作的主体。滩坑库区的移民实践说明，以县为主体

直接进行移民操作是正确的制度安排，应该在理论上和实践上作为中国特色的移民理论内容给予肯定和总结。

（一）滩坑水电站移民安置工作八项原则

第一，正确处理国家、集体、个人之间的关系，移民区和移民安置区民众应当服从国家整体利益。

第二，坚持以农业为本、有土安置为主，本地安置与异地安置、集中安置与分散安置、政府安置与自找门路相结合；农村移民实行以农为本、有土安置的原则，安置地应选择自然条件和经济状况相对较好，土地容量较为充裕（一般应达到县均水平），交通、水电等基础设施较为完备，村级班子战斗力强，民风淳朴的村安置移民，确保移民能够"安得下，稳得住，逐步能致富"，在数量和质量上不低于安置村的平均水平，同时，对安置村实行必要的经济补偿。

第三，对农村移民积极开展生产生活帮扶。各迁入地政府要组织农业、林业、水利、农机、乡镇企业、科技等部门，帮助移民提高生产技能，尽快适应当地的生产生活环境，鼓励移民自力更生、艰苦创业，积极发展优质、高效、高产农业和生态农业，促进移民与当地居民尽快融合。

第四，严格执行移民安置的方针政策和法规、规章，加强对移民经费的管理，对移民淹没损失补偿（补助）和安置过程中的生产生活资料、配套的公共设施和必要的工作经费，按省政府规定的标准执行，确保专款专用。

第五，严格执行经审批确定的移民安置规划和实施方案，不得随意调整或更改，因特殊情况需调整或修改的，应当按照原审批程序报批。必须搬迁的单位和移民，不得以任何理由拒绝搬迁或者拖延搬迁。凡已经搬迁的，其搬迁前使用的土地及其附着物由当地县级人民政府依法处理，并及时办理移民销号的相关手续。

第六，移民生产生活用地，依法从安置村集体土地或村民承包地中调剂解决，确保移民生产有土地，生活有住房。

第七，移民建造住房的占地面积按迁入地县级人民政府的规定执行，与当地村民享有同等待遇；移民建房要符合村镇规划，提倡移民自建住房。鼓励移民购买安置地居民的闲置房，出售给移民的闲置房中须是结构牢固、使用安全的住房。迁入地人民政府要保证移民的合法权益，依法办理移民建房和购房以及宅基地等有关手续，落实和办理移民的户籍变迁、社会福利和子女就学、生育指标等有关事宜。为迁入的移民及时颁发土地承包经营权证，落实土地承包权、生产自主权和经营收益权。

第八，有利于生产，方便生活，便于管理，便于协调，确保迁得出，安得下，稳得住，逐步能致富，使移民生活逐步达到当地的居民的平均水平，确保库区和移民地区社会稳定。

（二）滩坑水电站移民安置的基本程序和步骤

对于动迁地，其主要程序和环节有：

第一步：宣传发动。加强移民动迁的宣传教育和思想政治工作，全面宣传电站建设的意义、移民的义务、移民安置政策、补偿政策、安置去向、安置形式选择和安置点的情况，通过宣传发动，努力创造自愿移民、积极移民的氛围。

第二步：核定实物数据和移民人口。对应迁移民对象，进行移民身份确认，严格按照市政府206号文审定移民人口，核定实物数据，填写《滩坑水电站移民安置补偿登记卡》，向群众张榜公布，接受群众监督，做到公开公平公正。

第三步：进行移民安排形式选择。要求自谋出路、自谋职业、投亲靠友、养老保险安置的移民，填写申请表，按照条件逐级审查审批，对非农业户移民进行分流或定向定点安置。

第四步：确定安置去向。根据实施方案已确定的安置点，组织县、乡镇等有关部门人员到安置点进行综合考察，并采取综合平衡、一步到位的办法，由县人民政府确定安置去向。

第五步：组织移民看点，对接落实分配宅基地。统一组织移民代表前往迁入地对接考察，以抽签或其他被移民认可的方式，确定建房点，办理建购房手续。移民户"对接"应严格按照一户一人次一个点的原则，不得交叉、重复考察。

第六步：组织移民建房，发放补偿补助金。属于迁出地付的，由迁出地办理结算并销号；属于迁入地付的办理好资料移交手续。

第七步：制订运输方案，落实安全措施，组织移民搬迁，包括户口迁移、党团关系、学生就学、儿童免疫、计划生育、优抚对象、现役士兵、在校生等档案资料的移交。

对于安置地，其主要工作程序和环节有：

第一步：宣传发动。做好安置地干部群众的思想政治工作，统一思想认识，营造热情欢迎移民到当地安家落户的良好氛围。

第二步：落实生产生活用地。选择自然条件和经济状况相对较好，土地容量较为充裕，交通、水电等基础设施较为完备，村级班子战斗力强，民风淳朴等地点，确定安置村（组）建房点和落实承包土地，安置点一经确定后，原则不得变动。

第三步：做好宅基地的"三通一平"工作。

第四步：分配宅基地。与迁出地共同做好宅基地分配工作，以户为单位将移民户的建房宅基地落实到具体幢、间，并与移民签订建购房协议。

第五步：组织建房，提供服务。按进度发放补偿补助资金，外迁移民的住房原则上由移民自建，迁入地负责管理、指导和服务工作，为移民把好图纸设计关、施工队伍资质关，协助移民把好建房质量关，依法办理建（购）房有关手续，迁出地要派精干人员到迁入地帮助协调有关事宜。

第六步：做好准备，搬迁入居。移民到达迁入地指定的交接点后，负责将移民人员、物资安全运送到各安置居住点，并办理相关交接手续。

第七步：落实帮扶措施。积极开展生产和生活帮扶，每个移民安置村必须有一名乡镇干部挂钩联系，各安置村要建立党员干部联系移民户的帮扶制度，明确帮扶内容，确定帮扶责任，使移民尽快融入当地生产生活环境。

五、群策群力，凝聚民智，突破移民难题

移民工作被称为"天下第一难题"，因为它是一个庞杂无序、变化无常的系统工程。面对这样一个浩繁复杂的工程，其难点表现在哪些方面？这些难题该如何破解？这些都是滩坑工程项目的决策层必须考虑的问题，也是各级移民干部必须正视的现实现象。滩坑水电站移民工作由乱而治，转被动为主动，其背后强大的推动力源于专家学者的智慧，源于所有情系滩坑、心系移民的各级党委、政府和干部群众。

（一）领导有力，统筹有序

为了解决好滩坑水电站建设中的移民问题，历届省委、省政府高度重视，深入调研，多次召开会议，专题研究解决滩坑水电站工程建设和移民安置工作中碰到的困难和问题。仅 2003 年，省委、省政府就滩坑水电站建设工作一共召开了 7 次专题会议。对于一个水电工程，省委、省政府作出如此紧密的部署实属罕见。时任省委书记习近平、省长吕祖善、省委副书记夏宝龙、副省长陈加元等领导多次亲临库区进行检查指导，作出了一系列重要指示，为电站建设和做好库区移民工作指明方向。特别是在移民工作陷入困境的时刻，时任省委书记习近平作出了"立足于上，迎难而上"的指示，为移民工作撑了腰、鼓了劲，坚定了广大移民工作者的信心。每当滩坑水电站工程建设和移民工作遇到困难时，省委、省政府总会在关键时刻帮助丽水协调解难，推动工程进度。

（二）群策群力，维护稳定

2003 年 3 月到 2004 年的 2 月，是滩坑水电站移民工作历程中最不稳定的时期，也是最艰难的时期，期间群体性事件的发生，让部分干部和群众对滩

坑水电站能不能上马建设产生了怀疑，有的干部甚至对省委省政府的决心也开始表示怀疑。北山系列事件后，丽水市统筹各方力量建立了库区维稳组，按照"抓小、抓早、抓苗头"的工作方针，从预防入手，重视信访源并进行矛盾纠纷排查，及时有效处置各种违法活动，牢牢掌握工作主动权。对移民工作的每一环节，都制订了详细预案，周密部署，实现了库区稳定、电站建设、移民工作推进互为促进的良好局面。

一是实行驻村联心制度。要求各级党委、政府和移民安置地的乡镇干部、驻村干部、村干部，都要有敏感性，有洞察力，处置问题要果敢，办法要合法得当。特别是处置苗头性问题时，把"绝不能形成组织、绝不能形成气候"这两个"绝不能"提到讲政治的高度来认识、把握和处理，并且努力争取"化坏事为好事"，"化被动为主动"。

二是建立维稳机制和应急预案。建立健全移民信访维稳工作网络，建立移民思想动态定期分析制度、移民信访维稳工作例会等制度。按照"宁愿备而不用，不能用时备而不充分"的高标准、高要求，制订各种群体性、突发性事件应急预案。

三是进行矛盾纠纷排查和调处。建立矛盾纠纷调处动态跟踪机制，定期对各类矛盾和问题进行梳理，并督促责任单位和责任人进行解决。重视信访源和矛盾纠纷排查，把矛盾和问题解决在萌芽、解决在局部、解决在初始、解决在村户，牢牢掌握工作的主动权。

四是坚持"三个打击"。对少数唯恐天下不乱、破坏稳定局面的不法分子，坚持"三个打击"方针，即什么时候闹事什么时候打击、哪里闹事打击哪里、谁闹事打击谁。

（三）市场引导，激发民力

虽然移民通过补偿的原则拿到了房子和补偿款，但其生产方式和生活方式若无法得到改变的话，其组织的效果也会减弱。在滩坑移民过程中，政府部门广纳民智，多方征询专家意见。在移民建房形式上，创造性地提出了移民建房"四统一""四自主"原则，即由各安置乡镇（街道）、经济开发区、村统一组织规划，统一报批，统一标准，统一落实宅基地；由移民户自主实施，自主选择施工队伍，自主签订建房合同，自主负责质量和安全管理。这样，政府工作重点就转向到提供政策支持和服务，从而有效地避免了政府统包统揽、移民被动配合的现象，充分发挥了移民的主观能动性，使移民的认知结构发生了转变，由原来"要我搬"变成了"我要搬"。

（四）攻心为上，形成合力

非自愿移民的搬迁既要有政策的驱动，更要唤起移民的热情和认同。各级党委和政府在非自愿移民群体内部要进行有效的情感培育，激发移民搬迁的动力。在培训、启动非自愿移民内部的动力因素时应该做到点面结合。面，就是要通过思想政治工作，以政策法规为武器，使非自愿移民较早地实现大多数向自愿移民的转化；点，就是要有各类移民带头的示范因素。在滩坑库区，党政机关、共产党员、干部、优秀移民代表都是移民的带头示范因素。他们率先在移民中表现出了主动奉献与牺牲精神，滩坑库区移民任务重的乡镇的党政机关常常自身也是移民对象，因此他们就兼有两重性——既是移民前线指挥部，同时，也是移民对象，他们的率先搬迁，对于形成移民内部动力作用是很大的。北山镇镇政府就既是搬迁对象，又承担着移民工作的重任，他们树立积极的形象能够对整个城镇的搬迁起到积极的促进作用。

（五）舆论引导，营造氛围

借助于舆论力量，可以更好地宣传移民工作，使更多的移民意识到搬迁对他们来说是利大于弊的。为了达到宣传的目的，各个部门、新闻界都发挥了各自的才智。《丽水日报》组织阵容强大的采访组到滩坑库区体验生活，与库区干部一起，共同推进移民工作；丽水市文体广电新闻出版局组织市文艺宣传队开赴滩坑，进行慰问演出。在此基础上，市委、市政府着重指导青田、景宁两县开展声势浩大的宣传工作；青田县还成立了由县委副书记为组长，县委常委、宣传部长及分管副县长为副组长，滩坑指挥部与各相关职能部门为成员的"滩坑水电站建设宣传领导小组"；青田滩坑水电站工程建设指挥部创办了《今日滩坑》宣传报，每周刊出两到三期；在青田人气最旺、在海内外青田人中最有影响力的网站——瓯联网专门设立移民工作论坛，论坛有专人管理，注重正面引导，及时澄清传言，对网民好的建议意见及时吸纳；青田县侨联、侨台办等涉侨涉外部门大力开展对侨移民工作宣传，使华侨关注家乡，关注移民，支持移民；在景宁县，当地媒体采用"连续轰炸式"和"循序渐进式"的宣传报道手法聚焦滩坑，宣传滩坑，滩坑水电站景宁库区指挥部编辑的《滩坑移民工作简报》及时报道滩坑移民工作的进展情况。

这样全方位的宣传，动用了人们所能想到的一切方式和方法，通过这种强有力的宣传，营造出了"情系滩坑、心系滩坑、心系移民"的良好氛围。青田、景宁两县在宣传过程中，很注重宣传的有效性，既有的放矢，又未雨绸缪，既强调客观真实，又注重正确引导。同时在宣传的广度和深度上注意消除宣传盲点，营造一种全社会支持滩坑移民的社会氛围。

除了以上这些措施，丽水市在国道、县道旁和各种重要场所设立大型宣传牌，在库区和安置乡镇悬挂宣传横幅标语。对于移民群众来说，对政策、安置地、移民工作进展等情况的了解，最重要的渠道是与移民干部面对面地接触和交流，这也是最直接有效的宣传。滩坑宣传工作成功营造了"一切围绕移民，一切服务移民，一切为了移民”的良好氛围，扭转了工作之初的被动局面，有力地促进了内安、外迁和建房等移民各阶段工作，尤其是在阶段性工作推进遇到难题时，宣传工作更是起到了很大的作用。

同时，针对移民群众患得患失的心理，移民干部都以通俗易懂的语言，把外迁相关优惠和鼓励政策向群众讲深讲透，激发移民的外迁热情。

第六章　为移民建构良好的社会环境

移民的实质是以人口空间移动的社会体系的局部位移，移民所引发的社会体系的局部位移发生后，必然要提出移民中的社会整合问题。移民准出、准入、准行的"轨道"，在实践中表现为移民的社会环境。移民绝不是让人搬个家这么简单，它背后受深层次社会关系所影响。移民社会环境的建构，不是单靠移民某方面的组织者和移民自身就能办到的，它必须由政府各职能部门协调政策，形成合力，才能形成有利于移民实践运作的社会环境。滩坑移民的搬迁成功首先应归功于十多个政府部门为移民出台的各项政策，涉及税收、金融、户口、法律、档案、土地、交通等准出、准入、准行等方方面面的社会条件的改造。

一、调整和协调政策，保障移民权利

滩坑移民的社会环境一开始并不理想。从理论上来讲，一方面移民带到迁入地的各种有形或无形的社会文明成果跟迁入地的现实存在很多共同方面，这使得移民与迁入地实现整合存在可能性；但另一方面地缘、民族和文化等方面差异性的存在，则预示着社会整合过程中的艰巨性和复杂性、矛盾性。同时，从移民工作的实践开始，由于移民的社会局部位移，打破了社会体系原有的平衡，引发了社会体系不同程度"地震"。除此之外，移民工作还必须在社会现有资源条件与关系体系的"轨道"上运行，也就是说，移民从迁出地到迁入地之间的衔接、接轨，其实质是社会资源和社会体系的接轨，使移民工作成了"牵一发而动全身"的事情。

（一）全省一盘棋，确保移民"安"得下

从接受移民安置任务的那一天起，浙江省内各外迁安置地政府便把安置滩坑移民安纳入了重要的议事日程，从安置点选择到对接到建房至后续扶持的每一项环节，安置地政府都尽可能做到了周详细致。移民建房是外迁移民的核心内容，各安置地从落实移民临时周转房开始，把让移民顺利、安心建

房当作最重要的事来抓，每个村确定村干部、村党员代表联系移民，全过程服务移民建房，尤其是在与施工队联系、建材的联系采购上，村干部都给予了无私的帮助，并在建房过程中一起参与质量监督，确保建房的质量和进度。同时为了让移民能够在迁入地长远发展，外迁安置地的干部尽全力帮助解决移民的孩子入学入托和家属工作问题等。

在外迁安置地，当地党委、政府高度重视滩坑移民工作，把移民工作作为一项重要工作列入议事日程，他们通过书记、市（县）长办公会议的途径听取汇报，提出贯彻落实的意见。为切实加强移民工作的领导，成立了由市（县）长任组长的高规格的滩坑水电站移民工作领导小组，成员分别由有关职能部门的主要负责人组成，下设滩坑水电站移民工作办公室，办公室主任由市（县）民政局长担任。除此之外，他们还及时召开领导小组成员会议，学习有关文件，统一思想，提高认识，明确在移民工作中自身的任务和职责。同时，从安置地政府到承担移民安置任务的乡镇、街道办事处，都成立了以行政"一把手"为组长、分管领导为副组长的滩坑水电站库区移民安置工作领导小组，这为滩坑水电站移民安置工作的顺利进行提供了强有力的组织领导保证，保障了移民的生存权、社会保障权、参与权等权利。

（二）开发新途径，确保移民"安"得稳

为了建立科学、合理、优先的安置方法，按照省政府关于农村移民实行开发性移民的方针和以农为本、有土安置和相对集中的移民安置原则，丽水市政府及下属各级政府确定了将移民尽量安置于"靠近公路、靠近集镇、靠近基础设施好的地方和经济相对发达、土地容量较为充裕、民风淳朴、领导班子强的乡镇"的安置要求。在经过各级部门的实地调查研究后，制订出了合理的安置方案，并以政府文件的形式下达，以市（县）长与各镇长、街道主任签订移民安置责任书的方式进行了落实。此后，各个相关部门逐层召开了镇（街道）党委会、村干部及村民代表会议，通过一定的程序，把移民工作的任务细化到了每个村，落实到点。在这个过程中，各安置地按照省里统一规定的生产安置标准和生活安置标准，调整出了最平整的耕地，分配给移民承包；规划出最佳地块，安排给移民作宅基地；按法定程序加快推进移民建房，充分保障了移民的权利。

在移民建房时，安置地计委只用了3天时间办理了移民建房基建投资立项审批手续；国土资源局简化土地报批手续；财政局在上级拨付和移民自带建房资金未到位时，迅速先行将移民建房补贴资金拨付到位；建设局免费为移民提供建房设计、施工图纸，为移民提供当地建筑材料的参考价格、工程承建的参考价格；质监局建立建房质量监督小组，对各建房点进行全程质监；同时电力、水利等相关职能部门纷纷出台优惠政策为移民建房提供方便。为

迎接移民的到来，公安、民政、卫生、计生等部门组织人员进行对移民户口迁移、社会优抚对象、卫生防疫、计划生育等有关档案资料的准备工作；教育系统提前编制了移民子女上学的人员名单，提前安排好学校和老师，安排品学兼优的学生与移民子女的学生开展"手拉手"帮扶活动。这些新措施的探索和人性化的帮助，使得移民的权利得到了进一步的维护。

在市内安置地，当地党委、政府以及村民都十分重视移民问题。及时安排过渡房，与对接学校协调安排移民孩子的就学教育问题，与辖区内企业协商提供移民就业岗位。松阳县采取多渠道推进移民建房工作有序开展：县移民办提供建房所需原料信息和市场行情，并不间断地进行跟踪指导；县国土资源局、建设局主动做好移民安置点规划、定点、房屋设计、土地报批、宅基地放样等工作；电力部门安排技术人员为安置点免费安装施工用电等。莲都、遂昌、缙云等县也纷纷出台了滩坑水电站移民安置的有关优惠政策，全力推进滩坑移民工作。

二、建立移民社会整合的促进机制

因为存在"差异"，所以也就有了"整合"问题，移民迁出地和迁入地的差异主要表现在自然资源、经济、社会、文化几个方面，其中自然资源和初级社会关系的差异最易凸显。从调查情况看，库区移民的显性物质生活条件虽然有很大的改善，但隐性损失却难以计算，并将在搬迁后一定时间内逐步显现。多地移民实践也表明，虽然政府把最好的地段作为移民的安置点，在改善移民的物质生活条件方面做了大量的努力，但异地安置还是使移民原有的生活环境遭到了突变。对移民群体而言，在失去原有实物性生产资料的同时，也失去许多非实物性资源，如邻里关系、社区帮助、就业和创业机会等隐性损失。[1] 并且，他们对这些资源长期以来形成的感情也被无情地剥夺，而被迫接受和适应新的环境和事物，这无疑加大了他们将来发展的机会成本。[2] 土地是有土移民未来生活的全部希望。对人多地少的滩坑水电站库区移民来说，土地更是安置地农民的生存之本，失去了土地以后的移民有可能就如无根之萍，这实际上也引发了原社区居民的忧虑。一些乡镇原本环境容量有限，大量移民的迁入不可避免地会产生对有限资源展开争夺的情形，耕地、山地、菜园地、猪圈地、水源、山林等资源以及诸多公共设施必将成为双方

① 参见《水库移民近城集中安置的实践思考》，新文秘网，http：//www.wm114.cn/wen/112/223880.html。

② 参见侯路路：《我国水库移民后期扶持政策的经济学分析》，《人民长江》2009年第1期。

调适过程中迫切需要整合的主要内容。

移民整合是一项复杂的系统工程，涉及政治、经济、思想、文化、教育等诸多方面。在计划经济时代，移民完全依附于政府，是政府说了算的"整合"，其利益主体是政府的"统一经济"；在市场经济条件下，许多利益关系的处理需要通过市场来调节，达到促进移民整合的目的。^① 滩坑水电站的移民实践表明，促进移民社会整合，"政府引导是基础，市场化、社会化是条件，移民自身能动性的发挥是根本"。

（一）移民社会整合的方向

移民中的社会整合最终要靠移民自身的努力才能完成，这种完成的外延是指移民与迁入地区融为一体，内涵是移民在生产方式、生活方式、观念习惯系统与原住居民矛盾同一性稳定的居于主导地位，简单说来，就是移民与原住居民真正成为一家人。移民的社会整合是一个漫长的过程，有的需要两三代人的代际更替才能真正实现这种融合。移民与迁入地的社会整合大致可以分为两大阶段：第一阶段是移民与原住居民界限明显消失阶段；第二个阶段是移民与原住居民全面融合阶段。移民在迁入地的社会整合最重要也最艰难的阶段是界限明显消失阶段，这个阶段如果不能早日完成或不能完成，势必会影响到移民方案的全面落实。如果移民不能成功地进行角色转换，仍旧将自己定位为"移民"，加上迁入地居民亦对移民没有身份认同，那么这种群体界限的存在可能导致其他矛盾的升级，最终导致移民"返迁"。所以，对移民社会整合问题的首要重点是研究如何早日消除移民与迁入地居民之间的界限问题。移民的"界限消失"是可以通过内外因相结合并靠互动机制解决的，在某些情况下迁入地的外因还可以起一定的决定作用。当移民与迁入地界限消失后，移民与迁入地的全面融合就需要移民自身的努力了，外因只能起辅助作用。根据移民不同阶段对于移民社会整合起主导作用因素不同的情况，为了促进移民与迁入地界限早日消失，从主动培育有利于移民融合的外因入手，激发内因的作用。

（二）移民社会整合的影响因素

1. 经济因素

经济是影响移民能否和谐融入的决定性因素。移民整合本质上是整合经济效益问题，通过整合使移民达到搬迁前的经济生活水平，并达到与安置区

<hr>

① 参见张黎云：《市场经济条件下工程移民整合的运行机制》，《河海大学学报》（哲学社会科学版）2006年第2期。

居民同等发展的水平，或者说，达到"逐步能致富"的目的。政府通过动迁安置，营造一个能使移民和原村民共同发展致富的良好的经济环境。具体来说，移民的原动力是看好安置地经济发展前景；而安置地村民的动力是期望移民的安置入迁能够带活当地的经济，增加当地经济新的增长点，两者都是谋求经济上的利益。但如果在移民安置后，其实际的经济情况和心理预期存在一定的差距时，就会产生失落感和不满；当地村民如果认为移民的安置没有带动当地的发展，反而增加了麻烦，两者之间的想法开始背离，产生的矛盾也就越来越多，在安置地资源的共享上问题也会逐渐凸显出来，这对新移民的融入也造成了一定的影响。①

2. 政策因素

政策的不统一、政策延续性的不足或对政策的误解等是造成移民冲突的重要方面。政策是移民工作的主心骨，移民们都十分重视和关注相关的各项政策，究其本质其实是关注自身的利益，也就是说，移民们仅仅把政策作为他们实现最大程度利益的工具，因此他们对政策的解读大多存在片面性和局限性，只是有选择性地利用那些对他们有利的政策条款，而对政策原本的目的却视而不见，曲解政策的内涵，甚至反对某些对其不利的政策，造成了一定的稳定隐患。同时，随着工作的推动和形势的转变，丽水市必将要结合实际情况对某些政策进行必要的微调和完善，极可能引起部分移民因对政策误解而产生抵触情绪。比如内安移民建房基础间改套政策，第一水平年的政策是：设计院出具设计方案供移民户选择，整幢移民房的方案定下后，由建房联系单位将设计图纸拿到安置地政府，由安置地政府招投标进行基础和间改套工程，费用由移民自付。第二水平年的政策是：宅基地的基础是按间房的标准设计的，移民户要进行间改套，须签订整改承诺书自行改造，费用自付。两者之间虽然费用都由移民户承担，但是所涉及的技术含量、改造费用等纠纷就很难调解，特别是在移民户当中还形成了第一水平年改造费用由政府负担，第二水平年改造费用由移民负担的政策误解。此外，政策未涉及的一些共性或个案问题，作为基层的安置地乡镇政府较难操作，同时难以给移民明确和满意的答复，可能会造成移民思想上的波动和不满，影响社会融入，进而影响社会稳定。② 因而，好的政策及其有效实施是移民和谐融入迁入地的前提和基础。

---

① 参见丽水市移民办公室：《关于滩坑水电站县内安置移民稳定与发展的思考》，http://ymb. lishui. gov. cn/ymlt/200607/t20060713_348041. htm。

② 参见丽水市移民办公室：《关于滩坑水电站县内安置移民稳定与发展的思考》，http://ymb. lishui. gov. cn/ymlt/200607/t20060713_348041. htm。

3．安置及就业因素

安置策略主要包括安置地点、安置方式两个方面。在安置地点方面，由于地理、环境、经济、文化等差异的客观存在，安置地点的选择对于移民的社会融入影响是非常大的。在安置方式方面，各种安置方式对移民融入有不同程度的影响，尤其对同一个安置点来说，安置方式的差异对移民融入的影响就更加明显了。由于各安置点的地理区域、功能定位及经济发展存在较大差异，特别是某些有土安置点尚缺乏工业产业的有效支撑，影响着移民实现就近就业的目标。从移民自身讲，大多数移民没有什么一技之长，只能从事简单的没什么技术含量的工作，比如一些简单的来料加工。但是移民对就业的期望值又很高，希望干的活又轻松又高薪，甚至有些移民在就业上坚持"三不干"（即月工资低于1 000元的不干，日工作时间8小时以上的不干，脏活累活不干）。虽然政府在移民就业问题上做了大量的工作，如举办移民就业招聘周、鼓励企业优先吸纳移民就业等，也取得了一定的成效，但移民就业状况仍不理想，往往"高不成低不就"，这些情况的存在，严重影响了移民的就业和发展。[①]

4．心理因素

社会角色转换成功与否是衡量移民对安置地的认可和个体再社会化程度的标志，也是移民和谐融入当地社会的前提和基础。[②]近年来，青田县的"情系移民，服务移民"的理念也深入人心，营造了一个有利于开展移民工作的良好氛围。但同时，无形之中也给部分移民造成了自己是"特殊公民"的错误认识，认为没有移民的支持，滩坑电站就不能建设，移民就是最大的奉献者和功臣，所以一切都得围绕移民，"我是移民、我是特殊公民"的意识逐渐膨胀，内心产生了排斥他人的心理。部分安置地的原住民则认为政府过分重视移民，产生了不平衡感的同时，安置地原住民更强烈地认为自己才是本村真正的主人，从内心上产生排斥移民的心理。[③]

5．文化因素

文化形成了移民和谐融入的软环境，它包括社会文化背景、风俗习惯、语言、教育以及移民和安置地居民自身的文化层次。各地移民工作的实践表明，在移民的和谐融入过程中，文化融合不光能够解决经济手段没法解决的

---

① 参见丽水市移民办公室：《关于滩坑水电站县内安置移民稳定与发展的思考》，http：//ymb. lishui. gov. cn/ymlt/200607/t20060713_348041. htm。

② 参见喻婷婷：《论后移民时代三峡移民的生活融入与文化认同》，《现代商贸工业》2010年第9期。

③ 参见喻婷婷：《论后移民时代三峡移民的生活融入与文化认同》，《现代商贸工业》2010年第9期。

问题，并且还能够填补行政命令未能企及的空缺。移民入住安置地后，正处于一个生存条件和社会关系的重建期，一个对新环境的适应期和情感上的接受期，特别是文化上的差异加大了融入的困难和发展的机会成本。一是生活环境的不同。移民由于改变了生活环境，虽然在一定程度上比原来居住的条件好了，但毕竟他们对世世代代居住的老家有眷恋感和怀念感，对安置地的环境感觉陌生和较难适应。二是方言文化的不同。虽然都是青田人，但每个地方之间的方言还是有差别的，移民的讲话方式和口音受到了当地人的排斥。三是风俗习惯的不同。风俗习惯是一种带有地域特色的文化符号，每个地方都有一些独特的风俗习惯，移民移入安置地后，很多风俗习惯和安置地大相径庭，同时这些根深蒂固的习俗也不会轻易被安置地所同化，加大了融入和发展的困难，而且往往由于习俗上的差异产生冲突，影响了安置地稳定。四是生活方式的不同。移民入住后一下子很难适应和学会当地人的生活方式，有些移民认为当地人的生活要比他们好，认为贫富差距日渐拉大，生活水平赶不上当地村民，导致情绪低落，心态烦躁，难以融入当地社会。[1]

（三） 建立移民整合的促进机制

从影响移民整合的因素中可以看出，在移民整合过程中，安置区地方政府、移民、安置区非移民都是移民整合的主要参与者。如果地方政府提供良好的整合环境，而移民和非移民不配合；或者移民有良好的愿望，但地方政府和非移民却怀有"移民是外来人"的心态；或者非移民对移民另有一种防范和抗拒心理和行为，那么移民的整合就不能达到要求。因此需要明确各自的责任，建立"政府领导，确立移民主体，实现社会化、市场化运作"的移民整合机制。在滩坑移民工作中，这样的移民整合的促进机制能很好地促进移民的融入。

1. 强化政府主导机制，发挥政府主导功能

在滩坑移民实践中，省市县各级政府定位清晰，主导机制完善，在组织协调、政策保障、风险防控等方面发挥了巨大作用。

在组织和协调方面，移民干部们在搬迁过程中发扬了"四千三不"精神——"走千家万户，道千言万语，历千辛万苦，涉千山万水"，"不分白天与黑夜，不分工作日与休息日，不分分内与分外"，让移民安心搬家。在移民工作中，广大移民干部贯彻着以人为本的理念，涌现出了不少"牺牲小家、顾全大家"的故事。比如，青田移民干部张品荣一年内失去了奶奶、外公、父亲三位至亲，穿着孝服奔走在田头地角与移民面对面交流；有移民工作

---

① 参见丽水市移民办公室：《关于滩坑水电站县内安置移民稳定与发展的思考》，http：//ymb. lishui. gov. cn/ymlt/200607/t20060713_ 348041. htm。

"活字典"之称的景宁移民干部沈立荣身患疾病仍忘我工作，常常累得手脚酸痛，脸色发黑，晚上睡不着觉。

在移民的思想工作方面，丽水各级政府以及移民干部积极协调了各方面的利益和矛盾，解决了实际生活中所遇到的问题。在组织移民赴宁波的首次对接工作中，丽水市县两级部门将移民外迁工作作为当前移民工作的重中之重，精心组织，全面部署，利用广播、宣传栏、黑板报等载体广泛开展宣传，印发外迁移民政策资料，让移民全面客观地了解外迁安置地的真实情况。同时组织干部进村入户，以召开小型家庭会议、聊天谈心等形式，利用乡音、乡情，帮助移民群众分析利益得失，展望外迁安置发展前景，消除移民的担忧和疑虑，逐户细致地做好移民思想工作。① 为了提高移民搬迁的积极性，各安置地政府开放了人大代表、党代会代表的资格要求，一些移民被选为安置地人代会、党代会代表候选人、村民代表、入党积极分子、村两委后备干部等，通过积极参与村务管理，真正成为安置地的主人，充分发挥移民中的党员干部、积极分子等的带头作用。

在经济扶持方面，丽水市政府不断完善移民安置地基础设施，积极营造了移民创业的良好环境，并且重视和关心移民的创业氛围是否良好，通过政策扶持、资金支持、技能辅导等方法，切实为移民群众提供优质服务，鼓励更多的移民群众走上创业创新道路，有力地促进了移民增收致富，帮助移民脱贫致富。

在为移民提供社会保障方面，各级政府以强化移民安置区的基础设施建设为重点，以改善移民的生产、生活和生存条件为根本，以用好移民开发资金帮扶产业发展为关键，加强移民后期扶持工作，逐步实现了"迁得出、安得下、稳得住、能致富"的目标，从而为移民的整合打下了良好的基础。

2. 完善沟通服务机制，激活移民主体性意识

移民要尽快融入新的生活环境，变被动适应为主动适应必须增强主体性意识。相对于市内安置的移民来说，外迁到其他城市的移民社会融合难度更大，更需要移民自身与迁入地形成一种自愿协调关系。移民首先要树立自愿融入某地的愿望，迁入地也需要转变观念，从政府安排转变为群众意向。迁入地要组织人员到动迁地的群众中去考察、座谈，审查迁入地移民的资格，移民也要派代表到迁入地实地考察，这种双方对接形式有利于建立迁入地和移民整合的前提。同时，各个部门还把这种对接情况制成音像制品，广泛发放给移民和迁入地群众观看。从整个移民工作过程分析，移民安置尤其需要安置地的配合，即使是动迁阶段也极其需要安置地的协调一致，包括从提供

---

① 参见《滩坑库区第二水平年移民外迁报名工作拉开序幕》，中国青田网，http://www.zgqt.zj.cn。

建房宅基地到移民对接、建房、搬迁，各个环节都离不开安置地的高度重视和大力配合。可以说，安置地出现任何细小环节的疏漏，都会对移民工作产生一定的负面影响。

对于在市内安置的移民来说，因为原先就生活在这个城市，对这个城市有较强的归属感，因而在融入融合方面相对要简单一些。但是，这些移民在搬迁后也需要迅速适应新的社区生活方式。在这一方面，丽水市、县政府考虑到了移民主体的各方面需求，实施了一系列的举措。比如，青田县为了让移民安心，把含金量高、发展潜力大、生产生活方便、环境优美、区位优势最为明显的油竹新区别墅区改为移民安置地。油竹新区是按照现代化小区要求设计建造的，楼房外形设计美观，户型功能齐全，小区水、电、气、路灯基础设施配套齐全，绿化优美。同时青田县一方面帮助移民解决实际问题，另一方面也引导培育移民新的生活理念，熟悉新的生活方式。

3. 整合社会力量，促进生成社会化服务机制

移民的社会适应与社会融入不仅需要国家的力量和行政的手段，而且需要整合全社会的资源来优化移民社会融合的环境，努力构建起移民工作的社会化服务网络。在滩坑移民过程中，无论是在市内安置还是往市外迁移，都采用了"村帮村，户帮户，党员带头帮，干部带头扶"的方法，帮助移民熟悉新环境、适应新环境，促进移民生产发展。除此之外，移民迁出地、迁入地各级政府还动员和培育了各类社会服务组织、社会机构，不断完善社会救助服务体系，为移民解决各种问题，加速了移民融入的进程。

4. 尊重和引导民意，注重发挥市场机制作用

按经济规律办事，注重发挥市场机制作用，是现代社会治理的基本理念之一。在滩坑移民实践中，各级政府较好地协调了自身行政权力作用与市场机制作用的关系，对于移民经济社会的发展，做到了既管又不全部包办，既积极引导，又尊重民意。在动员移民搬迁、安置地的选择、安置方式的选择等方面，政府既做到宏观协调、政策引导，也积极引入市场机制，以尊重移民的选择，并且充分考虑了移民的需求，满足移民的利益。因此，移民自身得以不断成长，并能在一定程度减弱移民的"特殊公民意识"和过分的依赖感，他们自觉地遵循着经济规律和市场规律，坚持着等价交换和按劳分配的原则，在各自的安置地开始了新的创业和就业之路，以移民特有的坚韧和勤劳的品性在新的征程上续写人生新篇章。

三、维护库区社会稳定，共创美好家园

滩坑水电站5万移民是一项规模浩大、任务繁重、情况复杂多变的人口迁移，是一项社会局部位移或再造的社会工程，因而对拥有一个安定的社会

环境的需求很高。但是，群体性移民的发生过程也是各种社会矛盾集聚、交织、运动、爆发的集中时期，各种社会不稳定因素比非移民时期更活跃、更尖锐，社会稳定将受到前所未有的压力与挑战。移民工作对社会稳定的较高要求与移民过程中遇到的各种新情况、新问题之间存在着巨大的反差。

（一）移民中社会稳定的特点

据已有的调查情况，绝大多数移民对滩坑水电站建设都是表示支持和理解的态度；对于"迁得出、安得下、稳得住、逐步能致富"的移民方针，以及鼓励和引导农村移民外迁安置的政策也都是持普遍赞成和支持的态度。总体而言，移民具有为滩坑水电站建设和移民搬迁作出牺牲与奉献的意识及心理准备，能够认识到滩坑移民是浙江省的大型水利工程移民，是政府行为，更是致富工程，移民是必要的，不搬迁是不现实的。从短期来看，滩坑移民工程是移民为滩坑水电站建设所作出的一次牺牲，但是从长远来看，这也是一次难得的发展机遇。大多数移民深明大义，愿意为全省建设大局作出自己的贡献，也希望自己能抓住这次机遇，改变一直以来当地经济发展落后于周边地区的状况。

但是由于大中型水电工程建设移民量大，情况复杂，难免有一些移民对水电工程和国家政策缺乏了解，对移民工作持不配合态度，或有心怀不轨者借机煽风点火，因而时有不稳定现象发生，有时甚至发生激烈的社会冲突和暴力事件。大量的经验事实表明，移民过程中的社会稳定形势不同于非移民时期。具体表现在以下三个方面：

1. 移民过程中的各种影响社会稳定的因素具有全局性和易发性特征

移民过程中影响社会稳定的潜在因素和表现方式很多，而其中最常见的主要有五个方面：群体性闹事、刑事犯罪、移民资金犯罪、移民工程中的矛盾和犯罪、社会治安问题。这五个方面作为影响移民过程中社会稳定的因素，既有"树欲静而风不止"特点，又有一经发生就有可能对移民工作产生全局性的负效应，影响深远。比如，三峡库区移民工作中就发生过丰都县国土局局长黄发祥利用职务之便贪污、挪用移民资金的案件。虽然在滩坑水库建设和移民过程中，类似侵吞、挪用移民资金的犯罪案件并没有发生，也没有造成移民资金损失情况，但由于这类案件性质恶劣，危害很大，极易造成群众闹事，必须引起重视。还有的回流移民仗着户口已不在当地，管理者不明，态度行为蛮横不讲理，更有甚者借机寻衅闹事，对于这类虽是非主流但却难以管理的群体，处理难度相当大。既不能激化矛盾，又不能让这种不讲理的行为成为影响整个外迁工作大局的导火索。移民工作中的不稳定因素如果得不到正确及时的解决，随时可能使已有的移民成果毁于一旦。移民过程中的不稳定因素对移民工作的全局性影响，是不稳定因素在移民时期与非移民时期的一个重要区别。非移民时期，社会不稳定因素也是广泛存在的，其类型也有可能与移民时期不稳定因素有重复，但是，非移民时期不稳定因素的影响范围是局部的，影响全局工作的不稳定因素较少。一般来说，非移民时期要出现黑社会、大规模动乱等犯罪居于社会主导地位的特殊情况，才会出现对社会全局性的影响。非移民时期的社会不稳定因素大多成为某方面突出问题，如果不制止，才会出现失控的危险局面进而影响工作全局。而移民过程中的社会不稳定因素则不一样，一旦发生未能及时合理解决，有可能会影响移民工作全局，甚至会带来极为恶劣的社会负效应。

2. 移民工作中的社会不稳定因素具有主客体综合性和矛盾交织的特点

一切与移民工作有关的单位、个人都可能与不稳定因素有关。比如，政府外迁政策中的随迁人口问题、物价指数问题、后期扶持政策问题；移民迁入地的社会融合问题；个别移民干部简单粗疏的工作作风问题等，稍有不慎，就会引发移民工作中的社会不稳定因素，成为社会冲突和矛盾激化的导火索。而且，移民过程中发生的各种不稳定事件，其产生的原因都是错综复杂的，事件中的各类矛盾都是相互交织的。同时，每个问题所涉及的主客体都存在矛盾的交织，如果不进行系统的分析，把握清楚问题的本质和脉络，就难以调和社会矛盾。

3. 移民工作中的社会不稳定因素具有多样化的表现形态

移民过程中的社会不稳定因素具有多样化的呈现方式和表现形态，主要可以分为工作困难问题、社会治安问题、移民中的各种犯罪问题等。但是对移民工作全局影响最突出的应当是集体上访和群体闹事，这两类也是移民过程中最为影响社会稳定的群体性事件。移民中的群体性事件主要有以下三个特征：

一是团体性。移民问题涉及移民群众的具体利益，在一些具体的移民政策没有及时得到正确的理解和有效的沟通的情况下，一些移民群众可能在个别素质不高的移民带领下进行群体闹事。

二是形式多样性。群体性事件的表现形式多样，主要有集体上访、堵塞交通和抢占公共场所、冲击施工现场、毁坏车辆等形式。

三是反复性和持续性。移民中的群体性事件的反复性和持续性要强于其他群体性事件。因为移民过程中的矛盾很复杂，很难非常满意地进行解决，易造成群体性事件的反复发生。比如，在某一群体性事件中，其涉及的人群并不是很多，但是，因为移民的这个特殊身份，可以迅速引来其他无关移民一起参与，增加了解决移民群体性事件的难度。为此，一些移民地区为了解决问题的根源针对性开展思想教育和法制培训，让移民群众能够更好地了解移民方针政策，并已初见成效。

（二）维护移民中社会稳定的原则

从实践上看，滩坑移民工程很好地确保了移民过程中的社会稳定，证实了移民过程中维护社会稳定的目标是完全可以实现的。但是社会稳定并不等同于社会停滞，社会稳定不是目的，只是解决问题的手段，离开发展讲稳定是没有意义的。移民过程中社会稳定的实现，其根本原因在于，移民是社会发展的手段之一。特别是滩坑移民工程通过开发性移民方针，把移民搬迁、安置的过程变成了一种发展机遇，符合当地百姓的长远利益和根本利益。如果说稳定是社会发展的一种状态，那么滩坑移民得以发展的实质，决定了实现社会稳定的必然性。移民过程中的社会稳定只要求移民过程中流动的社会要素处于一种相对和谐的可控状态，而不是禁止社会要素流动。

滩坑水电站建设维护社会稳定所遵循的主要原则有：

1. 通过移民动迁过程创造移民发展新机遇，促进移民社会稳定，通过维护社会稳定为移民的发展创造更好条件

库区建设和移民社会的稳定能否实现，主要取决于移民的发展状况。移民与发展结合越好，工程建设和社会稳定的基础就越扎实。如果移民得不到发展或难以持续发展，那么不仅社会稳定实现不了，工程建设的最终目标也无法实现。滩坑库区移民实践中无数成功的事例反复证明，哪里的移民发展得好，哪里的社会稳定就越容易实现。

2. 适度整合移民中的各种社会要素

移民中社会要素的适度整合，就是要建立一套既存在总体流动性，又存在特定时间、地点相对稳定性的管理制度、法规、机制和责任制。其中，移民户籍和外来人口管理是移民过程中各种社会要素适度整合的重点和难点，频繁的人口迁移给人口管理带来了困难。根据2007年丽水市的统计数据，从登记在册暂住人口分析表中可以看出，丽水市区成为外来人口工作和居住的首要选择，登记总数为15.21万人，占全市暂住人口登记总数的40%；在青田、缙云两县的有11.94万人，占31.4%。外来务工人数增多的原因除了经济发展外，滩坑水电站、移民房的建造以及商品房的开发，对建筑领域务工人员的需求急剧增加，也是外来务工人数增幅较大的原因之一。外来人口的增加，带来了社会不稳定因素，外来人口的犯罪率提升，因此从一定意义上来讲，外来人口是造成移民中社会不稳定的因素之一。因此，要加强对外来人口适度管理，建立外来人口资料信息库，制定《库区外来人员管理办法》，建立外来人员专门管理机构，突破外来人口这一移民过程中整合社会要素的难题。

3. 重视维护社会稳定的社会机制

在维护移民中的社会稳定问题上，光靠公安等职能部门来维护是远远不

够的，还要建立有利于社会稳定的社会机制。因为移民为了滩坑水电站的兴建已经作出了很多牺牲，改变了自己的生活状态，只动用警力来强制维护社会稳定是不科学的，也是不符合社会主义和谐社会的定位的，这样做难以得到移民群众的理解。同时群体性事件的发生是诸多利益相互联系所引起的，随便动用行政手段会让原有的矛盾激化，因此需要建立健全维护社会稳定的社会机制。

从自我调节的角度来看，移民的理解是实现社会稳定的内因。移民工作的开展需要移民的支持和理解，需要充分发挥移民自身的积极性，单一地靠"做工作"是很难实现社会稳定的。因为在移民工作的过程中，很多不稳定因素所涉及的矛盾、问题都是无法马上解决的，这个时候就需要增加对移民的理解来化解这些不稳定因素。从反馈调节机制的角度来看，负责社会稳定问题的责任主体即各级党委、政府及职能部门对移民中不稳定因素的反馈调节机制对实现移民中的社会稳定有直接影响。如果负责社会稳定问题的责任主体对移民中的不稳定因素反应灵敏、调节有力，就能够很好地掌握移民主动权，将不稳定因素缩小到最低比例，从而使这些因素不会产生全局性影响。从控制机制的角度来看，建立递阶式多级控制机制具有必要性，因为这种控制机制实质上是把移民中的社会稳定责任和动力社会化，而维护社会稳定中的责任与动力一旦社会化，社会稳定就有源源不断的力量源泉支撑。从沟通机制的角度来看，维护移民过程中的社会稳定即把理性规范手段与理性沟通手段相结合，厘正不正确的心态和认识，这对于处理移民过程中社会稳定的问题十分关键。

（三）掌握维护社会稳定的主动权

按照维护移民过程当中社会稳定的原则，要做好库区移民社会稳定工作，就需要进一步加强政治敏锐性，清醒地掌握目前移民工作的形势，牢固树立"移民工作无小事""稳定是第一责任"的意识，绝不忽视移民的呼声，绝不轻视稳定工作，继续把维护稳定摆在移民工作的首要位置，推进移民工作的平稳有序开展。

但是在移民过程中存在各种不稳定因素，影响着移民工作的顺利进行，这些不稳定因素一旦"发难"，必然就会影响移民工作的整个大局，进而影响整个社会发展。同时这种"发难"多数都是违反法律、法规和政策的行为，使维护稳定的主体有证据对其进行依法教育甚至处罚。所以，对于维护移民过程中社会稳定要树立两个信心：一是社会稳定是可以维护的；二是社会稳定的主动权是可以和必须掌握的。

滩坑库区在移民中维护社会稳定的"三道防线"①

第一道防线：市县级党委、政府宏观上把握和维护移民过程中社会稳定的全局。滩坑移民工程是以县为基础的，同样的，维护移民过程中的社会稳定工作的管理也可以以县为单位。这个"第一道防线"作用体现在四个方面：一是建立维护移民过程中社会稳定的责任体系。按照"党委政府负总责，职能部门负专责，社会各界各负其责"的总体思路，明确责任目标，然后将目标责任层层分解、层层落实，并以此为根据进行考核奖惩。有了党委政府的统一领导，维护社会稳定的各项措施就能够落到实处。二是把握移民中社会稳定的工作方向。各级党委、政府立足于移民工作全局，定期分析移民中社会稳定的形势，及时提出移民工作中维护社会稳定的阶段性工作任务，并制定出相应的政策策略，采取必要措施，对于保持移民中社会稳定具有巨大的作用。三是抓住并解决影响移民中社会稳定的突出问题。广大党员干部在滩坑移民实践中追求着一个"实"字，在工作中也实践着"一线工作法"，即一线掌握情况，一线解决问题，一线转变作风，一线锤炼能力。领导深入到第一线进行调查研究，通过这个方法在一线发现的问题，然后争取在一线得到及时的解决。四是牵头和组织指挥处置移民中的群体性事件。对于移民群体性实践按照发生地确定首先处置的"责任主体"，通过处罚和惩戒发起人，使这些事件及时得到遏制，并进行有效的处置。

第二道防线：以各工作职能部门为主体，建立维护移民中社会稳定的社会纵向"职能防线"。对于政府下属的各个工作职能部门，其主要功能是对各种社会不稳定因素进行及时的疏导，在建立职能防线时要遵循"守门有则""管人有规""处事有法"等原则。

"守门有则"就是各职能部门首先要做好自己单位、系统内部的稳定。同时，又在其社会管理职能的行使过程中要承担维护社会稳定的责任。凡是因职能部门执行政策引发重大社会不稳定事件的，一律一票否决。

"管人有规"就是各有行政审批、管理、执法权利的职能部门，要求在行使权力中严格依法办事，对工作人员进行岗前培训，在权力的行使中须改进工作作风。对于执法违法和因工作简单粗暴而引起社会不稳定事件的，对有关领导和直接责任人一律从严查处。

"处事有法"就是对移民反映的热点、重点、难点问题，进行分门别类，将其解决责任制落实到部门、单位、行业，对于涉及几个单位或行业的问题，由丽水市党委、政府协调组织，统一安排班子督促解决。这样做的话，可以把社会稳定的责任社会化，把不稳定矛盾"分而化之"，把握维护社会稳定的"源头"，在减轻各个部门的压力的同时又监督其完成应尽的义务。

---

① 资料来源：丽水移民办汇报材料。

在遵循这些原则的基础上，要健全干部网络，在安置地政府建立相对稳定的移民工作干部队伍，建立干部档案，特别是要培养年富力强的干部，要求能沉得下，稳定在移民一线。同时要建立干部考核机制，奖罚分明，加大对优秀移民干部的提拔使用力度。

第三道防线：基层单位是维护移民中社会稳定的基础。根据以往的移民经验，要把稳定放在移民工作的首要位置，如果不稳定，移民工作就无法开展，还会造成不良的政治影响。移民中的不稳定问题，起初是因为发展初期不够重视，将如何把移民移出当作重心，忽略移民的利益与需求，对于移民的请求，长时间不给移民答复，结果就导致了大规模的集体上访和群体性事件的发生。为了确保库区的稳定，移民过程的稳定，信息一定要灵通，要将矛盾在基层化解掉，将问题在萌芽状态就解决处理好。要确保库区的稳定，一要靠党的领导，二要靠国家法律法规，在移民工作中要严格执行政策，做到依法办事，移民才能长治久安。维护移民中社会稳定的基层单位，就是以村、乡镇为主体，横向到边，纵向落实到移民户和移民头上，这就是建立维护社会稳定的"第三道防线"，也是前沿线。①

在移民安置后，要实现稳定，必须逐渐使新老居民的区别边界模糊化，淡化移民概念，在发挥村两委、民兵、妇联等村级各基层组织的作用的同时，可在移民群体中推选一些代表加入到各基层组织中，充分发挥移民自主管理的作用，实现移民真正意义上的政务参与权、监督权、选择权。

---

① 参见陈纯柱：《三峡移民中的社会稳定研究》，《重庆大学学报》（社会科学版）2002年第2期。

第七章　保护移民中的弱势群体

在众多的移民群体中，贫困移民占有相当大的比例，他们各方面都处于弱势地位，从而形成了弱势群体，加剧了移民工作的难度。从滩坑移民实践来看，能否在移民中对这部分弱势群体给予有效照顾并解决他们的实际问题，对于整个移民实践进程的加快与移民社会形象的塑造都有着举足轻重的影响。

一、移民中的弱势群体

（一）移民中弱势群体的概念界定和主要特征

弱势群体，主要是一个用来分析现代社会经济利益和社会权力分配不公平、社会结构不协调、不合理的概念。[①] 国内外一些专家学者对于弱势群体概念的界定从综合能力、资源拥有情况、权利三个方面分别进行了阐述：从综合能力角度来说，弱势群体是指那些依靠自身力量和能力无法维持最基本的生活水平、改变不了自身的生活状况，需要国家和社会给予帮助，并且自身抵抗风险能力较弱，在政治、文化、心理和经济上都处于社会边缘的群体；从资源拥有情况的角度来看，是指在资源分配上较为贫乏的社会群体；从权利的角度来看，是指在社会群体中处于劣势的脆弱群体，他们缺乏市场竞争力，很难与其他群体一样享有平等的权利。[②]

胡宝柱、苏雨艳等学者认为，移民中的弱势群体主要指移民个体各方面能力处于弱势的群体，比如移民中的老年人、残疾人、孤儿、妇女、体弱多病者，他们属于生理性的弱势群体，因为生理缺陷和年龄，致使在社会竞争中处于不利地位，就业困难、生活贫困、心理素质较差、生存能力弱，无法

---

① 参见翟月玲：《弱势群体存在的深层原因分析》，《山东省农业管理干部学院学报》2010 年第 1 期。
② 胡宝柱、苏雨艳等：《水库移民中弱势群体后期扶持研究》，《安徽农业科学》2012 年第 34 期。

靠自身力量改变现状，不能完全维护自己的权益，在社会竞争中处于不利地位，简单地说，这些弱势群体是需要他人帮助，甚至是救助的群体。① 大中型工程建设所产生的移民多数为非自愿移民，因此，弱势群体的概念可以理解为非自愿移民中的弱势群体，即由于经济、文化、生理健康、年龄等原因参与市场竞争能力弱、就业能力差、收入低下或不稳定的特殊移民群落，也就是移民中经济极度贫困的特殊群体。主要包括六种类型的人：移民中的失业人员、亏损企业的职工、失去土地的农村移民，移民中的老年人、残疾人群体和移民中的妇女儿童。这些移民中的弱势人群表现特征主要有：①一般来说其个人及家庭生活达不到社会认可的最基本标准的群体；②依赖自己的力量无法改变目前的弱势地位；③要改变弱势群体的生存状况，需要国家和社会力量给予帮助或支持。②

水库移民作为非自愿移民，其中的弱势群体既具有一般性移民弱势群体的特征，更有着自身的特殊性，主要体现在以下四个层面：

1. 经济生活贫困

贫困是移民弱势群体在经济上的共同特性和根本属性，经济基础的薄弱限制了移民弱势群体其他方面的发展。贫困是指在经济、社会、文化各方面都落后于"基本线"的状况，一般是因为收入低导致缺乏生活必需的基本物资和服务，而且这种缺乏往往低至"最低生活水准"的下线。移民弱势群体无缘从事热门行业的工作，他们并不具备职业、教育、社会资本和家庭条件等方面的优势。在移民搬迁中，他们也属于受益较小的那部分群体，他们的基本生活条件处于紧张状态，有的甚至生活难以为继。

2. 社会地位较低

移民弱势群体处于社会底层，跟社会权力中心更是靠不上边，他们较少有参与社会政治活动的机会，基本上无法参与或影响国家和地区移民政策和法规的制定，自身利益表达的渠道也很少，而且即使有机会表达自身诉求，也容易受到制约，无法充分表达意愿。当遇到经济或民事纠纷，往往无法有效维护自身的正当权利。在自身感受方面，他们觉得自己的社会地位和收入都在下降，自身遭遇的社会不公平现象正在不断增多，因而产生较重的被剥夺感。

3. 缺少谋生技能

移民弱势群体因为受教育程度低，专门的技能较弱，使得这部分群体不

---

① 胡宝柱、苏雨艳等：《水库移民中弱势群体后期扶持研究》，《安徽农业科学》2012 年第 34 期。

② 参见《关注弱势群体》，http://beike.dangzhi.com/view/35sr6f。

仅在就业上很困难，而且就业的职位相对较差、较为辛苦。即使他们能够就业，工资水平也比较低。除此之外，移民弱势群体还以女性居多，年龄偏大，文化水平偏低，综合素质发展机会有限，这些都导致其在求职市场上缺乏竞争力。

4. 心理脆弱，易怀旧

移民弱势群体因为自身能力不足，难以依靠自己的力量来改变目前的处境，创造良好的生活环境，这导致了他们心理的高度敏感。同时他们在社会生活中缺乏社会支持感，在人际交往中缺乏存在感，这些都会使他们产生较为强烈的受挫情绪，加上在心理方面比较脆弱，就会开始怀念以前，想念以前的生活状态。除了怀念移民前的生活状态，还会怀念过去的人际关系和社会风气，转而对改革的新举措非常敏感而且容易产生抵触情绪，这样会增加负面事件发生的可能性。

因此，在面对移民工作中所涉及的问题时，要充分考虑到移民中弱势群体的特殊性。只有这样，才能够有针对性地解决移民中弱势群体的生存发展问题，加快对移民中弱势群体的扶持力度，取得更为有效的扶持成果。

二、移民中弱势群体的成因及社会影响

移民中弱势群体成因分析，是制定弱势群体保护政策的直接依据。对于滩坑库区，移民中弱势群体的数量较大，特征明显，一般移民政策很难解决这部分群体的实际问题，必须制定一些具有针对性的特殊政策，让移民中弱势群体和其他移民同样能够实现"迁得出，安得下，稳得住，逐步能致富"的目标。对移民中弱势群体的特殊保护政策，都是有"含金量"的，都是需要资金支持的。但是由于地方财力限制，对移民中弱势群体保护政策所需资金投入量需要讲究适度和效益原则，因此在解决移民中弱势群体的问题上，要了解移民中弱势群体的成因，然后对症下药。

（一）移民中弱势群体的成因

移民中弱势群体的成因有很多，滩坑移民弱势群体形成的主要原因有以下几方面。

1. 历史积累

浙西南地区"九山半水半分田"，其经济发展水平远远落后于浙江省东部其他地市，属浙江省欠发达地区，贫困人口较多。而水库移民多位于山区，一些弱势群体移民之所以成为弱势群体，是历史原因造成的，他们在移民开始前就一直处在比较低的生活阶层中。

2. 体制变迁

我国从计划经济向市场经济转变，市场环境从供不应求到供大于求的转变，这些转变都可能使一些单位、居民成为弱势群体。市场环境变化、体制变化是中国现代化建设的一个普遍自然现象，与移民工作并不存在因果关系，但是，移民的出现使得这些变化引起的矛盾更加突出。而从村落生活向社区转变，生存环境发生了改变，与移民的变化有着直接关系。比如，青田县油竹新区安置地的移民，移民后身份发生了变化，即从以前的村民变成了社区中的居民，这种生存环境与生活方式的转变，对移民来讲是一种历史性的进步，也是一种社会性的挑战。如果没有移民搬迁这个契机，这一转变时期可能还要延后几十年，花费更多的时间。但是对于部分移民来说，他们还无法从身份的转变中重新定位，这种搬迁使得弱势群体中的"三靠"居民和原来以种菜租房为生的近郊农民的生存环境发生了根本变化，不存在靠码头、门面、摆摊的条件，农转非后无地可种，就业生存条件受到限制，导致自己各方面都处于弱势地位。要解决这一问题，就必须依靠移民自身的发展和进步，提高自身的素质，而不能用退回村落生活的方式来解决。

3. 政策影响

在滩坑移民的搬迁过程中，存在一些因政策因素而无法搬迁的弱势群体。这类弱势群体，主要是指滩坑库区那些居于 160 米以上水位线的影响人口，一方面他们不符合移民搬迁的条件（水位线在 160 米以下），另一方面又失去了生存依托的条件，生活陷入困境。在这些群体中，其中大部分人的生产资料已经被淹没，他们丧失了生产的来源，无法创造新的生产力，因此，他们曾经也多次到当地政府提出申请，强烈要求搬迁。比如在影响人口中，陈村乡就有 400 多人强烈要求被确认为移民，然后进行搬迁，从这些方面来看，这部分弱势群体的生存环境和状况十分令人担忧。① 同时，在滩坑水库蓄水后，由于水位的不稳定，有时候蓄洪较大，而且库岸长期浸泡后原本是滑坡体地带的人群也可能需要进行移民，导致更多的人力、物力的浪费。这些政策因素导致的后遗症可能会诱发弱势群体生存与发展条件恶化，实现发展更是困难重重。

4. 基础设施损失，加剧群体的落后

在滩坑电站移民的弱势群体中，还存在一部分容易被忽视的群体，就是库域深山区中的留民，他们久居山区、住户分散，日常生活艰辛，原始积累少，村级集体经济大多空白，交通十分落后，出行相当不便。水库建成后，

---

① 参见：《滩坑水电站景宁库区移民工作存在问题的调查与思考》，http：//www.gwxz.cc/Article/llwz/201306/8927.html。

道路、桥梁、电力、通信、水利等基础设施遭到破坏，农民和村集体无力复建，库区人口分散，更加剧了落后状况。比如紧水滩、乌溪江库区居住在海拔 300～500 米的有 4.83 万人，占库区人口总数的 41.6%；居住在海拔 500～800 米的有 2.67 万人，占库区人口总数的 23%；居住在海拔 800 米以上的还有 5 683 人，地质灾害点有 34 个，涉及 33 个村、1 920 人。库区 17 个乡镇中未通康庄路的行政村还有 53 个，安全卫生饮用水还未解决的有 18.2 万人，占库区总人口的 70.2%。同时，由于各种原因，部分新的基础设施未能如期交付使用，即使有部分新的基础设施建设，整体上也不够完善，这大大增加了这些留民的生产生活成本。[①]

（二）移民中弱势群体的社会影响

滩坑水电站移移民人数众多，其中很多移民都处于绝对贫困和相对贫困状态之中，是浙江省移民中的弱势群体，其可能产生的社会影响主要体现在三个方面。

1. 移民中的弱势群体是移民工作的重点和难点

弱势群体成为移民工作的难点，具体表现为两难：其一，弱势群体的移民投入缺口自身无力解决，社会也无力帮助解决，同时解决的政策依据也不足；其二，弱势群体的生存能力、主体素质提高、生存环境适应既是一个刻不容缓的现实问题，又不是一朝一夕可以解决的。对于滩坑库区移民实践中将弱势群体作为移民难点的这两个具体表现，一方面要增强解决问题的责任感和紧迫感，另一方面又要充分认识解决这个问题的长期性和艰巨性。实践表明，要解决移民中弱势群体这个工作难点，从根本上是要让他们脱离弱势群体这个阶层，具有较高生存能力和环境适应能力，变为生活的强者。

2. 弱势群体容易被社会边缘化，成为移民社会中的不稳定因素或酿成不稳定因素爆发的导火索

移民作为一个特殊的群体，存在着与主体社会不可割弃的复杂关系，只要一牵涉到利益调整，事情就变得错综复杂。少部分移民特别是弱势群体由于经济条件较差受利益共同体、亲缘关系及追求利益最大化思想影响，在安置之后，一有移民个体和当地村民发生矛盾纠纷，就会引发同一安置地、周边安置地移民群体共同参与闹事行为。而少部分移民甚至在安置之后，不遵守当地的村规民约，不履行村民义务、轻微违法的现象相当普遍。如青田高湖和祯埠等地一些移民违规建房；腊口部分移民公然采摘当地村民的橘子；油竹、温溪等地移民拒缴水电费等，由此多次引发了不稳定事件。在部分安

---

① 肖建中、朱显岳等：《库区留置农民经济贫困成因与创业创新分析——以丽水为个案》，《农村改革与发展》2009 年第 8 期。

置地,移民要竞选村干部等,因此也和当地原村干部产生了系列矛盾。另外,有些移民一方面要求独立设村,另一方面又要求分享安置村(居)集体资产和山林等资源,油竹等地还发生了移民和当地村民争夺水资源事件,这些都使移民和安置地村的村民之间产生了一定的矛盾。

3. 移民中弱势群体保护工作状况关系着滩坑库区建设的社会形象和政治影响

人民群众如何看待滩坑库区建设,弱势群体保护状况自然而然成为关注的焦点。弱势群体问题与移民虽然不是因果关系,但毕竟相互关联。尽管他们的总人口在移民中不占绝对数量,但是,他们的社会影响还是比较大的。而且移民问题特别是弱势群体移民问题解决不好,就会造成矛盾激化,会发生群体性事件或群众上访,造成的社会影响是非常不好的。所以要主动做好工作,积极采取应对策略,力争把问题及早解决,尽量不让矛盾升级。

4. 移民中弱势群体导致了一些返移民现象的出现

弱势群体社会竞争力较差,自我生存发展能力不强,且对于库区中的弱势群体来说进城入镇谋生成本高。加上城乡二元化的影响,这些群体在就业条件、工资报酬及子女就学等方面与城镇职工存在许多实际上的不平等,农村社会保障体系不够健全,他们的生存发展权益难以实现的情况也偶有发生,加剧了生活贫困和精神贫困,从而导致这些地区出现返移民现象,产生了更多的留民,使得移民中弱势群体的数量也不断增多。弱势群体的数量增多,就业空间就更加狭小,部分弱势群体的生存发展状况不乐观。如果政府扶持和促进弱势群体经济发展的办法有限,政策措施不够直接、有力,那就可能出现成规模的群体性返移民现象。

三、保护移民中弱势群体的经验与策略

水电工程移民中的弱势群体问题不仅关系到水库工程建设目标的实现,更关系社会的长久稳定与和谐有序。应该动员全社会关注关心移民中的弱势群体,解决好他们的基本生存和可持续发展问题,帮助他们克服消极思想,提高他们的劳动技能,改善他们的生活状况,最终实现脱贫致富的目标。

(一)建立健全的弱势群体保障机制

按照"政府主导、社会参与"的总体思路,建设一个"求助有门、扶持有章、帮助有效"的移民弱势群体安全保护帮扶体系,努力实现帮扶工作社会化、制度化和规范化。为此,应积极加强对移民弱势群体问题的研究,制定相关的法规、政策、制度和措施,保障他们的基本生活,逐步提高其生活水准,促进有条件的移民弱势群体尽早转化。在滩坑水电站建设中,地方政府先后出台了"联幢联户联人联心"和"一培二联三结合"制度以及《滩坑水电站景宁库区特困移民帮扶办法》等多项针对移民弱势群体的帮扶和保护制度，提出了明确的目标：在生活保护帮扶上，实现"基本生活有保障，生活质量有提高"；在就业保护帮扶上，实现"不挑不拣，保证三日上岗"；在就学保护帮扶上，实现"杜绝因贫失学、辍学"；在就医保护帮扶上，实现"基本医疗普及化，医疗救助多元化"。

为落实好因灾、因祸、因病、伤残等造成的特困移民的特殊帮扶，景宁畲族自治县还于 2004 年组织全县干部职工为滩坑移民捐款，全县 103 个单位4 035 人累计捐款 136.6 万元。在"千人百日攻坚"活动中，86 个联系单位资助款物 43 万余元，累计走访慰问移民 500 余人次，为移民解决实际困难。[①]同时还制定了移民困难户建房补助制度，每户补助 2 000 ~ 5 000 元，累计补助 312 户 97.2 万元，有效推动移民建房进度，加快了移民的和谐融入，也有效地维护了移民社会的和谐稳定。

（二）妥善处理好移民弱势群体的安置问题

面对安置房屋的结构、面积补差价等问题，在过去对差价进行调整的基础上，对移民弱势群体的安置房实行完全的"以房易房，不论结构，面积就近，不论差价"的安置办法，对安置房面积要本着"就近安排，就高不就低"的原则进行安置，多出原来屋子面积的部分由国家移民安置经费和地方民政、社保等部门共同承担解决；对极少数无房特困户、孤寡老人等需要安排住宅暂住的，采取借住方式。

在新安置区的选址问题上，尽量考虑移民弱势群体的实际困难，把安置规划与移民意愿结合起来，在安置区位上给予适当的照顾；对过去已建的城市远郊移民安置小区，可以加强其在交通通信、功能配套、发展工商经济等方面的基础设施建设，同时可以利用水电站移民搬迁的机遇，推动这些安置规划区的建设发展。

除此之外，还要妥善解决移民弱势群体迁移后面临的生活困难，加快新区的功能配套建设，尽快满足移民的购物、子女入学、就医、交通等基本生活需求。

（三）加大政策扶持，发展移民经济

推动发展是对弱者的最大保护。移民的搬迁安置定居仅仅是移民工作的一个部分，怎样安稳致富才是影响库区经济社会稳定且持续发展的关键问题。

---

① 参见《"十一五"期间滩坑水电站景宁库区移民和复建工作成效显著》，中国景宁新闻网，http://jnnews.zjol.com.cn/jnnews/system/2011/02/17/013276704.shtml。

为此，动迁地和迁入地各级党委政府及有关部门对移民长远的生计问题与发展问题都给予高度重视，制订发展移民经济的长远规划，采取切实措施解决移民弱势群体的生活出路问题。

当然，由于移民弱势群体的自我谋生能力较低，要实现安稳致富目标的难度远大于普通移民，政府应给予特殊的政策扶持，鼓励其生产自救，在资金信贷、税费优惠、手续减免等多方面给予支持。同时对于移民弱势群体中已完全丧失劳动能力、又无社会依靠、无生活来源的特困老弱孤残等人员，要妥善安置并按照社会最低生活保障标准实施救济补偿，不断完善社会保障体系的覆盖面，最终构筑起移民弱势群体"困"与"助"信息交流平台，实现各帮扶职能部门之间的信息资源共享，让移民社会弱势群体求助有门，各职能部门帮扶有路，建设、促进体系的完善。

（四）建立移民就业培训机构，逐步提高移民素质

要解决移民自身素质欠缺，谋生能力弱的问题，需要对移民弱势群体中尚有一定劳动能力的人员进行培训，提高其劳动作业能力。移民就业的主要目标大多是以发展个体私营经济的第三产业为主，可以通过咨询、职介、培训、讲座等多种形式培训移民。恰逢丽水建设浙西南中心城市的机遇，城市人口总量急剧膨胀，必然对于第三产业的发展需求相应提高，城市经济的快速发展也会带来更多的就业机会。面对机遇，要帮助移民在就业方面做好准备。对移民弱势群体在鼓励支持自谋职业的基础上，可由相关政府部门开辟部分劳务市场安置一些特困户移民。

青田以基地为主平台着力推进滩坑移民就业培训工作

青田县以滩坑移民劳动力技能技术培训为抓手，创新思路，确定 7 家企业成立首批移民劳动力技能培训基地，全力推进移民就业创业致富。

一、注重调研，尊重民意，全力把好准入关

一是了解移民意愿。多形式组织开展移民就业培训意向调查摸底工作，按照"住幢联心"工作机制，向移民群众发放调查统计表 2 000 余份，了解移民劳动力状况、就业或创业意向等基本情况。认真分析移民就业热门岗位和急需强化的培训工种，结合人才交流大会现场，移民与用人单位达成的就业意向情况。二是摸清行业情况。多次召集工商、移民办等部门专业人员开展座谈，根据县情，探讨各行业就行形势与前景。结合"三创"（创特色乡镇、创特色产业、创特色示范户）活动的开展，根据移民"忙来务农、闲来务工"的实际情况，注重发展"家门口经济"，如来料加工等，形成"一乡一特色、一乡一行业"。三是考察企业状况。考察企业实力，如生产厂区占地面积、固定资产、年产值，是否为县内该行业龙头企业，能帮助解决移民劳

动力就业岗位数等；考察企业诚信，包括企业核心价值观体系建设和诚信建设情况。保证移民创业者比例，移民身份的企业主最了解移民所思所想，与移民感情最深，首批培训基地中有4家系潍坑移民创办。

二、注重管理，加强指导，全力把好监督关

一是强化培训计划。各企业在年初根据自身情况认真制订培训方案，包括工作岗位说明、岗位性质和培训工作具体内容及预期目标等，有计划地开展移民劳动力技能培训工作。二是强化督促检查。注重定期检查与不定期抽查相结合，每年年初、年中、年末等定期检查三次，平时不定期抽查；现场勘察与查阅资料相结合，包括走访基地培训负责人、移民代表，查阅培训名单、培训记录（包括文字、图片）等档案资料；检查验收与综合评定相结合，重点评估该企业移民培训的社会效益，及对移民收入产生的影响。三是强化业务指导。多次组织专业人员到企业开展业务指导工作，充分利用社会资源，提高从业技艺，如帮助、引导从事石雕行业的移民加入石雕行业协会，和石雕大师结对帮扶，开展形式多样的技能比赛，营造互帮互学的良好氛围，提高移民业务能力。据统计，今年以来已开展5次现场指导活动，受益移民达1 000余人次。

三、注重激励，拓宽渠道，全力把好实效关

一是帮扶企业发展。对所选7家创业基地举行集中挂牌仪式，通过多种渠道大力宣传企业及其产品，努力提高企业知名度。根据企业对移民的培训量等综合因素，予以适当的经济补助，争取有关扶持政策，如帮助红月亮农业开发有限公司解决新厂房征地问题等。二是丰富培训形式。坚持基地为主、乡镇为辅的主培训渠道，除7家创业基地，安置地乡镇可根据实际情况组织开展有针对性的技能培训；坚持"请进来"和"走出去"相结合的培训方式，坚持集中与分散相结合的培训形式，如部分来料加工培训随到随学，注重培训针对性和实效性。三是动员社会力量。鼓励社会个人在移民安置区投资办厂，带动周边移民参与就业前的技能培训工作。通过县职业高中、石雕艺术学校，努力提高青少年移民文化素质和劳动技能。注重学以致用，鼓励受训移民自主创业，切实解决移民就业问题，不断增加移民收入。

（五）完善弱势群体需求表达机制

积极地发展能够让移民中的弱势群体表达心声、加强其社会信任感、提高其社会参与度的民间组织，同时成立专门的评估监测团体，长期为移民中的弱势群体服务，时刻关注他们的生活水平和心理状态，深入细致开展思想工作，及时发现问题和解决问题。除此之外，让弱势群体能够通过需求表达渠道，逐渐改进他们的心理状态。因此，为了帮助他们能够更好地表达需求，滩坑库区各级政府还加大了对移民中弱势群体的法律援助力度，扩大法律援助业务范围，切实地维护了移民弱势群体的合法权益。

（六）健全移民弱势群体全社会综合帮扶工程

从滩坑水电站移民实践看，建立健全移民弱势群体的帮扶机制，需要政府整合社会资源，开展"帮村、帮户"等活动，安置地更应该重视移民弱势群体，让移民群众尽快融入安置地的经济建设中去，然后去发展经济、摆脱困境、实现脱贫。除此之外，迁出地和安置地的政府部门可以成立移民弱势群体帮扶服务中心，设立爱心救助电话，构建移民中弱势群体的信息交流平台，实现各帮扶职能部门之间的信息资源共享，让移民弱势群体求助有门，各部门帮扶有道。此外，应加快建立各级社会救助管理服务机构，逐步形成政府部门负责、社会各方参与、乡镇具体实施的工作网络体系，更好地帮助弱势群体摆脱弱势的地位，脱贫致富。

（七）转变观念，面对移民所带来的挑战

水电站建设多在偏远山区，移民问题实质为农村农民问题。移民在搬迁以前主要都从事简单的农务劳动，经济基础差；在搬迁后往往面对的是全新的生产生活方式，生存发展面临严峻挑战。因此，必须引导移民群体转变观念，树立必要的危机意识，消除"等、靠、要"的消极思想，积极参加政府提供的各类技能培训，学习掌握适应劳务市场需求的知识和技能，增强在从事非农业生产经营中所需要的劳动力素质、市场意识、劳动纪律、组织观念等，提高自身素质和专业技能，切实增强就业竞争力，努力实现脱贫，摆脱困境。

第八章 实现非自愿移民向自愿移民转化

　　水电工程建设与一般化的商业开发项目大有不同，项目本身在短时间内无法产生效益，其更大的意义在于扶贫。水利水电工程建设中的非自愿移民是一个世界性难题，项目成败关键在于移民。滩坑水电站项目启动初始阶段，就遭到过库区部分原住民的强烈抵制。特别是在滩坑水电站工程正式动工不久，就发生了震惊省、市的"北山事件"。这些情况的出现都是因为搬迁是非自愿性的。如何让移民从非自愿转向自愿，对水电站的建设由排斥、抵触转变成理解、接受，由原本的与政府激烈对抗变成与政府友好合作，这是有效开展移民工作、真正实现安民的关键。

　　2003年6月中旬，滩坑库区出现了移民打砸电站导流洞施工现场的事件，从2003年7月9日到8月20日，又陆续发生了多起移民冲击北山镇政府等大规模群体性攻击事件。矛盾看似不可调和，工程建设被迫停工，库区各级基层组织陷入瘫痪状态，工作一度停摆。然而事隔6年，3万多移民现都已在县内外安置点安居乐业，电站也已开始蓄水发电，一切都已顺利正常运作，但为何当初库区移民对这项"民心"工程如此激烈抵抗，而后来他们又是如何对电站建设由排斥、抵触变为理解、接受，由与政府对抗变为与政府合作，这中间有很多经验教训值得我们反思和汲取。我们试图从利益视角，深入剖析当时移民组织者与移民对象的认知发展和变化过程，分析当地民众的心态与诉求及政府的行事与作为，解析市场经济条件下，政府与民众的关系如何从冲突走向合作。

一、影响移民主体认知状态转化的理论及实践

　　20世纪60年代，美国学者 E. S. Lee 提出了推拉理论（push - pulltheory），它强调的是影响个人意愿的移民迁移的因素——"推力""拉力"不同于传统意义上出于主观意愿的迁移，水库移民更多的是政治因素、生态因素引起迁出地居民改变居住地点的移动行为，而不是经济因素。因此不能完全用新古典经济均衡理论来解释水库移民，但是可以在处理移民心理转变问题上，

用来帮助理解库区居民的心理。既要客观地列举出迁出水库的政策必然性，又要将迁入地的比较优势展现给库区居民，要有理有序地将库区居民对于政治强迫性的反感和误会转化为让他们明确认识到这是个人、村集体经济发展的必然选择，也就是加大迁入地"拉力"的作用。

（一）移民的心态与诉求

1. 权利意识觉醒

经过三十多年的改革开放，民众生活富裕了，权利意识也随之觉醒，移民不再唯政府之命是从。尤其是当移民认为自己的经济利益很有可能会被损害时，往往表现出强烈的维权意识和反抗行为。移民会讲："我们作为普通的农民已经牺牲很多东西了，你们不能老说要为国家、集体做出让步，政府为什么不能多为我们的权益考虑考虑？政府不是'以人为本，为人民服务'吗？"

2. 求偿心理

从社会学角度观察，移民世世代代生活在这片水土。这里有他们赖以生存的土壤和精神寄托，有多年累积的资源和人脉关系。这片土地使他们充满安全感，生活虽然不一定富有却知足常乐，因此移民故土难离也是可以理解的。而移民搬迁对未来不确定的恐慌和对重新开始的畏难情绪都会加重移民不想远离故土的想法。这里面包括了精神和物质利益的双重损失，因而移民容易产生吃亏的心理错觉，进而衍生出求偿心理诉求。这种补偿要求有时甚至会高于实际损失。

3. 理性选择心态

任何一个群体或者个体，当他们面对地域、职业选择时，都有一个机会成本，他们会权衡比较，会选择能使他们获得更大收益的机会。移民也不例外，他们也有选择的理性。但对移民来说，这种选择通常是非自愿的。所以只有当这种被动的选择能够让他们收获比现在更大的利益时，他们才会心甘情愿地认可这种改变，遵从政府意愿，选择与政府合作。诸多移民实践也证明了，移民与政府的博弈正是建立在这种理性选择之上。

4. 利益最大化追求

人是逐利的，人的本性就是追求利益的最大化。出于求偿心理，也基于追求利益最大化的本能，当移民认识到搬离故土是势在必行，大势所趋时，他们会转而诉诸其他方式的"理性"选择，比如采用谎报人口数、突击装潢、增高楼层等方法，希望能够得到最大限度的补偿。

（二）政府的行事与作为

在滩坑水库移民进程中，政府的行事与作为可分为两个阶段：

1. 初始阶段——冲突

移民强烈抵制这项民心工程，透视其中，原因是多方面的，从政府的行事和作为来看，可能的诱因有以下几个方面：

一是政府对移民利益诉求关注不够。由于移民工作经验不足，政府通常单方面认为建电站是帮助移民脱贫的民心工程，移民定会合作配合，因此对移民的具体利益诉求关注不够。在"北山事件"中反抗最为激烈的是店面户，作为这次事件的主要力量，店面户认为在移民后会丧失原有优势，且按照现有移民政策经济利益不能得到合理保障，甚至会受损，因而对利益诉求反映强烈，可惜政府当时在"北山事件"前没有作出正面回应，错过了相互沟通了解的机会。

二是政府制定移民政策的滞后。2003年5月滩坑水电站经国务院批准立项后，政府尚未出台与移民动迁安置相配套的政策，工程建设就进入了超常规运转状态。坝址及施工影响区范围内移民要限期搬迁，但是与移民动迁安置相配套的政策却还没出台，相关的安置政策在移民大规模群体性事件爆发后才确定。

三是利益表达渠道不畅和政府信息不公开。政府信息不透明，移民对移居迁入地、移民费用等事关移民切身利益的基本问题都不了解，向政府官员反映，又未能给出明确答复，本因迁移而不安的内心变得更加躁动。一时间，人心惶惶，只要有人稍作鼓动，很快就激发了移民的抵触情绪。

2. 改善阶段——合作

面对移民群众情绪的猛烈反弹，政府官员震惊之余，也开始反思自己的作为，认真倾听移民的诉求，关注移民的利益。

一是认真倾听移民的合理诉求。为了确保政策的科学合理性，最大体现民意，青田县领导和移民干部走访入户调研，了解基本情况，听取移民的诉求。仔细询问移民愿不愿意移民、理想迁入地、移民费用等与移民利益相关的问题，并召开了一百多次包括北山籍人大代表、知名人士和部分移民代表在内的座谈会，广泛收集、梳理移民意见。

二是精心制定稳定民心的政策。从2003年7月至2003年9月，在短短3个月时间里，青田县依照省政府下发的移民政策文件，结合县具体情况，制定了50多项与移民动迁安置相配套的政策。这些移民政策确保大部分移民是受益的，最大程度稳定了人心。比如将移民安置点集中选择在中心集镇、交通要道沿线等经济发达地区，以便于移民增加就业机会、拓展发展空间。

三是政策具体细化，兼顾不同利益主体的利益诉求。5 万移民身份、职业不尽相同，贫富不均，有机关事业单位人员、工商业主，有华侨、台胞，还有矿主、店面户、石雕户、农业种植户等不同的"小群体"。每个利益群体都有自己的利益需求，具体落实到动迁安置工作中，更加千差万别。在政策制定中，尽可能细致地兼顾不同群体的利益需求。如石雕户、三轮车夫、下山脱贫户、农嫁非、非嫁农、房产移动户、户籍移动户、船运户、鳏寡孤独、精神障碍患者等，其利益补偿都有相应的政策。

四是认真宣传政策。为了让移民能够充分了解政策，一方面精心设计宣传方案，在电视报纸上开辟各种专题、专栏，发放政策解读的小册子，对移民政策进行扎实有效的宣传；另一方面，在市内范围内抽调几百名干部，下到基层，到第一线分片区挨家挨户给移民宣讲移民政策，尽可能把政策原原本本地传达给移民。

政策的逐渐完善以及干部给予移民群体的足够的关心，都给移民群众吃了定心丸，移民群众开始慢慢接受并认可移民工作。移民干部深入移民第一线的工作态度，磨破嘴皮、跑破脚皮、熬肿眼皮的艰苦细致的工作作风，终于使其与移民群众的感情更加深厚，赢得了民众的信任，解除了民众对政府的误会，也化解了政府与民众之间产生的矛盾，使政府与民众从冲突走向合作。

滩坑水电站移民工作虽然艰难，但是从中学到的教训，以及通过深入思考政府与民众之间的关系，如何实现官民之间良性沟通，这些经验都有利于政府工作有序有效进行。

第一，政府公权力的行使应当建立在充分尊重私权利的基础上。政府的权力来自于群众的授权，公权力的建立以私权利为基础，有时公权力和私权利会互相冲突甚至产生矛盾。为了合法合理实现整体利益，有时候需要个体利益作出一定牺牲，但也不能仅仅要求个体作单方面的奉献和牺牲。滩坑水电站移民要为本地乃至全省的经济发展作出奉献和牺牲，对移民经济上的损失要给予合理补偿，出台相应的救济措施，否则就是对民众私权利的侵犯，就是违背"以人为本"的核心价值理念。滩坑移民最终得以顺利进行，根本原因是政府充分照顾到了移民群众的利益诉求。如一位移民说："我原先听别人说每个移民补偿 8 200 元，害怕将来生活没保障，而参与闹事，就是想看看移民政策有没有'搞头'。后来我明白了移出去以后生活更方便，对子孙后代都有好处，最终选择了与政府合作。"

第二，政府应该平衡各方利益。首先，政府也可以看作是经济人主体，也存在自身经济利益。特别是转型时期的地方政府，在征地、拆迁、移民等方面，极易侵害民众利益，政府应当避免与民争利。其次，在社会不同利益群体之间，如开发商与民众之间，存在着不同利益的博弈，政府应当保持中立，避免向利益集团倾斜，并适度注意保护弱势群体的利益。再次，即使属于同一社会群体也存在着不同的利益诉求。如滩坑移民中原北山的店面户与非店面户，原世居北山居民与下山脱贫户之间就有不同利益需求，政府根据实际情况，一方面对上述移民户在安置方式、地基选择上作区别对待，另一方面又使上述移民户利益相差不大，满足了同一社会群体不同的利益诉求。

第三，政府与民众的关系应建立在法治基础上。移民群众在与政府的利益博弈中，因求偿心理极易非理性扩大化，对于利益最大化的追求也会驱使移民无理开价。对于闹得比较凶的移民，政府可能出于政治理性，在某些方面作出让步，如提高补偿标准，或给予额外优惠等，导致利益分配不公平。因此，法律要成为政府和群众进行利益博弈的最终底线，政府的所作所为，以及移民提出的救济、要求的利益都要用法律作为界定标准，形成"政府为人民服务，法律为人民作主"的社会氛围。

第四，政府与群众的良好沟通是建立在信息公开和利益诉求渠道畅通的基础上的。滩坑移民工作启动之初，就是因为未能及时公布与移民群众利益攸关的补偿标准和配套政策引发移民的猜疑、不安，进而产生排斥、抵触情绪，最终导致大规模群体事件发生。事实证明，信息只有公开化、透明化才能安稳人心，稳定民情。特别是在土地征用、房屋拆迁、企业改制等群众利益矛盾集中的问题上，必须以信息公开透明为基础，贯彻公平、公正、公开的原则，实现政府与民众的良性互动。[①]

二、十大机制：滩坑库区移民工作的成功经验

（一）建立强有力的保障机制

在保障机制方面，要将最好的区位用于移民安置，比如青田县委、县政府按照"两沿一中心"的思路，在沿江（瓯江）、沿线（330国道）的县城油竹新区、温溪等10个经济强镇（乡）的中心区域，安排移民安置建设用地2 004.67亩，调剂落实移民生产用地面积2 542.2亩。在资金保障方面，多渠道筹集移民工作资金，通过盘活财政资金存量、拓宽银行融资渠道、发动社会各界捐款等方式，千方百计筹集移民工作资金。

（二）建立城镇化移民安置机制

根据山地多耕地少，土地地力较弱的自然条件，以及库区群众从事二、

---

① 参见王其迈、姜文娅：《从冲突走向合作：政府与民众的利益关系解析——以浙江省青田县滩坑移民为例》，《学理论》2009年第12期。

三产业较多，从事传统农耕事务较少的实际情况，青田县采取移民安置与城镇化发展相结合的发展战略，不仅促使滩坑移民动迁安置得以有序推进，而且为安置后恢复生产和较快发展奠定基础。在具体措施方面，经过合理规划，对各规划安置点进行重新勘测，实地核实安置环境和确切人口容量，合理布局安置点；优化移民安置结构，制定出台自谋职业和自谋出路安置办法等相关政策，严把自谋出路、自谋职业准入门槛，组织工商、税务、公安等有关部门组成无土资格审查小组，对移民提供的相关材料进行严格审查；推进安置地城镇化建设进程，完善基础配套设施建设，加强移民安置点社区化管理，加速安置区第二、三产业的发展。

（三）建立移民宅基地和生产用地抽签分配机制

为体现兼顾公平原则，在移民宅基地的分配上，总体考虑移民安置点规划设计要求和城市（集镇、村庄）总体规划与近期实施规划，统筹兼顾，科学布局，兼顾多种安置形式，始终坚持以大多数移民的利益为根本出发点。在保障移民利益方面，一方面加强调剂，改善住房条件，同时为定点有土安置移民调剂落实生产用地。另外移民干部在工作过程中也十分重视调研，除了考察了解安置地的生产生活状况、风俗习惯等，更多次深入各安置地乡镇调研宅基地、生产用地分配工作，认真听取移民群众关于在宅基地、生产用地分配的具体操作方面的意见，充分尊重移民群众的意愿，采用抽签和摇签相结合的方法，司法公证，并选择好抽签时机和地点，提高抽签到户率，确保公平。

（四）建立富有特色的移民建房服务机制

移民在安置地建立新的住房，过程中容易碰到建房进度和质量难以保障、规划管理难以实施、安全生产隐患大、移民建房成本明显增加等问题，为了排除这些阻碍，青田县创新移民建房工作机制。首先，通过成立相关领导小组、办公室、责任单位，构建移民建房管理工作体系的基础结构框架；同时建立移民建房真情服务体系，降低移民建房成本，提供建房相关的一系列配套服务；建立移民建房资金安全运行监管体系和安全生产质量监管体系，确保建房工作机制的正常运行。

（五）建立切实有效的移民搬迁激励机制

坝址移民搬迁既有经验又有教训，在此基础上，青田县制定出台激励政策，激发移民自主搬迁热情，将政府大包大揽的统一集中搬迁模式转变为移民自主分散搬迁为主的模式，其具体政策经验主要有：①搬迁经费直接包干给移民。凡是选择主动按时搬迁的，按照县内安置人均380元、外迁人均580元的标准将搬迁经费一次性发放给移民。②按规定搬迁的，发放奖励金每人1 000元；③完成搬迁后，发放生活用品购置费每户700元。

（六）建立快捷有效的清库机制

青田县在清库的过程中，按照"党委领导，政府负责，部门各司其职，指挥部统筹协调，工作片组全面配合"的清库工作机制，成立滩坑水电站青田库区第一水平年库底清理工作领导小组，全面负责指挥、调度、协调、督促库区清库工作。领导小组下设综合、安全、宣传、招标指导、"四断"处置、拆迁指导、维稳、后勤、专项清理协调9个职能组。根据工作要求，分别制定安全清库、有效清库的要求，明确工作目标、范围。

（七）建立促进移民和谐融入的工作机制

为进一步做好为移民服务工作，促进移民属地化、常态化管理，完善移民管理机制，政府设立领导小组完善工作，建立"四联"的移民工作责任制，对移民小区实行网格化管理，加强对移民户的走访，及时掌握移民动态，排查各类不稳定因素，进一步健全移民维稳工作机制，依法、及时解决移民信访问题。同时重视基层组织建设，发挥基层组织的服务作用；建立健全组织网络，确保社会和谐稳定。

（八）建立帮扶移民创业发展工作机制

为了更好地建立帮扶移民创业发展工作机制，青田县政府出台了完善后期扶持政策，比如制定出台了《青田县滩坑水电站县内安置移民优惠政策实施意见》《青田县鼓励滩坑水电站移民发展农业生产若干意见》等13项优惠扶持政策以及《部门联系安置点建设和发展制度》《机关副科干部结对重点移民户"1＋2"制度》等制度。除了政策支持，同时搭建就业平台，组织移民劳动力技术技能培训，并通过举办各类创业竞赛活动来实施产业发展工程。

（九）建立库区滑坡坍岸移民生命安全搬迁机制

在探索建立库区滑坡坍岸移民生命安全搬迁机制上，首先是加强宣传，营造"必搬"的氛围，组织移民干部深入一线，做好移民思想工作；其次是通过全方位上门服务、在安置点安排周转房、提前分配生产用地、及时为移民解决生产生活困难等举措来使周转搬迁一步到位；最后是采取政府帮助和移民自主相结合的办法，做好搬迁工作。

（十）建立高效安全的移民资金管理机制

在上级有关财务管理办法基础上，青田县结合自身工作实际，制定了《青田县滩坑移民安置财务管理办法实施意见》《青田县滩坑指挥部财务、财产管理制度》等多个规章制度，创造性地建立县级集中统一支付制度；在支付制度的基础上，强化监督，通过把好"三关"（立项关、实施关、决算关），建立移民资金项目全程监管机制，确保资金的正确使用。

三、滩坑移民中的感人故事①

（一）兄弟市县的滩坑情

俗话说："嫁出去的媳妇要有一个好婆家。"党和政府把移民的发展权看得比什么都重要。滩坑移民外迁，得到了外迁地党委政府的大力支持和紧密配合。在外迁工作中，外迁地——宁波、绍兴、金华、台州四市的各级党委政府，讲政治、顾大局，把移民安置工作作为支持欠发达地区的实际行动，用实际行动证明这是他们当仁不让的责任，不遗余力地做好各项准备工作。四个市的主要领导都亲自主持研究制定移民安置方案和有关配套政策，分管领导亲自考察落实移民安置点，及时协调解决工作中出现的问题，落实相应的组织机构、人员和经费。而每逢关键时期、关键环节，市委副书记张成祖、副市长金建新都要亲自带队赴各市联络、协调移民工作，以增进感情、寻求支持、表示感谢。在市内安置地，莲都、缙云、龙泉、松阳、遂昌等县（市、区）一直把滩坑移民工作作为"第一大事"，未雨绸缪，精心谋划，呕心沥血地做好移民安置工作。

"有困难跟我说，把困难留给我"，移民在移民安置点的选择和对接过程中，迁出、迁入地双方建立了紧密的工作联络和协调机制，尽力把方便让给对方，充分体现了社会主义大家庭的团结协作精神。

金华东阳："移民还在千里外，已闻远处笑迎声"

2004 年 5 月 25 日至 26 日，滩坑水电站景宁库区第一动迁年首批 52 位移民代表，赴金华东阳市的 12 个安置点进行"一户一人一点次"考察对接。整个考察对接和签订协议过程仅历时 2 小时 51 分，签约率达 100%，全面实现了一次性对接成功的工作目标。

---

① 此部分案例来源于丽水市移民工作办公室提供的资料。

短短的两个多小时，生动记录了东阳人民迎接滩坑水电站景宁库区移民如火般的热情——5月26日上午8时，52位移民代表在承担移民安置任务的20个镇、63个村的干部分头带领和引导下，秩序井然地走出宾馆，依次登上了迎接他们的空调巴士。

8点10分，在警车的护送下，移民代表直抵各个安置村。8点40分，移民代表到达对接考察现场。各安置街道、镇、村精心准备，周密安排，以挂横幅、燃鞭炮等方式，有如迎接自家亲兄弟的到来。他们对照绘制好的安置点平面规划图和移民住宅户型图，热情地向移民介绍宅基地、承包地，移民代表被热情的干部村民簇拥着……

9点40分左右，在各个安置村的会议室，安置村的干部和村民有的分水果，有的分香烟，有的送热茶，有的介绍当地政治、经济、文化和社会发展状况，期盼着他们早日搬来……

10点51分，最后一名移民代表在对接协议书上慎重地签上自己名字。从这一刻起，这些来到东阳的"客人"，就正式成为这里的主人，与80多万老东阳人共同享有东阳进步与发展的美好今天和灿烂明天！

自2004年5月25日以来，滩坑水电站景宁库区第一动迁年先后组织了出市外迁5批375户1 368位移民到东阳、永康、奉化和县外市内外迁9批923户3 351位移民到松阳、遂昌、龙泉、莲都的考察对接，每批次的对接率和复核率都达到100%。

在安置过程中，金华市移民办主任洪永生、永康市副市长施振强、东阳市常务副市长王正明等当地领导干部深入基层，积极主动解决各方面难题，最终实现外迁的第14个"100%"。

宁波镇海："同在一块蓝天下，移民子女入学无忧"

许多移民选择外迁，一个重要目的是让自己的下一代有个更好的学习、生活环境，有一个更好的发展空间。"为了下一代，我们外迁！"这既是政府的宣传口号，更是移民对明天的寄托。

孩子是父母的希望。2004年9月13日，青田县范村移民周春松透露了自己的"感动之事"。他的儿子周先宾原在青田章旦学校读五年级，成绩一般，周春松想让儿子直接转入宁波读初中，但由于是读五年制的课本，按规定只能插入宁波读六年级，可周春松望子成龙，盼望早些融入当地社会，一定要求上初中。学校为难了，镇海外迁站站长夏志标得知后，动员镇海区移民办、教育局，经再三努力，终于使周春松如愿以偿，转入骆驼中学读初一。

在骆驼中学，周先宾兴奋地说："这里的学习环境很好，同学之间很讲文明礼貌，学习气氛很浓，有什么不懂，老师都会耐心讲解，我的学习也进步了。"

同时就读该校的还有移民子女高一学生周君华、吴鑫鑫。骆驼中学校长庄开刚说："当时，高一新生的名额已满，每个班级都是56个学生，教室的座位都排满。两个移民子女要来读高中，班级都坐不下，学校想尽了办法，终于腾出一个最大的教室，使两名学生终能入学。"

在獬浦镇十七房村范村移民周伯灵、徐荣英家里，现在獬浦镇中心小学读三年级的女儿周雪琪说："我原来在巨浦乡校读书，转学后，觉得这里学校的环境很好，同学们很友好，老师也十分关心我。"

据了解，镇海区有移民子女就读对象16人，其中9人在小学就读，初中4人，高中3人；北仑区共有8名就读对象，全部上学。除了目前尚在青田读书没有转出外，外迁至宁波市镇海区，北仑区的移民子女全部入学，且按规定全部减免学杂费。

绍兴嵊州："移民来到咱村中，最好的土地留起来"

2004年8月4—5日，滩坑水电站青田县北山镇张口片移民，前往绍兴嵊州市长乐镇对接考察，19户64人签订外迁安置协议。

5日，车刚拐进长乐镇行政中心车道，便闻鼓乐齐鸣，热情洋溢的迎宾曲烘托出了热烈的氛围。长乐镇全体干部在门厅前排成两列，微笑和掌声营造的是一个喜迎家人的亲切和真诚的氛围。

在对接欢迎仪式上，长乐镇镇长向移民介绍了长乐的基本情况：长乐镇是全国重点镇，浙江省中心镇、浙江省百家农业农村现代化建设示范镇，是绍兴市唯一的省小城镇综合改革试点镇。2003年全镇实现国内生产总值10.15亿元，农民人均收入5 608元。

"我们长乐人性格耿直淳朴，重承诺，守信用，乐于助人，我们热切盼望移民早日到长乐安家落户，镇党委政府和长乐人民会尽可能帮助移民，解决搬迁入住过程中及以后碰到的困难，让移民安居乐业是全镇人民的心愿和祝福。"长乐镇镇长如是说。

根据计划安排，剡源村安置2户9人的移民。在对接中，村两委全体干部围着2个移民代表，带他们看宅基地、生产用地，解答移民的问题和疑惑。

剡源村的村干部在欢迎移民时说，村里已经把足够的宅基地、生产用地留起来，只要移民来，就能保证安排最好的宅基地和生产用地给移民。

位于长乐镇北面4公里就是雅张村，这个曾有"钱塘江南蚕桑第一村"美誉的村也是移民安置点。村支书说："移民到我们村了，就是雅张村民，就业、生活与所有的村民同等待遇。"

金华永康："我们都是一家人，有难尽管提出来"

永康市花街镇，安置了景宁县大顺乡圭背村王有达等4户移民。面对众人的询问，王有达激动地说："永康市镇、村两级组织的干部非常重视移民工作。移民来的时候，他们都像接新娘子一样接回村里，又像对待贵宾一样招待我们。现在我们有什么问题和困难，他们都尽自己的能力，帮我们一件一件地解决到位。"

鲍女是 2004 年 8 月 31 日安置在永康市龙山镇四路口下村的移民。到这里后，村里免费给她安排 80 平方米的过渡套房，小孩享受当地村民同等待遇，就在附近学校就读，她一边帮人家带小孩，月工资 500 元，一边到附近工厂拿被套回家做手工，月工资 600 元。她表示有信心建好自己未来的家园。

2004 年 4 月 12 日，春雨绵绵，永康市民政局局长施建华，副局长、市移民办主任徐香珍带领石柱镇分管领导、村党支部书记、村委会主任等一行来到景宁县滩坑库区陈村乡做外迁移民户的建房思想动员工作。陈村乡市外安置永康市移民建房工作于 3 月 8 日和 3 月 15 日分两批启动。3 月 16 日，在组织移民建房过程中，永康市石柱镇新店安置点由于安置地某村民反对移民在其房前建房，无理加以阻挠，致使该安置点的 3 户移民户不愿在此建房而返回陈村。事件发生后，陈村乡党委、政府及时向安置地领导反映了情况。永康市委、市政府非常重视，马上派出移民干部赶到景宁移民家中，分别与移民户沈朝岳、沈永华进行面对面的沟通，及时调处矛盾。永康市民政局局长施建华说："你们移民到永康来，就是永康的人，市里对此事很重视，并已作了妥善处理。今天，我们是专程过来接你们过去建房的，你们尽管放心好了！"新店村的村党支部书记说："你们过来就是一家人，咱们就是亲兄弟，今后有什么事需要帮忙，就放心来找我们好了。"一番话如同和风细雨，沈朝岳、沈永华心里的疙瘩一下子就解开了，连声对永康市的领导说："谢谢你们，谢谢你们的关心，我们跟你们回去，早日把房子建好，早日搬迁！"

台州天台："亲人来到我门前，我为亲人安好家"

"我对这地方挺满意，我先签了……" 2005 年 4 月 30 日上午 10:05，台州市天台县平桥镇上庞村会议室，青田移民范新荣刚说完，就拿起笔，郑重而愉快地带头在《滩坑水电站库区农村移民户安置协议》上署上了自己的姓名。紧接着，其他 22 户移民也都相继签订协议，此次对接率 100%。至此，北山镇张口片桔圩村 23 位移民代表到天台县平桥镇上庞村外迁移民安置点考察对接工作取得圆满成功。

当天上午 8 时，移民们的车子刚到上庞村村口，只见镇、村干部早已在进村的东林大桥上等待。桥头上方，一条写着"热烈欢迎滩坑库区移民到我村安家落户"的横幅显得格外醒目。不远处，各色烟花爆竹齐燃放，桥上彩旗迎风招展。桥的另一头，锣鼓喧天，上庞村用最热烈的方式欢迎着移民们的到来。

村里，道两边的房屋墙面上基本上都刷上了"像亲人一样对待移民""营造移民氛围，关心移民生产生活"等标语。

一到安置点，村干部就用一个手提高音喇叭向移民们指点着宅基地和生产用地的具体位置和相关情况，有的移民不断地询问，有的环顾四周，观察周边环境的发展前景，还有的拿出带来的相机，将地点拍摄下来，带回去给家人看。

"我们上庞村是个大村，由7个自然村组成，总人口3 700人，山林6 000亩，耕地2 000亩，党员有108人。"在上庞村小学多媒体教室，因为移民到来而专程从山东威海坐飞机赶回家的上庞村党支部书记庞志男，向移民兄弟们简单扼要地道出了该村的家底，"我们村是个强村，村内有筛网厂6家，造绳作坊20余家，2003年人均收入达4 000元。我们村'两委'团结有力，是县级先锋工程创建村；村教育条件优越，有幼儿园2家，小学初中各1所，接受九年制义务教育不出村；村内主道路基本硬化，全村安装了路灯，有一支护村联防队，村民生产生活方便安全，民风淳朴，村民热情好客。"

最后，村支书代表村两委和全体村民郑重地向移民代表们承诺："我们诚心欢迎各位滩坑水库移民朋友到我村安家落户。我们热心帮助各位移民朋友解决诸如建房、子女入托上学等实际困难，让各位能安心在这里生活。让青田县领导放心，让移民户的亲朋好友放心，我们会像对待自己村民一样对待移民朋友。我们会与移民朋友一道，齐心协力，共奔致富路，同享小康生活！"台下，立刻响起了一片热烈持久的鼓掌声。

马上要签订协议了，移民代表们心里又有些不安，移民范新荣提出了想法："房子是承包建还是自己建，水、电、路和房产证怎么兑现？"

天台县人大常委会副主任陈立国立即回答："房子是统一规划设计的，等设计图纸出来后由你们挑选房型，水、电和路都给你们搞好，房产证等你们建好房验收合格后统一办理，我们都有专人负责的，你们就放心好了。"

上庞村党支部书记庞志男接过话头："水的问题，现在给你们每家打一口井暂时用，我们现在正在建设第二期水厂，等建成后让你们统一用自来水。路嘛，到安置点的水泥硬化路面今年6月份就硬化好，我们绝对会让你们安心、放心。"

（二）移民的滩坑情

移民工作的推进，是各方合力的成果，其中至关重要的是移民群众的默默支持。在千千万万个感人的故事中，其中的一个具有一定的代表性。

2004年6月3日，坝址及施工影响区的816位移民要搬家了，他们依依别离故土，满载希望和热情开辟新生活，其间最令人感动的是移民群众舍小家、顾大家的情怀，识大局、顾大体的胸襟。

6月2日晚9点左右，青田郎回坑移民倪佐平家里，一家人正兴致勃勃地吃着晚餐，每个人喝酒有了七八分醉，仍不断有开啤酒的声音传来。"明天就要搬家了，我们高兴。都是年轻人，这些年都在外边跑，亲身体验、对比着差别，因为建电站我们搬出山里，高兴。"灯光下，倪佐平脸上闪着光泽。他们四兄弟全是移民，3户安置在赤岩，早些搬了过去，倪佐平安置在温溪山根，由于最初宅基地计划不够，郎回坑有29户移民房宅基地刚刚在2日早上抽签分配，倪佐平就是29户当中的一户。但这并不妨碍他对搬家的热情，前几日，他天天打电话向镇干部询问："宅基地什么时候定下来，一定下来我马上就搬过去，抓紧建房。"他说："说真话我们搬家一方面是配合滩坑水电站建设，电站建好了，最终受益的还是我们青田人民，我们当然要支持。另一方面我们搬出外边去了，对自己发展也有好处。"

詹足民、詹坤强父子俩也是2日早上才分的宅基地，一家8个人两间地基。"搬，明天一起搬，政府已经为我们安排了周转房，我们要早日建房。要相信政府，电站建设可不能耽搁。"60岁的詹足民是朴实的，他是一位渡工，在考坑渡口摆渡，这位勤劳朴实的老农常常是为乡里乡亲做着义务工，很少收摆渡的钱。滩坑移民工作开展后，每天都有工作人员摆渡过河，詹足民更不愿收钱，有时候工作组人员一定要给，他还是不收，总是说："你们做工作都那么辛苦，都是为群众负责，为我们移民想，我做些事情是应该的，再说了，船又是自己的，要什么钱。"

移民詹金连一家正围坐着聊天，"九点半都过了，以往我们早睡了，但今天我们睡不着啊，明天要搬家了，一家人都觉着挺兴奋，挺有奔头的兴奋"。詹金连是村子里比较有威望的老人，他还做得一手好菜，农村里有些红白喜事他都被请去掌勺，工作组和对口责任单位人员进驻郎回坑，他自告奋勇当起厨师。对于移民工作，詹金连一直都很支持，还主动当起了义务宣传员。首批包公村移民，老汉一直配合工作组同志在高湖、北山两地跑，找移民户，做他们的思想工作，工作组同志都亲热地叫他"大哥"。"滩坑水电站是百年的基业，它的建设是为青田人民造福。移民们移到地理、环境、经济社会等各方面条件都好的地方，是致富奔小康的一次机遇。"虽然不再年轻，但詹金连意识向来都比较超前，在帮助做移民工作过程中，他总是认为："群众信任我，做工作我有优势，帮做移民工作是本分啊。"

夜色里的郎回坑是宁静的。对移民来说，搬迁的日子，注定是一个不平静的日子，各家各户都还亮着灯，忙累了一天，该搬的该收拾好的东西都收拾好了，有不少村民把床都搬到了车上，于是当天晚上随便搭个木板凑合着一夜，"没几个小时就得走了，躺躺也就行了，移民嘛，大家伙都是兴奋和辛苦着"。在一家养着鹅的农家里，一位小伙子倒头便在临时搭的竹床上睡下了。

其实在库区，有成千上万像倪佐平、詹足民、詹坤强等那样的移民，面对一项泽被千秋的伟业，他们淳朴豁达、深明大义，"舍小家，为大家"，他们化离乡的痛苦为建设的力量，重新建设美好家园。

（三）海外华侨的滩坑情

面对滩坑水电站建设这浩大的工程，全市人民万众一心，众志成城。将市委市政府"举全市之力建好滩坑水电站"的号召演绎为"我为滩坑做贡献"的具体行动。从领导、干部、华侨、企业主乃至普通的生意人、平实的百姓，为了推动滩坑移民工作，都在默默地奉献。

在青田侨乡，"我为滩坑献爱心"的感人事时时刻刻都在发生。

2003 年 11 月 7 日，青田县政府设立滩坑水电站库区特困移民救助基金，首次捐款活动在县府大院举行，市委副书记张成祖、时任副市长兼青田县委书记金建新等市县领导，机关单位代表、企业代表、华侨代表、离退休干部、学生代表参加捐款仪式并捐款。

青田县的华侨、企业主一直以来关心家乡公益事业，当得知在建设滩坑水电站过程中尚有少数特困移民存在生活困难，决定向库区特困移民救助基金捐款，他们的这一慷慨解囊的义举体现了其强烈的社会责任感。仅在 2004 年 3 月末 4 月初的青田两会期间，滩坑库区移民救助基金分别收到华侨、企业捐资，总金额达 320 万元。

3 月 30 日上午，宝兔皮件服饰有限公司董事长邹立胜先生捐款 50 万元，新世纪房地产开发有限公司董事长吴焕民先生、荷兰青田同乡会永远名誉会长吴洪刚先生捐款 15 万元。

4 月 1 日上午，法属圭亚那侨领郭胜华先生向库区特困移民救助基金捐资 20 万元，同时他的一句肺腑之言也说出了各位捐资华侨们内心想要表达的感情："滩坑水电站的建设是青田千载难逢的机遇，造福子孙后代，作为海外游子，青田人民的儿子，为滩坑水电站建设和移民工作尽点绵薄之力，是分内之事。"

同日，美国青田同乡会副会长陈志浩先生捐资 10 万元，意大利青田同乡总会常务副会长陈侠先生捐资 10 万元，西班牙巴塞罗那中国和平统一促进会会长陈志荣先生捐资 10 万元，省人大代表、捷克青田同乡会名誉会长陈乃科先生捐资 3 万元，瑞典知名侨领柳伯品先生捐资 3 万元，丽水市荣誉市民、德国华人及社团联合会执行副主席徐爱荣先生捐资 3 万元。

4 月 2 日下午，意尔康鞋业集团有限公司董事长单志敏先生捐资 108 万元，兽霸鞋业有限公司董事长徐建恩先生捐资 28 万元，青田县南方陶瓷有限公司董事长刘佐平先生捐资 20 万元，国际龙商联合总会主席、浙江同心集团董事局主席陈王斌先生捐资 20 万元，普莱博伊鞋业有限公司董事长邹延秀先生捐资 10 万元，旅瑞典知名侨领王柳英女士捐资 10 万元。

滩坑特困移民救助基金的建立，使各机关单位、社团组织、企业界、华侨界和个人有渠道支持建设工作，滩坑库区特困移民救助基金已收到各类捐款 780 余万元，其中华侨就筹集了 130 余万元，先后有 75 个单位，8 880 余人参与。侨乡人民在人力、物力和财力上为移民工作提供了可贵的支持，在滩坑移民工作中汇成了一股强大的热流。

海外华侨还纷纷回国，走进滩坑，慰问库区移民兄弟，慰问移民干部，亲历滩坑建设，感受滩坑精神。

2004 年 3 月 10 日，旅意大利华侨刘松溪和李焕军看望了滩坑库区移民工作组人员，并且给他们送去了水果、方便面等慰问品。海外华侨郑同舟、王泽厚、刘松溪、李焕军筹集了近 2 万元购买了水果、方便面等慰问品看望移民工作组人员。8 月 11 日，海外华侨郑同舟、夏可承、林万荣、项国民也专程来到库区慰问工作在一线的移民干部。8 月 18 日，旅瑞典华侨夏王生偕同亲属朋友，到滩坑水电站看望慰问库区干部。

2004 年 10 月 8 日，秋风送爽，金桂飘香，青田 100 多位华侨专程回国参加"海外乡贤金秋滩坑行"活动，他们前往滩坑水电站青田库区，全面了解电站建设、移民工作情况，亲身感受滩坑精神，并在海外对滩坑水电站建设予以大力宣传。

（四）社会各界的滩坑情

滩坑水电站建设，牵动着社会各界的心，"心系滩坑，情系移民"，成为社会各方人士的一项自觉行动，他们冒着酷暑，顶着严寒，深入库区服务移民、关爱移民。

丽水市五套班子定期联系滩坑，慰问库区已成为一项制度。每年春节前后，丽水市领导分组赴滩坑库区，慰问移民干部，看望移民工作组干部以及滩坑水电站项目业主单位和施工单位工作人员，到移民家访贫问苦，代表市委、市政府向大家送上节日的祝福。

在青田，有一个"商店开业，先慰移民"的感人故事。2004 年 3 月 17 日，青田周全家电广场开业的前一天，经理周旋和妻子叶大媚带着员工，到滩坑库区慰问，以这种特殊的方式开业志禧，表达对移民干部的崇敬和对移民工作的支持。

新店开张在即，店主带上员工来到了滩坑库区，慰问移民干部，学习滩坑精神，周全家电广场这一做法被传为美谈，经理周旋说："我们要让滩坑精神激励事业的发展。"

其实，滩坑电站和建设的过程中，还出现过很多像周旋那样的人。为安置移民，青田舒庄村民颜建南、颜伟峰等农户还把自己准备建房的土地让给了移民。

赴滩坑慰问演出的文艺演出队来了。2005 年 1 月 20 日，天空细雨蒙蒙，但青田北山中学的操场上却是热闹非凡，人头攒动，一台由市文体广电新闻出版局主办的"情系滩坑"丽水市迎新春文化下乡文艺演出正在这里上演。市文体广电新闻出版局带着这台结合滩坑库区移民工作实际编演的晚会，向库区移民干部送去了新年的真挚问候。2005 年 11 月 23 日，省艺术家慰问团专门来到青田北山滩坑水库慰问在滩坑的建设者，为广大滩坑水电站建设者献上一场具有浓郁江南风味的精彩演出。

赴滩坑义诊的医疗队来了。2004 年 11 月 25 日，青田县政协组织医疗队专程来库区义诊。从各医院抽调具有丰富临床经验的主任医师和副主任医师来到库区，为当地移民看病开药，受到了广泛赞誉。

人大代表也来了。2004 年 10 月 10 日，市人大代表工委和青田县人大常委会组织部分市、县人大代表，并邀请部分丽水的全国和省人大代表参加的调研考察组一行 10 人，先后实地考察了台州、绍兴、宁波三市 6 个县（市、区）16 个乡、镇、街道，23 个安置点，集中听取当地县（市、区）政府领导或民政局、移民办同志及外迁站同志的移民安置情况介绍，直接接触了安置地的村干部和部分群众。在镇海，人大代表还与部分正在建房的移民进行交流，推动移民工作保质保量按时完成。

四、滩坑移民中的好榜样

（一）刘玉梅："做移民贴心的村书记"

刘玉梅，景宁陈村乡岳口村党支部书记，市第一届党代表，全国模范乡村医生，县人大代表、优秀共产党员。"花开着是为了装扮春天，人活着是为了造福世界。"在移民工作中，刘玉梅是这么说的，也是这么做的。

对于刘玉梅来说，2003 年是不平凡的一年，当滩坑电站这个世纪移民工程即将拉开的时候，作为村党支部书记，她感到了前所未有的压力，那段时间，青田北山镇所谓的"头头"们不断地到岳口村串联，拉拢她，煽动她。群众思想相当混乱，作为一名移民村里的村干部，她自然而然成了个别群众发泄"怨愤"的对象。移民工作组刚开始组建时，岳口村人心惶惶。为了破解移民困局，她一方面及时向乡党委政府汇报，积极配合工作组开展工作；另一方面利用自己的影响，旗帜鲜明地加以反对。刘玉梅认为要解决这一问题，首先必须统一村"两委"的思想，因为他们是村里的核心力量。为此，她多次召开支部会和村委会，在"两会"上"舌战群雄"。

"如果作为党员干部都不相信党委、政府，群众怎么还会相信？如果我们不相信政府，究竟相信谁?"

"电站必建，移民必移，是谁也挡不住的，我们现在的主要任务不是阻止工作组进村，而应该是欢迎他们进村，争取移民利益的最大化。"

在她的极力引导下，村"两委"思想慢慢地统一了。然而，移民的思想还是相当混乱。工作很难开展，怎么办? 刘玉梅认为唯有沟通、理解和忍辱负重，才能够获得移民群众的认可和支持。为了提升政策水平，她主动与工作组的同志讨论移民形势，学习移民政策，没过多久，她便被村里人称为"移民专家"。她和工作组制定了详细的工作计划，挨家挨户进行移民政策宣传和思想动员。在大家的共同努力下，岳口村的移民形势得到了控制，移民工作组也顺利进村开展工作。

工作组进村了，工作也迅速开展起来，但移民群众还是心存顾忌。乡移民工作领导小组分给岳口村 380 位移民名额，这是个硬任务，但要发动 380 位移民谈何容易。刘玉梅深知思想政治工作是移民工作的核心，思想通百事通。小小的诊所成了她的演讲台，里面常常人头攒动，但现在可不是病人，而是移民。毕竟，她是一个女人，更是一位妻子。丈夫生病，她匆忙把他送到丽水，下午马上又回到岳口村。有人说她是一个铁石心肠的"男人"。丈夫也曾怨恨过她，然而却被妻子的执着和对移民的真诚所感动，内心慢慢地也开始理解她，敬重她。为了完成 380 名移民任务，她不停地在 4 个自然村中穿梭做工作。自己先带头填报安置地，接着是亲戚，通过两个来月的软磨硬凑才勉强达到。村里人听说她填报了，就觉得那个安置地肯定好，于是出现了竞争。刘玉梅主动退出来，让其他移民先报，380 人的任务最终完成。移民工作的关键环节之一是移民对接。在对接过程中，刘玉梅又把亲戚的安置点让出来，全村移民对接完满成功，然而谁能理解刘玉梅为此付出的辛劳和苦楚，有的亲戚甚至扬言要跟她绝交。

移民工作开展一年来，移民们从不理解到理解，从不认可到敬重，他们钦佩这位女移民书记的胆识和气魄。虽然刘玉梅的月电话费比往常多了好几百元，然而她感到的是一种由衷的满足，会心的微笑常常绽放。

在家的移民把她当成靠山，在外务工的移民把她当成顾问。三更半夜突然的敲门声和电话铃声更是家常便饭，她一直认为移民是最需要帮助的，背井离乡重建家园谁都有困难，所以，在自己的能力范围内，她总是"来者不拒"。因此，移民总是喜欢找她帮忙，没钱找她借，几十、几百、上千不等; 烦心的事找她说，高兴的事也找她说。

龙泉建房移民发生纠纷打电话给她，她二话没说放下病重的丈夫，一去就是四五天。移民户徐利远因身患重病家庭生活陷入困境，她又组织干部群众纷纷伸手援助。一次又一次，一件又一件的琐事烦事占用了她的大部分时间。丈夫的病一拖再拖，直到要做手术才再次把他送到医院; 女儿在部队，已有两个多月没给女儿打过一个电话；家务全部托付给妹妹……全身心的付出终于赢得了移民的满意，成了移民的贴心人。

（二）老金："移民在他心里重千斤"

在青田县下长坑村，只要一提起工作组的老金，无人不知。因为在移民的眼中，老金就是他们的好朋友和老邻居。那一声声"老金"，是移民们对他真挚的信任。

今年58岁的金焕清是青田县章旦乡农技站的一名普通干部，同时也是县第八届、第九届党代会代表。2003年1月滩坑库区移民工作组下长坑片组建后，他负责下长坑村8组、16组共40户移民148名移民的工作。2005年5月，在他所联系的移民户全部外出建房后，他又不顾自身年老体弱、工作环境艰苦，主动请缨，要求继续参加第二水平年的移民工作，进入小吾工作片铁沙济组后，他还兼职该片后勤工作。

不论在乡政府还是在移民工作片，他总是以政策为准绳，坚持原则，精益求精地做好组织交办的每一件事，自参加工作以来，他几乎年年被评为先进工作者或优秀共产党员。当有人问道："老金，你这么大年纪，别人都已经回家养老了，你这么辛苦地做移民工作图什么啊？"老金总是一笑置之，淡淡地说："我只是做了应该做的事情，没什么辛苦的。"

在库区的两年多时间里，白天，金焕清走村串户访民情、拉感情；晚上，他挑灯夜读，学政策、钻业务。金焕清为人平和，是个慢性子的人，但他有种韧性，办事认真决不拖泥带水，要是某项工作没有完成就连睡觉都不踏实。有时，面对难缠的事，他从不生气，整天笑嘻嘻的，还帮你做事，让人觉得不答应他，连自己都难为情。

分家析产、果木清点、移民资格确认、安置方式确认、坟墓清点等等，老金的手中，从没有出现过一例假材料、假数据。拿坟墓清点来说，为了做到公开公正，他与所有的移民一起上山，使坟墓清点的工作完全在阳光下完成。老金这样说："有时候会麻烦一些，为了某一个手续的确认，甚至要跑上好几天，但你如果把事做好了，移民就会满意，不留尾巴。"

"执行政策，政策规定移民该享受的一分折扣也不打，政策没有规定的决不乱开口子，哪怕只有0.01的差距。"金焕清说，"移民群众最怕和最反感的就是干部们做事不公平，你公平、公正了，群众自然就不会有意见。"有一次，在一家移民户分家析产的过程中，按政策规定的宅基地计算方法，移民户应分配宅基地面积达到59平方米就能在安置地分到一间半的宅基地，根据计算一户移民应分配宅基地面积为58.9843平方米，仅仅是0.0157平方米的面积差距，只能分一间的宅基地。移民户认为0.0157平方米是可上可下的，能分到一间还是一间半宅基地全看老金操作，这是老金故意跟他过不去。

于是，移民户对待老金的上门是"门难进、脸难看"，工作很难再开展下去了，但老金很沉静地面对移民户，一次一次地上门跟移民赔笑脸、讲政策，移民户心服了、接受了，理解了，对人说："老金这个人做事认真而且严格，我们没话说。"

在移民资格确认中，某移民户家中填报了两个婚嫁女，两位女子的孩子都已经很大，大家都认为这不可能。但老金没有武断作出判断，他收集了男方和女方的户口簿、身份证等相关证件，仔细核查确定两个女子确实是婚嫁女身份，按政策规定给予了补偿。

第一水平年移民时，金焕清被抽调到下长坑片，联系杉树坑村40户147位移民，他说他是农经员，平时与农民的接触就是深入的，他了解农民的心理，在移民这样一件难事上，他明白政策和原则，坚持做到公开公平公正。

老金还说，移民工作是干部在做，移民在看，开始的时候你坚持原则，人家会说你死板，会不理解，但给移民们解释清楚了，移民们到头来会配合你的工作，这也是一种为人的态度。而且干干净净办事、明明白白地做人，本来便是一个党员干部的应有的道德品行要求。

移民对老金很是信任，去年，为了打破外迁坚冰，金焕清与移民们面对面，从近及远至未来发展，他都联系实际，分析利弊，最终他联系的移民户中有9户32人选择了外迁，春节过后，移民们都很积极地外出建房。

到小吾片工作两个月，作为家里的核心，金焕清从未请过假，还经常放弃休息日主动在片里工作。在"两核两签"的时候，从5月20日开始到6月9日，他才回一趟家。片里后勤工作千头万绪，特别是进驻初期，除了要完善各工作点的生活设施外，还要负责全片工作人员的饮食，他一周几次奔波在驻地与集镇间采购食物，安排生活，这样的工作，即使是对年轻人来说也是相当辛苦的，但他毫无怨言。

这就是老金，他心里装的只有移民。

（三）章国富：用真心感动移民，用爱心帮助移民，用耐心引导移民

"老章，到我这里来看一下……""老章，过来聊聊……"只要老章一到青田腊口移民建房点，热情的招呼声就会此起彼伏。

无论是移民户还是建筑工人、建房责任单位联系人，老章一来，就仿佛是来了救星，什么问题都能迎刃而解了。老章的确是位大能人，在腊口镇的各个移民安置点，只要一提起老章，无人不知、无人不晓，大家都说，"老章实实在在地为我们做了很多工作，他是真真正正的移民贴心人。"

老章，就是市住房公积金管理中心下派至青田县腊口镇做移民工作的章国富。在腊口，特别是在移民安置点，很少有人知道他的全名，大家喜欢管

他叫老章，这一声声亲切的老章，饱含了大家对他的所有信任和期望。

章国富今年49岁，高大魁梧，戴一副眼镜，又显白净文气。刚到腊口的时候，大家都觉得市级机关干部都是养尊处优的，又怎能胜任"天下第一难事"的移民工作，也许就是走走过场罢了。可自从他来到腊口后，不管刮风下雨还是骄阳似火，甚至是节假日、双休日，大家总能看到老章那高大魁梧的身影。老章一天不落地往移民建房工地上跑，和镇里的移民干部吃住在一起，工作起来的那股认真劲，谁都打心眼里佩服。短短几个月下来，老章的皮肤晒得黝黑，身体比刚来时瘦弱了，也憔悴了，可是他在所有人心目中的地位却提高了，他不是什么高高在上的市里来的大干部，他就是大家的嘴里、心里那个令人尊敬的老章。

2005年3月，移民建房工作全面启动，当时建筑砖块供应相当紧张。没有砖块，房子就建不上去，将会严重影响建房进度，一时间，移民户、包工头等都怨声载道。老章心里十分焦急，他多方奔走，找遍了亲戚、朋友，动用了所有的社会关系，一直跑到松阳、碧湖等地才联系到有关的砖厂。通过合理地调配腊口各安置点的用砖量，解决了移民点的燃眉之急，随着房子一点一点地往上盖，老章在大家心里的分量也一点一点加重了。

5月底，腊口安置点C1幢一层，混凝土现浇时因震动不足等原因导致楼板多处裂缝，且有渗水现象，房屋质量受到了影响，情况比较严重。建房户要求拆除重建，而包工头则称楼板虽有些开裂但结构仍然牢固，对房子质量并无影响，只需进行一些修补，没有必要拆除重建，双方为此产生了激烈的争执，导致建房受阻，直接影响了施工进度。那段时间，老章吃不下，睡不好，每天都泡在工地上，不停地做双方的工作，政策、道理一遍又一遍讲个不休，嗓子嘶哑了，人也累得不成样子。最后，包工头终于感动了，真诚地说"老章，就凭你工作的这个认真劲，多少损失我都认了，全听你安排。"最后，在老章的安排下，由包工头按滩坑指挥部批准下达的整改方案进行施固和修整。一场激烈的争论总算告终，该幢房屋又顺利恢复了施工。有趣的是，经老章的撮合，该建房户和包工头还成了"不打不相识"的好朋友。

7月7日中午，腊口安置点C3幢的徐某和厉某因相邻建房而产生了一些摩擦，进而发生了吵架，直至双方大打出手，造成了徐某受伤住院。老章得知此事后，马上找到当时在场的人员了解情况，并和责任单位交换了意见，督促包工头保质保量地按时施工。而后，老章又买了水果、滋补品亲自到医院看望了徐某，嘱咐其安心养病，告诉他大家一定会尽心尽力地帮助他建好房子。徐某感动万分，他感慨地说："老章，你的每一句话都说到了我的心坎里，等出了院，我一定不再鲁莽行事，凡事都要学习你的与人为善，真心待人。"

作为移民工作第一线的移民安置地干部，老章和每位移民交朋友，他从不摆干部架子压人，他以心换心，赢得了大家的尊重。老章从未忘记市里下派干部所应承担的更艰巨任务，要为腊口镇的移民工作出谋划策才是最为重要的。为此，在从事移民工作的第一天开始，他每天规定自己抽出一定的时间来学习移民工作的相关政策、法规，一直从事机关工作的他还自费买来有关建筑施工方面的书籍，结合工地上的建房实际不断地学习。

一段时间下来，老章俨然成了半个建筑专家，张口就是些建筑专用名词，说得那些包工头一愣一愣的。老章开玩笑地说："俗话说'技多不压身'，干移民工作好啊，我可又多了个铁饭碗了。"

精通政策、熟悉业务、良好的群众基础，所有的这一切，都让老章成了腊口镇移民的知心朋友，小到移民户安个防盗门，大到移民小区基础设施工程上马，老章总是义不容辞地"插上一手"。有人曾经问过老章："老章啊，你到底图些什么呢？干得再好，也没奖金，下派就一年啊，你犯得上这么拼命吗？"老章总是忠厚地笑着说："我来这里就是干移民工作的啊。到了基层，和腊口镇的干部同吃同住，和移民们以心换心，这才真正体验到农村群众的喜怒哀乐。只有用我们的真心、真情去感化移民，只有为他们建好第二故乡，才能真真正正地让移民兄弟们放心、开心啊。"

第二编

富民为本：把扶贫工程建成民心工程

第九章　科学把握移民过程中的周期性规律

水库移民的目的是为了按期完成水利工程项目建设的工作目标，组织当地居民进行搬迁，它涉及社会、经济、政治、人口、法律、资源、环境、文化、工程技术等诸多方面，因此，它不是简单地等同于把人口移走，而是遵循复杂的周期性规律。人们常说"电站易建，移民难办"，由此得知，我们只有掌握和遵循了这个周期性规律，才能在移民安置工作实践中披荆斩棘，勇往直前，取得胜利。

一、和谐移民的要义：搬得出、安得稳，逐步能致富

新中国成立初期，在特定的背景下，政府对水库移民安置采取"先移民、后安置"的做法。这种做法不讲究移民安置以后的生产生活水平是否一定要达到搬迁前的生产生活水平，因此，给水库移民的生产生活带来了许多困难。改革开放后，移民的生产生活状况虽有所改善，但总体上看仍与全社会反差较大。调查资料显示，截至 2006 年全国共有 2 288 万移民，农村移民人均收入仅相当于全国农民人均收入的 50% 左右，近一半移民属于绝对贫困和低收入人口；有近 1/3 的农村移民饮水困难或不安全；有 1/4 移民村不通机耕路。① 总体而言，这种"先移民、后安置"的模式，沉淀了大量的历史遗留问题，这也为后期我国水库移民安置探索提供了深刻教训和有益思考。

和谐移民是新时期我国对水库移民提出的新要求，它不是单边偏重于项目未来的经济利益而开发建设，而是以移民群体的利益为出发点和落脚点，是高度人文关怀的重要体现。不仅要实现移民搬迁能搬得出去、安置能安得稳，还要使移民的生产生活水平达到或超过搬迁前水平，尽快摆脱贫困，走上致富之路。简而言之，就是"搬得出，安得稳，逐步能致富"。时任浙江省委书记习近平同志在指导滩坑水电站移民安置工作上就重点强调，要做到"迁得出，安得下，稳得住，逐步能致富"，要努力让滩坑水电站移民安置工

---

① 肖衍华：《水库移民安置方案探索》，《广东水利水电》2007 年第 4 期。

作成为移民安置工作的示范工程，真正造福于广大人民群众。

从理论上讲，"搬得出，安得稳，逐步能致富"，是对移民过程周期性原理正确的概括。这种概括，首先在理论上完全符合恩格斯关于辩证否定周期公式的表述。"搬得出"，是移民过程中第一次否定阶段。在"搬得出"中，移民通过认识的提高和移民比较利益宏观和微观相结合的选择，对移民前的生存空间、生存方式等客体要素进行否定，认同移民行为，从非自愿移民转化为自愿移民。在"安得稳"阶段，是移民过程中的第二次否定阶段。在这一阶段中，否定内容侧重于移民主体因素，移民必须通过主体适应力提高、主体素质提高、主体生存生活行为方式变化、主体心理结构重建等，实现同迁入地的融合，把迁入地视为自己新的故乡，才能"安得稳"。"逐步能致富"，是移民阶段中两次主客体辩证否定的结果。移民过程必须完成主客体两个方面的辩证否定，才能逐步达到致富的目标。如果两个方面的否定不能完成，移民过程的辩证周期就可能被人为因素干扰，甚至中断。[1] 要成功实现这两次"否定"，不仅要充分发挥移民主体的能动性，更需要成熟的客观条件。

从实践上讲，"搬得出，安得稳，逐步能致富"，解释了移民实际过程的三个阶段，对于移民具体工作具有指导性意义。移民过程必须分为这样三个阶段，这三个阶段是相互区别、相互依赖、缺一不可的。把握了这三个阶段及其关系，才能根据不同的阶段确定移民工作的任务和方法。同时，只有准确划分各个移民工作阶段，才能把握阶段间的衔接，当一个工作阶段完成后，能不失时机地把工作重点转向下一个工作阶段。移民工作的三个阶段，每一个阶段的工作重点是不同的。"出""稳""富"，就是移民不同阶段的工作重点。移民工作的第一阶段，"搬得出"的"出"是移民工作的重点，移民的一切工作都应围绕"搬得出"进行。移民工作的第二阶段，"安"与"稳"是移民工作的重点。这个"安"可以作多种解释，如"安居乐业""安安心心"，只要能安则能稳。[2] 但要安得下心，就必须要帮助移民在过渡期之后至少能重新达到他们原来的生活标准。有了"安"与"稳"的前提与基础，移民"逐步能致富"这个第三阶段的到来才有逻辑和历史的可能。移民工作的第三阶段，"富"是主题，实现"物质富裕、精神富有"是构建和谐社会、深化践行科学发展观的要求，也是实现现代化建设的根本要求。

近十年来，青田县委、县政府举全县之力推进滩坑移民工作，本着"搬得出，安得稳，逐步能致富"的移民要义，贯彻落实浙江省委、省政府关于

---

① 罗晓梅、刘福银：《重庆移民实践对中国特色移民理论的新贡献》，重庆：重庆出版社 2004 年版。

② 罗晓梅、刘福银：《重庆移民实践对中国特色移民理论的新贡献》，重庆：重庆出版社 2004 年版。

滩坑水电站工程移民的指导思想，深入开展工程性非自愿移民的理论研究，广泛借鉴国内外工程移民的范例，紧密联系中国国情和库区实情，把非自愿移民逐步转化为自愿移民，创造了动迁无滞留、搬迁无事故、施工无阻碍"三大奇迹"，探索出了新形势下科学推进大中型水库移民工作的"青田模式"。

"搬得出"是滩坑水电站移民的首要任务。在移民动迁工作上，曾因移民工作提前与政策滞后的矛盾及经验不足，连续发生多起移民群体性事件。为做好市场经济条件下的移民工作，丽水市委、市政府深入贯彻落实科学发展观，坚持以人为本、以民为先，始终把对移民及子孙后代负责作为一切工作的出发点。各迁出地和安置地深入细致地宣传发动、完善政策、创新机制、破解难题、维护稳定，真正做到"一切为了移民、一切围绕移民、一切服务移民"。在这个过程中，按照"政治素养好、业务能力强、政策水平高"的要求，大批量、多批次抽调党员干部投入移民动迁工作，抽调了100多名干部组建滩坑水电站工程建设指挥部，统筹协调全县移民工作。此外，自2003年起累计抽调4个批次1 100多人次优秀干部组建库区移民工作片组；为了做好外迁移民工作，自2004年起累计抽调100余人组建外迁移民工作站；为了做好移民建房工作，自2004年起累计抽调4个批次84个县直单位500余人次优秀干部组建移民建房工作服务组；为了做好移民安置工作，自2006年起累计抽调2个批次500余人次优秀干部组建安置地移民工作站。8年来，全县投身滩坑移民工作的干部已超过2 000人次。在强化组织力量保障机制的同时，青田县创新思路，出台激励政策，激发了移民自主搬迁热情，探索建立切实有效的移民搬迁激励机制。例如，把搬迁经费直接包干给移民，凡是选择自主按时搬迁的，按照县内安置人均380元、外迁人均580元的标准将搬迁经费一次性发给移民。此外，按规定搬迁的，发放奖励金每人1 000元；完成搬迁后，发放生活用品购置费每户700元。此举极大地调动了移民自主搬迁的积极性，纷纷自觉"瘦身"，互相组合，并车运输。从7月底到8月底，仅用了一个月左右时间，第一水平年17 600名移民全部实现顺利搬迁，创造了新时期水利移民大规模搬迁的"青田速度"。与此同时，青田县对"搬迁—入住"全程安全监管服务，确保移民安全搬迁入住，实现了"搬迁无事故"这一工作目标。而且，广大移民积极主动错开集中搬迁时间，按建房进度，分期分批提前分散搬迁，做到"化整为零"，实施"蚂蚁式搬家"。考虑到外迁路途遥远、人地陌生的情况，则实行"聚散为众"，引导自主搬迁移民户适当集中、分批搬迁。通过几年的实践表明，将政府大包大揽的统一集中搬迁模式转变为移民自主分散搬迁为主的模式，充分发挥了广大移民群众的创造力和主观能动性，顺利实现了移民第二阶段"搬得出"的目标，这是滩坑水库的宝贵经验。

"安得稳"是滩坑水电站移民的重点任务。青田县属于"九山半水半分田"的山区县，人多地少矛盾十分突出。在全面推进城市化、工业化和新农村建设中，全县仅有的分布在沿江（瓯江）、沿线（330国道）的平地资源显得异常珍贵。但是，为了能让滩坑移民安居乐业，县委、县政府仍然按照"两沿一中心"的思路，在沿江（瓯江）、沿线（330国道）的县城油竹新区、温溪等10个经济强镇（乡）的中心区域，安排移民安置建设用地2 004.67亩，调剂落实移民生产用地面积2 542.2亩。在移民宅基地的分配上，始终坚持"统一规划、因地制宜、限额分配、经济调节、促进安居、维护稳定"的原则，按照移民安置点规划设计要求和城市（集镇、村庄）总体规划与近期实施规划，统筹兼顾，合理布局。在宅基地、生产用地分配具体的操作上，充分尊重移民群众的意愿，采用抽签和摇签相结合的方法，司法公证，并选择好抽签时机和地点，提高抽签到户率，确保不留后遗症。为保障有土安置移民的生产、生活，统一定点有土安置移民迁入安置地后，享受当地村民同等待遇，由迁入地乡镇、村给予调剂生产用地，耕地（包括水田、旱地）的数量和质量原则上不低于安置地村民同等水平。分到好的地，还要住上好的房。根据当时的规定和要求，农村移民实行自主建房，但是，如果放任6 000多户移民户户自建，将面临如下问题：一是建房进度和质量难以保障，二是规划管理难以实施，三是安全生产隐患大，四是移民建房成本明显增加。为此，青田县又建立了一套完整的移民建房管理工作体系、移民建房真情服务体系、移民建房资金安全运行监管体系和安全生产质量监管体系，创新移民建房工作机制，有序推进移民建房工作，顺利完成移民建房工作目标。此外，近几年青田县还投入上亿资金，不断完善移民安置区的水、电、路、学校、医院、专业市场和其他文化体育等基础配套设施建设。在各移民安置区域开展创建"和谐发展移民示范社区"活动。引导和激发移民群众追求和谐、创建文明的热情，努力实现"生产发展有序、法制意识增强、民主管理自治、文化生活繁荣、家庭安居和睦、和谐融入致富"的新局面，真正实现了移民第二阶段"安得稳"的目标。

"逐步能致富"是滩坑水电站移民的关键任务。经验表明，要使移民在过渡期之后至少能重新达到他们原来的生活水平，并逐步实现生产、生活方面的提高和改善，关键在于政府能否为移民提供就业致富的机会。为了让移民在尽可能短的时间内在经济上自力更生，自2008年起，青田县持续将移民就业帮扶工程列入县重点工程，围绕移民"一户一就业"目标，积极出台扶持政策，搭建就业平台，组织移民劳动力技术技能培训等，引导和帮助移民就业和增收。加强与企业信息联系，定期收集发布劳务需求信息，及时通过有关媒体举办移民就业招聘活动的形式，向移民发布企业用工信息，帮助移民实现就业。要致富，不仅要就业，还要创业。青田县制定出台《青田县滩坑水电站县内安置移民优惠政策实施意见》《青田县鼓励滩坑水电站移民发展农业生产若干意见》等13项优惠扶持政策，引导和鼓励移民发展生产、创业致富。在各安置地积极开展创"特色乡镇、特色产业、特色示范户"活动，引导移民结合本地优势发展特色产业，如"房东经济""农家乐经济""门店经济""石雕经济""旅游小零件经济"等，成为移民创收致富的重要途径。同时，引导扶持来料加工业，制定出台《关于发展来料加工业的意见》，大力拓展市场空间，通过举办"温州、义乌来料加工接洽会"等活动，不断扩大业务渠道。目前，全县各安置地固定集中加工点达56个，来料加工经纪人72人，移民来料加工从业者4 782人。此外，开展"移民创业竞赛"等活动，激发广大移民创业热情，涌现出一批实业经济能人，如移民倪某创办的"滩坑源"牌酱板鸭加工厂，年产值500余万元，多次参加省市农博会。这种以创业带动就业的模式，让滩坑移民提早开始步入"逐步能致富"的第三阶段。①

二、和谐移民的重点：实施安稳致富工程

所谓"安稳致富工程"，是指通过投入创建移民安居稳定的基本条件，不断提高安置质量，促进移民就业，激发移民创业的政府主导、全民参与的移民扶持工程。实施安稳致富工程是实现移民工作第二阶段的重要手段。实践表明，"搬得出"固然很困难，但是从移民安置的全过程来看，最艰难的仍然是"安得稳"问题。在"搬得出"阶段，政府可以运用法律、行政等各种强制手段组织搬迁。可是，如果移民自身缺乏"安得稳"的内在因素，如果安置区域缺乏"安得稳"的客观条件，再强大的政府强制力和社会压力，也不能实现"安得稳"。移民是选择安稳生活还是返迁，绝不是一个主观随意的问题。安稳致富的基本条件包括生活和生产的基本条件和各种因素的综合，可以是对移民生活上的关心，也可以是对生产上的帮扶，但安置点的选择是否恰当，对于移民能否安稳致富具有先决性影响。为此，在滩坑水电站移民安置规划过程中，政府特别注重移民安置区域的选择。不论是青田本县就近安置还是县外远迁安置，所选的安置区都具有较好的区位条件，交通便利，水源、水质及电力供给条件好，土质肥沃且数量达到安置标准，便于耕种，并且安置点均位于城镇或靠近城镇，以便移民进城镇经商或务工。对于安置区域方案的选择制定，大家都形象地说就是为滩坑移民选了个"好婆家"。有了"好婆家"，还要再送一程、再推一把。正所谓万事开头难，安稳致富工程来

---

① 参见青田县移民办：《"滩坑经验——青田模式"（青田县滩坑移民工作实践与创新）二》，http：//xzbm.zgqt.zj.cn/text.asp? id＝58636。

得恰到好处。

(一) 在安置建房上贴心帮助

实行政府统一规划管理、移民自主建房的办法,专门成立移民建房工作领导小组和移民建房管理服务办公室,确定84个县直单位作为移民建房责任单位,抽调500余名机关干部帮助移民建房,建房责任单位干部主动帮助移民联系施工单位,安置地政府为移民统一建设安置房基础设施工程。整合县建设、质监、安监、工商等有关职能部门力量,设立6个专业服务组,为移民建房免费提供图纸设计、建材保障、技术指导、质量监督、安全监管等配套服务。坚持千方百计为移民降低建房成本,物价、工商、经贸等部门联手出台移民建房所需建材的价格调控措施,建设、国土等有关部门主动为移民建房减免有关税费。根据特困移民本人申请,政府经核实后及时帮助垫付建房资金,确保每一户移民都能建好一层房屋,实现按时搬迁。据测算,滩坑移民建房成本同当地村(居)民建房相比普遍下降20%左右,为全县移民节省建房资金约1.3亿元。县内安置移民在办理划拨性质房屋"两证"时,全部费用由县政府承担,为移民节省办证费用约400余万元。

(二) 在就业致富上贴心帮扶

要稳定、想致富,关键还得靠发展。贫困是产生不稳定的主要原因,发展是消除贫困的根本途径,因此拓宽移民增收渠道,既是移民致富的保障,也是社会和谐稳定的保障。只有通过加快产业发展,拓宽增收渠道,为移民创造丰富的物质财富,让其生活在富足、祥和、安定的环境中,才能真正解决移民发展问题,增进社会和谐。青田县围绕移民"一户一就业"目标,开展烹饪、服装、石雕等职业技能培训累计达14 700余人次,每年举办一次"移民就业招聘周",帮助3 750名移民实现转产就业,移民从事二、三产业人数达68%以上。把引导发展来料加工作为促进移民增收的重要途径,全县从业来料加工移民达6 000余人,发放来料加工费累计超6亿元,全县移民劳动力就业率达到88.62%。出台《鼓励移民发展农业生产的若干意见》等优惠扶持政策,县财政累计向移民发放政策补助专项资金达1 700余万元,培育农业专业合作社6家、农业示范基地15个、种养殖业示范户127户。同时,各安置地移民充分利用区位优势,因地制宜发展"门店经济"、"房东经济"、农家乐和高效种养殖业,增收致富步伐呈跨越式迈进。据统计,2012年全县移民人均纯收入达10 800元,是搬迁前的3.82倍。

(三) 在基础设施上贴心规划

本着对移民高度负责的精神,对移民安置地基础设施建设和库区复建工程进行科学长远规划，确保群众安居乐业。累计投入安置地公建项目设施建设资金 3.25 亿元，大力推进 10 个移民安置地 35 个移民安置点供排水、道路、教育、卫生等九大类项目建设，在每个安置点配套建设学校和诊所，适龄儿童入学率和有线电视覆盖率均达 100%，移民小区道路全部实现水泥硬化，移民的生产生活条件相比搬迁前得到极大改善。同时，累计投入库区基础设施建设资金 10.58 亿元，完成了滩坑库周公路、库区码头、镇区复建等大项目建设，极大地改善了库区条件，为生活在水位 160 米以上的 5 万库周群众提供了优越的发展空间和生活环境。①

三、和谐移民的关键：激发移民的能动性

水库移民的主观能动性是指水库移民在安置过程中，面临快速变化的生产生活环境能迅速适应，并有效利用现有和潜在资源，视移民搬迁安置为发展机会，化劣势为优势，促使移民安置行为朝着利于自身合法利益最大化的方向发展。从移民主观能动性发挥与区域系统发展的相互作用来看，可将移民主观能动性视为一种围绕信息分析、资源利用和环境管理等中心因素，且以利益实现为目标的能力束，是适应变化能力、情势转换能力和创新提升能力的集合。②

在移民安置的过程中，政府、非政府组织机构与移民的终极目标取向是一致的：资源合理开发、区域快速发展、移民安稳致富和社会和谐稳定。然而，由于各利益相关者在水库移民安置活动中被赋予的社会角色不同，决定了它们只是一种重要的外部刺激与诱导性因素，占据主导与支配地位的还是移民自身主观能动性的发挥。移民对于安置工作的态度是否支持、行为是否配合等主观能动性的发挥程度，对于移民安置工作所达到的深度与效度具有决定性作用。所以，要做好水库移民安置工作，实现和谐移民安置的目标，关键在于在水库移民安置过程中加强对移民主观能动性的激发。滩坑水电站移民安置工作过程中主要从以下三个方面激发移民的能动性：

（一）激发移民的适应变化能力

由工程建设引起的大量失去原来赖以生存的土地等自然资源和熟悉的生活方式、生产技能的滩坑移民，从一个世代休养生息的熟悉的群体和社会环境，搬迁到一个陌生的群体和新的社会环境中，会受到来自社会、政治、经

---

① 资料来源：《青田县滩坑水电站移民工作经验交流材料（衢州）》。
② 郑瑞强、张春美：《水库移民主观能动性的培养与开发》，《中国水能及电气化》2011 年第 7 期。

济、人文、地理、宗族、观念、习俗等各个方面的影响和制约，要让移民群众迅速适应社会经济以及自然环境的变化，真正融入这个新的群体和社会环境中，必须有一个熟悉和适应的过程，这是一个十分复杂而又漫长的相互磨合的过程。为了缩短这个过程，青田县政府要把这次移民搬迁看作是库区移民和安置地群众发展致富的一个新机遇。做到决策上有位置，工作上有措施，扶上再送一程。把移民相对集中的村确定为新农村建设的重点，在政策上优惠，在资金上扶持。进一步完善移民小区的基础设施建设，创造良好的居住和生产环境，使移民有新的舒适感，从而产生认同感归宿感。例如，在油竹新区安置点建设初期，200多幢移民房里已开出了大大小小50多家商店。一些店主告诉我们，政府对他们经商开店给予了优惠照顾，随着越来越多的移民搬入新家，新村里不断聚集起了人气，生意自然也火了。原来在库区也经营店铺的新移民詹英，未搬家先搬"店"，最早把店开进了油竹下村。她说，一方水土养一方人，扎根下来就是这里的人，表达出了既要安家，又要乐业的美好愿望。

（二）激发移民的情势转换能力

移民从大山里搬出来是解放思想的第一步，是实实在在的一步，也是很根本的一步。搬出来的移民今后怎么样，就看当地政府如何引导。引导得好就会变成一支强大的新的创业群体，引导不好就可能成为一群"刁民"。为了充分调动和发挥滩坑移民建设新家园的积极性和创造性，从"特殊公民意识"中解放出来，培育新的创业群体，青田县政府把移民的思想解放作为一项重要工作来抓。移民迁入初期，因社交范围狭窄，生产技术生疏，目标感不强，生产生活会出现一个彷徨期。针对出现的新问题、新情况，政府要及时沟通和疏导。通过文明家庭、致富先锋、星级文明户评比表彰活动，引导移民逐步树立正确的世界观、人生观和价值观，树立积极的生存观、创业观和发展观。对移民过程中出现的好人好事在《青田侨讯》、县镇村三级广播中大力宣传，弘扬正气，鼓舞信心，把移民塑造成新的创业群体。组织广大移民群众认真学习和弘扬青田的华侨精神，树立自力更生、艰苦创业的信念，让广大移民群众相信"他们在异国他乡能创业，我们在异地同乡更能发展"。

（三）激发移民的创新提升能力

移民要想在安置过程中发挥主人翁精神，充分维护自己权益，就应该改变原来移民安置工作中被动安置的意识与地位，明确自身的权利与义务，主动参与到移民安置的规划设计、实施管理与后期发展扶持的全过程中来。通过组织移民群体学习知识、提升技能，引导与其他利益相关者的沟通和协商，将移民自身意愿融于决策内容，不断激发移民的能动性和创造力。例如，北山镇下长坑村移民徐贞伟，从事石雕行业已有 11 年，但他的作品主要是粘贴拼接的落后工艺，做工相对较为粗糙，经济效益不甚理想。移民后，在石雕大师们的指导帮助下，他的石雕作品也从单一的粘贴拼接逐渐向单件作品发展，并拥有了自己的石雕作坊。一年下来的收入可达 5 万元左右。"帮得了一时，扶不了一世"，走过最初的艰难，移民开始冷静地思考自己长远的发展目标，对来自政府及社会的扶持心怀感激，敢于直面现实，认识到最根本的出路还得靠自己。

四、和谐移民的本质：高度重视人文关怀

建设滩坑水电站，是一项造福当代、惠及子孙的扶贫工程、民心工程和德政工程，也是实现人的全面发展的工程。在滩坑水库移民的过程中，省市主要领导频繁亲临库区指导工作，深入移民社区，排解移民工作困难；基层干部长期扎根移民社区，为移民排忧解难，为移民工作呕心沥血，工作中处处体现了重视人文关怀的和谐移民本质。

第一，把蓝图交给群众，让移民展望美好前景，从心理上接受移民生活。移民群众最想了解的是建设电站的好处，考虑最多的是迁移后的生产生活。对此，各迁出地和安置地把宣传群众、发动群众放在移民工作的首位，既让移民看到眼前的实惠，更为他们展示今后的美好生活。采取多种形式，宣传建设滩坑电站的重要意义。丽水市、青田县、景宁县在报纸、广播、电视等媒体开设专题、开辟专栏，介绍滩坑电站工程概况，宣传电站建设的综合效应；采用"大讨论"、提炼"滩坑精神"和演讲比赛、歌咏比赛等载体与形式进行广泛宣传，使移民了解电站建成后，不仅对国家电网布局和电力建设发挥重要作用，而且对丽水及当地今后经济社会发展产生极为深远的影响，自觉地为国家建设作贡献。帮助移民"算大账""算远账"，描绘外迁后的生活前景。滩坑电站淹没的地方大多是经济基础薄弱、人均收入水平低的区域，而安置到宁波、绍兴、金华、台州较发达的县（市、区）和市内条件好的县（市、区），安置点的自然条件、人均土地、社会经济状况、交通通信等比原地要好，而且安置在集镇附近，移民的住房、生活条件将彻底得到改善，各方面的发展空间大。政府要让移民知道，滩坑电站工程实际是一项易地脱贫工程，是 5 万移民千载难逢的脱贫与谋求发展的好机遇。宁波、绍兴、金华、台州等安置地利用对接时机，第一时间抓宣传，第一时间安民心，不厌其烦地向对接移民介绍当地群众生产生活与收入情况，安置地块的发展规划，医疗保障、养老保险、劳动就业状况。邀请已外迁的移民现身说法，并组织部分移民参观他们的新居，了解其生产生活情况，增强移民外迁发展的信心。

第二，把政策交给群众，让移民各自对号入座，充分尊重移民的主体地

位和个性差异，关心移民群体丰富多样的个体需求。移民政策是做好移民工作的生命线，直接关系到移民群众的切身利益，事关移民群众的思想稳定。各迁出地本着"对移民高度负责"的精神，重视移民政策制定的科学性和执行的严肃性。细化具体政策，在省政府确定的移民政策框架内，根据本地实际制定相关配套政策，维护和实现好移民群众的合法利益。丽水市制定了《滩坑水电站库区移民安置实施意见》《关于滩坑水电站工程移民安置补偿标准的通知》等政策，根据不同移民群体的特点，确定有土安置、投亲靠友安置、自谋出路安置、自谋职业安置、养老保险安置五种形式，及其具体条件与资格确认和实施办法，明确非农移民安置补偿办法及青苗、用材林木、经济林木、灌林森林、房屋等具体补偿标准；青田县充分考虑北山镇移民中店面户、石雕户、企业户等部分群众的利益，相应出台 30 多种利益补偿政策；景宁县注重全局政策的平衡，与省、市政策及青田县政策相衔接，制定了《景宁库区移民安置补偿补助办法》《坟墓迁移办法》及自谋职业移民购置商品房、宅基地分配等一系列配套政策。编制算账方式，印刷以问答、案例等为主，群众一看就懂的政策文本，免费发放到每户移民手中，让移民群众清楚自己属于哪类移民，实物该补多少。同时，建立移民个人档案，每份档案都装有 38 张表格，详细体现各个移民的基本情况和利益需求，使移民群众正确理解和把握政策，掌握自己的经济账、发展账。

第三，把真心交给群众，不仅要关心移民群众物质层面的需求，还要关心精神文化层面的需要，让移民真切感受到政府的关怀。唯有真心方能换来群众的拥护和支持。省直有关部门和各迁出地、安置地都把"一切为了移民、一切围绕移民、一切服务移民"作为移民工作的宗旨，把"移民群众满意、移民群众高兴"作为移民工作的标准，做到政策稳民心，举措暖人心，让移民群众切身感受党和政府的关怀与温暖。各迁出地坚持"干群零距离接触"，建立"移民联系卡"制度，落实移民工作目标责任制，移民干部长驻库区包片工作，与移民群众同住共吃，心贴心交流，面对面服务；切实解决特殊移民群体的实际问题。各安置地立足让移民"安得下，富得起"，始终把移民当作"自家人"，提供最优惠的政策，给予最细致周到的服务。确定自然条件好、水电路等基础设施较完备、离集镇较近、村级集体经济好、领导班子强、民风朴实的村为安置点，安排优越地段作为移民宅基地；帮扶移民的生产生活，免除与移民安置直接有关的规费，免费开展就业培训，优先推荐就业岗位，解决移民子女插班读书问题，改善移民群众的生活状况，提高移民群众的生活品质。①

① 沈雪生、王峰等：《"用心工作用情服务"滩坑电站移民工作情况调查》，《今日浙江》2005 年第 16 期。

　　第四，把方便带给群众，想群众之所想，急群众之所急，体现党和政府关心群众、爱护群众、以人为本的基本路线。只要是移民安置工作需要，就立即办、抓紧办，这是安置地各部门、各单位的统一口号和一致行动。从移民搬迁之日起，各部门为移民安居大开绿灯。高速公路收费站将所有收费路口免费开通，保证运送移民车辆畅通无阻。在移民抵达安置地时，公安局和交警支队领导调动警力和指挥车辆，每个途经路口都设警指挥引导，并为移民运送车队开道。在移民建房时，安置地计委只用了 3 天时间就办理了移民建房基建投资立项审批手续；国土资源局简化土地报批手续；财政局在上级拨付和移民自带建房资金未到位时，就迅速先行将移民建房补贴资金拨付到位。建设局免费为移民提供建房设计、施工图纸，为移民提供当地建筑材料的参考价格、工程承建的参考价格；质监局建立建房质量监督小组，对各建房点进行全程质监；同时电力、水利等相关职能部门纷纷出台优惠政策为移民建房提供方便。为迎接移民的到来，公安、民政、卫生、计生等部门组织人员开展移民户口迁移、社会优抚对象、卫生防疫、计划生育等有关档案资料的准备工作；教育系统提前编制了移民子女上幼儿园、上学的人员花名册，提前安排好幼儿园、学校和老师，安排品学兼优的学生与移民子女的学生开展"手拉手"帮扶活动。

典型案例：外迁缙云县移民安置工作

　　承担滩坑水电站景宁移民 1 000 名的安置任务，分两个水平年落实。缙云把 1 000 名移民任务以分散安置、相对集中的原则，分散到民风淳朴、自然条件和经济状况相对较好的七里乡、新建镇的 39 个行政村。为了早日推进移民安置，缙云 7 个安置点共投入基础设施资金 1 400 多万元，其中新建凝碧安置点的基础设施建设共投入了 920 多万元。首先是投资近 40 万元进行 70 亩生活用地的场地平整后，经地质勘探部门技术勘探，认为该地址对建房基础的要求非常高，要增加很大的建房成本。为不增加移民的建房成本，根据地质和设计部门的意见，投入 110 万元，帮移民挖好建房基础并铺上水泥垫层后再交移民建房，可在基础开挖过程中，又发现其中有 9 幢房子的地基地址状况更差，要经过换土后才可以建房，因此又投入 80 多万元进行换土，这个安置点单建房场地就投入了 230 多万元。另外移民排水、排污投入 300 万元，自来水、道路、路面硬化等投入近 400 万元。缙云县新建镇笕川村安置滩坑电站移民的任务数为 60 人，村"两委"不仅为移民预留位置好的建设用地，而且还安排了两处建房点让移民挑选。七里乡梅下村将计划安置的 16 名移民的建设用地和生产用地安排在黄店公路边，这个地块三面环山，一面临水，环境优美……缙云县有移民安置任务的有关乡镇、村均按要求全面落实好移民的建设用地等各项准备工作，因地制宜制定相应工作方法，确保按质、按量、按时完成生产用地调剂分配工作。移民安置地干部群众积极配合当地政府调剂生产用地，村民们尽量将近村、近路、水源充沛、土质良好的土地调剂给移民，并按照"好中选优，优中选精"的原则选出最好的土地给移民。移民过来了，又为他们排忧解难，移民创业资金困难，村干部就主动为他们提供贷款担保。有的村民毛竹被砍了，移民干部听了担心会起矛盾，批评那位移民，但村民说，初来总需要这需要那的，砍吧。青田高沙村一位干部，拆了自己的三间毛坯房，给移民当地基。此类事情不胜枚举，正是安置地干部群众对移民的人文关怀，使移民能够顺利搬迁，为移民和谐融入添上一个美丽的音符。①

---

① 《滩坑纪实》编委会编：《滩坑纪实》（内部资料），2008 年。

第十章　移民安置人口的优化配置

水库移民安置人口优化配置是指在水库移民安置人口确定、水库移民安置区域优化选择的基础上，评价安置区域人口的资源承载力，对水库移民安置人口和安置区域之间进行人口优化平衡和组合，从而确定最优的水库移民安置人口优化配置方案。[①] 安置区域选址、安置人口配置等决策是移民安置规划的基础性工作，如何实现稳定和谐移民一直以来都是规划设计人员深入探索的问题。将"政府主导，百姓选择"模式引入移民安置点选址的决策中，保证各方的合理利益，力求移民安置点选址和人口配置决策过程的公平合理性，是滩坑电站移民安置的重要创新。

一、移民安置区域的优化选择

安置区是移民搬迁后生活居住和从事生产活动的主要场所，因此，安置区的规划选点对水库移民的搬迁安置就显得至关重要。为了让水库淹没区的村镇居民能搬迁并安置到较好的地方，实现"搬得出，稳得住，逐步能致富"的目标，安置区是从其他省、市、县或乡镇中选择环境容量较好的区域作为备选区，在土地资源充足、水资源丰富、基础设施完善、生态环境优良的地方安置移民。水库移民的主要特征是非自愿性，对农村移民的安置和处理本质上不是财产的补偿，而是在于对移民本身的合理安置、恢复并保障移民生产生活的基本条件，使其尽快取得居住、就业、自立的条件和能力。因地制宜、科学地制订移民安置规划方案，是移民"搬得出，稳得住，逐步能致富"的根本保证。

中国的水库移民工作，经过长期的理论探讨与社会实践，正在不断地得到改进和提高。在实施水库移民安置的过程中，针对东西部、南北方不同的社会经济发展水平及可利用的资源条件，结合各地区的实际情况，积极探索，

---

① 贾永飞、施国庆：《水库移民安置人口优化配置》，北京：社会科学文献出版社2012年版。

因地制宜地采取了大农业模式、小城镇模式、成建制外迁模式、混合模式四种不同模式妥善安置移民，见表10-1。

表10-1　我国移民安置的主要模式①

序号	模式	特征	典型案例
1	大农业模式	坚持以土为本，以农为主，实行集中安置与分散安置相结合。这种安置模式适合社会经济发展水平不高、商品经济欠发达、人口密度不大、以农业生产为主的中西部及中国北方地区。这种大农业安置模式，主要是通过调剂土地、开发荒地、滩涂等手段，为移民提供一份能够满足生存与发展的耕地。	黄河小浪底工程位于中西部地区，把移民外迁到工程受益区或经济相对发达且具有安置容量的地区进行安置，并通过开发黄河温孟滩及续建后河水库，创造灌溉条件，改善土地质量，为移民提供集中连片的土地，保证每个移民拥有一份基本口粮田，具体标准为：无发展水浇地条件的，人均不少于1.7亩；有发展水浇地条件的，人均不少于1.2亩；全部是水浇地的，人均不少于0.8亩。
2	小城镇模式	以小城镇安置为主，加速乡村城镇化。这种方式适合于社会经济发展水平较高、商品经济较发达、区域人均耕地较少的东南沿海地区。通过开发、建设小城镇，实行集中安置移民，并大力发展二、三产业辅以优质、高产、高效农业的生产方式解决城镇移民的就业问题。	飞来峡水库位于中国南方经济比较发达的广东省，采用移民集中城镇安置的方式，利用邻近香港、澳门的优势，通过来料加工，兴办玩具厂、刨花厂、皮革制品厂、灯饰加工厂、集市贸易等二、三产业项目以及发展高效农业的方法等解决移民的就业问题。
3	成建制外迁模式	成建制外迁到具备生存与发展条件地区。这种模式适合于生存环境恶劣、生产发展条件极差的地区。	水口水电站工程位于东南沿海地区的福建省，采取在现有中小城市附近，按原建制集中安置移民，以城市为依托，通过招商引资，发展大规模、集约化的高效农业以及兴办食品加工厂、建材厂、保温材料厂等方式安置移民。

① 资料来源：国家水利部水库移民开发局局长唐传利在"移民与社会发展国际研讨会"上总结的四种水库移民安置方式。

（续上表）

序号	模式	特征	典型案例
4	混合模式	这种安置方式主要考虑水库移民自身条件和安置区的实际情况，分别采取农业、非农业、自谋出路和其他安置方式。	二滩水电站位于中国西南部的四川省，根据经济欠发达、人多地少的具体省情，采取大部分外迁，少部分后靠进行大农业安置及小部分城镇安置的混合方式安置移民。 珊溪水库位于经济较发达地区的浙江省温州市，针对库区经济落后、生存环境和生产发展条件较差的具体情况，将库区移民全部外迁到经济发达地区安置，并对安置区中已进城多年从事二、三产业的居民实行"农转非"，以换取他们的土地承包权来安置农村移民，使移民同当地居民一样，既可以拥有一份土地从事农业，又可以在发达的安置区从事二、三产业，以多种方式发展生产。

在新时期，党中央、国务院非常重视水库移民工作。2006年召开了新中国成立以来第一次全国移民工作会议，并相继出台了《国务院关于完善大中型水库移民后期扶持政策的意见》《大中型水利水电工程建设征地补偿和移民安置条例》以及《大中型水库移民后期扶持基金征收使用管理暂行办法》三个文件，为水库移民安置规划工作提供了法律依据和移民后期扶持的政策、资金保障，为移民"搬得出，稳得住，逐步能致富"进一步夯实了基础。在国家推崇开发性移民政策下，移民在重建家园中，用符合历史发展和现代规划的新思路来规划建设移民安置区的社会经济系统，给移民带来了开发优化社会资源、发展经济、调整产业结构、建设新居住地的机遇。滩坑水电站移民工作在总结和借鉴前人经验的基础上，在新时期党中央、国务院重视水库移民工作的背景下，抓住历史机遇，实现了移民安置工作的"七个创新"，探索出了水库移民安置的"滩坑模式"。

第一，在移民安置方式上，改变以政府统一定点安置为主的模式，创新提出了政府统一定点有土安置、自谋职业安置、自谋出路安置、投亲靠友安置、养老保障安置五种安置方式。第二，在移民安置形式上，改变移民安置后靠的形式，创新推出了集中安置和分散安置相结合的形式。第三，在移民安置去向选择上，改变移民安置以政府定点安排去向为主的模式，创新采取政府主导与移民意愿相结合的方式。第四，在移民安置程序上，改变移民安置的简单程序，创新提出了移民安置的 12 个步骤。第五，在补偿补助政策上，改变以实物补偿为主的单一模式，进一步创新细化了安置补偿政策。第六，在安全保障措施上，改变过去由政府包干的做法，创新利用市场经济手段加以调节和规范。第七，在责任落实机制上，改变移民安置哪级政府主办哪级政府包揽一切的做法，创新实行安置任务、资金、责任捆绑式包干的全新模式。

移民安置规划的制定同时，调动和发挥移民自身的积极性和责任感，充分依靠和发挥库区各级党政组织的战斗堡垒作用，让移民群众参与决策，发挥移民的主观能动性，及时对移民安置方案进行调整，体现以移民为本的规划理念，使安置工作始终处于主动地位，杜绝二次搬迁。安置地及安置方式自选充分体现了移民在安置规划设计过程中的主体地位，是对计划经济条件下认为非自愿移民只能被动地安置的模糊认识的一次澄清，激发了移民主体意识，变过去"给我安置"为现在的"自我安置"，找到政府行为与移民意愿的最佳结合点。

滩坑移民安置模式还有效化解了传统有土安置和无土安置存在的问题，巧妙地将两者的优点相结合。根据移民安置后所从事的产业，上述主要水库移民安置模式又可分为有土安置和无土安置模式。虽然有土安置和无土安置模式在理论和实践上已经很成熟，但还是存在一些问题有待解决，滩坑水电站移民安置模式则较好地融合了两者的关系。

有土安置是坚持以土为本，以农为主，实行集中安置与分散安置相结合的一种安置模式。由于农村移民文化素质、技术水平普遍不高，承受风险能力低，因此，在很长一段时期内有土安置就成为解决移民问题的一个主要思路。调查表明，我国绝大部分的库区移民都采取有土安置这一模式，如三峡库区和黄河小浪底工程库区的移民安置。土地是有土安置的基础，如果土地的质与量满足不了安置需求，势必会影响移民安置后的生活水平，更不用说脱贫致富。但是，中国人多地少的矛盾很突出，加之我国农村普遍实行了土地承包制度，因此，寻找一定数量的土地来安置移民十分困难。而青田县属于"九山半水半分田"的山区县，人多地少矛盾十分突出，寻找合适数量土地实施有土安置则更加困难。为此，青田县委、县政府在移民安置规划阶段对全县国有和集体土地进行排查，精心挑选了地理位置好（靠近城镇）、土地质量高的区域作为移民点，以便农产品的销售以及未来从事第二、第三产业的可能，也为移民应对未来的不确定性因素提供更多的出路。同时，对移民的生产方式和家庭主要收入来源做了对比分析，将已经脱离和愿意脱离农业生产的移民引导到无土安置上来，保障移民有土安置的生产水平和生活质量。

无土安置是指移民将不再从事农业生产，不占用农业用地，而主要从事二、三产业，加速乡村城镇化或向城镇转移的一种安置模式。该方式可以缓解土地资源紧张的矛盾，也是库区移民安置中不可缺少的一种主要安置方式。但是，从事二、三产业的库区移民文化水平普遍不高，欠缺相应的技能和从业经验，承担风险的能力较低，再加上社会保障体系不健全，因此，在没有落实资源和产、供销条件的情况下，盲目进行二、三产业安置具有很大的风险。例如，1997年黄河小浪底水库某市某村的移民安置中，市政府在经济技术开发区内规划18公顷土地建设了有37栋单元楼的移民社区，用于安置全体村民5 700余人，并逐步建立了以热电厂为龙头企业，集13.33公顷蔬菜大棚、劳务公司、学校于一体的新型工业化社区，当时其在全国是整建制工业安置的典范。然而，2007年热电厂正式宣布破产清算，依附电厂的高耗能周边企业土崩瓦解，一大批家庭失去了收入来源，移民村1 700户家庭陷入困境。移民安置后变为市民身份，按规定不享受后期扶持政策，但实际上并非每个困难户都能按规定拿到城市低保。由于没有稳定的经济收入，因此移民怨声载道，社区秩序很不稳定，上访事件频频发生。① 为了避免因外生产业的不可持续性而引发群体性失业问题，滩坑移民区域坚持以区域原有产业优势为基础，据每个安置地的经济发展和生产生活立地条件不同，在移民安置地深入开展"创特色乡镇、特色产业、特色示范户"活动，引导移民根据本地优势发展特色产业，例如，扶持"房东经济""石雕经济""农家乐经济"等，都取得了良好的局面。

二、移民安置人口优化配置的过程与实践

滩坑水电站项目之所以前期工作跨度达40年之久，上级之所以非常慎重地决策，主要问题是移民人口优化配置的问题。自1992年库区淹没实物指标调查以来，滩坑水电站移民安置规划方案已历经四次重大调整。1994年按丽水地区安置1万人，省内其他市、地区安置4万人编制了第一次安置规划方案；1996年按丽水地区及省内其他市各安置2.5万人编制了第二次安置规划方案；第三次于1999年按5万移民全部在丽水地区安置编制了安置规划方案。由于种种原因，三次移民安置规划方案都没有真正落实。经过各级政府和有关部门的共同努力，2001年11月按市内安置3.7万人，省内其他市安置1.3万人编制完成了滩坑水电站预可行性研究阶段移民安置规划。5万移民，其工作量及任务的艰巨性在丽水市都是史无前例的。移民安置不仅事关工程的顺利建设，还关系到5万移民的切身利益，关系到这部分人的脱贫致富，也关系到社会的稳定。

① 胡宝柱等：《水库移民社区安置模式探讨》，《人民黄河》2012年第12期。

（一）移民安置人口优化配置准备阶段

1. 确定水库淹没区处理范围

滩坑水电站淹没征地移民范围包括水库淹没区及因水库蓄水引起的浸没、塌岸、滑坡和其他受到蓄水影响的地区。水库淹没区又分为经常淹没区和临时淹没区，其中：正常蓄水位以下为经常淹没区，正常蓄水位以上受水库洪水回水和风浪、壅水等淹没的地区为临时淹没区。水库淹没影响范围的确定，是在针对不同淹没对象分别确定设计洪水标准的基础上综合考虑后确定的。根据规范，居民迁移线和土地征用界线综合上述水库经常淹没区和蓄水影响区的具体情况，遵循安全、经济、便于生产生活的原则，全面分析论证确定。根据 2002 年可行性研究阶段水库淹没实物指标调查结果，滩坑水电站淹没各类房屋建筑面积 167.21 万平方米，耕地 22 935 亩、园地 2 327 亩、林地 45 296 亩，以及公路、输变电线路、通信线路、码头等。

2. 确定淹没人口数量和分布

将滩坑水电站移民安置人口分为生产安置人口和搬迁安置人口。生产安置人口指由于水库淹没失去了赖以生存的生产资料而需要重新安排生产出路的农业人口，它包括劳动力和抚养人口。生产安置人口以其主要收入来源受淹没影响的程度为基础计算确定。搬迁安置人口包括淹没线以下的人口、淹没影响区的人口及淹地不淹房影响人口中必须动迁的人口和其他原因必须搬迁的人口。根据 2002 年可行性研究阶段水库淹没实物指标调查结果，滩坑水库淹没区和滑坡塌岸区人口为 48 392 人（其中：水库淹没线以下人口为 44 754 人，影响人口为 2 263 人，坝区人口为 1 375 人），依据工程设计进度和省政府规定的 4 年基本完成动迁安置任务的要求，以淹没线以下人口和影响人口为基数。每年按 10% 的人口自然增长率推算到 2006 年，移民的总人数约为 50 300 人。

3. 确定安置区

根据资源、环境、经济和社会等因素优选可以接受迁入移民的安置区域。一般来说，先对库区周围剩余资源（主要为土地资源）进行考虑，按照就近安置原则，并统筹规划库区剩余资源，安排后靠移民安置。外迁移民安置区域以社区安置模式为主，对安置区按照现代社区标准进行科学规划，按照现代城市社区的标准建房，拥有社区生活的方便和舒适，并在安置区解决就业和生存问题，通过多种渠道促进移民发展致富。对愿意从事农业生产的移民，选择基础条件较好的农村发展高效农业，使移民安置后生活达到或者超过原有水平，并为移民安置区经济可持续发展创造条件。根据上述多方因素考虑，外迁安置区域确定为：丽水地区的青田县、景宁县、遂昌县、龙泉市、松阳县、莲都区、缙云县；宁波地区的江北区、北仑区、镇海区、余姚市、慈溪、奉化市、象山县、宁海县、鄞州区；绍兴地区的绍兴县、诸暨市、上虞市、嵊州市；金华地区的义乌市、永康市、东阳市、浦江县；台州地区的椒江区、黄岩区、路桥区、临海市、玉环县、温岭市、天台县、仙居县、三门县。

4. 计算环境容量

根据实际情况采用定性和定量相结合的方法计算安置区域的水库移民环境容量。所谓环境容量是指按照拟定的规划目标和安置标准，在至少保持原有生态环境质量的条件下，通过对该地区自然资源综合开发利用后，可接纳生产安置人口的数量。根据我国现行的移民政策，以及开发性移民和前期补偿补助与后期扶持相结合的方针，为节省稀有土地资源，打破原有"一户一宅"的粗放安置模式，鼓励移民进城镇社区居住，通过就业培训等多种手段，促进移民劳动力向二、三产业转移。同时，根据省政府关于农村移民实行开发性移民的办法，按照以农为本、有土安置和相对集中的原则，制定了"靠近公路、靠近集镇、靠近基础设施好的地方和经济相对发达、土地容量较为充裕、民风淳朴、领导班子强的乡镇"的安置要求。通过调查研究，制订合理的安置方案。以政府文件形式下达，以市（县）长与各镇长、街道主任签订移民安置责任书的方式加以落实。然后逐层召开镇（街道）党委会、村干部及村民代表会议，通过一定的程序，把任务细化到村，落实到点。在这一过程中，各安置地按照省里统一规定的生产安置标准和生活安置标准，调整出最平整的耕地，分配给移民承包；规划出最佳地块，安排给移民作宅基地；按法定程序加快推进移民建房。

（二）移民安置人口优化配置分析阶段

1. 确定后靠移民安置人口及安置区域

在水库淹没区周边的区域，通过有关部门调查分析，存在着一定的安置容量，可以接纳一定数量的移民安置。在分析过程中，当库区某个安置区域单位具有容纳水库移民的环境承载能力，就按照后靠安置的原则，以自愿的原则优先考虑安置本区域的水库移民，实现适应性最大、差异性最小及敏感性最小的安置优势。通过后靠移民安置人口及区域分析，最终确定北山镇镇政府所在地泉山村作为库区唯一的移民安置村。

2. 确定外迁移民安置人口及安置区域

通过上一步骤的水库移民后靠人口优化配置分析以后，可以得到剩余水库移民群体数量和分布情况，也就是需要进行外迁安置的人口数量，这部分人口是移民安置中的绝大多数。通过对外迁安置区域进行优化选择，筛选出相对好的安置区，将不符合国家要求的或者达不到移民设计规划要求的安置区域剔除，实现人口优化配置。在华东勘测设计研究院编制的规划基础上，对各规划安置点进行重新勘测，实地核实安置条件和容量。同时，结合库区人员从业结构调查结果，最终确定青田县内包括鹤城（油竹）、温溪、山口、船寮、东源、高湖、海口、腊口、北山9个建制镇和祯埠乡等10个乡镇、33个安置点的安置格局。其中安置在9个镇的基本上是在镇区范围之内，9个镇现平均城镇化水平为50.25%，其中温溪镇为81.56%，鹤城镇为78.03%。在现有安置点中，油竹新区、温溪镇等移民安置地乡镇均已成为青田县组团城市发展的重要区块，库区群众迁入后，通过产业和人口的集聚，实现了"双赢"。

（三）移民安置人口优化配置计算阶段

水库移民安置人口优化配置的重点是外迁移民人口优化配置方案的制订，这就需要对外迁移民安置人口和可接纳的安置区域进行优化组合和分析计算，具体来讲，分为模糊物元分析和外迁水库移民安置人口优化配置方案制订两个步骤。

1. 确定模糊物元评价指标体系

该指标体系涵盖水库移民安置人口优化配置所包含的水土资源、经济发展水平、耕作方式、风俗习惯、生态环境和移民一意愿等六类分析要素，并充分考虑水库移民系统分析理论所建立的人均耕地、粮食产量、人均纯收入、耕作方式差异性、基础设施是否完善等指标的影响，然后确立不同指标的权重系数，计算出各个移民群体到安置区的物元指数。此外，结合库区人员从业结构调查结果，按照"自愿选择、政策规范、严格审查"的工作原则，优化移民安置结构。在深入调研基础之上，制定出台自谋职业和自谋出路安置办法等相关政策，严把自谋出路、自谋职业准入门槛；组织工商、税务、公安等有关部门组成的无土资格审查小组，对移民提供的相关材料进行严格审查，保障整个评价体系的科学合理并符合滩坑库区实际情况。

2. 制订外迁移民安置人口优化配置方案

水库移民和安置区域之间存在一定的适应性和敏感性，尤其移民进行丽水地区外远迁安置时，这种不适应性和难以融合性表现得十分强烈，甚至连生产生活方式、风俗习惯都难以逾越和调和。当移民全体和安置区域之间生产生活方式、风俗习惯等越相似，则表现得越为适应，敏感性就会越小。这种移民群体与安置区的适应性和敏感性决定了移民安置群体和安置区域之间的优化组合。[①] 这种根据模糊物元指标和库区实际从业结构调查，建立一定的

---

① 参见贾永飞、施国庆：《水库移民安置人口优化配置》，北京：社会科学文献出版社，2012年版。

优化配置模型来探索如何进行滩坑水电站移民和外迁安置区域之间的优化组合，可以有效制订外迁移民人口优化配置方案。

表 10-2　滩坑水电站外迁移民人口优化配置情况表

序号	安置区域	安置人数	序号	安置区域	安置人数
A	丽水市	37 000	17	绍兴县	1 130
1	青田县	21 350	18	诸暨市	1 130
2	景宁县	4 150	19	上虞市	1 130
3	遂昌县	2 000	20	嵊州市	610
4	龙泉市	2 000	D	金华市	2 000
5	松阳县	2 000	21	义乌市	600
6	莲都区	4 500	22	永康市	600
7	缙云县	1 000	23	东阳市	600
B	宁波市	6 000	24	浦江县	200
8	江北区	300	E	台州市	1 000
9	北仑区	400	25	椒江区	115
10	镇海区	400	26	黄岩区	105
11	余姚市	1 000	27	路桥区	120
12	慈溪市	1 217	28	临海市	150
13	奉化市	500	29	玉环县	110
14	象山县	500	30	温岭市	170
15	宁海县	550	31	天台县	80
16	鄞州区	1 133	32	仙居县	65
C	绍兴市	4 000	33	三门县	85

（四）移民安置人口优化配置实施阶段

经过上述三个阶段，移民人口优化配置方案已经制订完成，即各个安置点及其安置人数都已经确定，接下来是根据方案确定的移民安置区域和安置数量实施有计划、有步骤的搬迁工作。搬迁工作是整个移民工作中矛盾冲突最直接、最激烈的阶段，自然也是移民工作最辛苦的阶段。移民搬迁实施阶段的步骤、方法在全文多个地方都有叙述，此处就不作重复说明。

（五）移民安置人口优化配置实施结果

经过几个水平年的搬迁，外迁滩坑水库移民基本按照配置方案实施完成。下面以青田县内安置为例，对县内鹤城（油竹）、温溪、山口、船寮、东源、高湖、海口、腊口、北山和祯埠 10 个乡镇安置地的实际安置情况进行简要描述。

（1）油竹街道移民实际安置情况。油竹街道移民安置点由官塘社区和侨中社区组成，官塘社区下辖官塘、官中、官园三个小区；侨中社区下辖侨兴、侨中、侨发、侨旺四个小区，共有移民房安置房 265 幢，接收安置滩坑水电站库区移民 2 065 户、7 157 人，约占全县移民人数的三分之一。移民来自原库区北山、白岩及外围区块的 20 余个行政村和 50 多个自然村，其中以北山、白岩村为主。经过多年的引导和发展，油竹移民在发展致富上已基本形成了"房东经济"、"建材一条街"、市场经济、来料加工经济、门店经济、农家乐经济、石雕加工经济六大产业经济，正在向"迁得出，稳得住，逐步能致富"的目标前进。

（2）温溪镇移民实际安置情况。温溪镇坐落在青田县城东部，系青田经济开发区所在地，全镇行政区域 58 平方公里，现下辖 22 个行政村、8 个居委会，人口 32 681 人。温溪镇共接收安置滩坑水电站自谋职业安置移民 848 户、3 231 人，共建统建套房 2 幢、120 套，自建间房 88 幢 1 005.5 间，总建筑面积 282 553.12 平方米，人均建筑面积 87.45 平方米。其中江岱点建政府统建套房 2 幢、120 套，自建间房 4 幢 46 间，安置移民 133 户、477 人；城中点自建间房 56 幢 635 间，安置移民 458 户、1 732 人；山根点自建间房 28 幢 324.5 间，安置移民 257 户、1 022 人。

（3）山口镇移民实际安置情况。山口镇移民安置点位于山口板石，占地面积是 36 536 平方米，原从北山和岭根 21 个村移民至山口板石共 160 户 251.5 间 622 人，现已有人口是 644 人。全区共建有 24 幢移民房，其中 8 幢为有土安置移民，16 幢为无土安置移民，移民房 15 幢和 19 幢是范村清库影响人员。

（4）船寮镇移民实际安置情况。2003 年起，船寮镇从滩坑水电站坝址、影响区开始，到 2012 年末，共接收安置滩坑水电站库区移民 754 户 2 606 人，分别安置在赤岩 139 户 500 人、舒庄 102 户 345 人、芝溪 152 户 527 人、新开洋 216 户 813 人、石盖口 145 户 421 人（其中第三四水平年 111 户 322 人，滑坡坍岸体移民 31 户 93 人，滞留户 3 户 6 人）。全镇 5 个安置点共建安置房宅基地 100 幢 1 075 间，赤岩 16 幢 171 间，舒庄 12 幢 124 间，芝溪 20 幢 200 间，新开洋 27 幢 345 间，石盖口 25 幢 235 间，共已建移民安置房 1 016.5 间。船寮镇接收政府统一定点有土安置方式移民 538 户 1 748 人，接收自谋职业安置移民 216 户 813 人，养老保险安置 48 人。统一定点有土安置移民参与生产用地分配 1 745 人，已分配的移民人均拥有生产用地 0.3 亩（和当地村民人均耕地面积基本相等），各有土安置点移民生产用地相对集中，土质良好，农田基础设施齐全，生产条件优越。

（5）东源镇移民实际安置情况。东源镇位于青田县城以西 20 公里，是青田县的阀门行业重镇之一，2005 年起开始安置北山滩坑电站移民，共安置移民 392 户 501 间 1 379 人，都是有土安置，分别安置在五星、红光、项村、武陵四个村。涉及原北山镇张口、郎回、下长坑、张岙等 19 个行政村的村民。近年来，东源镇紧紧围绕"社会稳定维护、致富创业帮扶、安置点社会管理"三大任务，真情服务，深入开展各项工作。目前新老村民和睦共处，安置点各项事业稳步发展。同时，各安置点正积极发展着特色农业、特色养殖业、来料加工等产业，步入东源镇移民小区，到处欣欣向荣，生产生活既文明又和谐。

（6）高湖镇移民实际安置情况。高湖镇共有三个移民安置点，分别为湖山小区一组、二组和圩头垟小区。三个移民安置点全部位于镇政府所在地高湖村内。全镇共有 63 幢 659 间移民房屋，共安置移民 476 户 1 632 人。圩头垟小区位于高湖村背面，是全县最早的移民包工试点小区，该小区所有移民房屋（11 幢 89 间）由政府统一建设。2003 年 3 月，第一批移民来自北山镇陈村洋村 10 组 49 户 195 人全部安置在该小区。湖山小区位于高湖村南面，于东三村相邻。该小区又有两个安置点一组和二组组成，但两个组之间没有明显的地理分界线，而以幢号区别。湖山小区一组共有移民房 23 幢，安置移民 211 户 759 人；湖山小区二组共有移民房 29 幢，安置移民 217 户 709 人。在二组移民房之间另外还安置了清库影响人员 29 户，共 33 间。

（7）海口镇移民实际安置情况。海口镇泗洲埠村、高沙村共接收安置滩坑水电站有土安置移民 2 514 户 867 人，其中第一水平年 108 户 375 人，第二水平年 144 户 498 人。高沙移民点：88 户 288 人；泗洲埠移民点：166 户 585 人。

（8）腊口镇移民实际安置情况。腊口镇安置滩坑库区移民 803 户 2 745 人（有土安置 563 户 1 867 人，无土安置 240 户 878 人），建有移民房 86 幢 1 045 间（其中第一水平年 48 幢、597.5 间，第二水平年 41 幢、447.5 间，3 幢为第一水平续建），分别安置在同心小区、振兴小区、龙山头、交警路四个安置点。其中第一水平年共安置移民 471 户 1 634 人（有土安置 392 户 1 327 人，无土安置 79 户 307 人），建有移民房 48 幢、597.5 间；第二水平年共安置移民 332 户 1 111 人（有土安置 171 户 540 人，无土安置 161 户 571 人）。

（9）北山镇泉山、吴山移民实际安置情况。泉山移民安置点位于千峡湖库区北山镇区域西北方位，距离县城 45 公里，约 50 分钟车程。库区蓄水后，泉山村南面千峡湖水库，北山镇在此选址复建，成为库周政治中心，区位优势明显。泉山安置点规划移民安置房 12 幢 102 间，总占地面积 17 700 平方米。2009 年就近搬迁安置泉山移民 74 户 229 人。2011 年底，移民搬迁入住过春节。移民搬迁入住后，泉山各项事业积极稳步推进。现已实现包括水、电、邮、车、有线电视、广播等的畅通。北山镇吴山安置点位于北山镇大岩下村南约 120 米处，青景公路边。距离青田县城 35 公里，到镇政府所在地泉山村只有 5 分钟车程。安置点内建设 13 幢 71 间移民安置房宅基地。规划总面积 28 000 平方米，其中建筑总面积为 16 000 平方米。基础设施于 2009 年 2 月开工建设，2010 年 4 月竣工并于 2010 年 7 月完成验收。期间先后完成了污水处理池等市政配套工程。2011 年 8 月 1 日，通过分批抽签对接安置库区坝址影响人员和有房无户人员 39 户合计 9 幢 46 间（其中公建用房 1.5 间）。2012 年 11 月 1 日，各幢先后启动建房，2013 年农历年底基本完成建房并搬迁入住。

（10）祯埠乡移民实际安置情况。祯埠乡地处青田西部，距县城 45 公里，距丽水 29 公里。祯埠乡辖行政村 8 个，2013 年全乡总人口 1.5 万人，其中滩坑水电站移民 507 户 1 500 人（包括清库影响人员 41 户），来自滩坑库区北山、岭根、万阜等 3 个乡镇 19 个行政村。

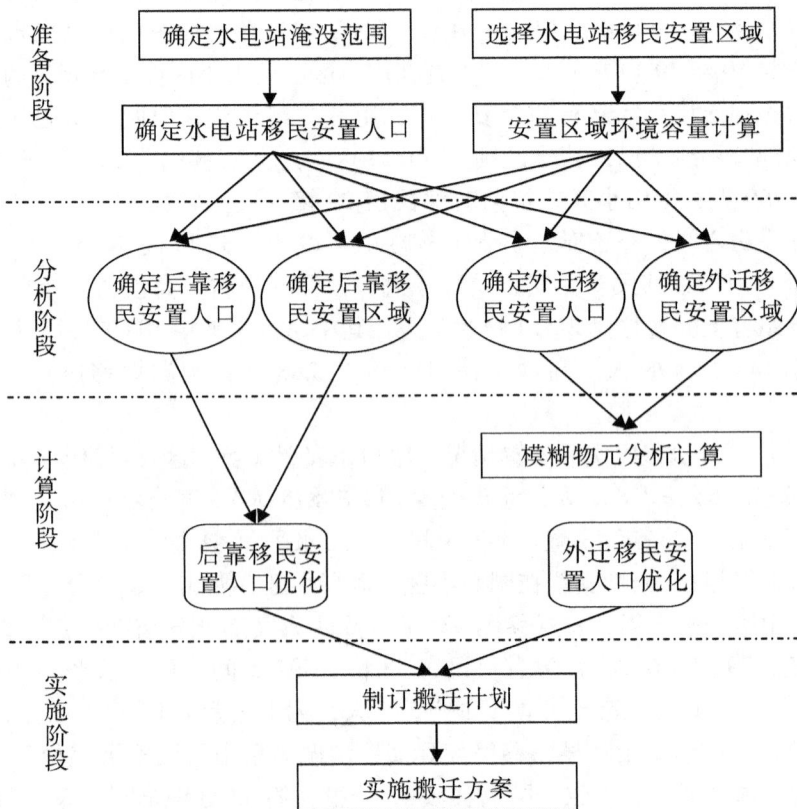

滩坑水电站移民安置人口优化配置步骤示意图

三、实现移民安置人口优化配置的保障机制

上文阐述了移民安置人口优化配置的四个阶段，可知移民安置人口优化配置工作是一项科学的工程，是一项系统的工程，也是一项深入群众、动员群众的工程。但首先，移民安置人口优化配置是一项科学的工程，因此，它需要坚持科学的规划原则。

首先，坚持依法规划原则。严格按照国家颁布的《大中型水利水电工程建设征地补偿和移民安置条例》《土地管理法》等有关水库淹没处理及移民安置的法律、法规、方针、政策和浙江省政府关于切实做好滩坑水电站库区移民安置工作的相关政策规范编制规划。密切结合国务院后期颁布的《国务院关于完善大中型水库移民后期扶持政策的意见》《大中型水利水电工程建设征地补偿和移民安置条例》等政策法规不断完善移民工作。坚持对国家负责、对移民负责、对历史负责，做到移民安置与资源开发、环境保护、区域经济发展紧密结合，将移民安置纳入到当地的经济发展规划中去，并以此作为脱贫致富的契机，促进移民安置区与原居民区共同发展。

其次，坚持以人为本原则。移民安置始终贯穿以人为本这一主线，把坚持以人为本，使水库移民共享改革发展成果作为一条重要指导思想；把保障移民合法权益，满足移民生存与发展的需求作为征地补偿和移民安置的首要原则。把以人为本的理念落实到移民安置规划、补偿补助标准、安置规划的实施和后期扶持等各个工作环节，将移民工作放在工程建设的突出位置，从根本上扭转"重工程、轻移民"倾向。例如，为保证移民利益，青田县规定在建制镇或集镇规划区内的移民人均建房占地面积为15平方米，在建制镇或集镇规划区以外的人均建房占地面积为18平方米，由此，移民由搬迁前以土木结构为主、人均39平方米的住房变为搬迁后以砖混结构的人均89平方米的新建房屋，住房条件明显改善。另外，各安置地乡镇千方百计为定点有土安置移民调剂落实生产用地。据统计，共计调整落实移民生产用地面积2 542.2亩，折算移民人均耕地面积达到0.3亩，高于全县人均耕地面积0.24亩的标准。

最后，坚持可持续发展原则。走可持续发展之路，对于正确处理库区社会建设与人口、资源、环境的关系，推动我国水利事业发展，实现库区社会、经济的稳定发展具有重要的现实意义。在进行开发性移民安置时，应统筹兼顾，综合平衡，必须要把移民的近期需要和远期发展相结合。不仅要考虑移民近期的发展，还要考虑到社会今后的长治久安；不仅要紧密结合移民开发和库区建设、移民安置和生态环境改善，而且要将库区与安置区作为一个系统来综合考虑，从生态承受力角度判断是否能实现移民的可持续发展。还应

将移民的经济系统恢复与社会文化系统恢复两者有机地统筹考虑，将移民安置区与所在地区的区域经济发展结合起来，使移民安置区的人口、资源、环境协调发展。

在具体实施过程中，移民人口优化安置工作还要处理好以下几方面关系：

第一，正确处理国家、集体、个人之间的关系，移民区和移民安置区应当服从国家整体利益。

第二，坚持以农业为本、有土安置为主，本地安置与异地安置、集中安置与分散安置、政府安置与自找门路相结合；农村移民实行以农为本、有土安置的原则，安置地应选择自然条件和经济状况相对较好、土地容量较为充裕（一般应达到县均水平），交通、水电等基础设施较为完备，村级班子战斗力强，民风淳朴的村安置移民，确保移民能够"安得下，稳得住，逐步能致富"。在数量和质量上不低于安置村的平均水平，同时，对安置村实行必要的经济补偿。

第三，对农村移民积极开展生产生活帮扶。各迁入地政府要组织农业、林业、水利、农机、乡镇企业、科技等部门，帮助移民培训生产技能，尽快适应当地的生产生活环境，鼓励移民自力更生、艰苦创业，积极发展优质、高效、高产农业和生态农业，促进移民与当地居民尽快融合。

第四，严格执行移民安置的方针政策和法规、规章，加强对移民经费的管理，对移民淹没损失补偿（补助）和安置过程中的生产生活资料、配套的公共设施和必要的工作经费，按省政府规定的标准执行，确保专款专用。

第五，严格执行经审批确定的移民安置规划和实施方案，不得随意调整或更改，因特殊情况需调整或修改的，应当按照原审批程序报批。必须搬迁的单位和移民，不得以任何理由拒绝搬迁或者拖延搬迁。凡已经搬迁的，其搬迁前使用的土地及其附着物由当地县级人民政府依法处理，并及时办理移民销号的相关手续。

第六，移民生产生活用地，依法从安置村集体土地或村民承包地中调剂解决，确保移民生产有土地，生活有住房。

第七，移民建造住房的占地面积按迁入地县级人民政府的规定执行，与当地村民享有同等待遇；移民建房要符合村镇规划，提倡移民自建住房。鼓励移民购买安置地居民的闲置房，出售给移民的闲置房中须是结构牢固、使用安全的住房。迁入地人民政府要保证移民的合法权益，依法办理移民建房和购房以及宅基地等有关手续，落实和办理移民的户籍变迁、社会福利和子女就学、生育指标等有关事宜。给迁入的移民及时颁发土地承包经营权证，落实土地承包权、生产自主权和经营收益权。

第八，有利于生产，方便生活，便于管理，便于协调，确保迁得出，安得下，稳得住，逐步能致富，使移民生活逐步达到当地的居民的平均水平，确保库区和移民地区社会稳定。

实现移民安置人口优化配置，除了要坚持科学的规划原则，处理好上述八个工作方面关系，在实践中更需要健全高效的工作体系、突出服务移民的指导思想和营造全社会参与的浓厚氛围加以保障。

第一，形成健全高效的工作体系。政府是移民搬迁安置工作的实施主体。移民的搬迁安置离不开政府的指导和支持，政府是移民搬迁工作的直接推动者。在移民的搬迁安置过程中，由地方各级政府负责，采取条块结合、以块为主的工作机制，明确工作责任。浙江省委省政府专门成立了滩坑水电站工程建设协调小组，统筹协调工作建设和移民安置工作，并把移民工作列入政府部门目标责任考核的一类考核指标，与承担移民动迁安置任务的5个市政府签订了《目标管理责任书》。5个市政府也及时把包干责任制落实到基层，形成了一级抓一级、层层有责任的工作落实机制。青田县始终将滩坑移民安置工作作为最大的政治任务和经济工作来抓，构建了县委统一领导，指挥部指挥协调，库区移民工作组和安置地乡镇、对口责任单位组织实施的移民工作体系。县里成立由县委书记、县长任组长的移民工作领导小组，统筹协调全县的移民工作；建立县领导联系移民工作制度，县主要领导带头深入库区、安置地做好移民的动迁、安置、建房工作。抽调105名干部组成滩坑水电站工程建设指挥部，由县委副书记任总指挥，设立动迁、内安、复建、外迁等相关处室，指导落实移民工作。在此基础上，抽调327名干部组成库区移民工作组，编成8个片48个小组，做好库区移民的动迁工作；抽调26名干部在宁波、台州、绍兴等地建立10个移民外迁工作站，负责19个外迁县（市、区）移民外迁的协调衔接。同时，制定严明的组织、生活、工作纪律规范移民干部行为，强化对移民干部的日常工作表现和岗位目标责任的考核，从而建立了运转有序、高效迅捷的移民工作体系。

第二，突出服务移民的指导思想。青田素有"九山半水半分田"之称，人均耕地不足3分，可用土地资源相当稀缺。在规划移民安置点的过程中，着眼于移民今后的就业和发展致富，移民安置点基本选择在县内经济发达的沿江沿路乡镇，尽可能做到让利于民。安置第一水平年13 306名县内安置的移民，全县就调剂了生产建设用地2 710亩，安排宅基地4 804间。如在县城的油竹新区安排土地500多亩用于第一水平年移民安置，该地段商业开发拍卖价至少可以达到3亿多元。另外，县财政调拨8 717.2万元资金用于移民安置，尽最大努力改善移民的生产生活环境。同样，其他兄弟县市也为服务滩坑移民慷慨相助。景宁是全省七个财政特别困难县之一，在推进工作中经常遇到资金方面的难题，但是对于移民工作，则是从来没有吝啬过，做到为了移民工作要钱给钱，要人给人，要物出物，要政策出政策，显示出了少有的义无反顾的气概和壮士断腕的决心。三四年下来，为了移民工作已经投入了

1.7 个亿的财政资金,而全县 2007 年的地方财政收入仅为 1.4 亿元。可以说,服务移民的指导思想让滩坑移民工作的很多"不可能"变成了"可能"。

第三,营造全社会参与的浓厚氛围。当重大工程通过科学论证作出建设决策后,各级政府和有关部门不仅借助广播、电视、报纸、网络等媒体工具进行广泛宣传,还组织干部深入农民家里宣传政策,以得到广大群众的最大支持。对于相关利益者,特别是移民群体,讲清楚工程建设的意义和作用,充分解读和宣传国家政策,引导移民正确认识重新安置的利害关系,排除移民的后顾之忧,减少移民对工程建设的阻力。青田县委、县政府通过广泛宣传发动,全县上下营造了"情系滩坑、服务移民"的浓厚氛围,社会各界对移民工作给予了最大的支持。全县各乡镇、部门对所有涉及移民的工作,均主动参与、全力完成;安置地村两委干部和广大群众自觉将最好的地段调置出来,出让给移民建造安置房或当作生产用地,有的村民甚至将用于建造别墅的土地让出来,提供给移民当作建设用地;县委、县政府还动员全县机关干部、华侨及社会各界人士捐款 780 万元,建立"特困移民补助资金",扶持特困移民生产生活。①

第四,加强调研确保分配过程公正。在对接前组织移民考察了解安置地的生产生活状况、风俗习惯等,多次深入各安置地乡镇调研宅基地、生产用地分配工作,认真听取移民群众意见。紧抓思想工作这根弦,按照"稳中求进,先易后难,以点带面,点面结合"的原则,因地制宜,深入到户,细致地做好移民思想工作,努力争取移民群众支持;在宅基地、生产用地分配具体的操作上,充分尊重移民群众的意愿,采用抽签和摇签相结合的方法,司法公证,并选择好抽签时机和地点,提高抽签到户率,确保不留后遗症。

---

① 卢春中:《我们是这样做好移民工作的》,《浙江经济》2005 年第 11 期。

第十一章　建构移民发展平台

　　滩坑水电站移民过程中，由于实行了开发性移民方针，高度重视安置质量，始终把移民安置过程中的政府行为与市场运作机制相结合，无论是就近后靠安置地移民或是外迁安置的移民，无论是城镇移民或者是农村移民，都使他们在移民过程中获得了前所未有的变化，移民作为经济社会发展的平台作用，在滩坑移民实践的各个层面中得到了充分的体现。

一、移民发展平台——一种突破约束实现跨越的发展模式

　　移民发展平台是把移民过程中与各种可以推动发展的社会科学手段和自然科学手段相结合，而呈现的移民过程与社会经济发展过程紧密结合的社会运动态势及其结果，这种态势结果也可以理解为，移民发展平台是一种突破约束实现跨越的发展模式。移民发展平台是一种发展模式，就是说，在一定条件下，移民可以作为一种发展途径。比如，在我国的扶贫攻坚实践中，对于那些条件确实太差，或者人地矛盾和人口与资源矛盾突出，在现有的结构状况下又无法得到解决，用移民的办法扶贫脱贫被认为是一种有效的发展途径或模式。移民发展平台能突破移民自身和移民地区经济社会原有的发展束缚，从而实现跨越式发展。[①] 2008 年 6 月 11 日，时任丽水市委书记陈荣高到青田和景宁县调研滩坑水电站蓄水后工作时指出，要以此为契机，突破发展的障碍和约束，加快库区管理体制创新研究，进一步加强库区的开发利用和管理，加快库区特色产业的发展，加快库区农民的增收步伐。滩坑库区为突破移民发展约束，促进库区经济、社会和环境协调发展进行了五个方面的制度创新。

---

　　① 罗晓梅、刘福银：《重庆移民实践对中国特色移民理论的新贡献》，重庆：重庆出版社 2004 年版。

（一）编制规划，统筹谋划库区经济社会发展

水库蓄水之后，库区的交通布局、人口布局、生产力布局、经济社会发展布局都将发生根本性的变化。必须精心规划库区经济社会发展之路。为此，青田县和景宁县组织相关部门单位进行前期调研，在调研基础上，已完成大中型水库移民后期扶持规划、库区与安置地基础设施建设和社会发展规划、下山脱贫点规划、关于加快农民异地转移促进农民增收的实施意见等几个关系库区今后一段时期发展总体规划的编制工作。下一步，将在项目、资金、政策上给库周村重点倾斜，把相关规划实施好，争取发挥后发优势，一步到位，使滩坑库区成为新的经济增长点。

（二）突出重点，优先解决库周群众生产生活中的突出问题

库周群众受电站建设影响，交通、饮水、就学、就医等生产生活条件发生了一定的变化，因此，各种诉求强烈，要求改善条件的呼声较高。如果水库蓄水后，库周通村公路、通信、通电、通水等基础设施没有及时跟上，将严重影响库区的社会稳定。为此，抢抓省政府对移民动迁地、安置地公建项目最为扶持的机遇，把安置地基础设施建设与新农村建设、农村危旧房改造和下山脱贫移民小区建设有机结合，大力改善安置地人居环境，2009 年共计实施 55 个公建设施项目建设，完成投资 3 335 万元；及时上报审批《青田县大中型水库移民后期扶持规划》和《青田县库区与移民安置区基础设施建设和经济发展规划》，完成实施项目 35 个，投资 350 万元。项目立项坚持做到"项目申报重民意、项目选定重民生"，始终把移民的意愿放在首位，对改善移民生产生活条件的项目优先考虑；不断完善项目管理和资金管理办法，使项目管理程序化、制度化。要以推进移民工作进度为契机，加强统筹，改善库区交通、饮用水、排污、垃圾处理、防洪等基础设施，积极实施康庄工程，加大库区生态环境保护设施建设等一系列与库周村生产生活紧密相关的工作。

（三）加快人口"内聚外迁"，大力实施下山脱贫

移民外迁后，留下的库周村深处大山，山地多，耕地少，远离中心城镇，同时，自然村规模小，布局散。为此，充分利用移民迁走之后的田地和资源，走生态移民与下山脱贫相结合的路子。以下山脱贫点建设为抓手，推进人口的"内聚外迁"和资源要素的优化配置，有计划、有步骤地向公路沿线条件相对较好的中心村或重点城镇转移库周农民，改变农民的思想观念，改善农民生活环境和生产条件，提高农民生活质量，增加发展机会，增强发展能力，从而达到脱贫致富奔小康的目的。促进人口与产业的集聚，提高资源共享率，

促进人口梯度转移，积极推进城镇化进程。

（四）多措并举，保护库区生态环境

滩坑库周森林资源丰富，生态环境良好，拥有大批重点生态公益林，随着当前工程建设顺利开展，移民的不断外迁，受"人移走，留下林木管不了"的移民心理的影响，库区周边160米以上存在着部分乱砍滥伐林木等破坏森林资源现象，这将给库区的生态环境造成极大的破坏。针对这种现象，2007年以来，青田县和景宁县多措并举，加强滩坑库区重点生态公益林的管理与保护，加强库区林政资源管理。在滩坑库区周围乡镇，进一步完善管护和监管责任机制，建立健全生态公益林管护体系。

（五）提前谋划，综合规划，努力培育库区新的经济增长点

景宁县以"稳定、完善、繁荣、发展库区"为工作出发点，以库区经济建设为中心，突出农民增收、村财增加、实力增强三个重点，致力经济结构调整，培育支柱产业，发展第三产业，改善生产环境。坚持"以农为本""以水为本"，打好"库牌"，念好"库经"，通过政策、资金、科技、信息等方面的扶持，切实抓好服务，强化开发性生产项目管理，努力提高投资效益，推进库区经济的持续健康发展。同时，立足生态优势，积极发展特色产业，加快发展特色工业，大力发展旅游业。把旅游作为景宁县新的经济增长点来抓，把旅游业作为库区的支柱产业来培育，充分发挥旅游业优势，在"打造中国畲乡、建设和谐景宁""神奇畲乡、秀美山水、休闲胜地"战略实施中发挥龙头载体作用。青田县也优先促进库区产业发展，按照滩坑库区旅游总体规划，青田滩坑库区将建成具有意大利、法国、西班牙等不同国家风格的欧洲风情度假区，倾力打造国际知名、"长三角"地区著名的高档休闲度假旅游区。青田库区在建设中边谋划、边发展，努力拓展库周产业发展空间，尽量缩短发展周期，以期尽快完善旅游开发功能，提升青田乃至丽水的经济发展水平。

二、多元化的移民投融资体制创新

根据以往的实践经验，水库移民经济的发展一定要有稳定可靠的资金来源，移民发展平台的构建更需要有足够的资金投入加以保障。一方面，应该从政策的高度提高水库移民的各项补偿标准，即对移民的淹没补偿标准应本着原规模、原功能搬迁后的重置价格进行补偿；另一方面，要抓紧出台相关政策，对移民项目的资金投入基于保护的政策优惠，面向社会，通过宣传、鼓励全面调动各个方面的投资积极性，多方筹集资金。根据"谁投资，谁受

益"的原则，采取多元化的融资方式，引入市场化融资机制，多方面开拓资金来源渠道，从而调动各方积极性，进一步降低筹资成本。通过政府注入资金、财政贴息、增加贷款额度、扩大国内外优惠贷款等途径，鼓励各种所有制的经济实体参与移民项目的投资和营运。[①]

当前，我国水库移民的投融资途径主要来自以下几个方面。一方面，地方政府一般会积极争取上级相关部门及国家层面的资金支持，努力解决水库移民项目资金问题。鉴于大多数地方政府财力有限的状况，地方政府及相关职能部门也应积极向上级和国家申请农户增收项目及资金，配合有限的地方财政资金，争取银行信贷资金，有效地增加水库移民的生产能力和收入水平。另一方面，加强对外合作，借助国际经济组织成功经验与资金解决好水库移民问题。部分地区在条件允许的情况下，与国际经济组织开展合作，借助其先进经验和资金实力，解决好水库建设与水库移民安置生产的矛盾。对外合作有两条途径，一是争取国际经济组织的贷款资金。有条件的地方政府可积极争取世界银行的贷款支持，在进行水库建设的同时，凭借其严格的管理要求和先进的富民模式解决好水库移民生产生活问题；二是借鉴世界银行移民管理模式，解决好水库移民普遍存在的问题，即地方政府应遵循以人为本的理念，严格按照世界银行一系列保障措施，解决好水库移民生产生活问题，从而帮助广大移民由脱贫致富到走上小康之路。此外，小额信贷模式也是移民发展的重要途径。小额信贷模式多样化，具有典型特征的运作模式有：财政贴息扶贫小额信贷模式、农村信用社主导的小额信贷模式、社区性民间互助资金组织模式，其中以农村信用社主导的小额信贷模式在库区各县、市最为常见。以三峡库区的开县为例，该县成立了开县小额信贷服务总社，专门从事小额信贷业务，其资金来源于县扶贫公司在农业银行承贷的扶贫贷款，该社内设信贷技术服务部、财务部、稽核监测部三个部门，以"县服务总社—乡镇服务站—联保小组—农户"四级管理模式进行运转，同时小额信贷服务总社又是从事财政贴息小额贷款的小额信贷服务总社。

为了保障滩坑移民工作，青田县作出了"就是砸锅卖铁，也要完成移民任务"的坚定承诺。通过盘活财政资金存量、拓宽银行融资渠道、积极争取配套项目和资金支持、发动社会各界捐款等方式，千方百计筹集移民工作资金。至2012年上半年，县财政已为滩坑移民工作投入资金4.6亿元，有力地保障了移民工作的有序推进。注册成立县滩坑建设发展有限公司，由县国有资产经营公司担保，主要经营承担青田县滩坑水电站库区农村移民安置，移民建房、复建等项目的配套设施建设，先后向银行贷款近亿元，减轻财政资金调度压力，缓解移民工作资金供需矛盾。此外，发动全县党员干部、华侨、

① 廖蔚：《水库移民经济论》，北京：中国财政经济出版社2006年版。

企业等社会各界捐款 795 万元，设立移民特困救助基金，共同支持移民工作。同时，加大监察审计力度，严肃查处违规行为，确保移民资金安全运营，使滩坑水电站移民工作成为一个经得起历史检验和廉政考验的"阳光工程"。

为加快发展水库移民创业致富项目，加快发展库区及移民安置区农业主导产业，因地制宜发展新兴产业，特成立了"青田县水库移民创业致富基金"（以下简称"创业基金"）。资金来源是从移民调概资金中安排 600 万元人民币作为创业基金基本金，并每年由县财政按照上一年度省下拨移民资金总额的一定比例安排水库移民创业基金。通过创业基金的引导作用，加强移民资金整合，集中财力办大事，提高财政支持移民创业致富的总体投入水平。创业基金安排紧紧围绕大中型水库库区和移民安置区经济发展规划，优先安排具有较强市场竞争力、对移民增收效果明显的特色优势项目，不断提高创业基金的示范引导效应。

创业基金重点扶持以下项目：①移民村集体经济培育项目；②生产开发项目：特色产业基地、现代农业园区、农产品加工、物流配送等建设项目；③转移就业项目：来料加工点建设、创业致富带头人培育、创业技能培训等项目；④移民创业致富示范村、示范基地建设项目；⑤移民创业贷款贴息；⑥奖励、激励和推动移民创业致富的项目；⑦其他能够促进移民创业致富的项目。

创业基金项目的申报立项程序如下：首先，各移民乡镇（街道）应于每年 4 月底前将要建设的项目报送县移民办。其次，县移民办会同财政局组织创业基金项目评审，综合项目申报情况、产业发展、基础条件等因素，确定是否同意项目立项和资金补助。最后，县移民办、财政局根据项目评审结果下达创业基金项目年度计划。创业基金项目严格按照公开、公正和透明的原则，实行公示制度，阳光操作，规范管理。在移民村村委会村务公开栏等公共场所进行七天公示，接受公众监督。

为了进一步加强和规范创业基金的使用和管理，提高资金的使用效益，根据财政专项资金和水库移民后期扶持的相关政策文件，制定了《青田县水库移民创业致富基金使用管理暂行办法》（以下简称《办法》）。

《办法》规定，县移民办必须严格按照下达的项目计划组织实施，创业基金必须用于规定内容，不得擅自调整项目计划和资金使用方案。如确实需调整，必须按原申报程序报批。项目的实施必须按照各地项目招投标和监理制度的有关规定执行。县财政局和移民办要对创业基金项目进行全程监管和检查指导。县移民办要落实项目实施负责人，对项目实施进度、质量等全面负责。创业基金项目计划下达后，半年内未启动项目实施的，取消该项目立项资格，收回财政补助资金。未按规定期限完成项目实施任务的，需提出书面延期申请报县移民办审批。项目实施完成后，由项目实施单位向县移民办提出项目验收的书面申请。县移民办应及时组织相关人员进行项目验收。验收的主要内容包括：项目总体完成情况、创业基金使用和管理情况、各项指标的完成情况、档案资料建立情况等。《办法》要求，要加强对创业基金的年度项目计划的执行和管理情况、项目实施的情况的监督检查力度。县移民办在创业基金的使用管理中应自觉接受市移民办、县财政、审计等部门的监督检查，对存在问题要及时整改，坚决纠正。任何单位和个人不得以任何名义挤占、挪用、骗取、滞留创业基金。对不按规定要求使用基金的，要停拨资金，并责令整改，对拒不整改的收回创业基金。县财政局、移民办每年对创业基金项目的实施和基金的使用等情况进行绩效考评，考评结果将作为下一年度创业基金的分配的重要依据。①

为加强滩坑电站移民资金管理，在上级有关财务管理办法基础上，结合青田县工作实际，青田县建立移民资金县级集中统一支付制度，确保了资金使用规范、安全、有效。制定了《青田县滩坑移民安置财务管理办法实施意见》《青田县滩坑指挥部财务、财产管理制度》等多个规章制度，把制度条款细化到每一个细小环节，使移民资金管理的各个环节环环相扣，有条不紊。在此基础上，青田县于2005年大胆创新，改变以往移民资金县级核算制、有关移民动迁安置地乡镇设立移民资金专户、建立辅助账的模式，建立了移民资金县级集中统一支付制度，将涉及滩坑移民资金使用的所有乡镇、单位和移民各项补偿补助资金全部纳入集中统一支付的范围，明确各单位职责，统一工作流程，统一核算程序。集中统一支付的移民资金，包括移民安置资金、库区集镇和实物淹没补偿资金、移民安置点公建设施项目专项资金。集中统一支付的实施方式为：由滩坑电站指挥部作为移民资金使用的核算单位，设立移民资金专户，负责全县移民资金的日常管理，凡是在移民资金中列支的款项支付，由指挥部统一办理，即履行管账、算账的职能。取消各迁出、迁入地乡镇和有关单位的移民资金专户，根据财务核算需要建立分户辅助账，对涉及移民资金的款项支付，由乡镇报账员或单位会计根据要求递交支付凭证，统一由滩坑指挥部办理支付，并进行财务核算，即履行管事、办事的职能。2009年5月，省审计厅调查组对青田县滩坑移民资金进行了审计调查，认为"移民安置资金使用情况总体较好"。

同时，强化监督，建立移民资金项目全程监管机制，全力把好"三关"：一是把好立项关。实行移民资金项目申报审批管理制度，规定凡是涉及移民资金投入的安置地和库区基础设施公建项目、移民生产生活扶持项目，都必须履行申报审批程序。根据项目投资额度分级审批：投资额5万元以下项目，由总指挥或副总指挥审批；投资额5万~30万元项目，由指挥部项目管理领

---

① 资料来源：《青田县水库移民创业致富基金使用管理暂行办法》。

导小组审批；投资额 30 以上万元的项目，由指挥办公会议集体研究决定。二是把好实施关。规定投资额在 30 万以上的基础设施项目，通过招标确定施工单位并实行监理制度；严格按照工程进度拨付资金，施工单位提出拨款申请须工程监理、乡镇、指挥部有关处室层层审核；每年组织两次以上项目资金管理使用情况检查，督促项目实施单位规范使用移民资金。三是把好决算关。项目完工最高只能支付 80% 工程款，项目验收合格后，资金决算报县政府投资预决算评审中心审价，凭审价文件结算拨付余款。至今，各移民安置地乡镇通过县政府投资预决算评审中心评审项目 177 个，节约资金 2 778 万元，节约率为 7.98%。2010 年经省审计厅移民专项资金审计，得到了检验，审计无问题。

三、移民长效补偿的实践探索与制度完善

水库移民补偿政策是移民政策中的关键环节，是移民"搬得出，安得稳"的基础，水库移民补偿政策随着移民安置理论的发展在不断完善。20 世纪 80 年代之前，由于历史的原因，我国对移民补偿问题没能从恢复和重建移民社会经济系统、提高移民生活水平的目的出发处理移民损失问题，对移民实行低标准的补偿政策，安置工作以居住生活安置为主，移民也完全依赖政府的低标准补偿。80 年代中后期，人们逐步认识到移民作为工程建设的重要组成部分。世界银行首先制定了"世界银行资助项目中处理非自愿移民的安置政策"，随后又推出了移民安置的"开发性计划"。世界银行移民安置政策立足于对库区移民负责、重建移民家园的基本原则，比较谨慎地处理移民安置，为世界各国制定水库移民政策和移民安置规划提供了范本，水库移民安置工作才逐渐得以加强。随着我国水利水电工程建设的增加，移民问题也成为比较突出的社会稳定问题，在这个过程中，社会各界也充分认识到水库移民工作的复杂性，认识到建立移民长效补偿机制的迫切性和重要性。

（一）长效补偿是水电工程移民安置的客观需要

大中型水库淹没区多在中西部偏远山区，其经济文化相对落后，广大库区群众受自然和基础设施条件限制，原先大多只能依赖仅有的土地资源，过着相对封闭的"面朝黄土背朝天"的小农经济的生活。由于多种原因，已建水电工程对失地农民的生产安置，仍然采用"以土为本、以农为主"的安置方式，虽然在一定程度上恢复了被征地农民的土地资源（生产资料）和相应的收益，但在人多地少的广大农村，人地矛盾较为突出，由于水电工程具有淹没土地数量相对较大、征用土地相对集中的特点，大多数水电工程建设征地后，水库周围剩余的土地资源非常有限，移民安置的资源环境容量无力承

载。为了给失地农民找份土地，许多水电工程的移民不得不背井离乡，大量远迁到异地进行有土安置，不仅没有让这些移民富起来，反而带来了一系列的社会问题，其结果是移民不满意、政府压力大、业主不省钱、社会问题多。

（二）长效补偿是经济社会发展的需要

改革开放以来，特别是进入 21 世纪以来，我国的经济社会不断发展，国民经济结构、劳动力从业结构、城乡人口结构均发生了深刻的变化，第二、三产业产值和从业人口比重逐年增长，进城就业的乡村劳动力人口数量不断增加。随着城镇化和社会主义新农村建设不断加快，需要的劳动力也不断地增加，大量农村的劳动力进城或到经济发达的地区从事非农生产已经成为现实。而传统的"有土从农"安置方式将移民囿于"土地"一项资源，导致安置区的劳动力过剩，已不能完全满足库区社会进步和经济多元化发展的需求，跟当前经济社会的发展潮流是相背离的。基于此，水电工程在移民安置上部分或全部采用非农安置或农业与非农业安置相结合的方式，对农业移民不配或少量配置相应耕地资源，而采取长期货币（或实物，如粮食）补偿，把大量的劳动力从耕种土地的传统农业生产中解脱出来，为广大移民群众进城或到发达地区谋发展提供了条件。有些省（区）还结合本省的实际情况专门出台了农业移民长期补偿的安置政策，受到广大移民群众的广泛欢迎和接受，也得到了基层地方干部和电站业主单位的支持。

（三）长效补偿是发展水电事业的需要

能源经济和社会发展的重要条件，开发水电是国家能源战略的重要部署和安排，"从我国能源资源特点来看，优先发展水电是必须坚持的能源发展方针"。目前，我国水电事业已经走出技术、资金、市场等因素的困扰，面临移民安置和生态环境保护两大制约因素。"在做好环境保护和移民安置工作前提下，开发和利用好我国丰富的水力资源、加快水电开发步伐，是满足我国能源增长需要和实现可持续发展的重要措施。"移民安置问题是制约水电进一步开发的制约因素之一。过去在"左"的路线影响下，移民工作有严重失误，致使移民安置成为水电建设的最大问题。只有解决好移民安置问题，才能有效推进水电建设。在水电资源极为丰富的地区，如云南、四川、西藏，其土地资源也十分宝贵。水电资源的开发与征占资源的矛盾也非常突出，水电开发应千方百计减少淹没，要尽量控制建设征地规模，同时，建设征地移民的妥善安置成为水电工程建设的重要任务，"建设一座电站，振兴一方经济、致富一批移民、保护一片环境"的水电开发理念正在广泛深入人心。只有移民真正实现"搬得出、稳得住，逐步能致富"，区域社会经济得以协调、和谐发展，水电事业才能健康发展。长效补偿的创新移民安置方式为"人多地少、人地矛盾突出"的水电工程建设征地移民安置指出了方向，成为妥善安置移民的基础；长效补偿的移民安置方式符合社会发展潮流，符合社会经济发展条件要求，符合移民群众愿望。因此，长效补偿的创新移民安置方式是水电发展的需要。

（四）长效补偿是落实科学发展观、构建和谐社会的需要

移民安置问题涉及政治、经济、社会、人口、资源、环境、工程技术等诸多领域，是一项庞大而复杂的系统工程。它既关系到对安置区水、土地、能源等自然环境的合理开发利用，又将对区域经济和人文社会特别是移民生存的社会环境产生重要影响，目前，移民安置还没有可以广泛推广的成功模式。随着社会经济的发展、人口的增长和城市化的发展，建设用地不断增加，我国可耕地总数和人均可耕地仍将呈现继续减少的趋势。加之水电工程征占耕地数量往往较多，通常分布在河谷区，光热条件好、水利化程度较高、土地肥沃、产量高，质量较好，是当地耕地中的精华部分；大量耕地的损失，而土地后备资源严重不足，水电工程移民安置已受到土地资源紧缺的瓶颈制约，农业移民实行有土从农的开发性移民安置方式的难度越来越大。同时，电站建设征地涉及区域很多是少数民族聚居区，具有"大杂居，小聚集"的生活习惯和独特的民风民情，移民大多不愿意远迁。[①]

一般认为，"补偿"就其字义来讲就是抵消损失或补足差额。从我国水库移民的发展历程来看，对移民补偿的认识经历了多个发展阶段并存在不同的认识。在 20 世纪 80 年代之前，我国对移民补偿问题基本上采取的是一次性的现金补偿方式；80 年代中期后，实行开发性的移民政策以来，逐渐恢复和提高了移民的生活水平。特别是 1991 年国家颁布了《大中型水利水电工程建设征地补偿和移民安置条例》，条例对移民补偿实行的基本政策是前期补偿、补助和后期生产扶植。2006 年国务院后期颁布的《国务院关于完善大中型水库移民后期扶持政策的意见》《大中型水利水电工程建设征地补偿和移民安置条例》等政策法规进一步完善了移民补偿问题。目前，水库移民的补偿从内容上来看大概有以下四种类型，与水库移民安置形成水库移民工作中的重要组成部分，见下表。

---

① 参见罗军：《大（中）型水库移民长效补偿与安置机制研究——以金沙江中游"16118 移民安置方式"为例》，云南大学硕士学位论文，2011 年。

水库移民补偿类型①

序号	类型	主要内容	主要特点
1	经济性补偿	通过一定量的实物或资金给予移民的补偿方式,包括资金补偿(实物折价和迁移费)、经济资源补偿(土地、果园等)和"农转非"形式补偿。	经济性补偿更适用于计划经济体制,能保证移民生产和生活的需要,但经济性补偿往往需要国家更多的货币投资,更多的依靠国家自身的财政情况,对国家财政会产生一定的压力。
2	政策性补偿	通过国家有关政策而非实物或资金给予移民的补偿,包括国家的产业政策、投资比例倾斜和税收减免等形式。	政策性补偿在计划经济体制向市场经济体制转型时期可以在一定程度上弥补资金和实物补偿的不足,由于市场因素影响,实物补偿与市场价格密切相关,移民作为财产的所有者从政策上获得的补偿收益可能远超过移民补偿资金和所补偿实物的价值。
3	生态补偿	生态补偿机制,是以保护生态环境、促进人与自然和谐为目的,根据生态系统服务价值、生态保护成本、发展机会成本,综合运用行政和市场手段,调整生态环境保护和建设相关各方之间利益关系的环境经济政策。	建立和完善生态补偿机制,有利于推动环境保护工作实现以行政手段为主向综合运用法律、经济、技术和行政手段的转变,有利于推进资源的可持续利用,加快环境友好型社会建设,实现不同地区、不同利益群体的和谐发展。
4	综合性补偿	综合性补偿是经济性补偿理论和政策性补偿理论的优化组合,摒弃了过去"重工程,轻移民",把移民作为工程建设包袱的传统思想,全面贯彻落实"以移民为本"的可持续发展观,把妥善安置移民和合理补偿放在与工程建设同等重要的位置。	综合性补偿以达到政府预先设定的安置目标实际所需的资金投入作为计算补偿标准和编制补偿概算的主要依据,实行经济补偿和政策补偿相结合,前期补偿补助和后期扶持相结合,有形补偿和无形补偿相结合。

上述四种补偿类型各有利弊。从库区经济发展的结果看,经济性补偿往往在短期效果上比较明显,但长期效果不佳。从移民的心理倾向看,无论处

---

① 参见李童航、毛子明:《水利水电工程移民补偿探究》,《科技创业家》2011 年第 11 期。

于哪种经济体制下，移民总希望能够获得更多的经济补偿。当然，市场经济不可避免伴随着一定程度的通货膨胀，资金补偿容易出现贬值现象，而市场发展的优惠政策将给移民带来极大的收益。由于政策性补偿侧重于在一定程度上政策向移民区倾斜，所以在同样的发展环境下，优惠政策可以吸引更多的内外资金流入，可以解决国家资金投入不足的问题，可以更有效地吸引外地资金和外资投入移民区建设。从移民区发展的效果和效益上看，优惠政策侧重于中、长期效果，从而为可持续发展提供了动力和保证，优惠政策更有利于移民区经济、社会和生态环境的协调发展。与前两种移民补偿方式不同的是，生态补偿是以保护生态环境、促进人与自然和谐为目的，而前两者更多的是保障移民的合法权益，满足移民生存与发展的需要。

滩坑水库移民的补偿方式不是单一的而是综合的形式。移民补偿包括农村移民补偿、城集镇迁建补偿、工矿企业搬迁补偿、专项设施复建补偿、防护工程建设补偿、环境保护补助等多个方面。积极贯彻国务院出台的《关于完善大中型水库移民后期扶持政策的意见》等政策文件有关规定，成立青田县大中型水库移民后期扶持工作领导小组，出台《青田县完善大中型水库移民后期扶持政策实施方案》等13个相关配套政策文件，及时组织新搬迁入住移民后扶直补人口核定登记，开展移民直补人口复核，让所有后扶对象都享受到每年补助600元、补助20年的后扶政策。扶持资金采取社会化发放，在规定时期内把扶持资金直接划入移民个人账户，使资金发放既快速又安全。此外，注重落实上级后扶政策与本县实际相结合，制定出台《青田县滩坑水电站县内安置移民优惠政策实施意见》《青田县鼓励滩坑水电站移民发展农业生产若干意见》《青田县人民政府办公室关于加快移民安置小区经济发展的有关规定》等13项优惠扶持政策，引导和鼓励移民发展生产、创业致富。2009年培育移民种养殖业示范户107户，树立二、三产业创业示范户162户，建设示范基地15个，引导移民成立农业专业合作社5家。建立健全帮扶制度，出台并落实《安置地乡镇干部"联幢联户、联人联心"制度》《"一户一策一干部"制度》《移民利益诉求"联审联议"制度》《部门联系安置点建设和发展制度》《机关副科干部结对重点移民户"1＋2"制度》等制度，全力促进移民补偿和后期扶持长效机制建设。

第十二章　移民中的人力资源开发

　　人力资源开发是以提高劳动者的工作技能、技术水平和劳动熟练程度等工作能力为目的，它是通过人力投资实现的。通常来说，人力投资包括人的体力投资和智力投资。体力投资主要包括用于营养和卫生条件改善方面的投资；智力投资主要包括用于教育方面的投资。人力投资形成人力资本，人力资本是体现在人身上的一种资本，是人的体力和智力的总和。人力资本可以实现人力投资的价值增值，即为劳动者提供更多未来收入。古典经济学家亚当·斯密和近代经济学家马歇尔都认为，在各种资本投资中，对人本身的投资是最有价值的。美国经济学家舒尔茨最先提出人力资本的概念，他通过对发达国家经济增长长期统计资料的分析，认为人力资本的存量是不断扩大的，一个国家和地区经济增长的最重要的源泉是人力资本。世界科技革命的实践经验更是证明了人力资源开发是当今知识经济时代地区发展最强大的动力。滩坑水电站移民也正是在全球知识经济的背景下进行的，在实践中对移民的人力资源开发也进行了多方探索，并取得了丰富成果。

一、水库移民人力资源分析

　　在市场经济条件下，如果缺乏基本的国民教育和技术培训，缺乏信息和获得信息的能力，大多数水库移民就很难找到就业的机会，更谈不上找到适合个人发展空间。要解决这个难题，关键就在于实施水库移民人力资源开发，要让生存型移民逐渐转变为发展型移民，要让移民定得下来，不能仅仅只是"生存"在这个地方，更要有能够发展的能力。要充分认识到移民工作中人力资源开发的重要性，自觉地把人力资源开发列入移民工作的议事日程。移民过程中的人力资源开发的重要性，主要体现在以下几个方面：

　　一方面，移民的人力资源开发状况与移民工作难度成正比。移民的素质越高，移民工作的难度越小；移民的素质越低，移民工作的困难越多。移民素质状况给移民工作造成的难易程度主要反映在两个方面：①移民共识形成的难易程度。移民是社会行动，是需要共识的，非自愿群体移民的共识就显得更为重要了。移民素质高，理解力与认识力越强，达成移民各方面共识过程较短的可能性也大。如果移民素质低，许多问题因存在理解与认识障碍，达成共识既不易且易反复。②移民素质高低与移民问题成正比。移民素质高，不少问题就不会成其为问题，移民工作中需要解决的问题少，工作难度当然就小。反之，移民素质低，那些不是问题的事情因理解水平和自我解决问题的能力低也会成为问题。如果移民工作被一系列客观的和人为的问题所纠缠，工作难度就会极大地增加。所以，提高移民素质，开发移民人力资源，绝不是在移民工作之外的另外任务。更不是"无事找事"，而是移民工作分内之事，是移民工作的内在要求，对于促进移民工作的顺利进行，具有事半功倍、"四两拨千斤"的功效。①

另一方面，移民的人力资源开发状况与移民生产生活水平提高成正比。开发性移民最根本的思路就是要突破移民原有的生产方式和生存条件，这是与移民的人力资源开发状况所规定的人的素质基础密切相关。生产系统的任何重大变革都要求劳动者的素质上一个新的台阶。库区经济借搬迁转型之机实现跨越式可持续发展，光有美好的规划蓝图还不行，必须要有高素质的移民人才队伍作支撑。在当前形势下，无论是有土安置还是无土安置，生产生活水平的提高都与农民的素质有相当大的关系。如果农民的教育水平比较高，素质比较好，离开农业进入非农产业以后就能比较容易掌握所需要的新知识、新技能，接受新观念。同时，也更容易适应城市生活，转移过程所带来的摩擦也会比较小。例如，要实现库区工业的新型工业化发展，没有现代新型的移民产业工人不行；要实现库区第三产业的快速发展及劳务经济开发，缺少有文化、有特长、有技能的新型移民是不行的。留在农村的劳动力在产业结构调整的过程中，要实现传统农业向产业化、规模化、信息化、标准化、特色化、市场化的现代农业转变，没有懂科技、知管理、善经营的新型移民不行。只有具备了较高的素质，才能够掌握新的耕种、施肥、灌溉等方面的技术。科技投入水平的提高也要求农民具有较高的素质用以掌握更新的、动态的，甚至是风险比较大的新技术。要提高农民收入，就必须改革和完善我国农村教育体系，促进农民素质的全面提高和发展，才能保证农民收入水平的稳定提高。所以说，要实现库区三次产业的跨越式发展，没有高素质的移民人才不行，尤其是在知识经济时代的开发，给原有的生产力系统注入新的科技知识，或者是运用新的科技手段去培育资源或创造新的空间，因此，移民过程中的人力资源开发的重要性不言而喻。

此外，如果我们承认移民劳动力转移是解决移民问题的关键，就应当将

---

① 参见罗晓梅、刘福银：《重庆移民实践对中国特色移民理论的新贡献》，重庆：重庆出版社 2004 年版。

水库农村移民人力资源开发的重点从提高农业生产转为提高非农就业，帮助移民寻找非农就业机会，提高移民寻找非农就业的能力。在市场经济条件下，库区人力资源开发也许是农村移民劳动力转移的最重要的基本条件，如果缺乏基本的国民教育和技术培训，缺乏信息和获得信息的能力，大多数移民就很难找到非农就业的机会，更谈不上找到适合个人发展的机会。也就是说，今后库区农村移民的技术培训等职业教育不能再局限于农业生产知识，而应当更多地关注非农就业所需要的知识，根据库区多数移民就业的需要组织相关知识和技能的培训，包括信息的交流和获得信息的技能。只有帮助大多数移民找到非农就业机会，才有可能真正帮助库区农村移民在市场竞争的条件下生存、发展，保证他们能通过提高劳动生产率来获得与社会其他部门大体相当的收入，保证他们有充分的生产积极性，保证水库移民可持续发展目标的实现。

虽然，水库移民人力资源开发有着重要的意义，但是当前我国水库移民人力资源规划中还存在不少问题。

其一，水库移民数量多和具有非自愿性。工程建设造成移民是不可避免的，只是影响程度不同。在各种工程建设中，水库移民是由政府组织搬迁，属典型的非自愿性移民，因规模大、呈面状等特点造成的移民数量最多，移民往往举家搬迁，到异地重建家园，社区结构和区域经济需要重组，其移民安置具有复杂性和难度大的特点，这也给移民人力资源规划带来了巨大压力。

其二，农业安置模式下隐藏的大量剩余劳动力。水库移民安置模式大体有四种：①坚持以土为本，以农为主，实行集中安置与分散安置相结合，即大农业模式；②以小城镇安置为主，加速乡村城镇化；③成建制外迁到具备生存与发展条件的地区；④混合型安置。水库移民大部分是农民，为减少移民在安置区的适应期，更快地恢复生产生活，在移民安置方式的选择上，一般以农业安置为主。由于水库移民数量庞大，而且在农村实行了家庭联产承包责任制的土地制度，移民只能获得一定数量的土地。土地的不足必然产生大量的农村剩余劳动力，这些剩余劳动力因为缺少工作技能或乡土情结，固守在有限的土地上，造成了农村大量劳动资源的浪费。

其三，规划重实物补偿，轻人力资源开发。《大中型水利水电工程建设征地补偿和移民安置条例》第六条规定：征地补偿和移民安置资金包括土地补偿费、安置补助费，农村居民点迁建、城（集）镇迁建、工矿企业迁建以及专项设施迁建或者复建补偿费（含有关地上附着物补偿费），移民个人财产补偿费（含地上附着物和青苗补偿费）和搬迁费，库底清理费，淹没区文物保护费和国家规定的其他费用。从政策规定中可以看到，政府对移民的实物进行了充分补偿，但对移民潜在资源的丧失未能进行合理补偿，尤其是移民自身发展机会的丧失。在移民安置后，政府主要工作集中于解决移民生活中遇到的问题，而未能充分认识到移民出现的问题是人力资源得不到合理规划利用所致。

其四，人力资本投入不足，缺乏长效投入机制。人力资本投入不足，在一定程度上影响了人力资源开发。主要表现在：一是库区和移民安置区基础教育资源严重不足。基础教育设施落后、校舍危房多，缺乏必要的教学设备、仪器、教具，优秀教师外流现象和一线教师队伍严重不足等，这些困境严重制约库区未成年人才教育成长。二是专业技术培训机构的不足。职业技术教育难以开展，移民不能得到系统培训。移民人力资源规划是一个长期的过程，移民数量大，需要的培训机构比较多，这些培训机构的运转需要以政府为主导的大量资金投入和长期的支持。水库移民所在地区没有建立移民培训机构，或者仅仅是为了政绩而做的形象工程，没有发挥培训机构的效用。有的地区培训机构虽然发挥了实效，但未能充分考虑到移民数量的庞大，只能接受小部分人进行培训。

其五，移民发展的保障能力弱，后续发展力量不足。主要表现在：一是农村社会保障体系不健全，导致移民养老负担重，抵御疾病能力弱，因病致贫的现象相当突出。同时，教育成本高，上学负担重，也是部分移民低收入的原因。当前教育消费依然较高，特别是大学费用更高，对于移民家庭来说，是一个不小的负担。二是政府对移民人力资源缺乏必要的重视，制定政策侧重于移民物力和财力的实现，对移民发展中突出的软性问题缺乏相应的支持。这些情况都严重阻碍移民自身能力的发展和人力资源方面的投入与开发。①

为了克服上述难题，在实践过程中移民人力资源开发应遵循以下六个原则：

第一，确立移民人力资源开发优先战略原则。政府各级部门要树立"移民为先、移民为重"的服务意识。树立"扶贫先扶智"的观念，坚决克服"重工程、轻移民"的做法，科学论证安置规划，确立人力资源开发优先战略，使得人力资源得到充分的合理利用，帮扶移民生活水平超过或达到当地平均水平。首先要根据水库农村移民可持续发展目标的战略部署，并结合库区农村小城镇实际，制订切实可行的人力资源开发规划。要统筹兼顾、科学安排、有序高效地开发农村移民人力资源。一方面要不断改善低素质结构状况，提高移民人才资源总体能级；另一方面要在人力资源总量中培育能运用现代科学知识的群体，要全面摸清库区移民人才资源的总量、分布、结构及其与经济、社会发展的适应程度。根据库区经济的发展趋势和目标，科学预测今后一定时期人才资源的宏观布局、层次结构和发展规模。立足当前，着

---

① 参见刘光、李明等：《水库移民人力资源规划探讨》，《山东省农业管理干部学院学报》2009 年第 5 期。

眼未来，由人才无序开发向科学开发转变，注重人力资源开发的目的性、计划性和针对性，切不可"学非所用""用非所长"，要对各类专业人才进行合理的配置。为此，必须认真调查研究，充分发扬民主，做到集思广益。"规划"制定后要形成政策、法规，将实施"规划"的过程转变为行政执法的过程，让一届又一届的领导人不遗余力地为实现"规划"所确定的目标而奋斗。

第二，围绕解决移民阶段性主要矛盾原则。人力资源开发是一个全面性、长期性的战略问题，移民任务和目标的实现虽然也是长期的，但是移民的长期性和人力资源开发的长期性是不可等量齐观的。移民中的人力资源开发，是指为了完成移民任务、实现移民目标、解决移民特定阶段主要矛盾所涉及的移民素质内容。所以，相对于一个国家、一个地区的人力资源开发战略而言，移民人力资源开发的含义仍然是狭窄的。不能把所有人力资源开发的内容和任务，都寄希望以通过移民过程加以完全解决。移民人力资源开发，从根本上是为移民服务的，移民人力资源开发为移民工作大局服务，就具体表现在为解决移民阶段性矛盾服务。比如，在搬迁阶段，移民素质提高主要是解决移民的心理素质问题，通过纠正移民的种种不正确心理、观念、思维方式，树立顾大局的思想，为"搬得出"的工作大局服务。在"稳得住"阶段，首先要帮助移民树立"五湖四海"观念，自觉消除与原居民的界限，当然也需要在迁入地形成理解、帮助移民的社会氛围，这个问题解决以后，再注意将提高文化素质与生存本领问题提上议事日程。在"能致富"阶段，移民人力资源开发的重点可能就应该转向全面提高移民的文化和各种实用技能，填平与原居民素质上的落差，甚至让一部分移民的素质超过原居民素质的一般水平。[①]

第三，政治思想素质提高与生产技能提高并举的原则。求富之心人皆有之，也是党的富民政策所倡导的，是推动经济社会不断发展的积极动力，要保护好、引导好。移民迁建为移民致富提供了千载难逢的机遇，也创造了良好的发展空间，但有几点值得引起重视：一是迁建后移民的生产生活条件得到了根本性改善，但迁建中也耗尽了财力、物力，用于投入生产经营的资金所剩无几，导致移民对政府有过分的依赖和过高的寄望，"等、靠、要"的思想严重，特殊居民的思想普遍存在；二是对新安置地的自然环境、市场情况、生产生活习惯等不熟悉，市场经济的能力和观念较差，容易与当地原居民产生摩擦争端。庞大的移民群体刚处于一种对环境完全陌生的状况下，稍有风吹草动，就有可能引起较大的思想混乱。因此，移民的思想政治素质提高刻不容缓，移民法制观念的树立、主人翁意识培育显得尤为重要。当然，树立

---

① 参见罗晓梅、刘福银：《重庆移民实践对中国特色移民理论的新贡献》，重庆：重庆出版社 2004 年版。

了"不等、不靠、不要，自己事业自己办"的思想还无法从根本上解决移民问题，只有实施对库区移民后期的动态培训工程，增强移民致富的生产技术本领，提高解决自身问题的能力，将依赖思想逐步转化为自立自强的内驱力，才是人力资源开发的根本目的。"授其鱼，不如授其渔"，要依靠移民自身的发展能力去改变贫困面貌，这样的发展才能是可持续的。因此，移民实践应该是移民思想政治素质与生产技能同步提高的一次机遇。

第四，注重人力资源系统性、多层次、全方位开发战略原则。人力资源开发是一项社会系统工程，必须运用系统论的方法从整体上把握人力资源素质和能力的构成及其形成规律。系统开发农村移民人力资源，就是要全面提高农村移民人力资源的素质和能力，包括人力资源的生理开发、心理开发、伦理开发、智力开发和技能开发等方面。农村移民人力资源的生理开发，包括从农村移民优生优育、营养平衡、地方病防治、卫生保健，到农村移民群众性体育活动开展等方面；农村移民人力资源的心理开发，包括从移民心理卫生知识普及、心理状态的自我调控、人际关系的调适，到心理疾病防治等方面；农村移民人力资源的伦理开发，从移民的道德知识普及、道德榜样的宣传、个人道德修养、乡规民约的制定，到社会道德的评价等方面；农村移民人力资源的智力开发，包括从普及九年制义务教育、科学知识普及、创新思维能力培养，到移民知识交流和创新等方面；农村移民人力资源的技能开发，包括从技能训练、分析问题解决问题能力的培养、技能竞赛，到职业资格认证和就业准入等方面。只有系统开发农村移民人力资源，才能使中国库区移民迸发出巨大的人力资源潜能，从而为库区农村小城镇的跨越式发展提供强有力的人才支持。

第五，专业人才与乡土人才开发要齐头并进原则。在我国库区农村经济由粗放型向集约型的转变时期，必须要加大对专业技术人才的开发力度，使各类专业技术人才无论在数量上还是在质量上都能适应库区小城镇农村经济发展的需求，为集约型经济发展提供人才保障。在当前，我国库区移民整体文化素质不高的情况下，重视土生土长在库区农村的乡土人才的培养是一项极其重要的工作。众所周知，随着近年来农村科学种田的兴起，一批种植、养殖和经营专业户通过刻苦自学，认真实践，积极探索，掌握了某一方面的专门技术。还有一批打工回乡移民，也走上了科技致富之路。特殊的成长环境造就了技术推广型、生产开发型、经营管理型和能工巧匠型等特色各异的乡土人才，成为人才匮乏窘境的补充力量，他们在各类生产中发挥着举足轻重的作用。因此，进行库区移民人才资源开发时要注意整体性，既要有计划、有步骤、有目标地培养专门人才，也要重视对移民乡土人才的开发，根据乡土人才的成长规律和特点，研究探索乡土人才的培训、组织、使用，发挥移民乡土人才在库区农村经济发展中的示范、辐射和牵动作用以及在科普推广、应用中的主力军作用。

第六，双向选择与移民劳动力资源合理配置原则。劳动力资源的优化配置，是通过移民劳动力的双向选择和合理流动实现的。移民劳动力的合理流动，有助于改善原有的人力资源结构，使现有的人力资源得以合理配置，达到资源能量的充分发挥，获得劳动力的配置效益。在有些移民习惯于回耕，而有些移民可能更愿意从事第三产业等情况下，必须尊重移民的意愿；能够充分合理地配置和利用移民人力资源也是一种支付成本较小的移民人力资源开发。其路径有：①充分就业。要实现充分就业，控制新增移民人口增长、发展库区生产以及调整经济结构，都是实现移民充分就业的有力保证。②移民劳动力合理流动。劳动力流动的主要途径是市场，而劳动力市场流动的途径是通过"自主择业，双向选择"实现的。③调整就业结构。利用市场机制和制定各种政策调整就业结构，市场机制是调整劳动力就业结构的杠杆，制定各种政策可以调整利益关系，实行鼓励第三产业发展的政策，引导移民劳动力转向商业、饮食、旅游、娱乐、通信、金融等部门就业，带动库区劳动力就业结构转型升级，使移民劳动力资源得到高效利用。

二、人力资源开发路径的选择

滩坑水电站移民人力资源是一个庞大而且复杂的系统，它是由不同层次的人员组成的。根据滩坑移民所从事的具体职业来划分人力资源结构层次，并针对不同层次结构的特点，采取不同对策进行有效的人力资源开发。滩坑移民人力资源系统可视为由以下几个层次组成：一是从事移民区域农业科学研究和科技推广的库区农业科技人员和骨干人员，这是科教兴农的核心力量；二是从事移民区域农业生产的广大移民，他们是进行农业生产、为我国城乡提供农产品的主体力量；三是移民区域从事第二、第三产业的人员，他们是移民区域经济发展的新兴力量；四是学校在学人员，他们是促进库区农村经济和社会发展的后备力量。不同层次库区移民在具体职业及受教育程度等方面有着明显的差别，这能够体现出我国库区农村经济和社会发展对不同层次人才的实际需求。在人力资源开发的过程中，根据不同层次库区移民人力资源的特点和实际需要，采取不同的对策。

人力资源开发可以概括为对人的三个方面资源的开发，即生产性资源、消费性资源、能动性资源。人力资源开发的路径选择问题实际上就是如何针对这三个方面进行综合开发的问题。结合这三个方面，我们认为水库移民人力资源的开发主要通过三个层次来实现。①

---

① 刘英：《人力资源开发的路径探究》，《榆林学院学报》2006 年第 5 期。

首先，最低层次的开发就是通过教育、培训的方式开发移民的生产性资源。这方面的开发通常主要应该由政府和个人来完成，只要制定相应合理的激励措施，政府和个人一般都会积极主动地完成该层次的开发。这也是目前水库移民人力资源开发的主流。为了这个层次的人力资源开发的顺利实现，相应地需要个人以及政府尽可能地降低其他领域的消费水平，以增加在教育和培训方面的投资。其次，中等层次的开发就是结合生产性资源的开发，通过引导和社会再分配的方式开发人们的消费性资源。当一个社会的生产能力达到一定程度以后，消费性资源开发的范围和程度就会成为制约生产性资源开发进一步发展的主要障碍或瓶颈。人们的消费观、消费需求、消费行为的合适与否会阻碍或推动生产的发展。因此，这个层次的人力资源开发不仅要把人当作生产性资源来开发，还要把人当作消费性资源来开发，使生产和消费均衡发展。最后，在前面两个层次的基础上，通过文化教育、政策规范的方式开发移民的能动性资源，即人的全面发展。人的全面发展是移民人力资源开发的最高境界。促进人的全面发展，从根本上讲，就是要充分挖掘人的潜能，极大地调动人的主观积极性、自觉性、能动性，解放人的思想，激发人的创造性。人的全面发展是一个社会的、历史的、实践的过程，它涉及经济、政治、文化、社会、自然等多方面因素，只能在前两个层次的开发发展成熟之后才会自然出现。

这三个层次的人力资源开发是一个历史的过程，一般来说，只有在前一个层次开发的基础上才能进行更高层次的开发，但也不排除个别特殊情况，即在前两个层次的开发还不完善的情况下，通过第三层次的人力资源的开发，极大地调动移民的主观积极性、自觉性、能动性，激发人的创造性，是移民积极主动地愿意牺牲眼前的、暂时的利益、需求而配合社会整体的协调发展，从而实现整个社会的跨越式进步。就当前滩坑水库移民人力资源现状而言，人力资源开发仍处于第一层次，并已有向第三层次跨越的迹象。滩坑水库移民人力资源开发第一层次的内容主要有以下三个方面：

第一，移民生活水平的提高。人只有解决了生存问题，才能谋求发展问题。水利水电工程一般位于大山农村之中，人民群众生活水平普遍较低，在移民迁建过程中要消耗大量的财力和物力，因此，对移民住房建设以及对移民社区教育医疗设施建设的帮扶、投资是移民人力资源开发的基础。例如，为移民建房免费提供图纸设计、技术指导、建材保障、质量监督、安全监管等配套服务；为建不起房屋的特别困难移民，政府要及时垫付资金等。此外，要加强对移民安置区的水、电、路以及学校、医院等基础配套设施建设。

第二，移民心理素质的培育。水库移民一般长期生活在山区，文化知识和技能水平普遍偏低，综合素质不高，存有"等、靠、要"的依赖思想。部分移民有问题不是自己想办法处理，而是等着政府来解决。如在后期扶持项目实施过程中，有些移民不支持、不配合、不主动、不参与，漠然观望，认为这是政府理所当然的事情；有些人缺乏过紧日子的思想，领到帮扶款后没用来发展生产。同时，移民身上的小农意识烙印很深，由于移民还享受着国家的直补资金、项目扶持等一系列优惠政策，常常表现为满足于自给自足，安于现状，不思进取。因此，加强对移民心理素质培育，树立移民的主人翁精神，是对安置区移民人力资源开发的一项重要内容。

第三，移民文化素质的提高。移民文化素质的提高，对于移民中的成年人和青少年的具体要求是不一样的。对于成年人，主要是鼓励他们主动学文化，自学成才或者是参加各种农业、社区短期培训，或者接受各种合适的成人教育。大力发展农村职业技术教育，使更多的移民接受科普教育和技能培训，掌握一门或数门致富技术，更重要的是，可以提高移民接受农业新技术的能力。对于青少年，则要通过移民为他们创造更好的学习条件和学习机会。首先要探索全面实施九年义务免费教育。据调查，我国农村水库移民的孩子没能上初中的比例较高，这些孩子10年后文化素质仍较低，可能成为新一代的扶贫对象。因此，移民人力资源开发的重点应是解决移民孩子能完成九年义务教育。用10年时间培育一代人，使国民素质有一个质的飞跃，无论从哪个角度讲都是划得来的。

除了上述第一层次的三个方面内容的人力资源开发，青田县内移民安置区域还基本具备了向人力资源开发第三层次跨越的基础。

第一，大部分水库农村移民已采取小城镇安置模式。水库农村移民在水库蓄水淹没以后，在充分考虑移民环境容量，方便移民生产、生活的基础上，结合城乡一体化要求，将绝大部分库区农村移民相对集中地进行集镇安置。库区农村移民既可以耕种水库淹没后的少量剩余耕地，又可以在集镇发展其他产业，将生活风险降低到最低程度，使得城镇经济的发展可以带动库区农村经济；反过来，库区农村经济的发展又可促进城镇经济，二者互为补充、相互协调，最终实现库区农村城乡经济的梯度开发和协调发展。

第二，小城镇安置模式已建立相应水库农村移民社区保障体系。建立中国水库农村移民社区保障体系是指水库小城镇移民除了享受国家基本社会保障外，努力建设本社区，新建具有移民特色的各种基础服务设施和配套功能，积极发展社区非营利组织，完善小城镇社区的福利性服务，以日趋完备社区服务为手段，以各种硬、软件设施为工具，以社区内非营利部门为组织者，为小城镇社区的居民（大部分移民）提供关于保障安全、生存和发展方面的福利性服务。

第三，小城镇安置模式已建立一套权威的领导体制和有效的运作机制。其一，转变观念，转变落后的观念是水库移民中剩余劳动力转移培训的首要条件，库区农村移民自身应认识到素质提高对于改变自身生活、收入的重要性，要把眼光放远，看到自己将来的发展，摆正接受教育与挣钱的位置。其二，统筹规划，建立一套权威的领导体制，从根本上解决条块分割状态。劳动部门和教育部门建立各自内部的高效运作机制，各部门在资金、政策、制度等方面要适当倾斜，互通信息，以缩短中间环节，提高运作效率，以实现库区移民培训功能和效益的最大化。其三，规范主体，针对库区成人教育和培训机构多而分散，不利于高效运作和资源效益发挥的情况，当地政府按一定政策和法规对移民培训机构进行规范和认定，形成以库区农村移民成人学校为主体，其他培训机构为辅的培训体系。其四，制度创新，库区农村移民剩余劳动力转移和培训的制度创新主要表现在两个方面：一方面，农业领域的农业经营制度、农业市场制度和农村产权制度；另一方面，允许移民自由流动的制度，同时，建立相应的制度保障，如"先培训、后就业"的用工制度，力争以制度促规范，以规范促效益。①

青田县在滩坑水库移民人力资源开发实践中总结出了以下几点启示：

第一，要健全政府投入组织机制。目前移民人才的培训得到了重视，一些地方也积累了一些经验，取得了较为明显的成绩，但技能人才队伍建设的任务仍然十分艰巨。目前，虽然经常性开展人才培训班，但仍难以形成一整套全面完善的人才培训机制，因此要制定有效的移民人才培训机制。首先，加大对移民培训的资金投入。移民培训工作只能以政府为主导，移民培训机制的覆盖面应该广，不能仅仅是为少部分人的培训，要让所有适龄移民都能得到对口的、实用的、尽快发挥效益的培训和教育。其次，完善移民机构，设立专门负责移民培训机构的政府单位，使得在培训中出现的问题得到及时的解决，同时建立相应的机构考核机制，把移民培训工作作为考核这些机构的标准。最后，各级政府要配套出台各项优惠政策。各级政府及移民管理机构要根据国发17号文件精神，因地制宜出台与其他政策衔接的、利于本地移民人力资源开发的优惠政策，引导移民加大对人力资本的投入力度，提升自身素质，以此促进移民发展生产，创业增收。

第二，要加强移民的教育培训机制。人力资源的培训要因材施教。每个人的素质、经历不同，知识和能力不同。应该针对每个人的特点，安排适当的培训计划。一是库区农业基本人力资源系统可由以下几个层次组成：首先是从事库区农业科学研究和科技推广的库区农业科技人员，这是科教兴农的骨干力量；其次是从事库区农业生产的移民，他们是进行农业生产、为城乡提供大量农产品的主体力量；再次是库区农村在学人员，他们是促进库区农村经济和社会发展的后备力量。因此要针对移民开展人力资源的培训，对于

① 杨文健、朱立丽等：《中国水库农村移民人力资源开发战略研究》，《经济问题探索》2004年第9期。

适龄的入学儿童，要保证他们在安置区能尽快入学，杜绝因移民导致的辍学现象，为移民今后的发展培养智力资源。二是要加强移民中"精英群体"培训工作。工程实施后，原有的人才结构和社会关系网络被破坏，有些安置区的条件比较差，少数"聪明人"也就是移民中的精英群体不一定随迁，导致人才的流失。三是要重视对有一定知识而缺乏专业技能的青年的培训。这些人大多在普通中学接受过中等教育，不满足于祖辈的生产方式和生活方式，有改变农村现状的热望，接受新事物快，迫切需要获取改变现状的技能，帮助他们掌握技术，对移民区的建设有极为重大的意义。

第三，要强化人力资源的区域合作机制。库区和移民安置区的生产落后，移民思想观念、思维模式远远落后于其周边区域，另外移民区存在大量的剩余劳动力，这些因素决定编制人力资源规划必须根据当地劳动力实际，采取多种模式向外转移，在这个转移的过程中能够使得水库移民管理人才和技术人才在合作中得到培养和锻炼。人力资源的区域合作要以政府为主导，采取对口支援、结对帮扶等异地人才开发模式或跨国劳务合作等方式，加大移民区人力资源的转移开发。跨区域的合作为人力资源开发提供了一条便捷途径，由政府组织的劳动力到其他有条件的地方发展种养业、建立商品生产基地以及兴办乡镇企业等，不但可以弥补本地资源的不足，同时移民通过劳动交换分享经济发达地区的经济增长成果，增强了其再就业的本领，丰富了他们的头脑。

第四，要统筹考虑移民的社会保障机制。国家或政府依靠财政手段，为移民提供社会保障制度，以保障水库移民的基本生活，增强移民经济适应能力，保证移民的经济发展。首先要建立和完善农村社会保障体系，包括面向库区的最低生活保障制度、强制性的农民养老保险金制度等；其次要重视建立和完善农村合作医疗体系，提高和扩大农村合作医疗保障强度与保障范围，减缓和防止移民因病返贫或因贫失医；再次要建立和完善农村社会救助体系，提高救助体系的反应速度和覆盖范围，减缓和防止自然灾害或其他突发性事件对农户，特别是移民户的冲击；最后要探索建立和完善各种面向移民的风险防范基金与保险，提高移民户，特别是贫困移民户抵抗有关市场风险的能力，增强移民后续保障能力和解除移民生产发展的后顾之忧。

第五，要完善和规范监督评估机制。完善规范的移民监测评估体系有助于移民工作的顺利开展，在移民的人力资源规划实施方面也应建立相应的监测评估体系，及时对人力资源规划实施的各个过程进行监测，反馈正确的信息，调整培训计划，同时有效防止在培训工作中出现的政府工作无效率、资金使用不合理等现象。

三、移民人力资源开发的"二代提升战略"

移民人力资源开发是有代际特征的，包括当代适龄劳动力和下一代的人力资源开发。人力资源开发固然可以提高当代适龄劳动力的素质，但是，受年龄、文化基础、思维习惯等诸多因素的制约，当代劳动者人力资源开发的空间总是有限，而移民下一代人力资源开发的空间更加广泛。同时，提高移民下一代人力资源素质，对于移民"安稳致富"目标的实现具有深远的战略意义。

提高移民下一代人力资源素质，关键就在于教育。教育资源是社会结构与社会分层研究都不能忽略的分析因素，教育也是文化的重要组成部分，可以说，教育资源的不平等不但会影响受教育本人，而且会通过代际传播影响至下一代。从某种意义上讲，教育是摆脱贫困及其代际传递的必由之路。基础教育具有巨大的正外部性：不仅仅受教育者本人将从其对教育产品的消费中受益，整个社群乃至社会均会从中受益。另外，不提供基础教育则具有巨大的负外部性：可以说，多建造几所学校与少建造几所监狱具有正相关关系。作为人力资本的重要投资方式，教育的发展直接决定着一个国家劳动力知识存量的多少、国民素质的高低、人力资本的形成状况，从而决定着经济发展的水平和速度。当今世界各国普遍重视贫困地区的人力资源开发，因为经济和社会发展的首要因素是人。重视教育和教育设施投资，尤其是初等教育和技术培训，对贫困地区进行人力资源开发，是世界各国扶持贫困地区发展的普遍经验之一。研究表明，贫困地区与其他地区之间除了经济收入的差距以外，更显著的是人的思想观念和教育水平的差距，以及由此而引起的文化、劳动、技术素质和创业精神的差距。因此，加大教育投入，进行移民区域二代人力资源开发，从长远看是改变移民命运的根本性措施。

移民二代的教育问题事关水库移民的命运，但受诸多条件因素影响，我国水库移民子女教育仍存在很多问题。尤其是中西部很多地区，移民迁校后，学校的房子漂亮了，但由于移民迁校的资金不足，使许多学校至今还没有自己的运动场、图书室等公共建筑设施；由于涉及迁校的大部分县区市财政十分困难，太低的移民补偿资金无力补充公用教育经费，几乎所有学校都是负债运转。加上迁校的"三原"政策（原规模、原标准、原功能）不合理，造成许多学校教育容量严重不足，学生班额不断扩大，影响教育教学的正常开展。学校为了补充教育经费通过向学生高收费更是加重了库区学生家长的经济负担，使到新县城（城区）的移民对子女教育的投资热情降低，一部分学生正面临失学的危险，"普九"受到严重挑战。此外，教师本人购新房后的资金紧张，加上学校资金的短缺使学校的福利减少，教师进修无法保证，教师素质得不到及时的提高，教师队伍不稳定。由于城镇化进程的加快，人们对教育需求在数量和质量上大幅度增长，特别是城乡社会结构的变化，职业教育和高中教育、幼儿教育的教育需求急剧膨胀，而许多当地政府又无力投资这一教育领域来满足人民的教育需求。尽管同时社会力量办学的市场更为活跃，但又存在缺乏必要的规范等不安定因素。总之，学校在空间上是迁移了，但学校教育在质量上并没有实现"正迁移"；学校校舍变新了，但学校教育质量并没有更新。[①] 这一系列问题困扰着库区教育的发展，如果库区教育得不到发展，库区的整体发展将得不到足够的人力支持，为库区的发展埋下了不少隐患，值得社会各界思考。

滩坑水电站建设工程是省重点建设工程，建设工程的关键之一是移民工作，其中移民子女读书问题事关移民的切身利益，关乎移民进程顺利与否。为了认真做好移民子女转学有关工作，保证移民子女顺利就学，保证滩坑水电站建设顺利进行，各级政府和教育相关部门多措并举积极做好滩坑水电站移民子女转学工作，适龄儿童入学率达100%。

首先，做好移民子女转学工作。第一，青田、景宁两县教育局按照移民办确定的县内、市内、市外动迁移民对象外迁时间，及时将移民学生名单登记造册一式五份，在移民动迁之前送交迁入地所属县（市、区）教育局，报市教育局。第二，有移民安置任务的县（市、区）教育局主动与当地移民办取得联系，了解移民的定点情况，做好接纳移民子女入学的准备工作，接到移民学生名单（含学籍档案、义务教育卡）后，按照就近入学原则，及时将学生落实安置到相关学校；有关学校再将学生分解到有关班级，做好教材征订和调剂工作，办好转学手续。第三，青田、景宁县内安置的动迁移民子女转学工作由当地教育主管部门负责安排落实。第四，外迁到丽水市外的移民子女转学工作，青田、景宁县教育局及时与迁入地所属县（市、区）教育局取得联系，并提供相关信息和移民学生名单，由迁入地教育行政部门负责落实安置。遇到问题和困难，再由市教育局和对方市教育局联系、协商，共同做好工作。青田、景宁县教育局，相关学校负责做好有关转学手续衔接工作。第五，特事特办，做好服务。有移民学生接收任务的学校，本着"先入学，再办手续"的特事特办原则，做好有关服务工作，不得以任何理由拒绝接收移民学生入学。对家庭特别困难的移民子女转学，调查核实后在学费上给予减免或补助，确保移民子女不因动迁而辍学。

---

① 黄毅：《三峡库区移民迁校后学校存在的问题研究——以重庆市云阳县为个案》，西南师范大学硕士学位论文，2005 年。

其次，新建北山镇中心学校。全县有移民安置点的乡镇都建有小学和中学，移民子女就学较为方便，教学条件和教学水平较以前大大提高。滩坑库区的北山镇中心学校也于 2005 年 9 月建成投入使用，是滩坑库区唯一一所镇级九年一贯制学校，承担着滩坑库区非移民子女的义务教育。北山镇学校的前身是北山镇中心小学和北山镇初级中学，由于滩坑电站建设需要，两校合并搬迁至泉山村，并改名为北山镇中心学校。学校以"快乐的学生、幸福的教师、和美的校园"为办学理念。为了减少师生花费在往返途中的精力，北山镇中心学校实行的是双周作息制，即连续上课十天再休息四天。学校现有 9 个班级 250 个学生，附设幼儿班 1 个，学生 23 人。学校拥有一支高素质、以青年教师为主体的师资队伍，教师学历达标率为 100%，青年教师全部为大学毕业，拥有良好的素质和教学水平，班主任都具备一定的管理工作能力和数年的管理经验。本校教师本着"滩坑精神"服务于每一位学生，将北山镇学校打造成一所具有"团结、自信、协作"特色的农村寄宿制示范性花园式学校。

再次，营造关爱移民子女就学氛围。引导社会各界关心、关注滩坑移民子女教育问题。温溪二小现有滩坑移民学生 109 人，是温溪镇滩坑移民子女入学的主要安置学校。自 2005 学年以来，该校围绕"真情服务移民"这一主题，经常组织教师对移民学生进行家访，通过家访了解移民学生在家的表现，然后有针对性地对学生进行教育；同时学校还建立滩坑移民学生导师制，每位移民学生都有联系自己的导师，每个导师针对移民学生的不同情况，深入他们的生活，教育他们自立自强，在学习上、生活中给予他们更多的关怀，使滩坑移民学生较快且和谐地融入班级，这些滩坑学生在教师的教育下，在思想和学习上都得到了较大的进步。学校优异的教学质量和细腻的育人态度深深感动了移民学生家长，得到了他们的称赞，不少家长都纷纷打电话或来校表示感谢。温溪二小不断推进"真情服务移民"工作进程，形成了人人关心移民学生，人人帮助移民学生的和谐局面。

山口镇板石村是青田县滩坑移民安置地之一，有四十几名滩坑移民子女在山口镇小学就读。为了增长他们的自信心和荣誉感，并能积极地参与到学校的各种教学实践活动中去。山口镇小学开展"我与移民小朋友手拉手结对"活动和"我与移民小朋友手拉手"主题班会活动，开展帮助贫困移民学生的"学雷锋"活动，对学习成绩有困难的移民学生采取一对一帮扶的方式，加强对他们学业上的帮助和指导；开展"老师与移民家长交朋友"活动，每月至少一次家访，使家长能及时了解子女在学校的学习和表现，做到家长、老师、学校密切配合共同教育管理好学生。通过这些活动的开展，给移民学生又送去了温暖。这一举措大大地提高了学生的学习热情和学习兴趣，进一步加强了与家长的沟通，使滩坑移民子女在校学得安心、开心，家长放心。

在青田，不仅学校和社会关心、关爱移民子女，致富了的移民也开始回馈当地的教育。2007年10月23日下午，海口镇小学举行一场具有特殊意义的捐资助学仪式——移民兄弟李春伟向海口镇小学10位特困生亲自发放了助学金。李春伟是落户在海口镇白岸村的滩坑移民，是"县十类人才百名精英"之一，他致富不忘思源，心系贫困儿童，在其获得"县十类人才百名精英"荣誉之际，拿出2 000元钱，资助海口镇小学10位特困生，为当地教育事业作出了好榜样。

第十三章　移民区域的产业融入

产业发展是实现移民区域经济长远发展和社会稳定的核心和关键。积极发展适合移民区域特点的优势特色产业，是实现移民"搬得出，稳得住，逐步能致富"的主要途径。国家和地方各级政府都高度关注库区产业发展问题，从规划、资金和政策上都给予了积极支持。如何更好地发挥移民区域资源优势，培育移民区域特色产业是滩坑水库移民区域后续建设与发展的重要课题。

一、移民区域产业结构分析

我国水库移民区域的产业结构分析研究，最早源于对三峡库区的产业研究，研究者从中总结出了我国水库移民区域产业发展的一般性特征，取得了丰富的成果。三峡库区是我国长江流域中一个典型的经济低谷区，长期以来经济发展缓慢，经济发展水平很低。1994 年三峡工程动工以来，由于移民资金的大量投入和国家的大力支持，库区经济获得了较快发展。与此同时，库区的产业结构也发生了较明显的变化。1997 年，重庆库区三次产业构成比例为 32.2∶38.9∶28.9，2003 年调整为 21.4∶43.4∶35.3，结构变化总值为 21.7 百分点，而同期重庆、西部 12 省区市结构变动值分别为 15.2 和 14.7 百分点，库区总体产业结构变动度显著高于重庆和西部平均水平。从三次产业结构变动方向来看，库区产业变动特点是第一产业比重迅速下降，第二、三产业明显上升。1997—2003 年，库区第一产业比重下降了 10.8 百分点，而重庆和西部分别下降了 7.6 和 7.3 百分点；库区第二产业比重上升了 4.5 百分点，而同期重庆、西部仅上升了 1.7 和 2.6 百分点；库区第三产业比重上升了 6.4 百分点，而重庆、西部分别提高了 5.9 和 4.8 百分点。由于库区第一产业迅速下降，第二、三产业明显上升，库区大大缩小了与重庆、西部在三次产业结构上的差距。但是横向比较，库区产业结构层次仍然相对较低。一方面，库区的第一产业比重仍然比较高。2003 年为 21.4%，分别高于重庆和西部 12 省区市 6.4 和 2 百分点，也高于全国第一产业比重 6.8 百分点；另一方面，库区第二产业中建筑业比例很高，工业比例很低。2003 年库区第二产业比重为

43.4%，与重庆和西部相当，但是其中建筑业比重高达 15.6%，工业比重仅为 27.8%。三峡库区建筑业比重高主要是由于近年来大规模移民搬迁和国家加强库区基础设施建设刺激了建筑业的快速发展，而反映工业化水平的工业增加值比例低于重庆 6.3 百分点和西部 5 百分点，更低于全国 17.5 百分点，说明库区工业化程度与重庆、西部和全国存在着相当大的差距。[①] 三峡库区产业结构发展演变过程，说明了在国家和各级政府的重视和大力扶持下，库区经济得到了巨大发展，产业结构优化速度得到快速提升，但受地理条件约束，产业结构仍然低于全国平均水平，库区产业结构优化依然存有较大空间。

与三峡库区一样，其他库区产业结构也始终处于不断的演变之中，但作为落后地区（库区一般处于山区），其产业结构的演变始终滞后，加之各种因素的影响，库区的产业结构变动只能在经济环境和自然环境的夹缝中进行。随着库区蓄水、企业迁建，库区经济发展的产业支撑逐渐薄弱。如果库区各地不及时解决当前产业发展中存在的问题，那么库区经济面貌很难有根本的改变；而其他区域在完成产业结构调整升级之后，与库区的差距将越拉越大。这种局面既不利于当地社会经济的协调发展，又有可能影响到水利水电工程的成效。因此，把握库区或移民安置区域产业结构发展现状，判明经济发展环境的优势和劣势，明确优化方向，对实现移民"安稳致富"、地区和谐发展，都具有十分重要的现实意义。

滩坑水库移民在青田县内分布于鹤城（油竹）、温溪、山口、船寮、东源、高湖、海口、腊口、北山和祯埠乡 10 个乡镇，共有 33 个安置点，基本覆盖了整个青田县。因此，可以将青田县的产业结构视为移民区域产业结构进行分析。[②] 此外，由于 2004 年 8 月国家发改委印发了《关于浙江瓯江滩坑水电站项目核准的批复》，前期工作至此全部完成，因此，下文将以 2004 年移民区域的产业状况为基础进行深入分析，研究滩坑水库移民区域如何实现产业结构优化和经济持续发展。

（一）三次产业结构状况

2004 年，全县农业和农村经济发展势头良好，工业和投资保持较快增长，消费需求扩大，财政稳定增收，城乡居民收入水平提高，国民经济呈现快速增长的良好运行态势，生产总值突破 40 亿元大关，初步统计，当年实现本地生产总值（GDP）417 400 万元，比上年增长 18.3%，列全市第一。其中，第一产业增加值 37 270 万元，增长 2.5%；第二产业增加值 238 605 万元，增长

① 李炯光：《三峡库区产业结构的现状、问题和调整对策》，《经济与社会发展》2006 年第 7 期。

② 下文产业数据来源于青田县统计局：《2004 年青田经济运行情况分析》。

25.6%；第三产业增加值 141 525 万元，增长 14.1%。2004 年三大产业的结构由 2003 年的 10.7∶52.6∶36.7 调整为 8.9∶57.2∶33.9，第一产业比上年下降 1.9 百分点，第二产业比上年上升 4.5 百分点，第三产业比上年下降 2.6 百分点。

（二）农业结构分析

农业在结构调整中平稳增长。2004 年，全县实现农业总产值 55 327 万元，比上年增长 4.8%。农、林、牧、渔业产值分别为 37 388 万元、5 274 万元、7 951 万元和 3 853 万元，分别比上年增长 4.1%、10.9%、6.3% 和 2.9%。种植业增长得益于农业结构逐渐优化。据统计，2004 年全县小麦播种面积 1 426 公顷，比上年减少 13.9%；蚕豌豆播种面积 1 136 公顷，比上年增长 5.6%，油菜籽播种面积 311 公顷，比上年增长 1.3%。干水果基地结构进一步优化，全县水果总面积 8 649 公顷，比上年减少 0.2%，产量 4 912 吨，比上年增长 40.4%。柑橘面积受黄龙病影响有所减少，但其他水果发展迅速。其中，杨梅面积 3 609 公顷，比上年增长 3.2%，产量 2 811 吨，比上年增长 19.0%。特色农业发展迅速，农业亮点层出不穷，为全县农业发展增添了新的动力。畜牧业生产持续调整，2004 年全县生猪存栏 7.07 万头，比上年减少 2.5%，生猪出栏 7.26 万头，比上年减少 3.2%；羊存栏 2.1 万头，比上年增长 16.7%，；家禽存栏 31.44 万只，比上年减少 5.9%，出栏 40.92 万只，比上年减少 7.4%。肉、蛋等主要畜禽产品产量增长：2004 年全县肉类总产量 8 719 吨，比上年增长 10.6%，其中：猪肉、禽肉产量分别为 7 943 吨和 691 吨，比上年增长 10.4% 和 12.4%，羊肉产量 242 吨，比上年增长 19.8%。

（三）工业结构分析

工业快速增长对经济增长的推动作用增强。在第二产业中，实现全部工业增加值 150 205 万元，增长 19.5%，增幅比上年提高 0.6 百分点，对经济增长贡献率为 6.5 百分点。国有及年销售收入 500 万元以上的非国有工业（规模以上工业）继续保持较快增长，不论是生产总量还是增长速度，都位于全市前列，实现工业总产值 393 213 万元，比上年增长 47.8%，增幅比上年提高 4.1 百分点，比全市平均水平高 7.8 百分点，增幅、总量列缙云之后均居全市第 2 位。全县工业增长的主要方面：

第一，大企业的拉动作用依旧显著。2004 年，全县工业企业中，完成产值超亿元的企业有 10 家，10 家企业共完成工业产值 284 812 万元，比上年增长 60.0%，超过全县增幅 29.5 百分点，占全县工业总产值 47.4%，对全县工业增长贡献份额达到 75.7%，拉动全县工业增长 23.1 百分点。其中新青山特钢、黄洋钼矿、意尔康、正升铜业、新力复合对经济的拉动作用更加明显。

第二，重工业快速增长，与轻工业平分秋色。2004 年，全县规模以上工业中重工业实现产值 181 693 万元，比上年增长 130.9%；轻工业实现产值 211 459 万元，比上年增长 14.7%；重工业增幅比同期轻工业快 116.2 百分点。规模以上轻重工业比重已由上年 70.3：29.7 演变为 53.8：46.2，重工业比重提高了 16.5 百分点。

第三，以私营工业为主的民营经济发展明显加快，成为全县工业经济发展支柱。近年来县政府先后制定出台了一系列鼓励、扶持和促进民营经济发展的政策和措施，不断营造民营经济发展的新环境，有力地促进了全县民营经济的快速发展。2004 年，规模以上私营工业完成工业产值 268 628 万元，比上年增长 65.5%，增速在各经济类型中列首位，在规模以上工业总量中的比重达到 73.4%，对规模以上工业增长的贡献率为 81.7%，拉动规模以上工业增长 39.1 百分点，已成为推动工业经济快速发展的主要动力。

第四，皮革、矿产、工艺品制造等传统产业及新增长点支撑带动作用明显。2004 年，青田县皮革制造业完成工业产值 202 675 万元，矿产品开采业完成工业产值 63 731 万元，雕塑工艺品制造业（石雕）完成工业产值 58 657 万元，通用设备制造业完成工业产值 43 801 万元，家具制造业完成工业产值 11 227 万元，化学制品业完成产值 17 744 万元，黑色金属加工业完成产值 71 604 万元。产业持续较快增长，促进了青田县工业健康、持续发展，并且形成了具有明显特征的块状区域经济，如温溪的皮鞋、山口的石雕、腊口祯埠的木制品、东源的阀门等。

（四）第三产业结构状况

第三产业保持稳定增长态势。其中，交通运输、仓储及邮政业增加值增长 13.6%，批发和零售贸易业增加值增长 10.0%，住宿和餐饮业增加值增长 17.4%，金融保险业增加值增长 21.3%，房地产业增加值增长 5.0%。2004 年，全县共接待国内游客 48.8 万人次，比上年增长 12.4%，国内旅游收入 2.1 亿元，增长 17.8%；接待入境旅游者 1.8 万人次，增长 22.0%，旅游外汇收入 3 569 万美元，增长 12.5%。

（五）库区产业结构分析

滩坑水库建设工程涉及青田县的北山、岭根、万阜、巨浦和景宁县的陈村、大顺、金钟、渤海、外舍、鹤溪等 10 个乡镇。2002 年末，农村经济收入构成比重中，农业收入占 45.2%，工业收入占 24.2%，建筑、交通、服务业等收入占 30.6%，其中，青田县构成比例分别为 32.9%、18.7%、48.4%，景宁县构成比例分别为 53.6%、28.0%、18.4%。可见，库区产业结构仍以农业为主，工业相对欠发达，尤其景宁县几个地区更为突出。库区农民人均收入 2 281 元（其中，青田县 2 258 元，景宁县为 2 306 元）。滩坑水库建成后总库容为 41.5 亿立方米，对库区水资源的充分利用具有积极意义，对库区产业结构发展也产生深远影响。一是促进农业产业结构调整。水库建成后，庞大的水面面积与巨大的水容量使库区周边昼夜温差和全年温差缩小，有利于农业内部资源重新配置和有效利用。通过发展渔业、观光农业、库区旅游业等特色经济，使以种植业为主的农业生产向林果业、畜牧业、渔业及第三产业过渡，促进农业产业结构的调整。二是工业产业大幅萎缩。库区工业产业本身并不发达，由于库区工业生产用地基本被淹没，原有核心工业企业都外迁至周边地区或者关停。库区上游的景宁地区，其污染性的企业将受到严格控制，原来以电力、矿业和笋制品加工业为主的工业结构都受到影响。三是商贸服务业发展相对困难。水库建成后，商贸服务主要集中于鹤溪镇和鹤城镇的格局不会改变，库区原有的以乡镇政府驻地和核心自然村为核心的商贸服务业结构将重新调整，变为以新的建制乡镇所在地为集贸中心，商贸服务业网点减少。[1] 但是，由于水库蓄水之后，库区移民已绝大部分外迁至青田县内安置，青田县辖内库区仅设有北山镇的泉山、吴山安置点，安置移民 100 多户，仅占库区移民总量的极少部分。因此，对滩坑水库移民区域产业结构的分析，重点还是在于外迁至青田县内的移民安置区域的产业研究。

（六）工业化发展阶段评价

2008 年 4 月，滩坑水电站正式下闸蓄水，安置区域的移民生产生活也基本趋于稳定。此时，从人均生产总值看，青田已进入工业化的起步时期。首先，2008 年青田县全县人均生产总值 18 026 元，按国家公布的 2008 年平均汇率计算，达到 2 596 美元。根据 1982 年与 2008 年人民币对美元汇率比（3.674：1），青田县 2008 年的人均生产总值相当于 1982 年的 707 美元。根据美国经济学家钱纳里等提出的人均收入为划分标准，初步判断青田县的工业正处于工业化的起步时期。其次，从产业结构变化看，青田产业结构符合工业化中期的特征。改革开放以来，青田经济实力有了极大的提高，三次产业结构也不断优化。三次产业结构由 1978 年的 51.9：25.9：22.2 转变为 2008 年的 5.4：60.7：33.9，其中工业 GDP 占比为 52.4%。根据美国经济学家西蒙·库兹涅茨等人的研究成果可以判断：从产业结构看，青田的工业明显处于工业化中期第二阶段；从工业内部结构看，青田的工业正处在重工业化阶段，处在以原材料、基础工业为重心向以加工装配工业为重心的过渡时期。最后，从就业结构来看，青田处于工业化初期阶段。2008 年青田县户籍总人口为 491 464 人，其中：非农业人口 80 473 人，扣除在外华侨 22.5 万人，

---

[1] 沈月琴、吴韵琴：《滩坑库区发展战略研究》，北京：中国农业出版社 2008 年版。

青田县非农产业就业比重达 30.2%，与钱纳里—赛昆模型工业化初期阶段水平就业结构相近。青田产业结构特征反映出的水平与工业化阶段基本相一致，有一定说服力。综上所述，2008 年青田县正处于工业化中期第一阶段。①

二、移民区域产业结构调整的思路

合理的产业结构是一个国家或地区经济协调发展、解决供需矛盾和充分利用资源的前提条件，相反，产业结构不合理是经济发展的重要制约因素。从经济发展历史看，产业结构的演进遵循一定的规律性。产业结构作为以往经济增长的结果和未来经济增长的基础，成为经济发展的根本因素。产业结构这种经济现象是与经济发展相对应而不断变动的，它的变动主要表现为产业结构高级化的趋势，即产业结构从低级向高级演进，同时，它又要求在产业结构合理化的基础上，即产业间保持协调的情况下，不断地推动经济发展。纵观产业结构演进过程，第一、二、三次产业在全部产业中比重的变化，既反映经济增长，同时也反映产业结构从低级向高级转换的过程。从长期的增长过程看，产业结构高级化运动，并不指某些产业比重的升降，而主要指产业的技术集约程度的提高，并且这种变化是与科学技术进步相联系的。根据产业经济理论和经济发展趋势，目前我国产业结构调整的方向应当是：努力提高第一产业的质量，稳步增加产量；继续发展第二产业，积极调整工业结构；大力发展第三产业，特别是现代服务业。这符合初级产业比重逐步下降，制造业持续上升和服务业比重逐步扩大的国际趋势。

尽管在改革开放以来，我国水库移民安置区域的产业结构调整已逐渐向上述趋势发展，但是由于库区多为经济不发达地区，生产力水平较低，资金投入少，市场发育程度较差，水库移民经济的产业结构又因起点低、演进慢等因素，普遍存在着一些严重的问题，主要体现在以下几个方面②：

第一，三种产业结构不合理、产业关联度不强。水库移民安置区产业结构单一，产品结构调整缓慢。库区经济仍是以自然资源为依托的农业经济为主，种养业占较大比重，然而种养业规模较小，技术含量低，以自给自足为主，从而决定了其在产品改良、新产品开发上的进程缓慢。而第二、三产业也因为技术、交通、人才、信息等条件的限制，结构升级与优化受到严重约束，往往停留在小规模、小市场、低水平、初加工的阶段。

第二，主导产业选择不合理，辅助产业、基础设施配套功能差。大部分

---

① 对青田工业化发展阶段的评价参见《青田县工业发展中长期规划（2009—2020）》，青田县政府网，http://www.qingtian.gov.cn。

② 廖蔚：《水库移民经济论》，北京：中国财政经济出版社 2006 年版。

库区根本没有主导产业，虽然国家早就把培育区域主导产业提到战略高度，然而，在移民安置区域的产业结构重构过程中却并未得到有效落实，真正拥有区域竞争优势产业的库区更是少之又少。另外，即使在有主导产业的库区，主导产业雷同现象也比较严重。许多库区无视本地区的资源禀赋和区位优势，一味盲目跟风、贪多求大，结果形成许多重复投资建设，造成巨大的资源浪费，加剧了库区产业结构的趋同，直接影响到库区产业结构的合理化。此外，不依据当地经济发展的客观实际，盲目选择主导产业，使得与农产品配套的龙头加工企业数量少、规模小、加工层次低、利润薄。产业化的内部运行机制很不完善，抗风险能力很低，极容易受到外部市场因素的影响而出现"全军覆没"的现象，进而导致区域性失业困境。

第三，产业空间结构布局不合理。由于历史和现实的原因，库区生产力布局不够合理。一方面，项目布点缺乏论证，盲目地一哄而上，导致在生产力和空间布局上重复布点、重复建设，且因为区域产业结构的趋同而造成产业区域布局的分散化，进而导致产业集聚效应低下。另一方面，产业方向与市场脱节，产业的生存结构与市场的消费结构不适应，使得大量产品积压，导致企业亏损严重。

为了克服上述难题，青田县对移民区域的产业规划展开了全面、深入的研究。遵循有利于发挥地区优势，有利于形成产业结构的整体系统，有利于保持产业结构先进性的原则，处理好主导产业、辅助产业和基础产业三者的关系，根据移民区域资源优势，合理选择主导产业，并根据主导产业的要求有机地配置辅助产业和基础产业。

青田的产业结构经过长期的演变已经形成了金属加工、机械电器、鞋革等主导产业，茶叶、杨梅、田鱼等农业产业，还有石雕等工艺品制造产业。青田产业体系与比邻的温州产业关联度较大，并已具有较强的产业稳定性。对于2万多县内安置移民，青田县政府改变传统的对移民区域产业结构重构的方式，并没有采取在移民区域扶植新的主导产业作为发展的核心动力，而是巧妙地采用产业融入的思路，让2万多移民和谐融入到当地的生产生活之中。

产业融入主要是对当地辅助产业的配置开发，走产业协作之路。与主导产业配套的辅助关联产业的选择，既受其主导产业发展方向的直接制约和影响，也是其主导产业得以健康发展的必要条件。辅助关联产业的功能，是为主导产业提供全面的产前、产中、产后的配套服务。围绕主导产业展开的辅助关联产业主要有：①后向联系产业。后向联系产业就是为主导产业提供产前服务的产业，它是为之提供原料、辅料、动力、厂房及相应设备的产业，属于以主导产业为核心的专门化产业的上游产业，如"来料加工经济"。②前向联系产业。前向联系产业就是为主导产业提供产后服务或进一步加工的产业。它是为主导产业提供产后进一步深加工、开拓服务应用领域及技术推广服务的相关产业，属于以主导产业为核心的专门化的下游产业，如技术提升后的"石雕经济"。③侧向联系产业。侧向联系产业就是为以主导产业为核心的专门化产业提供产中配套服务的产业。如温溪镇移民区的"房东经济"。产业融入的模式对青田的主导产业结构不构成影响，对具体安置区域的产业结构也影响甚微，既充分依托了当地资源创造移民就业岗位、提高移民收入，又有效解决了移民产业结构单一和因区域差异引起的创业难等问题，同时有效避免了资源重置浪费以及外生性产业的不可持续性等难题。

三、移民区域的产业融入发展实践

在产业融入政策思路的指导下，根据每个安置地的经济发展和生产生活的条件不同，青田县在移民安置地深入开展"创特色乡镇、特色产业、特色示范户"活动，引导移民根据本地优势发展特色产业，取得了巨大成功。①

（一）房东经济

在市场大量需求出租房的契机下，如何把闲置的移民房推向市场，增加移民的收入成为当地政府考虑的一项重要工作。为确保移民和谐融入发展，青田县利用安置地地理优势，大力发展"房东经济"，并加强移民房出租管理，建立由移民干部、居委干部共同组成的出租房屋服务站，完善房屋出租登记备案制、租赁信息管理制、定期查验监督制度。

案例1

温溪镇是青田县经济开发区所在地，也是浙南山区重要的商品集散地和鞋革生产基地，拥有工业企业300余家，吸引了5万多外来务工者和经商者。但多数园区企业没有专门的集体宿舍可供居住，外来务工人员一般在企业周边租住当地居民的房屋。而温溪镇3个移民安置点全部建设在经济发达、交通便捷的工业区附近。安置在这里的移民，每家每户都按滩坑移民政策新盖了人均建筑面积约87平方米、四层半的住宅，住房面积在200平方米以上，由此形成了出租与承租的双向对接。温溪镇安置点移民每年能从房屋出租上获得收入150多万元，平均每人年增收500元。

---

① 以下案例来源于《政府扶持文化　引领发展特色——浅析青田县滩坑移民发展致富对策》一文，青田县移民办提供。

（二）店面经济

由于青田县滩坑水库移民实行集中安置，统一规划，因而大量门面房出现在移民安置区。在政府的引导下，移民们纷纷利用门面做起了小生意，要么出租这些门面以获得租金，要么自己做老板，自己给自己打工，经济观念有所改变，经济意识有了进一步的增强。

案例 2：油竹移民区门面房经济

油竹新区是滩坑水电站自谋职业移民最主要的安置地，共安置移民 2 067 户 7 433 人，建设移民房 250 幢 2 899 间，总建设面积达 77.43 万平方米。在油竹新区以经营陶瓷地砖、油漆涂料、五金灯具、厨卫洁具、防盗门、实木（复合）地板、家具、窗帘等九大类、上千个品种为特色的建材一条街已成规模。共有经营户 200 多户，年营业额将近 2 000 万，从业人员 550 多人，其中移民就业 200 多人。

（三）农家乐经济

以"住农家院、吃农家饭、品农家情、购农家物、干农家活"为主要内容的"农家乐"经济，正成为现在新兴的旅游方式。在动迁前，不少青田滩坑移民在北山镇经营起"农家乐"。移民后，在政府的帮助下，把番薯、农家鸡、野菜等具有农家风味的"农家饭"搬进了安置地，开办起了以"农家饭"为主的小饭馆。

案例 3

吴香妹为滩坑移民妇女，原先在北山镇白岩车站回车道经营旅馆兼餐饮业，在北山小有名气。自从 2005 年 12 月搬迁到油竹安置地后，发挥北山农家菜等绿色食品的优势，以餐饮业为主，兼营住宿，对新建的房屋进行了设计装修，开办了"嘉宾楼"，取得了可观的收入，年营业额达 150 万左右。在自己致富的同时，也解决了十几位移民的就业问题。同样是滩坑移民的吴新建，2006 年 12 月中旬，三兄弟合伙在油竹新区自己闲置的移民房里办起了具有北山特色的休闲农家小吃。由于经营有方，吸引了青田县城、温州、丽水等许多人过来品尝，生意非常红火，经营规模逐步扩大。目前，一天安排 40 桌饭菜，仍供不应求。

（四）石雕经济

青田是石雕之乡，石雕是青田的特色产业。为加快移民发展，青田县引导移民加入石雕行业协会，和石雕大师结对帮扶，在原石采购、技艺指导、产品销售三个环节上给予帮助，并积极拓宽移民石雕销售渠道。同时，引导销售商及时向移民反馈市场需求情况，让移民可以根据市场的需求，量身定做，避免作品积压和资金短缺。

案例4

山口镇山口村是青田石雕的发源地，是青田县组团城市的重要组成部分。全村石雕从业人员 3 000 余人，有国家级、省级工艺美术大师、高师、中师 30 余人。而安置在山口镇板石移民安置点的移民们，他们在北山时就从事石雕行业，移民后，发挥其自身优势，结合山口镇石雕产业特色，创新创业，积极融入当地生活。有的在自己家里创办石雕作坊，有的在石雕大师的石雕工厂上班，以各种方式提高石雕技艺，念活致富经。徐贞伟原是北山镇下长坑村人，从事石雕行业已有 11 年，但他的作品主要是粘贴拼接的落后工艺，做工相对较为粗糙，经济效益不甚理想。移民后，在石雕大师们的指导帮助下，他的石雕作品也从单一的粘贴拼接逐渐向单件作品发展，并拥有了自己的石雕作坊。一年下来的收入可达 5 万元左右。

（五）来料加工经济

在发展固有的产业之外，青田县努力拓展新的经济增长点。其中来料加工已成为目前移民增收的新门路。青田县充分利用周边温州、义乌等市场的地域优势和丰富的移民劳动力资源优势，把发展来料加工作为移民增收的重要途径。制定出台《关于发展来料加工业的意见》，在运费补贴、税费减免、贷款贴息等方面给予政策扶持。大力拓展市场空间，不断扩大业务渠道，举办"温州来料加工接洽会"，设立"青田驻温州市场联络处"，与温州市场实现"无缝对接"，加工业务实现"零距离"引进，减少中间环节，实现利润最大化。据统计，2009 年温州市场在青田县移民从业人员的来料加工费发放达 4 510 万元，同比增长 15%。与此同时，创办青田来料加工信息网，发布信息招徕业务，吸引义乌、台州等周边地区来料加工业务。加强来料加工经纪人队伍建设，提高组织化程度，实现经纪人"抱团发展"。引导条件成熟的经纪人以来料加工为载体，延长产业链，走产供销一条龙之路，从"经纪型"向"生产型"或"生产经营型"转型。2009 年，在青田县内移民中就有来料加工经纪人 72 人，而各移民安置地固定集中加工点达 56 个，移民来料加工从业者 4 782 人，仅 2009 年，累计移民来料加工费 7 820.3 万元，人均增收 3 821 元。

案例 5

杨龙标是滩坑水电站第一水平年移民，2007 年在青田县政府对移民来料加工业的扶持和优惠政策的吸引下，并致力于为移民解决生活出路，把温州的加工坊分批搬迁到油竹新区移民小区内，办起了移民点加工坊。同时，在其他安置点发展了 5 个服装加工点，为 330 多名青田县滩坑移民在家门口解决了就业问题，年发放加工费已达 500 多万元。另外如因工厂改制，下岗回到腊口移民点的叶有标，2005 年在有关部门的指引和帮助下，到丽水、温州等市场考察，并在政策的支持下，回家后办起了皮鞋、服装来料加工厂。现在他已经是该镇移民点有名的来料加工经纪人，拥有皮鞋、服装来料加工的机器 40 多台，雇有加工人员 50 人，年产值 150 万元。

（六）种养殖经济

青田县把发展种植和养殖经济作为移民增加收入的重要工作来抓。重点对移民发展种养殖业进行扶持，认真组织水利、农业、土管等涉农部门开展安置地的农田水利基础建设和组织劳动技能培训，积极培育农业龙头企业，推进农业产业化，形成市场牵龙头、龙头带基地、基地连农户的经营体系，从而实现移民户增收。2009 年，青田县先后培育移民种养殖业示范户 107 户，建设示范基地 15 个，引导移民成立农业专业合作社 5 家。

案例 6

安置在海口镇的刘东华利用鸽子走上了致富路。他原来在外地从事影楼工作，回来后，他了解到一对种鸽一年可育肉鸽 12 只，而一只鸽子的毛利润为 3 元，市场前景很好。于是，在移民干部的帮助下承包了海口镇泗洲埠村的几间闲置农房，开始了他的养殖生涯。结合市场的需要，刘东华主要养殖鸽子和鸡鸭，销往温州、台州等地。同时，他还积极联系一些有技术的移民入股他的养殖场，专门成立了"新起程"养殖专业合作社，来自泗洲埠村的6 户移民相继入股，鸽子的数量增至 4 000 只。随着社员的增加，刘东华又承包了附近的鱼塘和小山包，供其他移民一起发展生产。

与青田县内的移民干部一样，外迁地的移民干部也根据区域特点细心谋划，促进移民尽快实现新的发展。在宁波等流动人口多的安置地，鼓励移民采取房屋租赁形式，以保障每年都有一定的房屋租金收入；台州三门的移民则利用当地滩涂，向当地群众学习花卉种养技术；在工业发达的嵊州、上虞等地，则帮助移民联系当地企业落实就业问题；在适合农业开发的镇海等地，则向当地政府部门争取，加大对移民开发农业的扶持力度。

为了有效实施产业融入，切实提高移民区域产业水平，青田县一方面加强对移民的劳动技能培训，另一方面增加就业岗位并鼓励移民自主创业。

首先，加强技能培训。在经过市场用工需求调查和广泛征求移民群众意愿的基础上，青田移民主管部门联合人事劳动局、农业局、妇联等有关单位，坚持"实际、实用、实效"的原则，组织移民参加劳动力技能培训、农业实用技术培训，使受训移民至少掌握一门职业技能或农业实用技术。各安置地政府创新培训方式方法，采取"请进来"和"走出去"办法，提高移民劳动技能，使移民综合素质不断提高，在就业市场中的竞争力不断增强，移民群体中逐步形成了学科技、用科技、勤劳致富、信息致富的良好氛围，仅2009年就完成移民劳动力技术培训2 363余人次。

其次，增加就业岗位。围绕移民"一户一就业"目标，积极出台扶持政策，促进移民就业和增收。县移民办等部门加强与企业保持密切信息联系，定期收集发布劳务需求信息，及时通过有关媒体及举办移民就业招聘活动的形式，向移民发布企业用工信息，帮助移民实现就业。鼓励移民改变传统的单一就业方式，使农村富余劳动力向二、三产业转移，多渠道帮助移民就业。相继规划和梯度开发建设了侨乡外贸工业园区、船寮工业区、高湖工业区、东源工业区、海口工业区、石帆工业区等七个组团式工业园区，总规划面积8 356亩。工业园区的开发与建设需要大量劳动力，青田县依托园区建设平台，由政府出面牵线，让移民和企业双向对接，实现移民家门口就业。

最后，激发创业热情。以创业竞赛为载体大兴创业热潮，让创业成为引领移民又好又快发展的地域风尚和精神力量，成为每一位移民的自觉行动和不懈追求的精神源泉，使艰苦创业、自主创业、全民创业成为推动安置区稳定和发展的强大动力。自活动开展以来，广大移民创业热情得到进一步激发，涌现出一大批创业致富能人，使青田滩坑移民的产业规模加速发展。

第十四章　移民中的文化建设

　　水库移民是一个涉及政治、经济、文化、社会、心理等多个领域的综合性系统工程。各地移民工作的实践表明，在移民的和谐融入过程中，文化融合不但可以解决经济手段无法解决的问题，而且还能够消除行政命令无法填补的沟壑。因此，移民过程中的文化建设是移民工作的一项重要内容。此外，社会因素、心理因素等非经济因素的影响也贯穿整个移民安置工作过程。

一、移民区域的非经济因素分析

　　从社会学的角度看，水库移民作为一种社会过程，一方面，它突出地表现为移民与政府的互动过程；另一方面，它又内在地包含两个既相互区别又紧密联系的社会过程，即原有社会组织的解体过程和新的社会组织的整合过程。

　　首先，水库移民是移民与政府的互动过程。一般来说，水库移民往往不是经济或市场的行为，而首先是政府的行为，或者说，水库移民迁移的推动力主要来自政府，因而它与政府行为有着密切的关系。正是由于水库移民首先是政府的行为，其迁移的推动力主要来自政府，移民与政府之间便不可避免地发生了面对面的互动。在这对互动关系中，政府的目标是顺利实现迁移，而对移民来说，他们面对的是一次巨大的经济、社会及人生的变迁和利益损失，利益保护的本能往往迫使他们拒绝迁移，而互动的必然结果则往往是实现迁移，这是因为在互动过程中，尽管不同的社会发展阶段会有不同的特点，但有两点则是共同的：一是互动双方力量的不平衡；二是互动结构的不对称性。所谓互动双方力量的不平衡，是指在政府与移民的互动过程中，政府为了顺利实现迁移的目标，能够有计划、有步骤地组织各方力量，并充分利用政府权威的强制性和责任强化的方式，对移民迁移进行动员。移民在面对信息输入和利益损失时，基于利益保护的本能也形成了一套自我保护的机制并作用于它的互动对象，如通过民间精英表达移民利益，又如在共同利益驱使下形成移民自组织，在既成事实的情况下，最大限度地降低迁移的净损失。

但移民的这种自我保护机制往往是孤立的、分散的，它根本无法与高度组织化的政府相抗衡。然而，在水库移民搬迁安置的整个社会过程中，政府与移民的互动关系对于搬迁过程的各种非成本因素有着重要的影响。在政府与移民的互动过程中，政府能否遵循公正性和合理性、是采取主动还是强制的办法、是否充分考虑移民的意愿并确保应属于移民的利益不被他人侵害、是否让移民参与搬迁安置过程等，对于决定移民是否积极配合政府进行搬迁，变被动为主动，甚至变敌对态度为主动合作都具有关键性作用。因此，建立政府与移民之间良性的互动关系，充分考虑移民的意愿和利益，通过平等协商的办法来实现政府的社会发展目标，是确保水库移民顺利迁移，促进水库移民经济发展的关键。①

其次，水库移民是原有社区解体和新社区整合的过程。从社会学的视角分析，水库移民首先是人口的流动和迁移过程，同时又打破了原有的生产、生活方式，舍弃了原有的社区组织以及整个家园，造成不同程度的社区解组和社区解体现象。社会组织和社会关系网络，无论从哪个方面来说，都是一种重要的社会资源。特别是在我国的农村社会，由家庭、家族关系和邻里关系所构成的初级社会关系网络对于农民而言，在生产和生活中发挥着重要的作用。它不仅是农民维持和发展生产的重要社会资本，而且有时还具有一定的社会安全和社会保障意义。同时，由初级社会关系形成的社会结构也往往是文化得以存在和变迁的重要载体。但是，由于迁移，水库移民将无法全部保留除家庭关系以外的其他初级社会关系，在多数情况下，将不可避免地造成原有的社会组织结构瓦解和社会关系破坏。水库移民过程是原有社会组织、经济结构和文化习俗的解体过程，也是新家园的重建过程，这种重建不是原有生产方式和生活方式的简单重复，而是社会经济结构的重构和发展，因此，移民的过程实际上也是新的社会整合过程。这种社会整合过程中，移民的利益协调与重构是关键，包括移民与政府、移民与原住民以及移民群体内部的利益关系协调。在农村，这种利益整合以土地调整中的利益整合最为重要；在城镇，这种利益整合又以住宅房产的利益最为重要。水库移民的社会整合，除利益整合外，还包括社会（狭义）和文化整合，如重建社会关系网络、村落和行政组织、宗族、宗教信仰以及民族传统、风俗习惯等。水库移民正是通过这一系列的社会整合，逐步融入当地的主流社会结构，实现由原居住地到新安置地的搬迁、适应和融合，在经济、社会和文化的变迁中实现新的发展。②

上述两个过程也可以说是移民、政府、业主和其他各方的博弈过程。在

---

① 廖蔚：《水库移民经济论》，北京：中国财政经济出版社 2006 年版。

② 廖蔚：《水库移民经济论》，北京：中国财政经济出版社 2006 年版。

移民安置点选址过程中，决策主体为地方政府（一般主体为乡镇政府）、移民、规划设计人员、安置区居民以及业主，其中移民、安置区居民和业主不直接参与安置点选址，只是间接参与者，因为他们只关心自身的利益，不能提出各方共性的要求。这些主体在追求自身利益的过程中，产生上级政府与下级政府、移民与安置区居民、业主与当地政府之间的博弈，这种相互之间的博弈关系是错综复杂的。其一，移民与地方政府的博弈。移民特别期望通过迁移来改善自身生活和生产条件，以获得最大化的综合效益。实际操作过程中，必然引起政府与移民之间的利益博弈。移民会从自身角度出发争取最大利益，地方政府则期望划取更多建设用地，要求移民安置点的选址要符合该区域相关专业规划的要求，并能带动该地区经济的发展，增强政府的政绩。其二，业主方与地方政府的博弈。业主（投资方）希望以最小成本完成项目建设，使移民安居乐业，生活水平得到提高，并给自己带来一定的收益，但对于移民的稳定与否关心不够；而地方政府一方面要利用移民争取尽量多的资金，发展地方经济，加强当地公共基础设施建设，改善当地生态环境，同时希望能够和谐移民、稳定移民。其三，规划设计人员与各方的博弈。规划设计人员包括地质工程师、移民规划设计人员、排水设计人员等多方专业人员，他们在移民安置点选址决策中起着主导作用。其中地质工程师对安置点的选择具有一票否决的权力。规划设计人员处在政府、移民和业主之间，既要坚持职业规划原则，同时也要考虑业主、移民、政府等各方的合理要求。这就需要规划设计人员全盘综合考虑问题。

在与政府和其他利益方面互动博弈的过程中，以及在原有社区解体和新社区整合的过程中，移民的思想观念和心理发生了较大变化，这将对移民安置工作和移民后期发展产生较大影响。移民工作要在剖析移民心理的基础上，重视移民心理在水库移民区域经济社会建设中的正面作用和负面效应，采取积极有效措施将水库移民从非自愿的心理向自愿心理引导，共同构建移民区域和谐社会。水库移民心理主要有以下几个方面。[①]

（一）怀旧失落心理

对于移民来说，居住地的变迁不仅仅是生活空间的改变，更意味着生产、生活方式及人际关系的改变。看不到熟悉的山山水水，舍弃世代居住的家园，远离温暖的乡音乡情，远离亲戚朋友的帮助，远离祖辈的安息之地，原有的生活习惯被打乱，另外，一些本地特有的文化节庆、活动和礼仪被迫放弃等，这些都给移民的精神和心理造成了极大伤害。怀旧是由于长期生活习惯而形

---

① 龚益鸣、姚乐：《水库移民文化与新农村文化建设——基于南水北调丹江口水库移民迁入安置地的调研》，《当代经济》2012年第21期。

成的一种故土难离的心理状态，即使安置区的生产、生活条件环境优于迁出地，即使补偿合理，移民们仍然难以忘怀故土亲人和家园。大部分移民常常把自己当成一个特殊的群体，只在自己相熟的群体里交往，对群体外的交往有所顾虑，这种浓厚的依恋故土家人情结，对异地文化的排斥心理，阻碍了移民对迁入地的认同感。移民要真正适应安置地的生产、生活，真正融入安置地的文化之中至少需要数十年甚至更长的时间。

（二）比较失衡心理

可能由于国家政策的不连贯性，也可能由于搬迁前一些不适当的舆论鼓动，导致部分移民对搬迁怀有过高的心理预期，超过了现实所能提供的限度，于是移民心中便产生了心理落差，直接表现为心理失衡。也有部分水库移民时常会将现在失去的自认为美好的某些东西或某种生活习惯与过去拥有的进行比较，这种比较主要表现为移民对安置前与安置后生活状况的比较。例如，种上几亩地，养上几头猪，再做点零活，每年都能存上两万多块钱，尽管身处大山之中，日子过得倒也滋润，而如今再也不能过这样的日子了。

（三）陌生孤独心理

移民离开世代居住过的土地，离开熟悉的环境，迁移到一个陌生的地方，自然会产生一种陌生感，内心会有"搬到平原地区，我们山里人老实，会不会受当地人欺负"等种种顾虑。特别是当发现自己处在被陌生的人际关系和文化习俗包围之中，孤独无助心理随之产生，这种心理使得他们觉得自己在与当地人交往中处于弱势的地位，表现在具体的行为中，则是不会主动地与当地人交往，采取敬而远之的态度，这种心理上的隔膜，加深了移民们的孤独无助感。

（四）依赖等待心理

由于移民是为了国家利益而牺牲个人利益，损失自家财产被迫迁移他乡，因此，部分移民认为以后的生活、生产与就业问题理应受到政府的特殊照顾，产生了"等、靠、要"的依赖心理；部分移民因搬迁后的生活、生产状况未达到预期目标，心理需要没有得到满足，对今后的发展失去信心，因此产生了消极等待、观望的思想以及被动的生存式心理。

（五）渴望理解心理

移民们渴望政府和人们能够理解他们所付出的代价和作出的牺牲。事实上，移民搬迁对移民造成的损失是双重的，不仅仅是经济上的，更有情感上的，而情感上的损失虽然看不见摸不着，但是刻骨铭心。移民们离开祖辈世代居住、熟悉的生活环境，那种情感损失和心理创伤，不是几年、几个月就能修复的。其实山区的移民们特别淳朴善良，他们舍小家为国家，远离家乡，如果让他们在安置地过得好一些，那么他们情感上的损失就会少一些，心理上的创伤也会早一些愈合。

移民的心理因素是一个自然的心理过程，需要社会各界的关心和帮助才能逐步加以消除，这是一个缓慢的过程。然而，移民的文化因素则是移民工作过程中极为迫切的问题。

水库移民文化属于狭义的文化概念，是指水库移民和参与移民工作的各个主体在认识和改造世界的活动中所创造并遵循的行为方式、组织机制和道德规范，包括由此形成的观念形态、思维方式、知识体系、风俗习惯、艺术成果等。简要地说，是指水库移民生产、生活中积淀下来的精神财富，以及在移民工作过程中形成的精神财富。

事实上，对广大移民而言，移民搬迁对其造成的伤害和损失是双重的，除物质生活基础及其生产体系遭到损毁和破坏从而必须在新的安置环境中恢复和重建外，其精神文化生活也同样遭受严重创伤，如舍弃世代居住的家园，远离历代祖先的安息之地，与朝夕相处、习气相通的亲友各奔东西，原有的民族文化生活秩序被打乱，本民族或地方特有的一些文化节庆活动、礼仪被迫中断和放弃等，这些都给移民的精神和心理造成切肤之痛，也需要在移民安置过程中进行治理和抚慰。对移民的物质生活和生产、就业等方面需求的满足可以使移民安身，保障移民搬迁的顺利进行；而对移民精神文化方面需求的满足则可以使移民安心，保障移民在新的环境里安下心来，重建家业。只有两者兼顾，才能最终实现移民的目标。

二、移民文化是移民实践不可缺少的组成部分

移民文化作为移民实践的重要组成部分，在移民实践中主要在以下四个方面发挥重要作用[1]：

（一）在移民实践的各个阶段，移民文化都是不可缺少的动力

移民工作难，很多难点是与移民的心态、认识水平相关。对于这些同移民文化相联系的难点问题，仅仅靠行政手段、经济手段和法律手段是不能有效解决问题的，必须通过移民文化的建设从根本上逐步消除这些难点上的阻

---

[1] 罗晓梅、刘福银：《重庆移民实践对中国特色移民理论的新贡献》，重庆：重庆出版社 2004 年版。

力，通过移民组织者的努力和移民心态、认识水平的提高，为移民工作的开展提供源源不断的动力。比如，在"搬得出"阶段，移民文化建设可以促使移民从非自愿移民向自愿移民的趋势转化，可以把移民的认识水平统一到法律、政策上来，可以帮助移民建立正确的同移民工作要求相适应的心态结构。尤其是在"安得稳"阶段，移民文化建设是逐步消除移民同迁入地居民"界线"的有力手段，移民同迁入地文化素质差异的消除也要靠文化建设。移民与迁入地从语言到习惯和生活方式的文化融合也是"安得稳"的重要内容。

案例 1：移民拒缴水电费问题

移民拒缴水电费问题是一个长期困扰移民工作开展的大问题。受"特殊公民"不良意识的影响，从 2003 年滩坑水电站移民陆续搬迁到各移民安置地开始，移民拖欠水电费现象成了普遍现象，少则几十元，多则数千元。据统计，从 2005 年第一水平年移民搬迁到 2007 年 4 月移民安置，青田全县移民拖欠水电费高达 530 万元，严重影响了该县供电部门的正常运营。这些电费，有移民户欠下的，也有建房时施工队欠下的。这一无意有意甚至恶意的现象伴随着安置工作的开始，逐渐形成移民跟风现象，形成了不良的社会氛围。这一现象若不及时制止，欠款数额会越来越大，涉及面越来越广，清欠难度将越来越大，不仅给以后其他政策落实带来连锁反应，而且随着拖欠时间的推延，工作会愈加被动，势必影响到党委政府的威信和安置地的稳定。正当移民建房款结算进行得如火如荼的时候，青田县作出一个大胆的决定，在移民建房工程款结算的同时，进行移民水电费催缴。有人担心现在开始催缴移民水电费，时机是否成熟，干部力量能不能保证，这样的工作集中进行，会不会造成矛盾激化。为此，县委县政府多次研究解决办法，最终认为该问题已无法回避，必须直面困难，冲破阻力，早日进行清欠。2007 年 4 月开始，青田县移民办和青田县滩坑水电站工程建设指挥部召集有关部门，先后召开 7 次会议专题研究水电费催缴问题，制订工作方案，共同研究部署，全面推进移民水电费催缴工作。于是，移民水电费催缴工作大张旗鼓地开始了。供电部门出台政策，明确期限，免除违约金。宣传部门开展了催收水电费电视讲话等政策宣传，强调公民用水用电的权利和义务，使广大移民户缴纳水电费的意识有了明显的转变。供水、供电部门建立专门催收队伍，在各移民工作站大力协助下，改"坐收"为上门"走收"，挨家挨户，逐户催缴。移民干部上门宣讲政策，对移民晓之以理，动之以情，还远赴龙泉、松阳、遂昌、丽水各地外出协助催缴。在催缴过程中，干部们各显神通，多说多磨。2007 年 4 月的一天，一位在松阳某工地的原移民房包工头，准备去工地开工时，吃惊地看着眼前风尘仆仆赶来的温溪镇移民干部黄水法和周国昌以及供电所的工作人员。"你们怎么来了？"那位包工头连忙道歉，并爽快地交纳了水电费。至 2007 年 9 月，全县移民水电费催缴工作基本完成，安置地移民日常生活用水、用电缴纳也基本实现了常态化管理。①

（二）移民文化建设有利于巩固移民在各个工作阶段的工作成果

移民工作分若干工作阶段，每一个阶段达到既定目标后都有一个巩固的问题，特别是外迁移民反复性更大一些。每一个工作阶段总是一分为二，即无论从哪个方面看都是成绩为主，但仍然不可避免地会有各种问题不同程度地存在，还会有各种新情况、新问题不断产生。能否科学认识每一个移民工作阶段上的成绩与问题，能否正确认识移民过程中不断出现的新情况和新问题，这一系列的认同与认识问题，都是阴谋文化问题。如果不能正确解决移民工作中不断需要解决的认同、认识问题，移民工作的成果就难以巩固，移民下一阶段的工作开展就困难重重。移民文化工作方面要是出现了重大失误或引起了误解，对移民工作完成时间的影响是较为明显的。

案例2：一次艰难的外迁建房

青田县指挥部决定 7 月 1 日启动外迁移民建房工作，第一批是北山一片、二片已经对接的在宁波市北仑区小港镇衙前村、立新村 15 户移民，这次移民外出建房的成功与否，直接影响着全县外迁移民的建房工作，县指挥部、协调组、北山移民工作片对此都十分重视。根据县指挥部外迁处的要求，这次到宁波市北仑区小港镇的移民建房代表每户一人，要求带上日常生活必需品和简单的厨房用品，于 7 月 1 日上午 8 时在青田瓯江大桥南边桥头等车去宁波，并要求一定要做好每户外迁移民的思想工作，各组、片责任到人。7 月 1 日早晨，等到 7 点多钟，仍然未见人，县外迁处的老徐着急了，经联系得知，工作组所有人员早餐未吃就到外迁户家中做思想工作了。8 点 10 分，工作人员才把 14 户外迁移民代表请上大客车，原规定每一户只派一位代表现在变成了全家都去。这样一来，北山片移民这次到宁波北仑共 15 户，55 人。到了北仑安置地，当地村支书沈书记带领大家去看宅基地。在路上，沈书记指着两座临时安置房说，这是村委特地为青田移民准备的，每户一间，钥匙在村委办公室，等抽签宅基地时一起抽签分配。在宅基地前，沈书记拿出一份宁波市城市建设规划图，上面已经审批了 10 户人家建房规划，画了红线图；他向大家介绍方位和移民的宅基地前方的有关情况，移民屋前是一条通往镇海区、宽 60 米的高速公路，两边是 20 米的绿化带，环境十分优美，交通便捷！我

---

① 《滩坑纪实》编委会编：《滩坑纪实》（内部资料），2008 年。

们认为这是一块很理想的宅基地，无可挑剔。但有几位移民发现宅基地已有所移动，觉得难以接受，回来的路上他们一直在商量嘀咕着什么。在晚上的欢迎会上，移民吴宗林、吴德标、陈双伟等人就相继提出问题：安排给他们的宅基地已经调（移）动，一没通知他们，二没跟他们商量，这样不尊重他们，难以接受！沈书记解释说，我们在申报移民建房宅基地审批过程中才知道，原来准备给移民建房的地基国家已经规划建高速公路，市规划局把移民建房地基安排在高速公路绿化带后面，从原宅基地地块稍微后移。我们大家都认为这个安排很合理，个人利益服从国家利益这很正常，这和你们服从国家建设滩坑水电站一样，要迁到我们这里，如果你们一定要坚持在高速公路规划区内建房，我们就没有办法解决了！部分移民执意不要这块已经审批并已规划了红线图的宅基地，扬言要回去，拒绝宅基地抽签，向当地村委发难。他们把情绪散发在当地政府领导身上，事情出现了十分尴尬的局面。这时，时间已经到晚上 7 点 30 分，张处长向北仑方面领导表示歉意，经双方领导协商决定马上休会，明日再谈。当夜，全体工作队员都耐心细致地做自己联系移民户的思想工作，并请求县指挥部紧急加派力量来北仑。第二天，大家对事情进行仔细分析、各方协商，认为移民思想情绪爆发是正常的事情，关键是如何解释、如何开导，寻找突破口进行突破！又是经过了一天的"折腾"，傍晚 5 时 18 分，一块坚冰融化了，移民终于同意抽签了，矛盾转化了，会议室里响起了一阵激烈的掌声！①

（三）移民文化是移民实践中各种薄弱环节和不足因素的有力补充

移民文化是属于精神方面的因素，是充满力量的因素。滩坑移民工作的干部群众共同铸就的"万众一心、攻坚克难、真心为民、无私奉献"的"滩坑精神"，就是一种典型的移民文化，是滩坑移民工作过程中一种永不枯竭的精神动力。"滩坑精神"凝聚了一种合力，上至省委书记、省长，下至普通百姓都为之牵挂、为之努力。滩坑电站启动以来，习近平、吕祖善、夏宝龙、章猛进、王永明、陈加元等领导先后亲临库区现场视察指导，时任丽水市委书记楼阳生、市长刘希平等经常到库区现场办公，排忧解难；省有关部门和迁出地、安置地服从全局，通力合作；时任浙江省移民办主任钱国女常年辛勤奔波于迁出地与安置地，苦口婆心协调各方。"滩坑精神"张扬着一种迎难而上的意志。楼阳生提出"移民工作一日不完成，工作一日不得懈怠，寝食一日不得安宁"，近千名移民干部"黏"着群众做工作，"八仙过海，各显神

---

① 郭杭生：《滩坑日记》，北京：中国民族摄影艺术出版社 2005 年版。

通"。"滩坑精神"传递着一种真情,广大移民干部把"心"交给群众,把"苦"留给自己,用真情温暖移民群众的心。奉化莼湖镇唐头周村党支部书记儿子得癌症去世才一周,妻子又生病住院,但一接到移民交接的任务,他就把失子之痛深埋心底,连续四五天投入到移民安置工作之中,移民群众为之感动。"滩坑精神"传承着一种优良传统,移民干部情系移民、无私奉献,用热情与执着书写着奉献的可敬、伟大与崇高。他们中许多是乡镇党委书记、乡镇长、机关局长、处长,然而立马转变领导角色和转换工作环境,毅然离开繁华的城镇和舒适的家庭,不论寒冷的冬天和酷暑的夏天,七八人一组地蜗居于简陋的农舍之中,不分昼夜地工作在一线;他们把自己的大事当作小事,把移民的小事当作大事,哪里移民有困难就奔向哪里,哪里移民有疑惑就出现在哪里,跋山涉水,披星戴月,无怨无悔。正是这种顾全大局和为滩坑工程建设勇作牺牲的精神,在自身还未从根本上脱贫的情况下,在各方支援下,他们仍然很好地完成了移民任务。滩坑移民任务的圆满完成,体现了安置地干部讲究大局、合力推进的工作作风,安置地群众讲究奉献、宽怀接纳的精神,体现了我们民族、我们国家和我们党所具有的精神优势、文化的凝聚力和战斗力。

案例3:移民终于开始和移民干部搭腔、对话了

经历过北山系列事件的人都知道,滩坑库区的移民有多难,而移民最难之处难在思想上的"迁移"。经过了一系列北山事件的风风雨雨,部分群众对政府的误会与怨气加深,移民的心早就结成了冰,库区几乎成了一座由无数颗冰冷的心结成的冰山,难以绕过。而移民干部首先要做的,就是用真情去融化这座冰山。门难进,就多走几次;脸难看,就多赔笑脸;话难说,就少说多笑。伸手不打笑脸人,人心总是肉长的。走吧,一次不行两次,两次不行三次,一人不行两人,家里不行上田头,田头不行上街头,总有一次会成功的。移民干部就是这样鼓励自己,开始了破解难题的第一步。青田北山、白岩村部分移民户抵触情绪相当激烈。许多人就在街头骂政府、骂工作组,怎么难听就怎么骂;当移民干部上门时,他们干脆避而不见,是白天就关门,是晚上就关灯。而干部们毫不气馁,坐在门口等,或站在窗前与之谈心,谈电站的前景,谈移民的意义,谈安置地的优势,谈子女的发展。可是移民干部讲得口干舌燥,移民就是一句话都不搭理。记不得是第几次了,移民的门终于"咣当"一声开了,扔下一句"不嫌脏就进来吧"。许多同志回忆,那时的感觉真的就像三伏天吃到了冰激凌,美极了!青田张口工作片的干部为了打破坚冰,赖着移民户学做北山索面,边学边聊,到了能谈移民工作的时刻,手艺也学了个八九不离十。有移民干部一心扑在工作上,从不叫一声苦,喊一声累,可研究工作时竟因血压高晕了过去;有移民干部为了与一个打铁

的移民老汉搭上话，竟买了打铁铺的五把菜刀；有移民干部不怕山高路远为移民户采摘草药；有移民干部自己出钱为移民置办擦皮鞋的工具，还动员片内干部都去擦皮鞋给"照顾生意"，解决其生计问题……还有许多移民干部患病，医院开了住院单，要求休息，可往往是偷偷把住院单塞进了抽屉，照常坚持工作。青田北山籍的许多干部和联络员，他们的父母兄弟也是移民，他们日夜给亲戚和朋友劝说、讲解。慢慢地，坚冰开始融化了！移民终于开始和移民干部搭腔、对话了！①

（四）移民文化在移民实践中是凝聚人心的重要力量

群体性移民存在着各种统一性要求，比如移民时间、任务、步骤等方面都有统一要求。要实现移民工作的各种统一性要求，必须以移民和各方参与者广泛的共识为基础。在移民实践中建立共识、扩大共识的过程，实质上就是一个文化建设的过程。在滩坑水电站建设之初，"全省人民的滩坑"的共识并未形成，在一些人和部门的眼里，滩坑水电站建设移民不过是一项具体工作而已，是丽水市的事情，对滩坑工程及其移民工作的关心事实上处于低潮。后来经过浙江省委、省政府的动员号召，"全省人民的滩坑"观念逐步树立起来，支持滩坑移民和为滩坑移民作贡献是应尽的责任观念逐步树立起来，对滩坑电站移民有利的人心人气终于集聚起来。在滩坑移民外迁过程中，得到了外迁地党委政府的大力支持和紧密配合。宁波、绍兴、金华、台州四市外迁地的各级党委政府，把移民安置工作作为支持欠发达地区的实际行动，作为义不容辞的责任，竭尽全力做好各项准备工作。四个市的主要领导主持研究制定移民安置方案和有关配套政策，分管领导考察落实移民安置点，及时协调解决工作中出现的问题，落实相应的组织机构、人员和经费情况。而每逢关键时期、关键环节，时任市委副书记张成祖、副市长金建新都要亲自带队赴各市联络、协调移民工作，以增进感情、寻求支持、表示感谢。在市内安置地，莲都、缙云、龙泉、松阳、遂昌等县（市、区）一直把滩坑移民工作作为"第一大事"，未雨绸缪，精心谋划，呕心沥血地做好移民安置工作。由于各地政府的大力协助，滩坑移民特别是外迁移民才能克服各种困难取得成功。

案例4：省内各市积极接纳滩坑移民

省内各市的安置地立足于让移民"安得下，富得起"，始终把移民当作"自家人"，提供最优惠的政策，给予最细致周到的服务。确定自然条件好、

① 《滩坑纪实》编委会编：《滩坑纪实》（内部资料），2008年。

水电路等基础设施较完备、离集镇较近、村级集体经济好、班子强、民风朴实的村为安置点，安排优越地段作为移民宅基地；帮扶移民的生产生活，免除与移民安置直接有关的规费，免费开展就业培训，优先推荐就业岗位，解决移民子女插班读书。宁波市镇海区对移民安置村给予入社费补助、承包地补偿、"三通一平"补偿、移民建房租用过渡房补偿，还为移民建房投了建筑工程团体人身意外伤害保险及附加意外医疗保险；江北区着眼长远，制定了较为完整的移民安置政策和移民后期扶持工作计划；上虞市对移民建房前的各项工作做到"六统一"，即移民临时居住、生活硬件设施统一，"三通一平"标准统一，宅基地打桩放样和平面图纸绘制统一，施工协议内容和质量监督统一，落实联系制度统一，接待方式统一；永康市对移民的事急事急办和特事特办，当该市花街镇的一户移民在建房遇到阻力而返回景宁时，分管副市长到村里做工作，民政局长专程赴景宁把移民接回永康建房；台州市各地克服种种困难，千方百计调整移民安置点，做到相对集中，尽量靠近集镇，让移民满意；龙泉市尽量满足移民建房设计要求，设计了29种不同房型的建房设计、施工图纸供移民自行选择，并做好宅基地放样工作。

三、移民文化建设是一项系统工程

在中国的广大农村，农民们主要是以宗族血缘关系作为同一个村庄或相近区域共同的社区文化基础。原住地的居民和移民可能存在着文化认同方面的障碍，而且开始逐渐变成业缘、地缘为主的新的社会关系形态，迁入地也可能会融合原住地和移民的原有文化创造出新的共同的文化，这有利于双方和谐共处，逐渐成为共同体。新的移民文化的形成还有利于移民真正的"安得稳"，由"移民"变"居民"。

（一）水库移民文化整合

首先，在移民安置模式和安置规划中，高度重视移民文化因素的影响。在制订水库移民规划时，就应尽可能缩小水库移民和安置区居民的文化差异，并充分考虑应该怎样进行文化协调。因此，只要环境容量允许，就应该优先选择后靠安置的模式。而必须外迁时，在外迁移民安置区的选择上，应按照文化相近性的要求来选择移民安置区，限制安置区民族的差异程度，使移民安置区中的民族差异最小化。在滩坑水库移民过程中按照文化相近的原则来优化配置移民，将大多数移民安置在青田本县内，其次是丽水本市地区，最后才是周边的地市区。其次，制定水库移民文化整合的相关政策，防范和化解移民文化冲突。水库移民是一项政策性很强的活动，在水库移民的各个方面和各个环节都需要水库移民政策发挥作用，对于水库移民文化方面的问题也不例外。而目前我国对于水库移民中文化因素的研究不多，相关的法规政策就更少。因此，应尽快制定水库移民文化整合的相关政策措施，防范和化解移民文化冲突。再次，加强水库移民社区整合和社区管理。水库移民社区是水库移民与非移民各自原有文化交流碰撞的地方，也是移民文化冲突的场所所在。要加强水库移民文化的整合，必不可少的一个环节就是加强水库移民安置区的社区整合和社区建设。所谓社区整合就是通过合理的方式和手段，消除社区内可能存在的冲突，增强社区成员的共同社区意识，提高社区成员之间的相互认同性，以实现社区的内在团结与稳定。为了提高移民社区管理的认同性，使其发挥应有的权威性作用，应该在社区管理系统的设计、管理队伍的配置上代表移民社区不同群体的利益。最后，加强教育，创造良好的移民文化整合的舆论环境。在水库移民迁移之前，要对外迁移民进行多侧面、全方位的教育和培训，转换移民的思想文化观念，提高沟通技巧和人际能力，为移民与当地社区和群众尽快融合创造良好的心理环境和能力储备。在安置地区，进行系统、有效的宣传，宣传水利工程建设的重要意义和巨大效益，宣传水库移民对水利工程的贡献和安置好移民的必要性，使得安置区各级地方政府和社会群体以积极、主动、热情的态度迎接移民的到来，做好安置各环节工作，为水库移民文化整合创造条件。在水库移民迁移之后，要加强移民安置区中移民与非移民之间的日常交往，通过各种渠道进行文化沟通，加强相互之间的了解与学习，尽快排除"我群"与"他群""本地人"与"外地人"的心理隔阂，进而增进理解和宽容，从而弱化文化之间的冲突，最终培育出超越原有差异的新的移民文化。[①]

（二）水库移民文化保护

水库移民文化往往在水库建设和移民迁建过程中面临着巨大冲击和巨大危机，有衰弱乃至消亡的危险。首先，在水库移民安置规划中，应该尽可能地保存水库移民的传统文化，特别是建筑、服饰、语言、文字、风俗等标志性文化更应该有意识地予以保护。在这方面我们有过惨痛的教训，例如在天生桥一级水库移民中，壮族、布依族原居住房屋大都是别致的民族传统建筑，具有通风、干燥、光亮好、占地面积少、利用率高等优点。但由于移民安置点只能按照"社会主义新农村"的规划建房，其传统民族建筑也就不可能得到恢复，这样的现象应该引起高度重视。其次，加大移民资金投入，为移民文化的保存提供经济基础。经济发展或充裕的物质条件是民族传统文化得以维系和延续的基础和前提。但低于真实移民成本的移民补偿与移民投资导致

---

① 廖蔚：《当前我国水库移民的文化冲突与保护研究》，《农村经济》2005 年第 2 期。

水库移民普遍的贫穷状况，使水库移民游离在经济发展主流之外，从而加剧了水库移民文明的衰落。因此，必须加大移民资金投入，确保水库移民的生产、生活水平恢复到土地征用前状况，确保民族文化传统能够保留下来，不能因移民投资不足而落空。很多学者认为，一方面可以从水库发电收益中提取专项资金，成立水库移民文化保护基金，为水库移民文化的保护提供必要的资金支持；但更为重要的方面是，必须加大移民经济的整体投资，促使水库移民经济快速发展，只有经济的发展才能长久地保证水库移民文化不会落伍乃至消亡。否则，经济的长期落后必然导致水库移民综合人口素质长期低下，而这种综合素质的低下又反过来严重地制约着移民经济的发展和移民文化在扬弃中延续。最后，加强对水库移民文化的合理开发，协调文化保护与开发的关系。当然，对水库移民特色文化的保护，不是消极被动地保护，而应该着眼于发展，只有发展才是最好的保护。因此，在加强水库移民文化保护的过程中，应该加强水库移民特色文化的开发推广。可行的策略是把水库移民特色文化开发保护与大力发展库区生态旅游、文化旅游产业相结合，借助于旅游产业兴起，使当地水库移民融入经济发展的主流，使水库移民文化和传统更加丰富，更加充满生命力。例如，北山吴氏大宗祠拆迁复建工程，就是一项移民文化保护和建设工程，也是一项文化旅游产业开发的工程，同时还是一次移民文化传承的过程。

（三）水库移民文化提升

经济发展如今被看作是文化的一部分而不是单独的实体，与人文内涵分离的发展是没有灵魂的增长。世界银行声称，文化遗产的保存不仅对于维持与过去的联系是关键的，而且对于发展中国家的经济增长能有所贡献且能加强社会的凝聚力。一方面，安置地要展现当地的文化，让移民更多地了解，让移民更好更快地融入当地的文化。另一方面，安置地群众尽可能接纳移民的生活习俗，妥善安置移民的庙宇与祖坟，增强移民生活的信心。首先可考虑把在安置地推进建设文明村、文明社区活动作为切入点。但要想建成文明村、文明社区，首先必须教育移民先做文明人，这也是青田县各级政府非常重视移民社区的"和谐文化"建设带来稳定的益处所在。调查发现，青田有土安置移民的普遍文化素质较欠缺，长期受传统的耕作方式影响，移民耕种多为粗放式经营，广种薄收，土地产出率较低，文化素质已成为农村经济发展的制约因素。移民迁出后，原有的生产体系被破坏，需要在安置区构建新的生产体系，重新调整产业结构，走科技兴农之路。

（四）移民文化的发扬

"滩坑精神"是滩坑移民文化的精华之一，是滩坑移民工作过程中永不枯竭的精神动力。在今后的工作中要进一步发扬滩坑精神中优良的工作作风，进一步强化立党为公、执政为民的理念，不断增进与移民群众的感情，增强为移民群众服务的意识；要进一步加强和改善对移民工作的领导和对移民群众的服务，以良好的工作作风为做好移民工作提供有效保障，推动移民工作迈上新台阶。要切实转变干部作风，把移民工作作为有效的载体，继续大力弘扬"滩坑精神"，以高度的政治责任感和使命感，乘势推进滩坑移民工作，促进移民区域经济社会继续快速健康发展。

四、移民文化建设中的民俗传承和文物保护

民俗文化是指民间集体遵从的、反复演示的、约定俗成的风俗生活和文化的统称，具有增强民族认同、强化民族精神、塑造民族品格的功能。我国民俗文化丰富多彩、博大精深，是中国传统文化中最有生命力的一支，是形成民族凝聚力的内在动力。举办各种具有地方特色、饱含民族风情、赋予浓郁民俗特色的活动，对于激发人们爱家乡、爱祖国的情怀具有重要的意义。文物是人类创造的物质文化和精神文化的物质遗存，是历史的忠实见证，积淀着丰富的人文精神，是民俗文化等非物质文化的载体。因此，加强民俗传承，做好文物保护是水库移民过程中的一项重要任务。青田县在推进滩坑水电站移民工作的同时，本着对历史负责的态度，高度重视移民民俗传承，并做好库区历史文物保护工作。

文物抢救性保护是水利水电工程的首要工作。在移民工作正式启动之前，青田县结合历史文化遗产普查，部署开展了滩坑库区淹没文物资源调查活动。库区共有古遗址、古窑址、古墓葬、古建筑、碑刻、名人故居等文物点、文化史迹50多处，全面掌握了库区淹没文物资源分布情况。相应组织开展宣传教育，引导群众充分认识文物保护重要意义，促进移民自觉保护文物安全。根据"保护为主、抢救第一、合理利用、加强管理"的工作方针，结合库区旅游开发规划，对照不同文物古迹，制订不同的保护应用方案。加强文物本体的周边环境风貌、历史渊源、实物资料的保护，搜集编纂库区文物史迹、乡土民俗、乡贤名略等方面图书，整体迁建吴氏宗祠，修筑北山坑石东纪念碑，分类制订具体的工作方案。例如，委托浙江匀碧古建筑设计公司制订《青田县滩坑库周文物迁建工程规划设计方案》等。根据文物保护应用规划，库区文物复建经费估算1 181万元。青田县细化措施，积极筹措经费，坚持量力而行，分期分批建设。例如，吴氏宗祠迁建项目预算资金125万元，上级专项补助远远不够，吴氏后裔就把吴氏大宗祠实物补偿45.88万元、吴氏小宗祠实物补偿35.24万元全部划入，组织社会捐资30多万元，保证复建工程顺利推进。2004年，成立滩坑库区文物复建领导小组，专门执行落实库周文

物复建规划，指导监督库区文物迁建工程，启动库区文物迁建、维修、保护工作，细化要求，强化力度，顺利推进文物保护工作。目前，吴氏宗祠迁建、北山坑石东纪念碑修筑等文物迁建项目都已经通过验收，库区文物资源影像采集全部完成，《青田文物》《青田文物图集》《北山》三书已经编纂出版。

案例：北山吴氏大宗祠拆迁复建工程

青田县北山镇吴氏宗族有着悠久的历史渊源，吴氏大宗祠有着深厚的文化内涵。原北山吴氏大宗祠位于北山下村前路，曾与其以东的吴族智房小宗祠、三房祠堂组成吴族宗族祭祖活动中心。北山吴氏十二世祖吴由礼，南宋度宗时配郡主封承议郎，与其兄吴隆礼于南宋咸淳五年（公元1269年）始建北山吴氏大宗祠，道光十六年（公元1836年）重建。原宗祠为"三进崇伦"、五开间附两厢四合院建筑，规模宏大，气势雄伟，工艺精美，祠内塑有一世祖吴畦像。宗祠建筑占地1 433平方米，包括广场等总占地2 622平方米，是青田县历史最久、规模最大、始祖官位最高的宗祠，具有较高的文物价值。

北山吴氏始祖吴畦（840—923年）为唐中书令同平章事（宰相）、谏议大夫、太子太保，封光禄大夫、勋柱国。公元894年辞官归山阴（绍兴），公元895年，浙东帅董昌谋反称帝，吴畦遭挟持，拒不附逆，董昌慑于其威望不敢妄以加害。吴畦释放后，遂率家夜遁，乘舟浮海，至青田白岩。次年，又择迁库村（泰顺）隐居。北山吴氏三世祖吴余德，复迁白岩两岸，至八世祖吴光俊再迁北山定居，生息繁衍。北山吴氏十六世祖吴彪，太学生，娶明朝开国元勋刘基长女为妻。吴、刘两大望族联姻，对小溪流域的文化推动，有着积极的作用，这种影响力直至20世纪40年代。

千百年来，北山吴氏族繁衍昌盛，又分迁于本县及文成、景宁、瑞安、平阳等地，北山为青田吴氏的主要发源地，吴姓成为青田县的第六大姓氏。吴氏宗族文化传统，世代传承并不断发展，对周边有着深远的影响，在长期的历史进程中，北山吴氏宗族形成了自己的文化特色。其一，将宗谱作为维系宗脉的圣物，历代坚持续修编纂，《北山延陵吴氏宗谱》世系始于唐代吴畦，至今已一千多年，今延至第39世。其二，以宗祠为中心的大规模系列祭祖活动，成为弘扬中华传统道德和文化的载体，尊老爱幼、崇尚耕读为其主流文化；每年的春节祭祖、清明"散祭神"和元宵灯会为三大盛典，元宵花灯最盛时达3 000多盏，远近闻名。其三，提倡读书崇文、男女平等是宗族传统之精华。北山吴族48个字的辈分排行表中，第17世至24世的"彦仕善尚，普敬怀学"是族训的核心。其四，农耕为本、保护生态、封山育林、兴修水利，是族人立命自安再图发展的重要手段。由于世代吴族人的努力，北山才有保留至今的封山育林的典范族山——旗山。1938年由吴族人积极倡导修筑的北山防洪石堤，南北两条全长2 466米，其规模之大，设计施工之科学合理，为当时全县之首。

由于北山吴氏宗族文化有着深厚的根基，所以，尽管经历了剧烈的社会变革和动荡，吴族后裔仍保存下许多很有文物价值的宗族遗物。计有：1930年续修的完整宗谱6套12本；甫建北山吴氏大宗祠的12世祖吴由礼彩色画像，长2.3米，宽1.1米；刘基11世孙诚意伯刘世延，明万历十四年（公元1586年）题赠吴氏族家庙上寺的"空王"匾额，长2.16米，宽1.01米；吴氏大宗祠春节祭祖称猪排名次用的专用大秤青石秤锤，重88.5斤，高52厘米；焚兴寺铁钟，高1.38米，口径78厘米，重约800斤。

在滩坑水电站筹备工作过程中，为了保护和传承吴氏宗族文化，2003年5月，县文管会办公室发文，将北山吴氏大宗祠列为青田县文物保护点，并着手迁移复建吴氏大宗祠的各项筹备工作。滩坑电站实行迁移补偿时，吴氏大、小宗祠的补偿款共计83万元，归北山吴氏宗族所有，并由吴氏大宗祠管委会全部移交县文管会，作为迁建宗祠的专用款。在县政府和文管会的关心与支持下进行，终于在2005年8月12日，举行了北山吴氏大宗祠复建开工奠基典礼。

经过了一年的努力，一座规模宏大、建筑精美的吴氏大宗祠，矗立在青田县北山镇第二坪村。这座因建设滩坑水电站迁移复建的古老宗祠，坐北朝南，面向滩坑水库。环湖公路将从吴氏大宗祠下方向东绕通往万阜、文成，西侧就是跨越水库的一千多米长亚洲最高的大桥。水电站建成蓄水以后，这里将以优越的地理位置、碧波万顷的湖光山色以及丰厚的文化内涵，成为一个引人入胜的旅游景点。复建后的北山吴氏大宗祠占地8亩，主体建筑面积1800多平方米，配套设施完善，总投资130多万元。这是北山吴氏后裔经过长期的努力，在青田县政府及上级有关部门的大力支持下，完成的一项重大的文化保护和建设工程，也是一次吴氏宗族文化传承的过程。①

滩坑移民的民俗文化发展随着移民安置工作逐步推进而变得欣欣向荣，以"青田鼓词""青田鱼灯"为代表的诸多民俗传统得到了积极传承和妥善保护。

"青田鼓词"是流行于青田境内的一个曲艺品种，由隋唐时代的"变文"演变而来，明清时期已见流传，青田俗称"唱词"，用本地方言演唱，演唱者大多为盲人。青田鼓词在全县境内上至祯埠乡下至温溪镇东岸均有分布，现有鼓词艺人300人左右。青田鼓词说唱形式现仍与明清、民国时期相似，但形式已趋于简化。鼓词一人表演，以唱为主，以说为辅，说唱结合。词句以七言为多，朗朗上口，通俗易懂，道具简单，节奏整齐，板式变化丰富。在滩坑水电站移民过程中，青田县加强了对北山等地区鼓词艺人的保护和扶持。

---

① 参见《探寻祖源，传承宗族文化》，http://www.zgqt.zj.cn。

2007 年，青田鼓词被丽水市列为第一批非物质文化遗产名录。2009 年被列为浙江省第三批非物质文化遗产名录。

"青田鱼灯"是青田最传统、最有代表性和地方特色的灯舞种类，也是浙江省鱼灯类代表性的传统民间灯舞表演。青田鱼灯历史悠久，道具制作精美逼真，伴奏音乐铿锵有力，舞蹈动作粗犷奔放，表演风格热烈朴素。青田鱼灯表演时以"红珠"领队，每人手举一盏鱼灯，顿时锣鼓喧天，灯火辉煌，欢声雷动，场面宏伟壮观。目前，青田已组建了 20 多支不同流派、不同年龄、不同形式和不同风格的鱼灯表演队伍。青田鱼灯曾参加新中国成立 50 周年庆典演出、第五届中国国际民间艺术节、第七届中国艺术节和第十三届"群星奖"等国内国际民间艺术交流，取得了优异的成绩，被誉为"天下第一鱼"。2008 年，青田鱼灯被国务院列为第二批非物质文化遗产名录。

第十五章 移民生产生活重建分析与评价

水库移民生产生活重建情况越来越受到社会各界的关注。移民生产生活重建内容包括移民的社区结构重建、经济生活情况、社会融入程度等多个层面。影响移民生产生活重建的因素有经济、文化、政策等多个方面。此外，水库移民数量大，移民安置区域分布较广，安置区域经济社会状况差异较大，对移民生产生活重建进行精确评价是一个普遍性难题。

一、移民生产生活重建的基本情况

从滩坑水库第一水平年搬迁至今已近十年，为了解分析移民生产生活重建情况，2012年5月至10月，我们深入丽水市20多个主要移民乡镇，对丽水市水库移民生产生活的基本情况进行了调查分析。调查的主要内容包括：移民的社区结构、社区经济生活、社区规范和文化认同、社区人际关系、社区参与和实现以及社会融入程度等多个层面。调查的移民群体除了滩坑水库工程移民之外，还有新安江水库工程移民、紧水滩水库工程移民等①，并把三者作了相应的对比分析，主要结论如下②：

（一）移民社区结构的重建情况

1. 移民群体职业分化日益明显，职业结构趋向多元化

在浙西南，移民搬迁前大多生活在偏远山区，生活区域产业结构的单一性决定了其职业结构的单一性，绝大多数移民长期从事传统农业生产，只有

---

① 我们把20世纪80年代前的以新安江水库工程移民为主的群体称为第一代移民，80年代至2000年以紧水滩水库工程移民为主的群体称为中生代移民，2000年以来以滩坑水库工程移民为主的群体称为新生代移民。

② 以下内容和结论主要来自张祝平的调查报告。见张祝平：《社会支持与社会融合：水库工程和谐移民实证研究——以浙江丽水市为例》，《南京人口管理干部学院学报》2013年第3期。

少数人从事商品经营或外出务工，但也多未完全脱离农业生产。迁入新社区后，特别是滩坑水库移民和中生代移民群体多由农村迁移到集镇或镇郊，生活空间和产业结构发生了较为明显的变化，加之移民后农耕用地短缺的"倒逼"和市场经济改革的深入，以及移民群体整体文化素质的提升，促进了移民群体的职业分化，职业结构呈现出多元化趋向。例如，滩坑水库移民在青田县内的安置区域基本在城镇里，移民大多从事第二、三产业。

2. 移民群体贫富差距正在扩大，社区阶层结构趋向复杂化

在水库工程实施前，大多数移民家庭的生活境遇相似，对贫富差距未曾有强烈感知。而移民后，特别是 20 世纪 90 年代中期以来，移民和城镇居民一样可以直接看到经济和社会发展的成果。部分家庭资产积累丰富、自我调适力较强的移民家庭，其生活条件很快赶上或超过当地居民。调查发现，在中生代移民群体中，有不少人因具有相对较高的文化素质、较强的社会适应能力、勤劳刻苦的"移民品质"以及借助为他们提供的创业、立业新平台的有利环境而迅速"先富起来"。这一群体的崛起不仅在移民中产生了强烈的示范效应，而且也对社区结构产生了日渐显现的影响。由此，移民对耕地、山林资源的依赖趋于减弱，家庭经济实力的标志逐步转化为各种可视化的固定资产，贫富差距开始外显化，社区民众的贫富概念越来越明晰。在调研走访中课题组还注意到，滩坑水库移民集中安置点因区位相对优越，在产业发展方面具有先天优势，先富群体的示范和带动效应明显。

（二）移民社区经济生活的重构情况

1. 生活设施不断完善

社区基础设施建设使移民逐渐形成了社区满意度的概念，而社区满意度恰恰是社区归属感建立的基础，也是移民对社区形成认同的起点。尤其是近十几年来，通路、通电、通水及电话、电视、电脑网络等基础设施的逐步完善为移民社区生活重构奠定了基础，而一些现代化的家庭生活设施也被广大移民家庭所使用，移民的社会生活发生了明显变化。调查表明，多数移民对近年来安置地教育、医疗、文化等社会事业与公共基础设施的改善表示满意。同时，随着公共基础设施的不断改善，移民的教育、健康、社会保障、就业等权利也得到了较大程度的拓展，移民的地域认同和情感认同进一步提升，这对于移民的社区融合是极大的促进。

2. 生活方式发生转变

21 世纪以来，随着移民社区生活设施的显著改善，移民的生活方式随之发生改变，他们逐渐从大量繁重的农业生产活动中解脱出来，闲暇时间不断增多，休闲娱乐活动方式趋向多元。调查显示，目前，有 22％的移民通过看

电视、读报纸、上网来打发闲暇时间，20%的移民业余时间积极参加村里的文娱活动，而年长者则通过串门聊天来联络感情。此外，打麻将、逛集市等也成为人们的重要选择。

（三）移民社区规范和文化认同情况

1. 传统信仰和习俗的变化

中国乡村民俗文化有很强的地域性。事实表明，风俗习惯的差异会给移民带来巨大影响，大致会产生以下两种现象：一种可称为文化本我主义，即以自己原本生活区域的文化标准对待安置地的乡土人情和地域文化，甚至怀疑、敌视对方的文化传统和信仰习俗；一种表现为对文化的本土性适应要求，即当地原住民要求移民认同、接纳安置地固有的文化传统及信仰习俗。调查表明，相当一段时间内移民对安置地文化的适应表现为较低水平，而第一代和中生代移民群体对传统信仰问题的本我主义反应较为突出。搬迁前，移民都有固定的宗教和社区民间信仰活动及场所，如基督教的日常礼拜活动、以村庙为中心开展的神灵祭祀或信仰仪式活动等。搬迁后，所有这些都发生了变化，例如，信仰场所和神灵体系需要恢复或重构，宗教活动教职人员缺乏等。"我们在搬迁前，看卦也有人看，挑吉日也有人帮着挑。过年的时候还可以去庙里参与佛事活动，庙里的神也很灵验。搬了之后，都没地方去拜佛了，有时心里会觉得空空的。"某移民说出了大多数移民的心声。当然，随着时间的推移，移民们逐渐融入了当地村民的信仰体系，共同的地方性神灵祭拜和信仰活动成为融洽移民与原住民情感的重要纽带。

2. 身份的失落和重拾

文化是社会、族群分野的重要标志，文化认同最重要体现在身份的认同上。调查发现，无论是第一代移民，还是中生代、新生代移民在刚迁入安置地时普遍存在自我身份认定的迷茫情绪，集中体现在对移民身份的排斥和对当地居民群体的防卫。具体表现为：一是当地居民对移民的排斥、歧视现象在一定程度上仍然存在，在他们看来移民的迁入必然伴随着资源的分割，构成利益的威胁；二是移民基于群体自尊的维护，对当地居民也抱有警惕、防卫的态度。"刚搬到这里的时候，怕人家说我是移民，听到当地人说我们是移民，我就觉得是在歧视我们，看不起我们。"受访时有移民这样说，"这些年好很多，主要是大家交往的机会多了。"在与移民的访谈过程中可以发现，越来越多的移民愿意主动与原居民交往，主动沟通交流生产生活经验、社区公共事务及家庭子女教育等，移民与原居民交往越来越频繁。这说明在移民中，"我们已经是这里人"的角色意识和主人翁意识逐步确立。同样，在原居民中"他们和我们就是一个村（社区）的人"的观念也日渐深入人心。移民与原居民的关系调查，可见表 15 - 1。

表 15 - 1 　移民社区居民关系

变量	相处得很好		相处得不错		相处得一般		不大好相处		合计	
	频次	百分比(%)	频次	百分比(%)	频次	百分比(%)	频次	百分比(%)	频次	百分比(%)
移民	71	25	114	40	86	30	14	5	285	100
原居民	40	20	60	30	80	40	20	10	200	100

（四）移民社区人际关系的重组情况

搬迁前，移民的社会交往更多地表现为一种初级的社会关系：移民间的接触是直接的、全面的；移民间的社会交往是多方面和深入的；移民首要需求是直接满足自己需要的；移民最基本的单元是家庭而非个人。从总体上看，迁移不会对原居民家庭结构和家庭关系产生重大影响，不存在家庭内部的社会整合问题，但这种迁移导致除家庭关系以外的其他初级社会关系不同程度地被破坏，原有的社会网络不复存在。调查发现，搬迁后，移民社会活动和交往范围不断扩展，日益多元化、复杂化。由于职业结构的调整和逐渐分化，业缘作为关系网络的纽带作用不断增强，具体表现为交往群体增多、特征差异拉大、人员数量增多、从业结构多元、关系网络复杂等。加之社会交往中对利益的强烈追求，贫富差距的拉大，阶层界限的明确，移民群体的社会交往开始趋向异质性。移民的社会交往和协作逐步由以血缘为纽带、以初级关系网络为特征的"机械团结"转变成以业缘为纽带的更具开放性、复杂性的"有机团结"。通过深入调查走访，我们可以感受到，近 10 年来，随着社会的持续开放，移民们原有的社会关系网络和支持力量发生了显著变化，一个全新的由各方力量协同运作的社会支持系统已然形成。

（五）移民群体的社区参与及实现情况

积极的社区参与是消解社区冲突、增强社区和谐稳定的重要方面。移民的社区参与应当包括让他们了解应享有的权益和保护自身权益的方法，以及参与制定有关搬迁补偿、安置规划、发展经济的方案等。处在社会最基层的农村，村民的社区参与主要是通过以民主选举、民主决策、民主管理和民主监督为主要内容的村民自治表现出来，其中又集中体现在村民委员会的民主选举上。调查发现，搬迁前，移民多日出而作、日落而息，简单而安然，加之文化程度所限，人们参与社区事务的主动性弱，参与程度和水平低。而随着迁移的开始，移民开始关心自己的切身利益，加之乡村基层民主政治建设不断推进，移民的社区参与度有了明显的提升。调查显示，问及"你是否参加村民委员会的选举"时，在回收的 285 份问卷中，有 267 人选择"是"，占93.7%。从总体上看，移民参与社区事务管理的主动性、积极性较高，多数移民对村两委的工作也给予了积极的评价，有 95% 以上的人对现有移民政策表现出赞赏和感激，对政府的信任感进一步增强，但也有 4% 左右的受访者认为在国家政策制定和执行中需要增强透明度和参与性。

（六）移民融入当地社会情况

调查发现，新、老移民在适应气候条件、生活习惯和心理调适、生产经营方式等方面都已经较好地融入了当地社会，见表 15 - 2。同时，安置地政府能够坚持把移民利益放在首位，坚持国家移民资金用于移民开支。当前，移民群体思想总体稳定，无大规模群体性上访事件，移民社区治安状况良好，精神文明建设呈现出健康、文明、和谐的新气象。当然，通过调查也可以看出，移民群体在心理适应和生产方式的适应方面完全融入的比例仍相对偏低，这表明在移民群体的精神文化生活和乡村社区文化建设方面还存在不足，需进一步关注和重视，在生产领域应进一步加强对移民的就业培训和产业帮扶工作。

表 15 - 2　移民融入当地社会情况表

调查内容\融入情况	气候条件		生活习惯		心理调适		生产经营方式	
	人数	百分比（%）	人数	百分比（%）	人数	百分比（%）	人数	百分比（%）
完全融入	185	65	200	70	171	60	157	55
基本融入	86	30	77	27	86	30	85	30
没有融入	14	5	8	3	28	10	43	15
合计	285	100	285	100	285	100	285	100

二、影响移民生产生活重建的相关因子评价

影响滩坑水库移民区域生产生活重建的主要有经济、角色、文化、政策及就业等方面的因素。[①]

[①]　本部分内容主要参考邹向阳：《关于滩坑水电站县内安置移民稳定与发展的思考》，青田县滩坑水电站工程建设指挥部，2006 年。

（一）经济因素

经济是影响移民生产生活重建的决定性因素。移民搬迁后，如果经济上能迅速发展起来，保持甚至超过之前的水平，那么移民生产生活重建就能有序推进。反之，移民的生产生活重建难度将大大增加，甚至成为社会不稳定的重要因素。政府在做移民动迁安置工作时，从一定意义上讲包括两个层面，一个是政府引导移民到安置地进行安置，另一个是政府鼓励安置地村民接收移民，而做好这些工作的核心和动力就是经济因素，即政府通过动迁安置，创造一个能使移民和村民共同发展致富的有利的经济环境。具体而言，移民的动机是看好安置地经济发展前景，而安置地村民的动机是认为移民的安置能带动本地经济发展，两者都是谋求经济上的利益。但在移民安置后，移民对当地经济发展实际情况的认知和其心理预期存有一定的差距，从而产生失落感和不满；而当地村民也认为移民的安置并没有真正带动当地的发展，不能带来好处反而增加麻烦，两者之间的想法开始背离，产生的矛盾也就越来越多。例如，村民待遇问题。移民认为他们在原迁地的一切共享资源和待遇都没了，移民政策中也规定移民应当享受当地村民的同等待遇，因此，在他们迁入后享受当地所有的资源和待遇是理所当然的，如宗教信仰场所、老人协会，享有村集体的沙滩圩地、山林等权属，他们也应享有当地村集体经济积累资金的分配权。而当地村民在心理上就不愿意接受移民，认为当地的资源是当地人祖祖辈辈继承或创造出来的财富，不愿意给移民分享。因此，可以说经济是影响移民生产生活重建的决定性因素。

（二）角色因素

社会角色转换成功与否是衡量移民对安置地的认可度和个体再社会化程度的标准，也是影响移民生产生活重建的重要因素。移民的社会融合是受安置地村民和移民双重制约的，只有两者之间的互动互利才能实现真正意义上的融合。近年来，青田县把移民工作作为全县首要的政治经济任务，上下齐心，全力以赴，移民工作取得了显著的成效，"情系移民，服务移民"的理念也深入人心，家喻户晓，营造了一个有利于开展移民工作的良好氛围。但同时，无形中也给部分移民造成了移民就是"特殊公民"的错误认识，认为没有移民的支持，滩坑电站就不能建设，移民就是最大的奉献者和功臣，所以一切都得围绕移民，甚至一切都得顺着移民。部分移民并不能正确客观地评价自己，随着时间的推移，"我是移民，我是特殊公民"的意识逐渐膨胀，产生了排斥他人的心理。部分安置地的村民则认为政府都在围绕移民开展工作，忽视了安置地广大干部群众的作用，认为政府厚此薄彼，重移民轻村民，产生了不平衡感。同时，安置地群众认为自己是原住民，自己才是真正的主人，从内心上产生排斥移民的心理。两者之间的角色差异、认识上的差异就会直接表现在观念和行动上的冲突，进而影响到移民生产生活的重建。

（三）文化因素

各地移民工作的实践表明，在移民的和谐融入过程中，文化融合不但可以解决经济手段无法解决的问题，而且还能够消除行政命令无法填补的沟壑。移民入住安置地后，正处于一个生存条件和社会关系的重建期，一个对新环境的适应期和情感上的接受期，特别是文化上的差异加大了移民融入的困难和发展的机会成本。这具体表现在：一是生活环境的不同。移民由于改变了生活环境，虽然在一定程度上比原来居住的条件好了，但毕竟他们对世世代代居住的老家有眷恋感和怀念感，对安置地的环境感觉陌生和较难适应。二是方言文化的不同。虽然都是青田人，但每个地方之间的方言还是有差别的，移民的讲话方式和口音受到了当地人的排斥。三是风俗习惯的不同。风俗习惯是一种带有地域特色的文化符号，每个地方都有一些独特的风俗习惯，移民移入安置地后，很多风俗习惯和安置地大相径庭，同时这些根深蒂固的习俗也不会轻易被安置地所同化，加大了融入和发展的困难，而且往往由于习俗上的差异产生冲突，影响了安置地稳定。四是生活方式的不同。移民入住后一下子很难适应和学会当地人的生活方式，有些移民认为当地人的生活比他们好，认为贫富差距日渐拉大，生活水平赶不上当地村民，导致情绪低落，心态烦躁。这些因素都将直接影响移民生产生活的重建。

（四）政策因素

政策是移民工作的生命线，移民非常重视和关注每一项政策。"移民政策落实情况"每提高一个标准单位，移民的稳定程度将增加 0.293 个标准单位。[①] 政策的好坏以及是否有效执行是影响移民生产生活重建的基础性因素。然而，在实际过程中移民对政策的解读大多存在片面性和局限性，即移民想把政策作为实现最大利益的工具，只选择那些对他们有利的政策条款，而对其他的政策却视而不见，曲解了政策的内涵，甚至反对某些对其不利的限制性的政策，从而造成了一定的稳定隐患。同时，随着工作的推进和形势的变化，我们势必要结合实际对某些政策进行必要的微调和完善，这极可能造成部分移民对政策的误解而产生抵触情绪。例如，内安移民建房基础间改套政策，第一水平年的政策是：设计院出具设计方案供移民户选择，整幢移民房的方案定下后，由建房联系单位将设计图纸拿到安置地政府，由安置地政府

---

① 汪雁、风笑天：《三峡外迁移民的社区归属感研究》，《上海社会科学院学术季刊》2001 年第 2 期。

招投标进行基础和间改套工程，费用由移民自负。第二水平年的政策是：宅基地的基础是按间房的标准设计的，移民户要进行间改套，须签订整改承诺书自行改造，费用自负。两者之间虽然费用都由移民户承担，但是所涉及的技术含量、改造费用等纠纷就很难调解，特别是在移民户当中还形成了第一水平年改造费用由政府负担，第二水平年改造费用由移民负担的政策误解。此外，政策未涉及一些共性或个案问题，作为基层的安置地乡镇政府较难操作，同时难以给移民明确和满意的答复，可能会造成移民思想上的波动和不满，进而影响社会稳定。

（五）就业因素

移民能否第一时间实现就业，实现经济上的独立，是影响移民生产生活重建的关键因素。从就业上来说，安置地的产业结构、从业技能要求，乃至有土安置后的种植结构及耕作方式等相比库区都发生了很大的变化，从客观上给移民的就业带来很大的不适应。而且由于县内各安置点地理区域、功能定位及经济发展存在较大差异，特别是某些有土安置点尚缺乏工业产业的有效支撑，移民实现就近就业有一定困难。从移民自身讲，大多数移民没有什么一技之长，只能从事技术含量较低的工作，比如一些简单的来料加工。但是移民对就业的期望值又很高，希望干的活又轻松又高薪，甚至有些移民在就业上坚持"三不干"（即月工资低于 1 000 元的不干，日工作时间 8 小时以上的不干，脏活累活不干）。虽然政府在移民就业问题上做了大量的工作，如举办移民就业招聘周，鼓励企业优先吸纳移民就业等，也取得了一定的成效，但移民就业状况仍不十分理想，往往"高不成，低不就"，企业提供的岗位移民不能胜任，能胜任的岗位移民又觉得不好，不愿干。这些情况的存在，严重影响了移民的就业和发展。因此，政府引导和扶持移民尽早实现就业，是实现移民生产生活重建的关键。

三、移民社区经济社会发展的阶段性结论

我国《大中型水利水电工程建设征地补偿和移民安置条例》在总则第四条规定：移民安置与库区建设，资源开发，水土保持，经济发展相结合，逐步使移民生活水平达到或超过原有水平。因此，移民搬迁后的生活水平是否得到恢复，是否具有较好的生产条件来保障其生活水平，是衡量移民安置成功与否的一个标准。

移民搬迁后生产生活恢复情况的测度包括移民的生活水平评价和生产条件评价两个方面。移民生产生活状况的评价涉及因素众多，包括移民的资源占有情况、经济收入水平、生产生活条件和移民社区环境这几个方面。每个

部分的评价都可以选取若干指标进行度量。一般衡量移民生产条件的指标有：人均土地占有量、土地质量、动力方式、水利条件、投入产出水平等。衡量移民生活水平的指标有：人均纯收入、日用电量、水源距离、入学率、交通条件等。其中有些指标可以定量，有的只能定性。按指标值是否随时间发生变化，可以分为静态指标和动态指标。如何对移民的生产生活状况进行测度呢？既然是对生活水平的恢复与生产条件的重建进行评定，一般的想法当然是将移民搬迁前后的状况直接进行对比来进行判断。然而这种比较方法使指标值在时间上不具有一致性，它存在这样一个假设，若不修水库，移民的生产生活将保持修水库前的水平不变。这仅适用于静态指标的比较，对动态指标就会导致错误的评价结果。我国实施开发性移民方针后，强调移民的按时搬迁和移民搬迁后的恢复和库区发展同等重要。水库移民理论也提出了新的观点，指出水库兴建是区域发展战略乃至整个国民经济发展的重要组成部分，包括移民在内的库区群众生活水平的提高及生产条件的改善和库区经济社会的全面发展是检验这一战略成败的最终标准，水库修建后应该给库区带来更快的发展。因此，应该以移民在搬迁后的生活水平能否达到或超过其不搬迁而应有的生活水平以及生产条件是否得到恢复为标准来衡量移民安置是否成功，即用移民搬迁后的指标值和移民不搬迁而正常发展的可能值作比较。这就要对移民不搬迁而可能达到的生产生活状况进行合理的预测。然而，考虑到水利水电工程移民数量大，移民安置区域分布较广，安置区域经济社会状况差异较大，对移民社区经济社会发展整体进行精确评价是一个普遍性的难题。

目前，我国水电工程建设的移民安置主要有就地后靠，外迁安置，二、三产业安置和自谋职业安置四种方式。按移民搬迁前后的生产方式是否发生改变，可以分两种情况讨论。

（1）搬迁前后的生产方式没有发生改变。基本上属于有土安置的移民，或是尊重移民意愿自主选择就业的原二、三产业的就业人员。生活状态是否达到原有生活状况可以通过移民直接的主观感受和收入比较作出评价。

（2）移民搬迁前后的生产方式发生了改变。比如原来种田或从事二、三产业的移民安置后到企业工作。不仅如此，搬迁前后居住地和社区环境的变化也使得移民的生活方式发生了较大变化。如何对移民搬迁前后的生产生活状况进行描述并作出适当的评价是一个难题。移民搬迁后生产生活恢复状况的测定主要是评价移民的生活水平是否得到恢复，以及移民是否具有保障原有生活水平并将其提高的能力。虽然移民搬迁前后的劳动方式有了很大的变化，但是劳动强度在移民可承受的范围之内。因此，我们用劳动工时和劳动强度对移民劳动进行量度的意义并不大。不同的劳动方式所面临的风险不同，这是评价移民搬迁前后生产状况的一个重要因素。移民搬迁前的农业劳作受市场、气候、水土资源等各种因素的影响，进入企业或者自谋职业后面临市场竞争、市场信息缺失等风险。对风险可以用期望值进行量度，但在实际工作中究竟如何评价仍然比较困难。教育和培训是降低风险的一个有效办法。移民在安置后通过职业培训能够胜任新的生产方式，也可以认定为生产条件得到了初步的恢复。

移民生活水平的评价属于确定性评价问题，可以选用人均纯收入、人均建筑面积、人均用电量等指标来进行对比。如果移民的生活内容发生了较大的变化，比如原来在农村居住，现在搬迁到城市，导致许多指标不具有对应性。有些指标即便能够比较也说明不了问题。比如人均纯收入的提高，由于农村和城市的开支状况和收入效用值不完全相同，难以得出生活水平恢复的结论。目前又很难对移民的收入效用值作出描述，这种情况下生活水平恢复的界定仍然比较困难。一种可行的办法是采取绝对指标值和相对指标值相结合的方法进行评价。将移民在搬迁前的指标值和居住地平均值对比来表征搬迁前的相对生活水平。同样将移民在搬迁后的指标值和安置区平均值对比来表征搬迁后的相对生活水平。然后将移民搬迁前后指标的绝对值和相对值结合起来进行判断。要注意的是，选定的居住区和移民安置区要有大致相同的规模。[①]

当然，还可以构造一个综合指数对移民搬迁前后的整体情况作出评价。国际上许多研究发展经济学的学者在这方面已经做过很多工作，构造了物质生活质量指数、生活水平指数、人类发展指数等。由于人们对各指标的重视程度不同，以这些指标的数学运算构造出来的指数很少能被普遍接受。因此，我们打算采用综合分析法对移民社区经济社会发展作出阶段性评价，即通过实地走访移民家庭，采用问卷和访谈的形式，了解移民生活和就业状况，收集移民经济收入信息，进而更加直观地反映移民的发展状况。

其一，十余年来，移民社区全部通路、通电、通水，电话、电视、电脑网络等基础设施工程较为完善，一些现代化的家庭生活设施也被广大移民家庭所使用。在调查中，绝大多数移民对移民社区的基础设施表示满意。

其二，滩坑水库移民在青田县内的安置区域基本在城镇里，移民大多从事第二、三产业，职业结构灵活，呈现出多元化趋势，青壮年劳动力的工资收入与当地居民并无差异。而且有不少人因具有相对较高的文化素质、较强的社会适应能力，加之勤劳刻苦，借助新环境为他们提供的创业、立业新平台，迅速成为"先富起来"的人。例如，温溪镇按照"统一领导、分级负责、乡镇实施"的管理体制，把移民工作列入镇党委政府的重要议事日程，并根

---

① 张平、刘宜霞等：《水库移民生产生活恢复状况的测度研究》，中国水力发电工程学会水库经济专业委员会：《水库经济论文集（二〇〇三年）》，2003 年。

据温溪实际，大力引导发展"房东经济"与"来料加工"，取得了较为显著的成绩，基本实现了移民安置工作"迁得出、安得下、稳得住，逐步能致富"的总体目标和要求。2012年度三个安置点的"房东经济"发展态势良好，共有305户移民户出租了移民房，年租金收入达205万元。通过培训经纪人、联系加工货源、外出参观考察等举措，扶持闲置劳动力积极参与"来料加工"，2012年三个安置点合计有425人在进行来料加工，全年加工费收入达到320余万元。又如，随着石雕从业人员的不断进驻板石，以及板石石雕原石市场的投入使用，山口镇移民房东经济发展明显地提高。现小区移民房年租金一楼每间从2011年的4 000元左右提高到现在的15 000元，楼上每套年租金也从2011年的1 000元提高到现在的6 000元左右，有效提高了移民的经济收入，改善了移民的物质生活水平，加快了移民和谐融入山口的进程。

其三，移民的社会交往和协作逐步由以血缘为纽带、以初级关系网络为特征的"机械团结"转变成以业缘为纽带的更具开放性、复杂性的"有机团结"。通过深入调查走访，我们可以感受到，近10年来，随着社会的持续开放，移民们原有的社会关系网络和支持力量发生了显著变化，一个全新的由各方力量协同运作的社会支持系统已然形成。

其四，基层民主政治建设不断推进，移民的社区参与度有了明显的提升。调查显示，93.7%的移民参加村民委员会的选举。从总体上看，移民参与社区事务管理的主动性、积极性较高，多数移民对村两委的工作也给予了积极的评价，有95%以上的人对现有移民政策表现出赞赏和感激，对政府的信任感进一步增强。

其五，调查发现，移民社区治安状况良好，移民在适应气候条件、生活习惯和心理调适、生产经营方式等方面都已经较好地融入了当地社会，精神文明建设呈现出健康、文明、和谐的新气象。

另外，根据调查，2009年全县移民人均年收入达5 070元，同比增长13%；年收入在2 500元以下低收入移民540名，较之2008年的850名大幅减少，减幅达36%。库区移民2006—2011年人均纯收入增长70%，至2011年底，全市移民年人均收入达到6 431元，与全市农民人均收入7 809元相比，虽还有一定差距，但增幅逐年明显加大。

根据上述综合调查分析，我们认为青田滩坑移民已经完成动迁安置，安置地社会稳定，移民安居乐业，正朝着"逐步能致富"的目标逐步迈进。

四、移民新村典型评价——油竹新区7 000移民成市民

油竹街道移民安置点由官塘社区和侨中社区组成，官塘社区下辖官塘、官中、官园三个小区；侨中社区下辖侨兴、侨中、侨发、侨旺四个小区，共

有移民安置房 265 幢，接收安置滩坑水电站库区移民 2 065 户、7 157 人，约占全县移民人数的三分之一。移民来自原库区北山、白岩及外围区块的 20 余个行政村和 50 多个自然村，其中以北山、白岩村为主。经过多年的引导和发展，油竹移民在发展致富上已基本形成了房东经济、"建材一条街"市场经济、来料加工经济、门店经济、农家乐经济、石雕加工经济六大产业经济，正在向"迁得出、安得下、稳得住，逐步能致富"的目标前进。

2009 年 4 月 11 日，中国青田网刊登了一篇题为"油竹新区：阳光灿烂致富路 7 000 移民成市民"的关于滩坑移民社区的报道，图文并茂地描述了油竹社区移民安稳致富的发展新面貌，很好展现了滩坑移民生产生活，是了解和认识移民社区的重要窗口。以下是报道的主要内容。

"安居"，日新月异新家园

群山环抱，满目苍翠，一幢幢崭新整齐的房屋在暖阳的照耀下，闪烁着金色的光芒。绿意盎然的休闲广场、宽阔平整的水泥路面、熙熙攘攘的人群……这一切让人仿佛置身于一个现代化的城市闹区，其实这只是一个刚刚成长 6 年的小区——油竹移民小区。

2003 年，浙江省"百亿帮扶致富"工程之一的滩坑水电站开工兴建，油竹新区成为滩坑水电站自谋职业移民最主要的安置地，要完成 7 000 余移民的安置任务，成立不久的油竹新区管委会面临考验。油竹新区管委会全体干部大力弘扬滩坑精神，迎难而上、奋力拼搏，在短短的两年内，建成移民房 250 幢 2 899 间，为 2 067 户 7 433 移民安了家，总建设面积达 77.43 万平方米，创造了一个建筑奇迹。

移民搬迁入住后，如何给移民营造一个温暖的家，是头等大事。油竹新区管委会秉持"思维超前、规划周密、管理科学"的原则，不断完善社区功能，创造良好人居环境。在基础设施建设上，移民小区主干道、区间道路、供水供电排污工程、移民点主干道人行道绿化工程、后山边坡治理工程、社区内大型排水沟工程均已完成。高标准、高规格设计建设的油竹中心菜市场已投入使用，成为油竹村（居）民最理想的购物中心。其他基础设施也正在逐步完善，如侨中幼儿园及小学小班的办公楼建设已启动，官塘幼儿园建设前期工作已基本完成，官塘社区露天健身广场建成开放……

在基层组织建设上，建立居民办公室、移民工作站，专门负责移民后续管理帮扶工作。完成官塘、侨中两个社区居委会、党总支以及 7 个党支部的选举工作，相继组建老人协会等其他基层组织，"移民自主管理"格局全面形成。

艰辛的付出，总能得到相应的回报。现在，移民在油竹这片热土上安居乐业。油竹新区管委会也获得了一项项荣誉称号，省级移民工作先进单位、丽水市来料加工示范基地、青田县移民动迁安置先进单位……

"移民工作事关我县社会发展稳定的大局，在移民工作新形势下，我们一定要把科学发展观植根于思想，进一步强化责任意识、服务意识，大力发扬创新攻坚精神，不断加大帮扶措施，加快融入步伐，确保移民和谐稳定、发展致富。"油竹管委会主任凌侃如是说。

"乐业"，移民村民一家亲

这几天，家住油竹新区侨中社区34幢7号的徐松清，趁雨过天晴赶快下田锄地，为播种做好准备。这位从北山镇张峁村搬迁来的移民，已连续几年耕种油竹下村村民金海清的1亩耕地，而且不用缴一分钱的租金。

徐松清原本与金海清无亲无故，两年前，正在安置地建房的徐松清，租住在金海清的屋后。看到60多岁的老徐家境较为困难，金海清就经常给老徐家送一些青菜，买点烧酒。当老徐安顿好后，金海清便将他带到自己的1亩地里，把土地交给老徐家耕种，不仅不收一分租金，还详细告知土壤特点，教他种蔬菜。老徐说："平时老金经常拉我去他家喝茶吃饭，我们的关系就像亲兄弟一样！"

侨中社区有4 700多名移民，均属自谋职业形式安置，没有分配生产用地。许多移民尤其是年龄较大的移民原来在库区以种地为主要副业，到了新家不能下地劳动，闲不住。再则所有蔬菜都要到市场买，部分困难移民生活也因此很拮据。

侨中社区移民工作组干部潘献文介绍，油竹上、下村和小口村村民出国的较多，一些村民就把一些撂荒地无偿地让给移民耕种。部分移民还从本地村民手中流转租用熟地种植，总面积超过了100亩。他还介绍，本地村民把耕地让给移民后，还帮助移民耕种，而移民收获了蔬菜和粮食后，又让村民共同分享。这百亩土地成了移民和谐融入、移民与本地村民和睦相处的"和谐田"。

从库区北山镇叶段村搬迁来的移民刘真木也是一位"和谐田"的受益者。刘真木今年已经56岁了，在老家就是个闲不住的人，总喜欢下地劳动。搬迁到油竹的新家后，没地种可让他难受坏了。看到本地村民在田地里种庄稼，就经常同他们探讨种植技术，这样就和当地村民陈成超认识了，并成了好朋友。后来，陈成超干脆从自家地里划出一小块，无偿地给刘真木种。刘真木拿出一直闲置在家的农具，当天就把土地平整好，播下了菜籽。种的第一茬蔬菜成熟后，刘真木就采摘了一大半送到陈成超家，表示感谢。现在，两个人互通农业信息，有好的种子都一分为二，彼此分享。

移民"安"下了，接下来的是怎样让移民尽快融入当地社会、实现共同发展，新区管委会又挑起了这一重担。

油竹新区管理委员会干部积极发挥主观能动性，在促进移民与当地村民之间关系的更融洽上狠下功夫。通过"驻村联心"等制度，加强教育，逐步淡化移民概念，增强居民意识，提高勤劳致富的自觉性；通过宣传移民政策等形式，使本地群众革新观念，提高认识，主动自觉支持移民安置工作；创新性地举办"邻居节"等活动，营造"以德为邻，团结互助，情暖万家，共创文明"的良好氛围。同时十分注重在信息资源上移民、村民的共同享有，以此来促进和谐发展。移民就业招聘周、免费面点培训等，积极宣传发动当地村民前来参加；官塘社区中心菜市场在制定招租方案过程中，亦充分考虑了油竹当地村民与移民享受同等优惠条件等等。在这些实实在在的活动中，让当地村民、移民都体会到：只有共同发展，才能带来更大的实惠。移民工作无小事，为切实解决移民实际问题和困难，油竹管委会还进一步落实了移民干部联幢、联户、联人、联心制度，扎实开展矛盾纠纷大排查、帮扶等工作。为丰富移民业余生活，陆续办起老年大学、鱼灯队、腰鼓队等。

"致富"，424 户移民成老板

最近，移民詹春标又拿到了一笔几万元的租金，这是他将部分移民房租赁给温州老板办工厂得来的租金。出租多余的移民房，让他多了一处经济来源，这让他心里乐开了花。在油竹新区许多移民像詹春标一样，在新家园里忙着"抢"商机。

新的环境，新的机遇，让移民的生活有了更多的选择。据了解，在油竹管委会的帮扶下，目前移入油竹的 2 067 户移民中，已有 424 户移民自主创业，经营来料加工、石雕加工、索面加工等各种行业，成了小老板。移民王岩付就是个例子，他在官塘社区经营了一家中财 PPR 装修材料店，他就是瞄准了当前移民建房装修过程中蕴藏着的巨大建材销售市场，生意很是红火。

在油竹新区，200 多幢移民房里已开出了大大小小 50 多家商店。店主告诉记者，政府对他们经商开店给予了优惠照顾。随着越来越多的移民搬入新家，人气不断聚集，生意自然也红火了。原来在库区也经营店铺的詹英，将店也搬到了油竹下村。她说，一方水土养一方人，扎根下来就是这里的人，表达出了既要安家，又要乐业的美好愿望。

"过去出门山路十八弯，如今出门康庄大道。现在搬到了油竹，生意做得也是越来越好了，真是没想到！"每每谈起前后生活的对比，现已搬迁至油竹新区的移民杨龙标总是很激动。

杨龙标是滩坑水电站第一水平年移民，十年前杨龙标只身到温州，跨入了服装加工这一行业，从为老板打工到自己创业，经过多年的打拼，逐步与国外供货商建立起了长期合作的业务关系。2007 年在县政府及油竹新区对移民来料加工业的扶持和优惠政策的吸引下，他把在温州的加工坊分批搬迁到油竹新区移民小区内，办起了移民点加工坊。从此，杨龙标觉得自己在经营业务的同时，多了一个任务，那就是帮助移民解决生活出路。从事来料加工，虽然艰辛，但他一直坚持诚实守信的原则，始终将加工户的加工费放在首位，每月按时发放加工费。他还鼓励妇女从事来料加工业务，帮助她们更新观念，自力更生。据了解，杨龙标已分别在油竹、船寮、温溪移民安置点发展了5个服装加工点，为330多名滩坑移民在家门口解决了就业问题，年发放加工费达500多万元。

目前，油竹新区移民工作重心已从"安得下、稳得住"的基础上逐渐向"逐步能致富"转移，为此，新区管委会可谓费尽心思。

大力弘扬创业创新精神，增强移民自力更生、自主创业意识。在此基础上，广泛开展"订单式"培训，全面提高移民致富的本领。在创业致富引导中，根据当地实际，不断壮大油竹石雕行业发展，促进移民石雕艺人和当地石雕艺人的进一步交流，开展"我们手拉手，致富路上一起走"的石雕户帮扶结对活动，充分发挥行业协会技术优势和市场信息优势，带领移民逐步走上致富路。同时多渠道活用闲置的移民房，如将部分闲置的移民房以低于鹤城镇出租房租价的条件，租赁给县城境内一些较大企业作员工的宿舍楼。在实现企业与移民双赢情况下，亦能带动周边第三产业的发展。

与此同时，油竹新区发挥区位优势，发展规模化来料加工业务。目前，油竹已逐步形成以服装、鞋革为特色的来料加工集散地，个体式商户遍地开花。仅2008年移民小区内共有规模来料加工企业17家，加工人数近1 400人，加工费900多万元。

2014年，我们再次进入油竹调查时，油竹已经不再是社区而是变成了油竹街道。辖区内交通便捷，省道青岱线贯穿街道，36米大街、江滨路等主干道构成了全街道交通的完整骨架，10分钟交通圈已经基本成形。青田中学、伯温中学、华侨中学、油竹小学、油竹幼儿园、华侨幼儿园等知名的中小学校、幼儿园都坐落于本街道，成为青田县教育比较集中的区域之一，被誉为希望源地、未来高地。全街道内敬老院、卫生院、菜市场、社区办公楼等公共服务设施配套齐全，锦竹苑、芝竹小区、万基欧郡及绿洲花苑等商品房开发建筑面积达到60万平方米、投资达20亿元，成为青田县房地产开发的主阵地。目前，正按照建设集行政办公、商业金融、文化教育及体育休闲为一体的现代化街区的目标，坚持高起点、高标准、高品位建设的原则，加快基础设施和公共设施建设，倾力打造"人居环境最优"的县城拓展区域。在基层组织建设方面，成立两个移民社区居委会、党总支以及七个党支部，老年大学、老人协会等其他基层组织相继组建，形成"移民自主管理"格局。两个移民社区设有文化站、老人活动中心、图书室、露天舞厅、乒乓球场、露天健身场、排球场等文化娱乐场所，组成了由辖区居民为成员的鱼灯队、腰鼓队、气功班、排舞队等群众性文化娱乐团体。

五、促进移民与当地经济社会协调发展的对策

在解决了移民基本生产生活问题后，提高移民区域经济发展速度，加快移民致富步伐，促进移民与当地经济社会协调发展，是水库移民工作的终极目标。为了实现这个伟大目标，必须做好移民经济社会协调发展的综合规划，这个规划不但要有必需的建设项目，更要把人的因素、管理的因素考虑进去，要把地区社会经济发展规划结合进去，将规划放在地区发展的大环境中通盘考虑，在地方政府各部门的协调指导下科学完成。青田县为促进滩坑移民与当地经济社会协调发展做了有益探索。

（一）重视移民区域经济社会发展规划和实施管理

首先，从青田县地区经济大系统出发制订移民区域经济社会发展规划，应切合实际，注重科学性和可行性，力求在地区经济发展的大环境中，使移民区域经济、科技、社会能够稳定、协调地发展。如果移民区域的移民经济发展规划不能和当地社会经济发展相结合，就会造成地方资金不再投资，将应投于移民区域的资金用于解决非移民区域的问题。在地区投资的基础上，再投入移民遗留问题处理资金，才能发挥资金优势，才能体现对移民区域移民的特殊优惠政策，才能对移民区域经济发展起到有效的作用。其次，完善部门间协作，提高实施效率。引导各个分管部门加强与当地政府的沟通，加强与其他相关部门的合作，加强与其他资金的统筹。鼓励各个村的村干部积极研究和规划，争取各级地方财政和其他投资对移民发展的持续投入，争取有关部门对移民创业培训、小额信贷、贴息等方面的政策倾斜。按照省级农业部门勾画的蓝图，全力构建一个以农业主管部门牵头，技术经济部门主导，镇乡村组织为依托，各类专业性服务组织为补充的专群结合的服务体系。形成多层次、全方位的服务网络，使其既能够对移民的生产经营进行扶持和指导，又能为当地居民提供政策、法律和文化方面的服务，这样就能为移民致富，为促进移民与当地经济社会协调发展带来系统化的保障和全方位的支撑。最后，随着信息化经济的发展，管理效益越来越重要，没有有效的管理办法和手段，项目就不可能正常发挥效用，经济就不可能平衡发展。十年移民遗留问题处理规划实施的经验提示我们必须加强规划的实施管理，要制定和完善项目管理、资金运用管理制度，注重和地方投入资金的协调，使项目能够达到预期效果。

（二）创新移民社会融入工作的方式方法

首先，进行"政策回头看"，努力解决好各类问题。全县组织各安置地进行了"政策回头看"行动，对移民工作站、服务大队、联系单位、安置地等各方干部走访发现的各种问题进行归类梳理，通过现场办公会议等形式不断解决移民反映的各类问题，理顺移民情绪。对移民反映的问题和疑虑，能解决的及时解决，不能解决的做好解释说明，针对移民一些非理性诉求问题，专门制定宣传提纲并上门解疑释惑。通过政策回头看，全县除了"移民享受村民同等待遇""移民房产证办理"等少数问题外，省市县制定的绝大多数政策是落实到位的，今后，将继续做好政策落实及巩固工作，努力为移民解决好生产生活方面的各种问题。

其次，建立系列制度，合力促进移民融入发展。针对安置地的稳定和移民融入发展，县委县政府积极寻求建立安置地移民工作的长效机制，在充分调研和讨论的基础上，出台了一系列稳定及促进移民融入发展的制度。如安置地乡镇干部"联幢、联户、联人、联心"制度，为移民做好服务，排忧解难；移民利益诉求"联审联议"制度，乡镇、指挥部和县委县政府三级定期审议移民诉求和存在的问题，并予以落实解决；部门联系安置点建设和发展制度，由47个县直部门，联系9个安置地23个安置点的建设与发展；机关副科干部结对重点移民户"1+2"制度；定期维稳分析会制度等，都很好地促进了移民融入发展工作。

再次，进一步转变作风，组织开展真情服务移民活动。制订了《青田县"弘扬滩坑精神、真情服务移民"活动方案》，并按照方案要求，以干部结对帮扶移民为纽带，开展以"五送（送思路、送温暖、送法律、送文化、送服务）"为载体的真情服务移民活动。司法、信访部门积极开展"送法律下乡"活动，提高移民法制意识；宣传、文化部门积极开展"送文化下乡"活动，繁荣移民文化生活；医疗卫生部门积极开展"送卫生下乡"活动，免费提供健康服务；劳动部门免费培训移民劳动技能。特别是安置地干部、部门结对帮扶干部定期深入千家万户，对移民按年龄、就业意向等进行调查，分类建立移民个人情况资料库，为"因户施扶"工作打下基础。

最后，服务再细化。继续关心、理解、尊重移民。移民不是特殊公民，却是特殊群体，他们为国家的重点工程建设作出了奉献，背井离乡，重建家园。因此作为政府部门，更应该学会换位思考，继续树立"心系移民，情系移民"的理念，对他们多份关心，多份理解，帮助他们克服困难，发展生产，在某些方面给予力所能及的倾斜照顾，并切实为他们做点好事、实事。为移民服务，要以制度的形式确定下来，以制度化促进为移民服务的意识，如建立干部帮扶移民制度、结对制度、移民户驻村联心制度等。落实移民政策，必须遵循公开、公平、公正的原则。公开就是要维护移民对政务工作的知情权、监督权，提高透明度。公平就是对移民一视同仁，不厚此薄彼，避免同样的移民、两样的政策。公正就是要出于公心，不以权谋私，处理问题要多听群众意见，稳定公正地落实移民政策，多为民谋事，不与民争利。

（三）持续实施移民素质培育工程

首先，进一步完善培训教育，促使移民培训教育专业化。移民自身的素质和能力是促进其脱贫致富的基础。现在这一基础仍很薄弱，而教育、引导、培训是强化这一基础最直接的途径。为此青田县正努力探索建立起一套更加完善的移民教育培训机制，切实加大移民的教育和培训力度，加大在人员、资金和服务方面的投入，创新培训模式，努力改变目前多头、分散、重复、低层次的培训方式，大力实施"培训资源整合"工作机制，进一步健全统一协调、分工负责、相互协作的运作机制。同时，加大与丽水、温州等邻近高校、培训单位等专业机构的合作力度，丰富培训方式与内容，努力提高培训质量；根据移民不同层次的需要，分类指导。通过专业化的培训提高移民就业、创业的能力。

其次，完善激励机制，促使激励引导多元化。促使移民脱贫致富，激励引导机制的作用显而易见。青田县结合各个移民安置区域实际情况，对激励机制进行创新和完善，丰富激励引导方式，促使激励引导方式多元化，从而充分发挥其对移民脱贫致富的作用。具体表现为：一是加大对移民脱贫致富典型的宣传力度，发挥榜样带动作用，激发其他移民脱贫致富的愿望，增强移民脱贫致富的信心；二是继续加大对致富模范和致富带头人的奖励。鼓励他们带动周边其余移民共同致富；三是举行多种形式的移民脱贫致富现场会、"比武"大赛，促进移民间致富经验的交流，激发移民致富的动力。

最后，完善创新机制，使移民创新普及化。随着时代的发展，科技创新在促进脱贫致富中的作用越来越大。无论是发展精品农业，还是高附加值的第二、三产业，都离不开科技的创新、应用和普及。青田县整合区域内科技、农业等部门资源，加大在移民中科技传播、普及的力度；加大与科研机构或相关企业的沟通联系，鼓励引导移民企业和农村组织购买、学习、应用先进科学技术。各乡镇政府鼓励和帮助移民建立或参加各种类型的技术推广组织和专业协会，在生产中学习创新、在创新中实现致富，力求通过先进科技的普及与革新加快移民致富步伐。

（四）探索建立移民风险化解机制

水库移民城镇化安置中不可避免地存在由社会风险不断积累而致矛盾激化的情况，甚至演变为社会危机。在此情况下，需要及时采取措施，尽快消除风险发生后所造成的消极后果，并恢复和维持社会稳定和正常的秩序。水库移民城镇化安置中社会风险的后果化解是对预先防范和过程控制的补充和完善。为了有效地化解风险，对于政府而言，一定要在公共政策的制定上，积极实现公民参与，充分吸收民意，在不同利益阶层之间取得协调和平衡，实现社会公共利益的最大化。对于移民与城镇原居民之间的矛盾问题，要引导当地社区和社会组织积极居间调解，秉持公正客观的立场和和谐发展的理念，寻求合理的方式平衡群体之间的利益，化解矛盾冲突。通过建立有效的沟通渠道，促进移民与城镇居民之间的充分沟通和相互理解，形成和谐包容和发展共赢的社区氛围。对于移民与城镇政府之间的矛盾冲突，保证及时有效回应，保证政府信息的公开透明，与移民保持顺畅高效的沟通协调方式；对于不合时宜的政策措施和不到位的管理服务及时纠正，对于侵害移民合法权益的行为进行有效的打击和综合治理；发挥政策的导向作用，使水库移民群体平等享受安置地的各种优惠政策；重视整合各种行政资源，争取各级政府的政策与资金支持，为移民生计发展提供充分的优惠条件和政策保障，解决移民在城镇生产和安置的现实问题；制订系统的应急处理方案，在群体事件处理过程中，尽量避免使用警力一味强制压制，避免进一步激化矛盾。

第三编

强民为要：实践与创新中国特色的开发性移民道路

第十六章　中国特色的开发性移民方针政策

20 世纪 80 年代，我国面对三峡水库的重大现实问题和重大理论难题，在回顾以往大型工程经验时，归纳总结出"开发性移民方针"，并逐步在后来的三峡水电站工程库区推行。经过十几年的实践，这个被称为世界级难题的百万大移民，已经顺利地完成移民任务，实现了移民"迁得出，稳得住，逐步能致富"的目标，库区经济社会展现出了良好的发展态势。同时，与之相适应的开发性移民模式开始建立起来，并在各地移民实践中不断得到丰富和完善，最终形成了中国特色移民理论。[①] 浙江丽水滩坑水库移民是新时期开发性移民方针的又一生动诠释，它不仅提供了现代政府治理大规模非自愿性移民的有益借鉴，也让移民分享到更多区域经济社会发展的果实，更让移民理论在更深更细领域有了新发展。

一、开发性移民方针的基本内涵和理论地位

开发性移民方针是针对我国兴修水利工程引起的大规模非自愿移民问题而提出来的。

（一）基本内涵

在过去，对库区移民的复杂性、系统性和长期性认识不足，工作简单落实为生活安置和资金补偿，又加上配套政策缺乏、补偿标准不易、迁移安置经费不足等原因，导致移民问题非常突出。[②] 原水利电力部在 1984 年专门召

---

① 参见王骏：《开发性移民方针提出的实践意义和理论价值》，《新视野》2003 年第 4 期。

② 参见王骏：《开发性移民方针的提出与移民经济的发展》，《重庆大学学报》（社会科学版）2002 年第 3 期。据统计资料显示，新中国成立以来我国已建成的 8 万多座水库，共淹没耕地 3 000 多万亩，移民逾 1 000 万人。在这 1 000 万移民中，只有三分之一生产持续发展、生活稳定或生活有所改善，约三分之一的移民生产基本正常、生活勉强度日，其余 300 多万移民则生产无法进行、生活相当困难。

开水库移民政策研讨会并形成共识，强调要着力改变单纯安置补偿的经验习惯，引导移民积极创业，从救济生活转为引导多门路扶持生产；并第一次提出实行开发性移民的办法①，特别强调把移民安置与库区经济发展结合起来，提高移民的自我发展能力。具体要求如下：

一方面，注重资源的重新组合。一是强调统筹融合，把搬迁安置与经济开发、实现可持续发展融为一体作为首要任务；二是激活移民主体活力，尊重群众首创精神，鼓励要素的重新组合，给予政策、资金、技术等方面支持；三是因地制宜重新进行规划和资源的合理配置，不搞一刀切。

另一方面，注重迁建安置的可持续性。要系统地开展库区经济、社会、人口、环境、资源的规划，综合采用行政、道德、经济、法律等多种手段安置动迁移民，从源头上祛除阻碍水利枢纽工程建设和库区建设的顽疾，最终促进库区经济社会稳定协调运行。

（二）理论地位

开发性移民方针是在我国由计划经济体制向市场经济体制转变的社会经济结构大转型背景下，根据我国社会经济发展的历史进程、体制结构和现实水平，然后经过30多年移民实践摸索，最终总结提炼出来的具有鲜明中国特色的移民理论、方法和技术体系。② 这极大地促进了移民治理及其理论的发展，并奠定了移民研究的基础。③

1. 经济理论在移民实践中得到了直接验证

首先，移民安置的基础建立在发展经济上，移民经济开始发挥出主导性作用，城镇搬迁、工矿企业搬迁、原住居民搬迁、经济结构调整、基础设施建设以及就业等，都表现出一种良好的发展态势。④ 其次，以大农业为主体的多渠道安置成为移民经济的基础，通过兴办二、三产业容纳更多的移民。再次，移民经济的运作模式基本成型。政府的职能和作用转变为总体规划、政策引导、资金扶持、组织协调和培训服务等，移民在迁建、开发、创业过程

---

① 参考罗晓梅、刘福银：《重庆移民实践对中国特色移民理论的新贡献》，重庆：重庆出版社2004年版。"开发性移民"一经提出，即得到中央、国务院的充分认同和肯定，并决定在三峡库区进行开发性移民的试点，以探索解决库区移民这个难题的路子。

② 参见黄东东：《对开发性移民的法律解释》，《重庆三峡学院学报》2003年第1期；黄东东：《论开发性移民法律关系》，《三峡大学学报》（人文社会科学版）2005年第3期。

③ 参见王骏：《开发性移民方针提出的实践意义和理论价值》，《新视野》2003年第4期。

④ 参见廖蔚：《水库移民经济论》，四川大学博士学位论文，2005年。实践证明，把开发性移民方针作为移民经济的指导思想是完全正确的，是符合我国客观实际的，只要我们始终坚持这一方针，就能够有效、顺利地解决移民迁建、安置的问题。

中开始发挥主动、积极的主体性作用，市场对移民迁建的各种资源的配置开始发挥效能，激活了移民迁建的动力，大农业和基础设施建设成为库区移民经济的重要内容，移民经济调控机制开始探索并初具雏形。①

2. 社会理论在移民实践中找到观察场域

滩坑水电工程在移民过程中产生了各种问题与千奇百怪的现象，这为移民社会的研究、移民社会规律的探寻提供了最好的材料和最典型的案例。很长一段时间内，移民社会理论将会伴随开发性移民的实践而出现新的学术增长点，从而提供可供参照的理论工具和移民迁建的基本模式。

3. 治理理论在移民实践中进一步创新

移民治理理论从三峡库区移民开始便系统地从政治、经济、社会、文化和生态等角度进行分析。从实践来看，按照开发性移民方针去实施移民的迁建和开发，强调和突出市场对移民迁建资源进行基础配置的作用，这为移民迁建后的创业致富提供了条件，有效促进了库区经济的发展，也丰富了移民的迁建模式、途径、政策、措施，如库区人力资源开发、库区城镇搬迁、库区经济结构调整、库区基础设施建设、库区生态移民等。

二、开发性移民方针的本土化实现途径

（一）我国水库移民的历史发展

新中国成立以来，中国进行了多次大规模的水利水电工程建设②，这些工程在防洪、灌溉、供水、发电以及综合利用等方面，发挥了巨大的经济效益和社会效益，为我国国民经济的持续、稳定、快速发展起到了重要作用。中国的水库移民工作，可以分为两个阶段：一是 1978 年实行改革开放以前。中国的 8.6 万座水库大部分是在这一时期建设的，共计搬迁安置水库移民约1 000 万人。这一时期水库移民工作的成绩是主要的，保证了工程建设的顺利进行，但由于缺乏经验，对移民安置工作的复杂性认识不足，在一些建设项

---

① 参见王骏：《开发性移民方针的提出与移民经济的发展》，《重庆大学学报》（社会科学版）2002 年第 3 期。

② 参见唐传利：《中国水库移民政策与实践》，http：//www.gwxz.cc/Article/llwz/201308/9617.html。修建各类水库约 8.6 万座，共有 4 924 亿立方米的总库容。通过水库与全国 26 万多公里的江河堤防及 98 处蓄滞洪区联合调度，保护了 4.1 亿人口、3 300 多万公顷耕地、600 多座城市和主要铁路以及交通干线的防洪安全；每年提供生活及工业用水300 亿立方米，灌溉农田面积 1 600 多万公顷。全国建成水电站 4 500 多座，总装机达7 700 万千瓦，年发电量 2 500 多亿千瓦时。

目中存在着重工程建设、轻移民安置的现象，这主要表现在水库移民安置规划的单一。① 二是 1979 年中国实行改革开放以后。在这个阶段，中国建成 70 多个大中型水库水电站，长江三峡工程和黄河小浪底工程等大型项目也先后开工。在此期间，工程建设进展顺利，水库移民也均得到了妥善的安置。②

从近 20 年的情况看，我国政府在工程建设的过程中通过对移民实施搬迁安置，有效地改善了这部分居民的生产和生活设施，增强了他们发展经济的能力，提高了他们的生活水平。中国的水库移民安置工作已经取得了较好的成就。③

总的来说，我国政府是重视水库移民安置工作的，我国的水库移民情况总体上是好的。也就是说，尽管我国是世界上建设大坝水库最多的国家，搬迁安置了一千多万移民，但中国政府始终把关系水库移民的生存与发展问题放在重要的位置，从而有效地保障了水库移民的生存权和发展权。

（二）我国水库移民政策

中国水库移民政策的总目标是：根据中国国情，在水利水电建设中尽可能避免或减少移民。在不可能避免搬迁移民时，本着对移民负责的精神，以科学的态度按经济规律办事，切实保护移民的合法权益，正确处理工程建设和移民安置的关系，正确处理国家、集体和移民三者的利益关系，依法进行搬迁安置移民；坚持开发性移民方针，扶持移民发展生产，使移民生产生活达到或超过原有水平。通过有效安置移民，实现水资源的可持续开发利用与人口、资源、环境的协调发展。④

我国的水库移民政策主要分为搬迁安置政策和后期扶持政策两大部分：

一是搬迁安置政策。水库移民的搬迁安置工作包括政府负责、社会动员、公开公示、经济补偿、协调发展、优惠照顾、多方支援等内容。①政府负责。

① 参考唐传利：《中国水库移民政策与实践》，http：//www. gwxz. cc/Article/llwz/201308/9617. html。中国政府在发现这些问题以后，迅速采取后期扶持政策，通过每年安排资金来逐步解决这些遗留问题。

② 参见李天碧、张绍山：《我国水库移民政策与实践》，《中国水利》2001 年第 5 期。建成了葛洲坝、龙羊峡、乌江渡、隔河岩、水口、五强溪、二滩、东风、桃林口、飞来峡等 70 多个大中型水库水电站，长江三峡工程和黄河小浪底工程等大型项目也先后开工，已搬迁安置和即将搬迁的水库移民 250 多万人。其中三峡工程移民达 110 多万人，小浪底工程移民 18. 96 万人。

③ 参见金鹏：《水利工程移民管理中的政府职能定位研究》，河海大学硕士学位论文，2004 年。例如，水口工程和小浪底工程等项目的水库移民安置工作，已经成为世界银行推荐的利用世界银行贷款援助项目中水库移民安置的成功典范。

④ 参见李天碧、张绍山：《我国水库移民政策与实践》，《中国水利》2001 年第 5 期。

将水库移民工作作为政府行为，移民搬迁安置由地方政府负责组织实施。各级政府责任明确，安置移民各负其责。②社会动员。建设水利水电工程是为了抗御洪水，减少灾害损失，开发利用水能资源，为广大人民群众创造更好的生存和发展条件。各级政府和有关部门通过广泛的社会宣传和思想动员工作，向水库移民讲清楚工程建设的重要作用和意义。同时要使移民知道，国家通过制定有关政策对他们实施搬迁安置，将会改善他们的生产条件和生活环境，为他们创造新的发展机会，从而使移民正确处理个人与国家利益的关系，对移民搬迁工作予以理解和支持。③公开公示。注重移民群众的参与协商，通过多种方式进行公示、公告，让移民了解征地补偿标准和移民安置方案，并反复征求和听取移民的意见、建议。④经济补偿。以移民原有财产和经济活动情况为基础，以恢复移民原有生活水平为目标，按照移民安置规划对移民进行合理的补偿，保证移民搬得出、安得下、能发展。⑤协调发展。移民安置要充分考虑社区重建所必需的社会、资源、环境等方面要求，以环境容量为依据，实行集中安置与分散安置相结合的办法，妥善安置移民，使移民安置区经济社会与人口、资源、环境协调发展。⑥优惠照顾。为妥善安置水库移民的生产和生活，国家和各级地方政府应在其职权范围内，在减免房屋建设、宅基地使用、农业生产恢复期的税费，以及在土地划拨、粮食供应、电价优惠、优先就业等方面给移民以优惠。⑦多方支援。这是指动员社会各种力量帮助移民安置，如有关政府部门、企业等帮助移民搬迁运输，有关社会组织帮助妇女儿童及残疾人，各行各业向移民安置区投资办企业、支援移民发展经济等。例如在滩坑水电站工程的移民安置中，浙江省委省政府制定并组织实施了较发达的宁波、绍兴等县市对口支援滩坑库区各县（市）的政策。

二是后期扶持政策。国家在对水库移民实施搬迁安置后，再实行后期扶持政策，是中国从计划经济向市场经济过渡时期实行的一项特殊政策。这项政策既体现了中国政府对移民负责到底的精神，也体现了移民分享工程效益的原则，为提高移民生产生活水平和维护社会稳定起了重要的作用。后期扶持政策是通过国家设立库区维护基金、库区建设基金、后期扶持基金以及各级政府财政拨款等方式来筹集所需资金，这些资金将主要用于改善移民安置区的交通、电力、水利、教育、通信、医疗等公共设施建设和发展生产。

（三）水库移民的安置方式

经过长期的理论探讨与社会实践，我国水库移民的安置方式得到了不断的改进。我国在实施水库移民安置的过程中，根据具体国情，针对东西部、南北方不同的社会经济发展水平及可利用的资源条件，结合各地区的实际情

况，因地制宜地采取了不同方式妥善安置移民，取得了良好的效果。① 归纳中国水库移民的安置模式，主要有以下几种：②

模式一：坚持以土为本，以农为主，集中安置与分散安置相结合，通称大农业模式。这种安置模式适合社会经济发展水平不高、商品经济欠发达、人口密度不大、以农业生产为主的中西部及中国北方地区。通过调剂土地，开发荒地、滩涂等手段，为移民提供能够满足生存与发展的耕地。

模式二：以小城镇安置为主，加速乡村城镇化。这种方式适合于社会经济发展水平较高、商品经济较发达、区域人均耕地较少的东南沿海地区。通过开发、建设小城镇，实行集中安置移民，并大力发展二、三产业辅以优质、高产、高效农业的生产方式解决城镇移民的就业问题。

模式三：成建制外迁到具备生存与发展条件的地区。这种模式适合于生存环境恶劣、生产发展条件极差的地区。

模式四：混合型安置。这种安置方式主要考虑水库移民自身条件和安置区的实际情况，分别采取农业、非农业、自谋出路和其他安置方式。

不同的安置模式使移民得到妥善安置，生产生活水平有了提高，是我国水库移民实践的成功案例。

我国政府对水库移民工作高度重视，通过不断地总结过去几十年水库移民工作的经验与教训，健全水库移民的相关法律制度，依法进行移民，贯彻开发性移民方针，加大水库移民的后期扶持力度，努力提高水库移民的生活水平，我国移民安置的情况会越来越好。③

三、开发性移民方针指导下的战略移民与区域发展

开发性移民方针的实施，分为战役战术层面和战略层面。战役战术层面上的开发性移民，主要表现为各种具体的开发性项目。滩坑水电站是省委、省政府提出的五大百亿工程中"百亿帮扶致富建设工程"的一项重要工程，是一项扶贫工程、民心工程、德政工程。战略上的开发性移民，主要表现为与移民工作相结合的一些重大战略构想、目标、措施等。要从根本上、总体上改变一个地区的落后面貌，不仅仅需要一些具体成果的开发性，更要有战略性构想和举措。

生态移民是调节生态环境容量与人口规模的重要杠杆，同时，也是贫困

---

① 郭立：《中国水库移民主要安置模式》，《瞭望新闻周刊》2006 年第 12 期。

② 参见李天碧、张绍山：《我国水库移民政策与实践》，《中国水利》2001 年第 5 期。与四种模式匹配的六个案例在文中均有较为详细的提炼和叙述。

③ 郑瑞强、张春美等：《水库移民"多样化组合"安置模式创新机理探讨》，《水力发电》2011 年第 9 期。

地区建设"绿色生态屏障"、实现可持续发展的切入点。① 从移民的目的来看，生态移民通过将生活在恶劣环境条件下的农民搬迁到生存条件更好的地区，一是可以减轻人类对原本脆弱的生态环境的继续破坏，使生态系统得以恢复和重建；二是通过异地开发，逐步改变贫困地区封闭的生存状态，加强山川之间和城乡之间经济、技术和文化交流，促进贫困群众生产生活方式和观念的转变以及城镇化的建设，发展民族地区经济，增进民族团结；三是减小自然保护区的人口压力，使自然景观、自然生态和生物多样性得到有效保护。

（一）移民区建设与浙西南山区脱贫的统一

通过开发性移民，把移民区建设成繁荣的新兴经济带，从而彻底改变地区的落后面貌，积极推进低收入移民增收工程。具体内容为：一是开展深入细致的调查研究。对全市年人均收入在 1 500 元以下的低收入移民进行了全面调查，摸清了全市低收入移民的现状，建立了低收入移民档案，实行动态管理，定期逐户跟踪服务。二是制订切实可行的帮扶方案。针对不同致贫原因的移民群体，按两年内达到 1 500 元的目标要求，结合下山脱贫、移民新村建设、社会保障等工作，重点在产业扶持、项目扶持、救济救助等方面提出解决方案，确保每个低收入移民户都得到切实有效帮扶。三是落实贫困移民的后扶政策。我们每年对移民进行认真复核，及时将每人每年 600 元的直补资金安全、及时、足额发放到移民手中。四是组织多种形式的生产帮扶。出台《关于促进安置地移民妇女和谐融入共同发展的工作意见》，制定了移民发展来料加工奖励办法，按照"掌握一门技术或者实现一人就业"的要求，开展各类培训，推荐移民就业，实现低收入移民自我发展。五是开展特困移民的结对帮扶。开展"一户一策一干部"活动，组织领导干部联系移民村，干部结对特困移民，为群众解决生产生活中的各类难题。用一年时间为 2 万贫困移民建立了档案，在移民安置点设立 103 个来料加工点，培养移民经纪人 125人，7 200 多名移民从事来料加工。共结对低收入移民 180 多户，资助资金 22万多元，落实帮扶项目 480 多个，项目资金 2 700 多万元。通过实施"低收入移民增收工程"，全市 1.74 万名低收入移民实现脱贫，占全部低收入移民

① 参见桑敏兰：《宁夏生态移民与城镇化发展研究》，2005 年西北地区人口与发展论坛。人口迁移作为一种社会经济现象，尽管其形成机制非常复杂，但最重要的机制还在于资源环境状况和经济发展水平的差异，这种差异是一切社会形态下人口迁移的基本动力，而人口超载和自然条件严酷是生态移民的原动力。

87%，两年实现低收入移民全部脱贫的目标可望提前实现。①

（二）生态经济与区域发展整体战略统一

用"生态经济区"建设的战略模式，实现与国家发展的整体战略相统一。一方面实现丽水移民发展战略与国家发展战略的统一，为丽水移民注入新的活力。另一方面，生态经济区的建设可以促进开发性移民沿着更科学的道路前进，生态经济本身也是移民开发中的一个新的增长潜力很大的空间。作为经济欠发达地区，丽水也走过"高投入、高污染、低效益"的粗放型经济的老路，全市引进的合成革产业造成的污染曾被列入浙江省环境保护督办的重点环境问题。越来越多的事实让丽水人意识到：丽水的最大优势是生态环境，丽水的发展不能重蹈粗放型产业的覆辙，不能以破坏生态环境为代价来发展经济，必须转变发展方式，产业转型升级应当成为区域经济发展的重中之重。2009 年，浙江省委、省政府将丽水市确定为经济转型升级中生态经济创新发展综合配套的改革试点。2012 年 3 月，丽水市又制定了《丽水市生态文明建设指标体系及考核办法》，市委、市政府与各县市签订了目标管理责任书，用制度的形式强化各县区领导的生态责任意识。有"中国生态环境第一县"之誉的庆元，生态优良，经济发展滞后。经济不发展不行，发展经济危及生态也不行。在鱼与熊掌的取舍中，庆元舍金山而取青山，率先取消了东部 13 个山区乡镇在工业生产、税收和招商引资方面的考核指标，把考核的重点转移到生态保护和生态高效农业发展等方面。丽水是个农业市，农业人口占全市人口的一半以上，特别是一些蛰居深山的农民，生存压力大，靠山吃山，"吃坏"了生态环境。2008 年，丽水市实施了一项史无前例的重大举措：整体异地搬迁移民，使山区农民彻底摆脱贫困。2008 年以来，全市已整村搬迁 654 个村、9 084 户、31 227 人。

（三）经济发展空间与移民生活空间的统一

一是移民空间与经济发展空间的关系是一个无法回避的有战略意义的问题。用一般的眼光看问题，很容易得出移民生活空间与经济发展空间是否有先后轻重的关系的结论，即所谓先移民后发展的观点。然而，在开发性移民实践中，移民空间与发展空间呈现出了辩证统一的本质。实践说明，城镇和农村移民安置空间不足本质上是一个发展水平低的问题，只有不断发展，移民空间不足的矛盾才能破解。当然，寻求发展空间也不能脱离移民安置。将移民搬迁、城乡统筹、社会管理创新、乡镇机构改革、城镇化、发展现代农

① 参见叶辉、严红枫：《浙江丽水：经济生态春满园》，《光明日报》，2010 年 7 月 10 日。

业等有机结合起来，实施生态移民战略，且移民搬迁必须和城镇化、工业化、农业产业化相结合。二是低丘缓坡开发极大地拓展了城市的生存发展空间，有效保护了耕地资源，同时解决了保护耕地"对得起后代"和促推发展"对得起当代"的两难问题，破解了用地与发展的"两难"局面，实现了保护耕地资源和保障经济社会发展的"双赢"，促进了丽水工业化、城镇化和农业现代化"三化"协调发展，推动了山区城市的科学发展、协调发展，为当地经济社会的全面发展注入了新鲜的血液。

四、与时俱进：不断完善开发性移民方针政策

滩坑移民工作就是一个全省全市上下左右大团结、大协作的"滩坑大合唱"。滩坑水电站建设和移民动迁安置工程是近年来浙江省实施的跨部门、跨行政区，上下联动、协同运作的一个最大的项目，也是近十年来省里支持力度最大、关注较多的一个项目。从省市县到乡镇党委政府、从移民主管机构到广大移民干部，从相关部门到社会各界，直至广大移民群众，都拧成一股绳，淋漓尽致地展现出动人心扉的壮丽画卷，共同书写出这部感人至深的滩坑移民工作史，是对科学发展观的生动实践，最明显地反映了开发性移民方针与时俱进和必须与时俱进的特征。一个正确的方针，如果把对它的理解与执行形而上学化，凝固僵化起来，这个正确方针就不能发挥它应有的作用。

（一）开发性移民方针具有进取性

与时俱进更加突出了思想路线的进取性。与时俱进昭示和要求人们要有一种时不我待、不进则退的紧迫感，一种深切的历史忧患意识，一种昂扬向上、奋发有为的精神状态，一种不甘落后、奋起直追、实现民族复兴的雄心壮志和能力。唯有坚持与时俱进，才能使我们党永葆先进性，带领全国人民实现全面建设小康社会的目标。

（二）开发性移民方针具有开放性

与时俱进更加突出了思想路线的开放性。与时俱进昭示和要求人们要具有世界眼光和战略眼光，在分析问题、解决问题时，既要着眼国内，也要着眼世界；既要着眼现实，也要着眼未来。只有把这些要求有机结合起来，对大局了然于胸，才能确保决策的科学性和预见性。水库移民问题由于其艰巨性、复杂性、长期性，被称为"天下第一难题"。2008 年 4 月 29 日，滩坑水电站工程下闸蓄水，标志着相关工作取得了决定性胜利。从 2003 年 5 月 13 日国务院正式批准滩坑水电站立项以来，面对 5 万多滩坑移民的繁重任务，丽水市按照"移民任务一日没完成，工作一日不得松懈；移民任务一日没完成，

寝食一日不得安宁"的要求，在探索和实践中建立了"破难十法"，较好地破解"天下第一难题"。

（三）开发性移民方针具有创新性

与时俱进更加突出了思想路线的创新性。认识的最终目的和最高价值是发现和掌握真理。与时俱进的真谛是昭示和要求人们不断发现和掌握新的真理，从而避免真理可能因跟不上事物的发展变化而变为谬误，避免认识可能因跟不上事物的发展变化而产生偏差，使我们始终在科学理论的指引下，进行卓有成效的社会实践。做好移民工作没有固定可套的工作模式，从 2003 年到 2008 年，丽水党委政府和各级有关部门，把创新精神贯穿到移民工作的各个方面、各个领域。创新政策体系，在省政府确定的大政策框架内，创造性地做好政策实施以及配套政策的制定出台，实现移民安置工作的"七个改变"：①在移民安置方式上，改变以政府统一定点安置为主的模式，提出了政府统一定点有土安置、自谋职业安置、自谋出路安置、投亲靠友安置、养老保险安置以及其他安置六种安置方式。②在移民安置形式上，改变移民安置后靠的形式，采取外迁集中安置和分散安置相结合的形式。③在移民安置去向选择上，改变移民安置以政府定点安排去向为主的模式，采取政府主导与移民意愿相结合的方式。④在移民安置程序上，改变移民安置的简单程序，提出了移民安置的 12 个步骤。⑤在补偿补助政策上，改变以实物补偿为主的单一模式，细化了安置补偿政策。⑥在安全保障措施上，改变由政府包干的做法，利用市场经济手段从制度上加以规范。⑦在责任落实机制上，改变了移民安置哪级政府主办哪级政府包揽一切的做法，实行安置任务、资金、责任捆绑式包干。创新搬迁机制，坚持政府统一搬迁和移民自主搬迁相结合，实现了库区清库"零滞留"。

第十七章　滩坑移民实践创新的
特殊品质和主要意义

滩坑水电站是省委、省政府提出的五大百亿工程中"百亿帮扶致富建设工程"的一项重要工程，是一项扶贫工程、民心工程、德政工程。多年来，在省委、省政府的正确决策和领导下，丽水市各级各部门坚持情系移民、服务移民的宗旨，广大移民干部发扬"万众一心、攻坚克难、真心为民、无私奉献"的滩坑精神，5万移民群众以实际行动支持国家建设，显示了在移民工作中的主体地位。累计搬迁移民5万多人，其中市外安置的1.3万移民已经全部顺利搬迁，2008年底，全部移民完成搬迁。库区复建的北山、岭根、九龙、渤海等四个集城镇都已经投入使用，水库库底清理工作和蓄水阶段移民工作已经通过验收，电站已经蓄水发电，滩坑水电站移民工作已经取得了决定性胜利。

一、滩坑移民实践创新的特殊品质

时间是最伟大的评论家。滩坑移民绝不是5万人口的简单组合，它所引发的巨大社会变迁绝不亚于滩坑自然景观沧海桑田变化。研究滩坑移民实践，可以弄清楚中国特色移民理论在丽水实践中是怎么样从个别上升到一般的逻辑结构的，还可以深化对滩坑移民工作实际的系统性和深层次的认识。[①]

（一）经济水平与地理环境双重制约下的大规模群体性移民

国际著名移民理论研究学者迈克尔·M. 塞尼博士认为，也许非自愿移民这一部分工作最不尽如人意，而且相关政策执行起来十分困难。[②]

[①]　参见陈纯柱：《重庆移民实践与中国特色移民理论的创新》，《重庆三峡学院学报》2003 年第 4 期。

[②]　参见罗晓梅、刘福银：《重庆移民实践对中国特色移民理论的新贡献》，重庆：重庆出版社 2004 年版。

丽水滩坑水库移民除了具有一般非自愿移民的困难，更兼受经济水平与地理环境的双重制约。经济水平对滩坑移民的制约作用表现为历史、现实、未来三个坐标系的制约。从历史上来看，青田县、景宁县生产力水平较低，在市场经济条件下的竞争中处于弱势地位，在移民过程中的经济支撑力较差。从现实来看，在经济水平较低的情况下，将移民过程与经济发展同步并举对青田、景宁两县不现实，移民在客观上延误了发展的时间，拉大了库区同其他地区经济发展的差距。从未来看，即使青田、景宁两县完成了移民任务，其经济发展水平的起点差距和发展条件滞后于全国一般水平的实际，仍将较长时间地制约库区经济的发展。[1] 青田县人多地少的矛盾突出，寻找合适数量的土地，实施有土安置则更加困难。为此，青田县委、县政府在移民安置规划阶段对全县国有和集体土地进行了排查，精心挑选了地理位置好、土地质量高的区域作为移民点，以便农产品的销售以及未来从事第二、第三产业，也为移民应对未来的不确定性因素提供更多的出路。同时，对移民的生产方式和家庭主要收入来源作了对比分析，把已经脱离和愿意脱离农业生产的移民引导到无土安置上来，保障移民有土安置的生产水平和生活质量。

（二）移民代价与受益时空相对分离条件下的移民

非自愿移民自身就存在着巨大的阻力，根据迈克尔·M.塞尼博士的研究，克服非自愿移民阻力有三个办法：一是"在社会意义上负责移民的安置"，二是尽力避免"不适当的移民安置"，三是为非自愿移民设置正确的"法律框架和政策原则"。[2]

在全面推进城市化、工业化和新农村建设中，全县仅有的分布在沿江（瓯江）、沿线（330国道）的平地资源显得异常珍贵。但是，为了能让滩坑移民安居乐业，县委、县政府仍然按照"两沿一中心"的思路，在沿江（瓯江）、沿线（330国道）的县城油竹新区、温溪等10个经济强镇（乡）的中心区域，安排移民安置建设用地2 004.67亩，调剂落实移民生产用地面积2 542.2亩。在移民宅基地的分配上，始终坚持"统一规划、因地制宜、限额分配、经济调节、促进安居、维护稳定"的原则，按照移民安置点规划设计要求和城市（集镇、村庄）总体规划与近期规划，统筹兼顾，合理布局。在

① 参见陈纯柱：《重庆移民实践与中国特色移民理论的创新》，《重庆三峡学院学报》2003年第4期。在滩坑库区，经济水平在历史、现实和未来所形成的制约，对移民实践是全程性的影响。在"搬得出"阶段，表现为搬迁困难系数的增加；在"稳得住"阶段，表现为各方面的不稳定因素；在"能致富"阶段，表现为致富难度、速度、程度问题。
② 参见罗晓梅、刘福银：《重庆移民实践对中国特色移民理论的新贡献》，重庆：重庆出版社2004年版。

宅基地、生产用地分配的具体操作上，充分尊重移民群众的意愿，采用抽签和摇签相结合的方法，确保司法公证，并选择好抽签时机和地点，提高抽签到户率，确保不留后遗症。为保障有土安置移民的生产、生活，统一定点有土安置移民迁入安置地后，享受当地村民同等待遇，由迁入地乡镇、村给予调剂生产用地，耕地（包括水田、旱地）的数量和质量原则上不低于安置地村民同等水平。分到好的地，还要住上好的房。

（三）海外侨民与本土乡亲共同关注视野下的移民

青田作为浙江省第一大侨乡，从17世纪开始，华侨就在海外经商，逐渐形成了亲带亲、邻带邻的出国之路，每年约有5 000人出国，现有20多万华侨遍布世界120多个国家和地区，约占全县总人口的46%，主要聚居在欧洲，其中西班牙和意大利最多。随着华侨人数的增加和规模的扩大，青田华侨的国际影响力也不断增大。移民工作是华侨感受和评价祖国政治文明的一个窗口，也是维护海外中国公民合法权益、团结海外华侨的重要纽带。近10年来，青田县委、县政府举全县之力推进滩坑移民工作，本着"搬得出，安得稳，逐步能致富"的移民要义，贯彻落实浙江省委、省政府关于滩坑水电站工程移民的指导思想，深入开展工程性非自愿移民的理论研究，广泛借鉴国内外工程移民的范例，紧密联系中国国情和库区实情，把非自愿移民逐步转化为自愿移民，创造了动迁无滞留、搬迁无事故、施工无阻碍"三大奇迹"，探索出了新形势下科学推进大中型水库移民工作的"青田模式"。

二、滩坑移民实践创新对开发性移民理论的丰富和发展

广大移民工作者在省委省政府的运筹帷幄下，共同努力，创新创业，攻坚克难，破解了动迁、安置、维稳、和谐融入、复建等各项工作的一系列难题，在小溪的两岸留下了深深的印痕，结下了深厚的友谊。同时滩坑移民工作的宝贵经验必将成为浙江省移民工作不断前进的基石，也是对开发性移民理论的丰富和发展。

（一）实践了沿海发达省份贫困地区的移民过程

浙江省是东部沿海经济较为发达的省份，然而由于先天的地理条件和资源禀赋等因素，出现了浙北、浙东、浙中和浙西南等地区发展不平衡现象。丽水身处浙西南山区，要顺利开展移民工作，在吸收三峡等工程移民经验的基础上，必须重视工作创新，在更高起点上统筹谋划移民工作在丽水"新型城镇化、新型工业化、农业现代化和服务业现代化"中整体布局。实践说明，城镇和农村移民安置空间不足本质上是一个发展水平低的问题，只有不断发

展，移民空间的不足的矛盾才能破解。当然，寻求发展空间也不能脱离移民安置进行。将移民搬迁、城乡统筹、社会管理创新、乡镇机构改革、城镇化、发展现代农业有机结合起来，以移民省政府提出生态移民战略，并且要求移民搬迁必须和城镇化、工业化、农业产业化相结合，指导提升了丽水已有的理念。以扶贫移民带动城乡统筹发展、促进城镇化的大移民理念不断深入人心。搬迁为抓手，实行大移民战略。

（二）摸索了海外华侨之乡的移民统战工作

"青田华侨"是青田的一张"金名片"，要加强海外侨团建设与联合，加强海外代表人士队伍建设，加强优质华侨要素回流引导，把"青田华侨"作为一个品牌来经营和建设，努力把"青田华侨"做大做强。做好统战工作是促进社会稳定和谐的重要途径，是加快转型升级的迫切需要，是巩固党的执政地位的有效方法，要充分认识推进与加强县级基层统战工作的重要性与紧迫性，进一步做好新形势下的统战工作。围绕中心、实干有为，充分发挥统一战线在青田县经济社会发展中的积极作用。坚持把握第一要务，充分发挥统一战线在推动发展中的重要作用；要研究拓展平台载体，充分发挥统一战线在创新社会管理中的重要作用；加大干部培养力度，充分发挥统一战线在推进民主政治建设中的重要作用，进一步统一思想、凝聚力量，形成聚精会神谋发展、只争朝夕抓落实的生动局面，形成同心同德促和谐的强大合力。

（三）掌握了移民群体性事件和信访处理经验

一是滩坑移民工作的特殊性在于短时间内要完成 5 万多移民动迁，又要完成 37 000 多移民内安。滩坑移民工作是在当前社会转型时期特殊区域的一个复杂的系统工程，青田县 4 个水平年需完成库区 3 万多移民的动迁和县内 2 万多移民的安置，第一水平年库区需动迁安置 2 万余人，其中外迁移民涉及 3 个市 19 个县市区 122 个乡镇 294 个安置点。景宁县 2 镇 4 乡的 47 个行政村，需动迁移民近 2 万人。其中除市外安置 13 000 人外，其余 37 000 多人全部在本市范围内安置。要在这么短的时间内，解决几万移民的动迁和安置问题，可以说在整个水电站移民史上亦属罕见。正因为是这样，滩坑移民工作在前期就呈现出了错综复杂、前所未有的艰难局面。二是"北山事件"发生后不久，青田县北山籍和在北山工作过的机关干部、教师共 300 多人，组成访亲小组，进驻北山库区，开展了为期一个月的"用亲情、平情绪、开局面"活动。他们以亲情为纽带，住到各自的亲戚朋友家中，不分昼夜地面对面开展工作，向移民宣传和耐心解释有关移民政策，在政府与移民之间架起了沟通的桥梁，有效地化解了矛盾，打开了移民工作的局面，为维护库区稳定作出了不懈的努力。"北山事件"也给了移民工作很大的警示作用：移民工作千头万绪，需要的是耐心、耐心、再耐心，细致、细致、再细致，深入、深入、再深入。做移民工作的过程，本身就是一个干部思想作风真正转变的过程，是一次对党员干部尤其是年轻干部重大考验的过程。通过吸取"北山事件"的教训，移民干部重新调整了思路，改变了工作方式方法，从而大大加速推进了整个移民工作进程，移民工作从此由被动转入了主动，走向了一个良好的新的开端。这时，移民干部们在攻坚克难方面也呈现出了"八仙过海，各显神通"的态势。青田移民干部徐秉然在做移民工作中总结出了"专、韧、活、稳"的四字移民经。"专"就是做移民工作要专心专意；"韧"就是做移民工作要有韧劲，徐秉然为了做通一户移民的思想工作，竟然跑了80多次；"活"就是灵活的工作方式方法，做到一把钥匙开一把锁；"稳"就是维护稳定局面，稳步推进。移民干部刘波也总结出了自己的一套工作方法，那就是"情感投入法，心理剖析法，宣传鼓动法，善抓苗头法"。此外，移民干部们还总结出了"软磨硬泡"法、"黏、帮、情、谈"法、"微笑化冰"法等。三是坝址和施工影响区移民的动迁是移民工作的开局，也是能否做好移民工作的关键。因而，移民干部们对此投入更大的精力，坝址影响区的移民干部索性住到工作最难做的移民家中，而且一住就是一个多月不回家，几十次甚至上百次地向移民讲政策，做移民的思想工作，在严格执行政策的前提下，对移民动之以情，晓之以理，以兄弟般的情义和父母般的挚爱，真正做到想移民所想，急移民所急，用个人的人格魅力和真情实意，想方设法化解移民的思想"疙瘩"。

（四）实行了移民融合和后期扶持计划

一是要让移民和谐融入当地，干部先要融入移民。青田县积极组织全县党员干部在行动上关心移民，生活上帮扶移民，感情上贴近移民，引导移民加快融入当地社会。建立了9个安置地移民工作站、32个安置点移民服务组，派驻230名优秀干部，积极推行以"联幢、联户、联人、联心"为内容的四联制度。开展以"送服务、送温暖、送法律、送思路"为载体的"四送"活动，安排了85个县直部门挂钩联系移民户，47个县直部门联系9个移民安置乡镇帮助改善生产生活设施，983名县直机关副科以上干部结对帮扶困难移民户。形成"移民基层组织、移民服务站、移民工作组、结对机关单位、移民服务总队"五方联动的工作格局。二是要让移民和谐融入当地，文化先要引导移民。青田县十分重视移民群众的文化娱乐活动，通过先"送"文化，后"种"文化二者的有机结合，在移民集中安置点播下文化的火种，红红火火地开展移民和谐文化建设，让广大移民既安家也乐业，最终实现和谐融入安置地的目的。从2009年2月6日开始，青田全县启动以"情系移民"为主题的文化下乡活动，文化大篷车开进高湖、温溪等移民安置小区，两支电影放映队轮回为移民放映电影。努力做到让每个移民集中安置点一月有一场电影，每个移民小区有图书看，每月有戏演出。在"送"文化的基础上，通过政策、资金以及人员扶持，建立文化活动的平台，培养移民文化娱乐的兴趣，逐步引导移民自发地开展各种健康有益的文化活动。同时，发挥基层文化工作者的作用，加强对移民文化活动的指导，推动移民文化活动有声有色的开展。三是要让移民和谐融入社会，就业政策先要帮扶移民。青田县政府高度重视移民后期的扶持工作，围绕移民"一户一就业"目标，积极出台扶持政策，促进移民就业和增收。主要方式有：积极开展移民劳动力技能、农业实用技能的免费培训工作，将其作为促进移民就业的一条重要途径来抓，累计开展服装、皮革、雕刻等职业技能免费培训，定期收集发布劳务需求信息，召开移民就业招聘活动，通过移民就业招聘周向移民发布企业用工信息，帮助移民实现就业；积极鼓励移民发展来料加工业，青田县结合滩坑移民妇女转移就业，对青田县来料加工经纪人进行业务技能和综合素质培训，再由经纪人对本村加工者及周边闲散劳动力开展来料加工技能培训，促进劳动力转移就业。截至目前，全县已有 2 520 名移民实现转产就业；来料加工经纪人已发展到 175 名，带动 8 000 多位农村劳动力从事来料加工，青田县共创农村来料加工费 690 万元。[1]

三、滩坑移民实践创新的成功经验与启示

时任浙江省委书记赵洪祝在全省滩坑水电站移民工作表彰会指出："滩坑移民工作为我省将来再开创一些大型项目建设，实行这种大面积搬迁提供了有益的经验。"回顾滩坑移民工作从无序到有序、从被动到主动的迅速转变过程，可以总结出许多宝贵的经验，可以为今后大中型水库移民工作提供有效借鉴，也将对其他面上工作的推进和攻坚提供有益的启示。

（一）滩坑水库移民实践创新的经验做法

水库移民问题由于其艰巨性、复杂性、长期性，被称为"天下第一难题"。2008 年 4 月 29 日，滩坑水电站工程下闸蓄水，标志着移民和工程工作取得了决定性胜利。从 2003 年 5 月 13 日，国务院正式批准滩坑水电站立项以来，面对 5 万多滩坑移民的繁重任务，丽水市按照"移民任务一日没完成，工作一日不得松懈；移民任务一日没完成，寝食一日不得安宁"的要求，在

---

① 参见章峰：《浙江青田县：三大举措促进移民和谐融入》，http：//kxfz. people. com. cn/GB/136094/9310115. html。

探索和实践中建立了"破难十法"①，较好地破解"天下第一难题"。

一是政策讲解法。五万移民五万颗心。在破解难题过程中，丽水市牢牢抓住"两个交给"，即"把蓝图交给群众，把政策交给群众"，在不断完善滩坑移民政策的基础上，努力做好政策解释工作，帮群众算大账、算远账，提出了"为子女移民"的理念。通过召开部署会议、举办培训班、新闻报道、文化大篷车下乡宣传、百姓热线咨询解释、印发资料进村入户宣讲等形式培训干部，宣传政策。通过广大移民干部走千家万户，道千言万语，历千辛万苦，涉千山万水，使移民政策家喻户晓。多年来，编发各类宣传资料十多万册（份），走访移民几十万人次，个别移民户甚至走访80多次。

二是领导包案法。坚持把滩坑水电站工程列入全市十件大事来抓，连续5年新春伊始即召开全市性的工作大会进行部署，层层落实领导责任。根据每个时期工作的不同特点，梳理各类移民工作难题，并根据难题的难易程度和所属类别进行了分类，分层次对其中的重点难题进行了市、县、乡三级领导包案解决。多年来，丽水市各级各有关部门，把走进矛盾，破解难题作为有效抓手，干部走到群众最需要的地方去，矛盾最尖锐的地方去，工作最推不开的地方去，使一道道难题迎刃而解。

三是一线工作法。全市移民干部根据"一个难题、一个协调小组、一个具体解决方案"的要求，领导在一线指挥、干部在一线工作、办法在一线产生、矛盾在一线解决、发展在一线促成、业绩在一线创造，在"一线工作法"的指引下，广大移民干部不分白天与黑夜、不分分内与分外、不分工作日与休息日，一步步地攻坚破难。在移民建房过程中，为了更好地服务移民，更快、更有效地解决各类矛盾，各个有关移民县（市、区）都先后在移民建房现场建立移民建房现场指挥部，协调解决各类矛盾和问题，受到移民群众的欢迎。

四是集中攻坚法。针对一些牵涉面广、历史遗留时间长的难题，由市领导协调相关责任部门，制定攻坚方案和进度表，在规定的时间内突破难题。景宁县针对库底清理时间紧、任务重的实际，组织开展了"千人百日攻坚"活动，县委、县政府主要领导亲自带头深入库区督促攻坚工作，副县以上领导蹲点库区，县直所有部门落实包干责任，在3个多月的时间里，共拆除房屋1 015幢，动迁移民549人，搬迁或过渡2 247人，全面完成了库底清理任务。青田县针对移民建房工程款拖欠问题，组织开展了"移民建房工程款结算攻坚月"活动，短短一个月时间内，全县移民建房工程款结算率达到92.78%。

---

① 参见金国娟：《用心去做新时期的群众工作——访省水库移民安置办公室主任钱国女》，《今日浙江》2008年第9期。

　　五是动态跟踪法。定期对移民工作中的难题进行梳理分类并实施动态跟踪管理。多年来，梳理出政策、基础设施、公共服务设施、建房、后期扶持五大方面中的1 500多个问题，对排查梳理出来的各类问题，分类落实到各个责任单位，并指定专人进行动态跟踪管理。对于梳理出来的问题，凡符合政策能够解决的，及时协调解决；凡不符合政策的，及时解释说明并做好移民思想工作；对于需要省里帮助解决的问题，进行归类整理，向省里多次进行汇报反映，积极争取支持。

　　六是坚持创新法。做好移民工作没有固定可套的工作模式，5年来，丽水党委政府和各级各有关部门，把创新精神贯穿到移民工作的各个方面、各个领域。创新政策体系，在省政府确定的大政策框架内，创造性地做好政策实施以及配套政策的制定出台，实现移民安置工作的"七个改变"①：在移民安置方式上，改变以政府统一定点安置为主的模式，提出了政府统一定点有土安置、自谋职业安置、自谋出路安置、投亲靠友安置、养老保险安置以及其他安置六种安置方式。在移民安置形式上，改变移民安置后靠的形式，采取外迁集中安置和分散安置相结合的形式。在移民安置去向选择上，改变移民安置以政府定点安排去向为主的模式，采取政府主导与移民意愿相结合的方式。在移民安置程序上，改变移民安置的简单程序，提出了移民安置的12个步骤。在补偿补助政策上，改变以实物补偿为主的单一模式，细化了安置补偿政策。在安全保障措施上，改变由政府包干的做法，利用市场经济手段从制度上加以规范。在责任落实机制上，改变了移民安置哪级政府主办哪级政府包揽一切的做法，实行安置任务、资金、责任捆绑式包干。创新搬迁机制，坚持政府统一搬迁和移民自主搬迁相结合，实现了库区清库"零滞留"。

　　七是融入融合法。按照"移民融入融合要在对接中开始，在建房中建立，在生产发展中实现"的要求，及时做好生产用地分配工作，开展移民后期扶持，落实移民的同村民待遇。青田县开展"和谐家园"建设活动，完成职业技能、农业实用技术培训5 700人次，定期举办移民就业招聘周，移民从事二、三产业人员比重达三分之二。龙泉市组织开展"移民素质培训月活动"，在全市分区域举办十期特色农产品的种植加工技术等方面的培训。莲都、景宁、遂昌、松阳、缙云等地也相应出台了一系列帮扶措施，因地制宜，组织移民进行种养殖业技能培训和开展来料加工业等，切实帮助移民解决了一些实际问题。

　　八是长效帮扶法。实行"一户一策一干部"制度，全市移民干部都要联系一户以上年人均纯收入低于1 500元的低收入移民农户，着重解决实际困

---

　　① 丽水移民办：《一切为了移民——市移民办滩坑移民工作纪实》，http：//jynews.zjol.com.cn/jynews/system/2008/12/02/010783952.shtml。

难，确保每个低收入移民农户都能得到帮扶。通过经济帮扶、产业帮扶、技术帮扶、就业帮扶等多种形式进行帮扶，实现"乡乡有增收行动，村村有增收计划，户户有增收项目"，加快推进了低收入移民脱贫工作的进程。同时，社会各界对滩坑移民工作大力支持。青田、景宁县专门设立特困移民帮扶资金，社会各界捐款近千万元。

九是说服教育法。在化解矛盾、维护稳定过程中，始终坚持移民群众的主体地位和坚持党的群众路线两条方针，落实争取大多数、打击极少数和以发展维护稳定三条措施，耐心地对移民群众进行说服引导，争取大多数移民群众的理解和支持。制订突发事件应急预案，按照"绝不能形成组织、绝不能形成气候"的要求，对极少数不法分子和违法犯罪行为依法给予打击。几年来，较为稳妥有序地解决了青田"北山事件"、"8·17"异常上访、"10·23"非法集会等事件。

十是锻炼激励法。先后抽调近千名干部从事移民工作，组织人员跟踪考察干部在破解移民工作难题中的表现和实绩，并把考察结果作为干部选拔任用及奖惩的重要依据。经过移民工作锻炼的一批干部已经陆续得到提拔或者转任到重要岗位。

（二）"滩坑精神"的凝结与表达

6 年的卓越工作，丽水市的广大移民工作者在丽水市委、市政府坚强有力的领导下，各级领导干部靠前指挥、身先士卒，各级单位精心组织、群策群力，广大移民工作者任劳任怨、忘我奉献，铸就了具有丽水特色的"万众一心、攻坚克难、真心为民、无私奉献"的滩坑精神。

1. 团结创新，万众一心是滩坑精神的组织保障

滩坑水电站对于丽水来说，具有举足轻重的地位。而对于滩坑水电站移民工作来说，无论就政治性、经济性还是文化性而言，又与其他地区以及国家的大型电站移民工作有着不可类比的特殊性，如此短暂而集中的移民，移民安置地涉及全省 33 个市县，工作之难是可想而知的。

首先，省、市、县领导对滩坑电站的建设给予了极大的关注，时任省委书记习近平、省长吕祖善、分管副省长陈加元等领导亲临滩坑库区现场视察指导，市委书记楼阳生、市长刘希平、分管领导市委副书记张成祖、副市长金建新等领导经常到库区现场办公，帮助排忧解难。[①] 省市领导的高度重视和关怀，极大地鼓舞了广大移民工作者和移民的信心。领导干部身体力行和移民干部的踏实工作，迅速顶住了各方面的压力，进一步感染和带动了各地广

---

① 丽水移民办：《实践铸就滩坑精神（上篇）》，http：//www.zgqt.zj.cn/news/text.asp？id＝4183。

大干部群众。许多党员干部纷纷主动要求到移民工作第一线，部分群众也以主人翁的姿态，热情支持和帮助工作组人员开展工作，迅速形成了"党员干部以身作则，广大群众万众一心"的移民工作浓厚氛围。

其次，为使移民工作能够有序进行，青田、景宁两县分别成立了滩坑水电站工程建设指挥部，全力负责移民工作。青田县把移民任务划分成七个片区，在指挥部的直接领导下统一进行，景宁则把移民任务逐级分派下去，每位副县级以上领导和各个部门单位都联系一个移民乡镇，都有各自的一块移民工作"责任田"。滩坑水电站工程建设指挥部成立以来，围绕阶段工作重点，仅青田县就走访库区干部群众近 50 万户次 200 多万人次，召开会议 151 次，出台移民政策 23 个，最大限度地发挥广大干部群众的智慧。深入分析移民工作形势，精心策划移民工作程序环节，仔细剖析移民工作主要矛盾，认真制定推进各项工作措施，充分民主、高度集中的决策程序，不折不扣、贯彻到底的执行方式，确保了移民工作决策的科学性和执行的严肃性。[①] 一位做移民工作的领导曾深有体会地说，滩坑水电站建设从移民对电站上马和移民工作的质疑到形势的逆转再到工作有序推进的过程，就是一个不断认识规律、破解矛盾的过程，一个打破平衡、寻求平衡的过程，一个在没有任何经验可以借鉴的情况下，对决策能力、执政能力的挑战，对破解难题能力、解决问题水平的考验，对机制的全新探索与创新的过程。

2. 攻坚克难，坚忍不拔是滩坑精神的工作基调

众所周知，移民工作直接涉及移民的个人利益，而且其中更有千百年来在百姓心目中形成的安土重迁的乡土情结。移民工作初期，移民们普遍存在着"恋、怕、忧、靠、等、攀、特"等心态，因而，做移民的思想工作绝非易事，移民的思想观念转变无疑也将是一个长期复杂的过程。滩坑移民工作是在当前社会转型时期特殊区域的一个复杂的系统工程，青田县 4 个水平年需完成库区 3 万多移民的动迁和县内 2 万多移民的安置，第一水平年库区需动迁安置 2 万余人，其中外迁移民涉及 3 个市 19 个县市区 122 个乡镇 294 个安置点。景宁县 2 镇 4 乡的 47 个行政村，需动迁移民近 2 万人。其中除市外安置 13 000 人外，其余 37 000 多人全部在本市范围内安置。

要在这么短的时间内，解决几万移民的动迁和安置问题，可以说在整个水电站移民史上是空前的。正因为这样，滩坑移民工作在前期就呈现出了错综复杂、前所未有的艰难局面。青田县移民工作组刚进入移民点就遭遇到了很大的阻力，"北山系列事件"就是其中的一个例证。2003 年 7 月间，青田县刚成立的工作组进驻库区移民点时，许多村庄的移民们把移民干部看成是

---

① 参见青田县滩坑水电站工程建设指挥部：《关于青田县滩坑移民工作的实践与探索》，http://ymb.lishui.gov.cn/ymlt/200510/t20051025_348045.htm。

"老虎来了",有着明显的抵触情绪。有的移民甚至扬言要制造轰动事件,要进京上访,更为严重的是少数移民从开始的抵触情绪,发展到暴力,一些移民开始冲击乡政府,破坏施工设备,甚至打伤前来制止闹事的公安干警。"北山事件"发生后不久,青田县北山籍和在北山工作过的机关干部、教师共300多人,组成访亲小组,进驻到北山库区,开展了为期一个月的"用亲情、平情绪、开局面"活动。他们以亲情为纽带,住到各自的亲戚朋友家中,不分昼夜面对面开展工作,向移民宣传和耐心解释有关移民政策,在政府与移民之间架起了沟通的桥梁,有效地化解了矛盾,打开了移民工作的局面,为维护库区稳定做出了不懈的努力。

3. 心系移民,真心为民是滩坑精神的服务宗旨

移民干部对完成移民工作有着强烈的责任心和使命感,他们视自己负责的移民"移得出、安得下、稳得住,逐步能致富"和保障滩坑电站按时顺利开工建设为己任,不完成任务誓不罢休。进库区来的移民干部讲的是移民,干的是移民,想的是移民,甚至睡梦中说的还是移民。真正做到了抛开杂念、忘我工作、一心为着移民。移民干部不仅在做移民工作时始终怀着满腔的真情,而且在执行移民政策、处理移民利益时始终做到了公平公正,一丝不苟,不徇私情,一心为着全体移民。在工作纪律上,库区移民干部严格遵守"五个不准",即不准抽好烟,不准上酒馆、茶座、洗头房等娱乐场所,不准搞任何形式的赌博活动,不准在公共场所发牢骚和讲与移民工作者身份不符的话,不准钻政策空子、出歪点子。一些移民想通过亲戚朋友关系到移民干部那里走后门,也都一概被移民干部婉言拒绝。移民干部徐志雄在清点果木时,为了移民的一棵野生杨梅树,宁可爬上几里山路,亲眼现场察看,也不随随便便地就按移民自己的要求,将其登记成栽种的杨梅树。北山籍一位做移民工作的干部厉超光,在发现自己家丈量宅基地时被少丈量了十几个平方米的情况下,为做好其他移民的工作,顾全大局,没有要求复核。正是当地干部群众的无私奉献和大力支持,移民安置工作才得以顺利进行。

4. 忍辱负重,无私奉献是滩坑精神的宽阔胸怀

在青田温溪、油竹新区等安置乡镇,村"两委"干部和广大群众都自觉将最好的地段调置出来,出让给移民建造安置房或当作生产用地。当地的群众说:"我们愿意拿出最优等的土地,敞开胸怀接纳滩坑移民。"当地干部群众都是把村里最好的土地让出来给移民,显示出了一种高尚的无私精神。比如在船寮镇舒庄村,村民颜建南、颜伟峰等几个农户就把自己准备用于建造别墅的土地让出来,提供给移民当作建设用地。在青田北山镇,一位台胞还主动将自己盖的洋房无偿提供给移民干部作为办公用房。同时以模范效应影响与带动移民。一个基层党组织就是一个堡垒,一名共产党员就是一面旗帜。景宁"移民先锋"工程的实施,使移民群众学有榜样,赶有目标,呈现出踊

跃报名、主动搬迁的可喜局面。金钟村党支部书记林日尧，他带领该村的党员干部，以及他们的亲友率先申报动迁，当原申报的安置点人数过多时，他就主动配合工作组做好随他申报的 30 位移民改报其他安置点。广大移民干部不仅是一支特别能吃苦、特别能战斗的队伍，而且还是一支特别能忍辱负重、任劳任怨的队伍。在工作组成立之初，许多移民对移民政策还不理解，特别是在"北山事件"当中，广大移民干部真正是做到了"打不还手，骂不还口"，充分显示了共产党人的宽广心胸和共产党人用特殊材料做成的先进性。对移民干部来说，不仅完全打破了 8 小时工作制，而且还取消了双休日制度，在双休日采取 AB 制轮班工作，每个干部最多只能半个月回一次家，我们的移民干部甚至有两个月没回过家的情况。只要是移民工作的需要，只要是移民群众的需要，不论是上班还是下班，马上就投入到紧张的工作中去。片区移民干部还将自己的电话做成电话联系卡分发给移民，以便与移民及时取得联系。移民干部无论是因公或是因私离开库区都自觉履行请假登记手续。

（三）滩坑精神对新时期党的工作的启示

2005 年 1 月 28 日，时任省委副书记、省长吕祖善视察滩坑水电站建设时，对滩坑移民工作作出了高度评价，他指出，党委和政府坚持科学发展观，统筹安排，广大干部情系移民，服务移民，不畏艰难，做深做细政治思想、政策宣传引导等一系列工作，在很短的时间内取得了移民群众的信任，赢得了他们对移民工作、电站建设的理解和支持，工作顺利推进，成绩来之不易，更是难能可贵。滩坑移民工作充分发扬、升华了我党多年来的优良传统，是党的执政能力最有力的检验，是党员先进性教育最生动的教材。

团结创新，攻坚克难，真心为民，无私奉献，这就是滩坑精神！这就是新时期广大党员干部群众用热血和智慧铸就的滩坑精神！正是因为有了这种精神，才形成了万众一心建设美好丽水的志向，正因为有了这种精神，才使丽水精神的内涵注入了鲜活的内容。我们完全可以相信，有了这种精神，在未来的道路上不管遇到什么样的艰难险阻，不管有多大的曲折和困难，我们的事业都将无往而不胜！我们的目标都将能够实现！

一是必须始终坚持党的群众路线。在滩坑移民工作中，我们深刻认识移民工作的实质就是做新时期群众的思想工作，始终坚持走"一切为了群众、一切依靠群众，从群众中来、到群众中去"的群众路线，把"对最大多数移民负责、对移民今后发展负责"作为移民工作决策的切入点，全心全意为移民争利益、办实事、解难事、做好事，争取到了广大移民的配合和支持，成功扭转了移民工作的被动局面。实践证明，始终坚持党的群众路线，争取广大移民群众的支持，是做好新时期移民工作的重要法宝。

二是必须始终坚持敢于探索创新。在滩坑移民工作中，我们勇敢面对情况异常复杂、缺乏现成经验的困难挑战，不断开拓探索，创建了一整套完善的移民政策体系和工作体制机制，有效破解了一系列移民工作难题，为全国大中型水库移民工作积累了十分宝贵的经验。实践证明，始终坚持敢于探索创新，制定实施切合实际的政策，是做好新时期移民工作的重要保障。

三是必须始终坚持依法公开运作。在潍坊移民工作中，我们准确定位移民工作是在市场经济条件下用计划经济手段做人的利益调整工作，牢牢把握移民的多样性、复杂性、多变性和趋利性，始终把依法公开、公正透明贯穿整个移民工作过程，切实做到制定和执行政策平衡一致、工作方式方法公平公正、工作程序公开透明，得到了广大群众的认可和信任，为移民工作稳步有序推进创造了有利条件。实践证明，始终坚持依法公开运作，维护好移民工作公信力，是做好新时期移民工作的重要基础。

四是必须始终坚持全力维护稳定。在移民工作中，我们牢牢把握"没有稳定就没有移民工作的一切"思想共识，始终坚持"维稳先行、维稳在前"原则，健全情报收集反应机制，随时掌控移民有关动态，迅速妥善处置突发事件，有效维护了库区社会稳定和法制权威，为全县移民工作深入开展提供了有力的保障。实践证明，始终坚持全力维护稳定，在平稳中有序推进移民工作，是做好移民工作的重要前提。

第十八章　坚持移民实践中
"怎么看怎么办"的辩证观

在滩坑移民实践中，之所以能够短时间内完成 5 万移民任务，是因为滩坑移民工作者在实践中深入认识了移民自身的辩证性质，准确把握了移民实践中的基本矛盾与基本规律，并尊重规律、敬畏规律和利用规律。[①]

一、移民实践中的十大关系与基本矛盾

一位做移民工作的领导曾深有体会地说[②]，滩坑水电站建设从移民对电站上马和移民工作的质疑到形势的逆转到工作有序推进的过程，就是一个不断认识规律、破解矛盾的过程，一个打破平衡、寻求平衡的过程，一个在没有任何经验可以借鉴的情况下，对决策能力、执政能力的挑战，对破解难题能力、解决问题水平的考验，对机制的全新探索与创新的过程。

（一）正确处理好国家利益和移民利益的关系

丽水处在浙西南山区，省情市情决定了滩坑移民工作必须符合现阶段的实际。一方面经济发展需要加快水利水电基础设施的建设，另一方面省市政府又不可能一下子拿出很多资金来解决移民问题。只有当地经济发展了，移民才能得到更多的利益。同时只有移民群众的权益得到充分保障，国家的建设才能得到移民群众的理解和支持。国家利益和移民利益是互相依存、互相促进的。国家应该充分重视移民的困难，关心群众的生活安置和生产发展，利用政策的优势和行政的手段保障移民搬得出、稳得住、富得起。应发扬自力更生精神，在省市各级政府的帮助下勤奋创业，劳动致富。[③] 丽水在水电移

---

① 参见陈纯柱：《重庆移民实践与中国特色移民理论的创新》，《重庆三峡学院学报》2003 年第 4 期。

② 参见丽水市移民办整理的材料《滩坑日记》。

③ 参见张基尧于 2001 年在全国水库移民工作会议上的讲话。

民安置中采取前期补偿补助和后期扶持相结合的政策，实行安置任务、资金、责任捆绑式包干，长期的实践证明这是一条符合本地实际的行之有效的政策，是把本地的整体利益和移民的局部利益有机地结合到了一起的政策。

（二）正确处理好移民工作与工程建设的关系

长期以来水利水电建设中存在"重工程，轻移民"的倾向。工程建设的业主单位必须充分重视移民工作，依靠地方各级政府，把移民资金、移民规划落到实处。移民机构和移民群众也必须顾全大局，以工程建设为己任，认真执行国家的移民政策，千方百计保障工程的顺利进行。各级政府要像重视工程那样重视移民，切实加强领导，搞好科学合理的规划，保证移民资金及时到位，严格监督，合理使用。[1] 只有这样才能既保护移民的合法权益，又保证工程的顺利建设。

（三）正确处理好移民迁入安置与当地经济发展的关系

现在有一种安置地区总想通过安置移民得到的资金发展当地经济的倾向，这种倾向不利于移民安置和地区长远发展。因为移民补偿资金是有限的，用于当地经济发展多了就意味着移民发展生产资金的减少，尽管安置区可利用移民补偿资金得到暂时的发展，但移民如果迁入后因资金缺乏，生产发展缓慢就会使安置区经济滑坡，并带来安置区的诸多不安定因素，最终影响了安置区的经济发展。[2] 因此，从长远看，兼顾两者利益、正确处理两者关系，把移民安置和生产发展放在首位，是使移民和安置区群众共同富裕、协调发展的正确选择。

（四）正确处理好搬迁移民与安置区群众的关系

移民群众为了国家建设离开祖祖辈辈生存的家园到新的地方生活，将遇到一系列的困难，一下子很难融入安置区的社会，容易与当地群众产生一些矛盾。安置区的群众由于生产资料和基础设施被挤占，也可能会产生抵触情绪。作为移民工作者要慎重处理好两方面的关系，既要适当照顾移民的利益，又不能把移民看作特殊公民，在基础设施建设和生产扶持方面应尽可能考虑各方面的利益，既使移民得到最大实惠，又能使安置区群众的损失尽量减到最少。同时要做好耐心细致的思想工作，让当地群众在感情上尽快接受移民共建家园，共同发展的愿景。

---

[1] 参见张基尧于2001年在全国水库移民工作会议上的讲话。
[2] 参见张基尧于2001年在全国水库移民工作会议上的讲话。

（五）正确处理好移民近期安置和长远发展的关系

移民安置首先要解决好刚刚搬迁后的移民的生活问题，特别是吃饭、住房、交通、电力、饮水、上学、就医等基本生活和基础设施问题。但是，只有生活安置是远远不够的，生产的发展才是移民稳得住的关键。各级移民机构和安置区都要管好、用好移民发展资金，降低和压缩公共设施的标准和规模，加强移民的技术培训，为移民的生产发展提供各种便利条件。对移民安置各项建设，要从库区移民的实际出发，按照经济规律办事，规划到位，量力而行，分步实施，不可能把多年以后的事情一下子都办成。①

（六）正确处理好在建工程移民安置与移民遗留问题的关系

在建工程移民安置要学习老水库移民好的经验，坚定不移地坚持开发性移民的方针，做好在建和新建工程的移民工作，不再遗留新的移民问题。同时要集中精力多方争取，筹集解决老移民遗留问题的资金。在充分做好规划的基础上统筹兼顾、重点安排、分步实施，解决一批减少一批，用最快的时间使老移民的生活水平有一个较大的提高。

（七）正确处理好受益区与受淹区的利益分享关系

移民补偿资金要坚持"谁受益、谁承担"的原则。要建立一种合理的补偿机制，利用水库资源搞开发所得应当按比例逐年返还，用于移民和其他受淹区的群众作为发展的后期扶持。各级移民主管部门要开拓创新，为地方政府出谋划策，充分认识到移民存在的困难和问题，广泛宣传工程的效益和作用，让全社会了解工程的效益和经济的发展是与移民所作的贡献分不开的。积极促进地方政府和有关部门出台移民补偿政策，多层次、多渠道增加对移民的投入，使他们在自力更生的前提下，依靠政府的帮助尽快脱贫致富。

（八）处理好项目业主与地方政府的关系

各级地方政府负有动员群众、组织群众，发动全社会实施移民搬迁安置的责任。移民工作涉及面广，各项任务艰巨、复杂，只有通过各级政府的组

---

① 参见张基尧于 2001 年在全国水库移民工作会议上的讲话。移民安置要贯彻"搬得出、稳得住、能发展，逐步能致富"的原则。"搬得出、稳得住"是指近期安置的问题，"能发展"指的是长远的问题。规划到位，就是要根据移民安置区的实际情况，远近结合，统筹安排，制订科学可行的规划。分步实施，就是要首先恢复移民原有生产生活条件，然后根据资金来源和承受力情况，把属于长远发展的事情逐步落实到位。

织领导和层层负责才能完成。因此,移民搬迁安置工作必须由地方政府负责。地方政府负责是指实施国家批准的移民安置规划设计,包干使用移民投资。实践证明,在各级政府层层负责的基础上实行投资包干的办法是行之有效的。虽然移民工作要紧紧依靠各级地方政府,但移民安置规划的审查和移民概算的编制、移民资金拨付,移民实施进度、质量、投资的监督检查以及移民后期扶持等都离不开项目业主,必须强化项目业主的管理职能,即项目业主依据基本建设程序对移民工程实施管理。一方面要切实实行包干,另一方面绝不能以包代管。

(九) 处理好移民就地安置与异地安置的关系

一是移民安置去向的确定,必须以环境容量为基础,因地制宜,实行就近安置与异地安置相结合的方式。在环境容量允许且不破坏生态和水土保持的情况下,农村移民要以就近安置优先,熟人熟土,容易接受。如果就地安置没有足够的安置容量,就必须考虑外迁,实行异地安置。二是异地安置应遵循由近及远的原则,先本县,后外县,先本省,后外省。对异地安置的移民,各级政府要认真做好管理、协调和服务工作,使移民外迁有计划有组织地进行,避免形成自发的盲流。三是移民安置要坚持从实际出发,因地制宜,多渠道、多形式、多方法地安置移民。根据当地的资源条件和经济技术条件,实行以农业安置为主,其他安置方式为辅。要因地制宜,科学规划,宜农则农,宜工则工,宜商则商,不搞一刀切。

(十) 处理好国家投入与自力更生的关系

要安排好移民的生产和生活,并为移民长远发展和移民生活水平的提高创造条件,使移民同安置区居民同步发展,要靠国家的投入和移民群众自力更生有机结合才能实现。国家投入和社会支援都是外部条件,移民群众自身的努力才是根本。在移民安置过程中,各级政府应教育和引导移民群众发扬自力更生、艰苦奋斗的精神,体谅国家的困难,依靠自己的聪明才智和勤奋劳动重建幸福的家园,避免出现依赖国家和政府的现象。① 只有这样才能实现"搬得出,稳得住,能发展,逐步能致富"的目标,才能促进移民经济的发展和社会的稳定。

二、以辩证思维分析解决移民实践中的社会问题

非自愿移民一直是世界性难题,而在各类非自愿移民活动中,水利水电

---

① 参见张基尧于 2001 年在全国水库移民工作会议上的讲话。

移民尤其是水库移民的问题最为复杂、影响最为深远、涉及面最广、实施难度最大,是十分复杂的"人口—资源—环境—社会—经济系统"的破坏、修复、调整和重建的系统工程。移民工作分为补偿、搬迁、恢复与发展三个阶段,每个阶段都必须以社会稳定有序为基础。移民引起地区人口数量机械增长,实现区域社会再造,在这一剧烈社会变迁过程中,社会问题、社会矛盾与社会冲突凸显,对移民社会稳定和经济可持续性发展造成强烈冲击。此时,各类主体利用社会规范体系开展服务、协调、组织、监控的过程和活动来维系社会秩序,规范社会行为,协调社会关系和化解社会矛盾,这就是社会管理。因征地、拆迁造成社会紧张氛围及其渲染下无直接利益群体参与,造成水库移民上访不断、群体性事件频发,不仅造成社会资源的极大浪费,也导致库区秩序动荡和社会经济发展倒退。

因此,加强移民社会管理建设具有内在的必要性与紧迫性。移民问题表面上看是由征地行为引起的,却有着广泛而深刻的社会根源,只有借助总体社会的理论与实践知识,深刻把握区域性移民社会的特殊性,才能探索水利水电移民社会管理的新知识。[①]

(一) 社会关系重构的不协调性

滩坑水电工程改变了水资源的区域配置和利用方式,形成人与自然资源的新关系,也重新缔结了各利益相关群体之间的关系。一般而言,水电项目利益相关者包括移民、安置区居民、项目业主、水库上游和下游的居民、移民机构、各级政府有关部门、设计咨询单位等。从组织的角度上讲,涉及国家、市场、社会三大部门的交互关系,从参与主体的角度上讲,涉及政府、企业、移民三大主体的交互关系。"政府—企业—社会"的合作三维是中国"国家—社会"关系新型形态,但考虑到水利水电工程的公益性质或准公益性质,我们需要理顺的主要是政府与社会之间的关系,同时兼顾水电企业与二者之间的关系。齐美尔认为,社会是各种关系形式的总和,是一个由单个人所构成的复杂的相互作用的网络,是因相互作用而联系起来的无数个人的总称。水利水电工程征地拆迁活动不可避免的产生移民,伴随资产处置、移民搬迁与社会生态系统恢复等,移民个体通过互动构建起各种关系,组成了移民的新社会关系体系。当社会关系体系处于协调发展的状态时,社会就会处于和谐的动态平衡,反之,社会的秩序就会遭到破坏。根据历史经验,每当新的力量注入某一社会,都会打破原有的平静,重新形塑各阶层、群体间的关系。各利益相关集团总是试图利用手中的武器争取关系网络中更有利的位

---

① 石智雷、杨云彦:《非自愿移民经济恢复的影响因素分析——三峡库区与丹江口库区移民比较研究》,《人口研究》2009 年第 1 期。

置，来获得更多的资源。水库移民是政府强力干预下的社会再造，它从一开始就不单单是原有社会的重建，而是适应工业化、城市化、信息化和市场化潮流，并融入了新农村建设、移民市民化等多种发展探索。这不仅增加了移民过程的复杂性，也一度让"国家—社会"呈现出一种反常的紧张关系，成为水库移民稳定与发展的现实困境。值得一提的是，移民社会管理既可以作为目的又可以看成是为实现某些进一步目的的手段。当通过变革、创新丰富和完善移民社会管理体制时，其本身就是目的；当为提供、调整和增进移民社会福利，实现移民社会权利时，社会管理、政治管理、经济管理和文化管理共同将作为实现目标的手段。

（二）移民社会管理问题的根源

1. 利益抗争

利益可以分为物质性利益和非物质性利益，物质性利益中又以经济利益的实现成为人类活动的主要取向。我们在承认各利益主体之间存在共同利益的前提下，还必须认识到利益的差别和对立。在追逐利益的过程中，资源禀赋差异造成主体间竞争能力的优劣，一方总是试图压制另一方，并占取有利位置，形成强势利益阶层和弱势利益阶层的紧张对立关系。倘若没有一个完善的利益关系协调机制，就极易诱发利益冲突。利益冲突是人类社会一切冲突的最终根源，也是所有冲突的实质所在。

水利水电工程移民是指因大坝建设和水库蓄水导致人口迁移和社会经济系统重建的过程，必然涉及移民资产的补偿和公共资源的重新配置。迈克尔·M.塞尼提出，任何工程都只能以造福于民为目标，不应为了整体利益，损害少数人的利益。然而，现实生活中公共话语权缺失使得移民难以正常地表达利益诉求，当矛盾积累超过一定的阈值时就会爆发大规模的群体性事件。目前，经济利益诉求诱发的社会抗争已成为水库移民社会不稳定的基础性因素。

移民经济利益问题包括淹没资产补偿和增值收益分配两个部分。就前者而言，我国水库移民尚未实现市场性安置，决定了对资产是一种补偿而不是赔偿，加之水库淹没的往往是与移民生活息息相关的优质资源，补偿标准偏低成为激发移民不满情绪的首要原因。就后者而言，按照经济学家的观点，财产价值增加的过程也是矛盾爆发的过程。一方面，利益分配不合理，例如在土地增值部分的收益分配中，开发商拿走了土地增值收益的大头，占40%～50%，地方政府拿走土地增值的20%～30%，农民的补偿款只占5%～10%；另一方面，利益共享机制缺失，使移民难以从项目的发展中获益，反而"因移致贫",逐渐被边缘化。①

2. 文化冲突

人口迁移让移民进入到一个陌生的领域,深刻体会着区域文化、城乡文化之间的差异。水库移民多处于我国落后的农业地区,乡土文化较为浓厚,移民普遍化和结晶化的行为模式或信仰经历了漫长的时期,并在人们的日常生活中发挥着重要作用。当遭遇异文化时,移民试图用原有文化解读新文化时遭遇到了新旧文化的碰撞。也就是说,移民生活和工作的场域变了,但原有的习惯依然存在,并保持较长时间。这一结论可以用移民后小孩比老人更容易适应新文化来证明,时间越久,文化的积习在移民身上的沉淀越深厚。此外,能否实现文化认同还取决于移民自身能力素质与新环境的契合程度。如果能够在新环境中找到自我发展的机会,并获得满足感和安全感,移民就倾向于接纳新文化,反之,移民就会退缩到原有文化的保护域内,排斥新文化。

3. 意识觉醒

如果社会所包含的个体逐渐增加,通信、交通等日益发展,大大缩短了人们之间的空间距离和社会距离,人们之间的联系也会越来越密切,其影响也必然会越来越大。当个人的印象融汇起来,就形成了集体的印象,如果集体印象有了固定的形式和固定的对象,那么集体意识便具有了确切的特征。从早期碎片化的诉求表达到现在移民越来越意识到自己是作为一个集团存在,意识到自己在与其他集团互动中的利益和要求,移民的集体意识在不断增强。他们开始采用集体行动的方式参与和利益主体之间的博弈。与集体意识增强相伴随的是移民现代性意识的发展。移民的思维认识、价值观念、行为方式正在向现代化农民转变,主体意识、法律意识、市场意识增强,能够更加理性的审视自己的处境,根据具体事件性质分析自身在其中所扮演的角色,积极利用传统、法律等为群体的行动提供合法化的说明。②

(三)移民社会管理的路径选择

1. 政府职能转变

不管是从公共管理学还是社会学的角度界定社会管理的基本内涵,学者们都不约而同地把政府作为社会管理的第一责任主体,甚至唯一的管理主体,

---

① 严登才、施国庆:《农村水库移民贫困成因与应对策略分析》,《水利发展研究》2012 年第 2 期。

② 许佳君、彭娟等:《三峡外迁移民与浙江安置区的社会整合现状研究》,《西南民族大学学报》(人文社科版)2006 年第 7 期。

充分说明了政府在全社会中处于领导和协调的中心位置，扮演了"强政府"的角色。政府为社会管理和社会权利实现提供的最重要的公共服务就是稳定的秩序，其次是有关社会分配和社会福利的制度。水利水电工程移民是政府行为，地方政府甚至是实施移民工作的"唯一承包商"。在实施移民工作中政府存在着两难困境：一方面它作为公权力的代表，要实现移民的利益的最大化；另一方面，它作为组织存在，有自身的利益取向，显然这种利益诉求与移民并不一致，容易造成利用公权力侵犯私权利。

我们将政府移民管理的现状简单归纳为以下几点：①重搬迁阶段、轻发展阶段的断裂管理思维，移民工程系统性认识不足；②政府作为移民社会管理的主体，公众的参与能力不足，移民多被动参与或非常规性参与，两者容易形成对立而非协同关系；③追求静态的稳定，忽视动态稳定，库区成为高危地带；④压力型体制下的任务导向，求稳怕乱，惯于使用正式化的社会控制，依靠警力、法律等制度化的手段和工具，忽略了风俗习惯、伦理道德、信仰等非正式化的手段。移民社会属于"强政府和弱社会"的管理模式。根据制度运行的惯性，未来这种模式还将持续很长的一段时间，将政府职能转变作为社会管理建设与完善的路径理所应当。

2. 国家与社会关系重构

社会管理建设与完善的另一条路径是国家与社会、个人关系的重构。随着社会由政治国家和私人领域的两维结构转变为政治国家、市民社会、私人领域三维结构，中国正从总体社会向多元化社会转变，也是各种社会力量、各种组织的角色和功能重新定位与整合的过程。我国水利水电工程移民安置方式大体划分为划拨或调剂土地以置换方式安置、行政手段低补偿简单安置和开发性移民安置三个阶段。

宏观层面上，移民安置方式受国家社会经济发展战略转变的影响——从以"政治为纲"到以"经济建设为中心"，到实现可持续发展，再到以人为本的可持续发展，人们已认识到移民与工程是同等重要的组成部分；微观层面上，移民安置方式是各主体之间互动博弈的结果，一种安置方式本质上代表了一种利益分配格局。如果将移民社会管理作为一个场域，国家力量的"逐步退场"和社会力量的"逐步进场"同时发生。国家的逐步退场表现为移民社会中管制型政府、建设型政府、服务型政府并存，并以建设服务型政府为目标。社会的进场主要表现为水库移民或各类非政府组织不再仅仅是社会管理的客体，扮演被管理者的角色，而是逐步成长为具备自我管理、自我服务能力的社会管理的一大主体，能够纠正政府失灵和市场失灵。社会力量作为批判性的力量而存在，与政府力量尚处于磨合期，库区社会冲突事件频发就表明了政府与移民之间紧张关系的张力。移民社会管理的目的本身就是通过重构国家与社会之间的关系，将两者之间对抗性力量转化为支持性力量。

三、移民实践中工作方法的创新性拓展和运用

滩坑水电工程是浙江省继金温铁路后最大的扶贫工程，是省委省政府扶持欠发达地区发展，加快贫困地区群众脱贫致富的重要举措，是"五大百亿"工程中"百亿帮扶致富建设工程"的一项重要工程，它倾注了几代省、市领导的大量心血，凝聚了丽水市人民近半世纪的期盼与努力，是一项"扶贫工程""民心工程""德政工程"。滩坑水电站项目也是丽水有史以来最大的工程项目，电站设计总库容 41.5 亿立方米，电站装机 60 万千瓦，年发电量 10 亿多千瓦时，工程总投资近 50 亿元。电站水库淹没区涉及青田、景宁 2 县 10 个乡镇、80 个行政村，需要移民 5 万余人。

（一）移民实践中的新认识

移民社会重建是政府干预的人为秩序设计工程，致力于新秩序的清晰性和可控性，容易忽视基层社会异质性的实践知识以及该区域内移民群体的需求，造成现行移民社会管理属于技术控制管理而非需求治理，导致政府做得越多，与移民的关系反而越紧张。①

1. 移民诉求的四个基本类别

一是生存诉求。生存诉求就是移民要满足衣、食、住、行、教育、医疗等基本生活需要，可以以贫困线作为衡量指标，越是低于贫困线的人口，越是拥有强烈的生存诉求。由于土地补偿标准提高、以农业安置为主以及开发性移民与后期扶持政策等，这些措施让移民生存诉求在整体上不具有显著水平。②

二是安全诉求。在相对稳定的环境中，人们容易培养起安全感和建立应对环境渐变的信心与能力。移民在迁移过程中，大部分人口经历了资源与环

---

① 参考伊庆山、施国庆等：《水利水电工程移民社会管理研究——基于诉求组织化表达的视角》，《西北人口》2013 年第 1 期。社会管理由管理和服务构成，其中管理是对公众需求的管理，服务是公众需求的满足，无论哪个环节都需要对移民基本诉求进行根源性诊断。

② 参见伊庆山、施国庆等：《水利水电工程移民社会管理研究——基于诉求组织化表达的视角》，《西北人口》2013 年第 1 期。在统计学中，均值难以反映研究群体内部的差异性。我们将移民群体进行细化分类，按照阶层分化将移民为强势阶层和弱势阶层，由于后者原有家庭经济基础薄弱、自身能力缺乏，这部分人极易陷入贫困境地和被边缘化，弱势群体的生存诉求具有显著水平；按照安置方向将移民分为后靠移民和外迁移民，由于水库淹没的往往是与移民生计相关的优质资源，后靠移民重新获得的生计资源数量和质量上都不如从前，难以维持原有的生产生活水平，后靠移民的生存诉求具有显著水平。

境的巨大变化，原有生产生活方式、经济结构、社交网络、习俗传统被打破，移民的安全诉求被激发。[①] 移民失去了土地，就失去了生活保障，又没有配套的完善的农村社会保障制度，来到新地方难免不适应。

三是公平诉求。讲求公平并不意味着"均等化"，而是在承认资源禀赋和能力差异的基础上，每个人都能够根据自身条件拥有机会参与社会竞争。[②] 移民公平诉求的提出正是源于社会机会的不平等，移民社会中某些集团不仅利用自身优势获得更多的资源，而且采取各种手段将机会的不平等固定化，形成社会屏蔽，导致一些移民产生持续的相对剥夺感，易产生心理和社会的危机。

四是发展诉求。随着开发性移民政策的实施，"把移民作为一次新的发展机遇"成为移民社会中常见的政治话语和公共话语，移民自觉或不自觉地就产生了改变自身命运的期待。[③] 移民在重新构建生产生活时，愈发认识到自身才是发展的责任主体和行动主体，更加需要分享改革成果和工程建设带来的效益，通过完善政府制度安排和移民自身努力，变"被动式政府问题应对型发展"为"主动式移民自我实现型发展"。

2. 对移民诉求的深化认识

人本主义心理学家马斯洛认为，人的基本需求分为五种，像阶梯一样从低到高，按层次逐级递升，只有在较低层次的需求得到满足之后，较高层次的需求才会有足够的活力驱动行为。水利水电工程移民同样遵循马斯洛需求层次理论，且存在内部差异性和外部不均衡，不同诉求相互交织，既有一致也有对立。正是这些诉求的复杂性使得政府对其难以及时准确把握，造成移民诉求与政府作为之间的不对称，致使社会管理失灵。所以应当对识别移民诉求的手段和方法进行优化设计，弄清楚移民诉求的脉络图谱，才能据此制

① 参见伊庆山、施国庆等：《水利水电工程移民社会管理研究——基于诉求组织化表达的视角》，《西北人口》2013年第1期。归纳起来，安全诉求的产生主要是两个方面的原因：第一，现有补偿政策没有考虑到土地的保障功能，农村社会保障制度建设尚不完善，移民对未来生活的稳定性普遍感到焦虑，这也导致了移民在征地阶段抗争不断，极力保护手中的土地；第二，原有的文化、行为规范难以解释新环境中的事物，通常容易造成涂尔干所说的"社会失范"，移民日常生活中缺少了可行的规范准则，造成思想上巨大波动。
② 参见伊庆山、施国庆等：《水利水电工程移民社会管理研究——基于诉求组织化表达的视角》，《西北人口》2013年第1期。正如孙立平所提出的"热带雨林效应"，好的社会生态是不同阶层的人都能够在其中找到生存的机会。
③ 参见伊庆山、施国庆等：《水利水电工程移民社会管理研究——基于诉求组织化表达的视角》，《西北人口》2013年第1期。家庭积累薄弱、能力缺乏、社会融合障碍以及对基层政府信任缺失导致移民难以树立发展的信心。这其实是事物发展过程中的矛盾性，移民发展中否定性心态和建设性心态并存。

定合理可行的治理措施。

在现行体制和政策条件下，水库社会和经济环境的变化不可避免地会引起移民的社会抗争，政府的管理方式和手段既可以化解危机，亦可以助长其势。库区社会问题凸显、矛盾与社会冲突不断说明了现行的社会管理与移民诉求不相契合，削弱了移民政策的有效性。因此，无论从社会管理创新还是从移民政策制定，都要先准确把握移民的利益诉求，利用组织化方式能够成功实施这一关键环节。正所谓"工欲善其事，必先利其器"，人类能否通过水利工程来控制洪水、除害兴利，必须先要准确测量河流的水文、水资源等特征，据此才能设计合理可行的大坝。这一关系同样适合于描述移民社会管理，只有准确识别移民的各种诉求，如同把握了移民这条河流的水文、水资源特征，才能进行制度创新和手段创新，真正整合政府、企业、移民三驾马车的巨大力量。

（二）移民实践中的新做法

移民工作是电站建设的关键和难点，被称为"天下第一难"。政策是移民工作的生命线，直接关系到移民群众的切身利益，事关移民群众的思想稳定，事关移民工作的成败。2003 年 5 月工程启动之初，由于移民政策出台滞后于移民进度任务，政策宣传也不到位，以及经验不足、工作不细等原因，库区连续多次发生群体性事件，坝址所在地及北山镇发生了打砸抢以及冲击镇政府等暴力行为。对此，省委、省政府、市委、市政府高度重视，切实加强领导，通过加快政策出台，加大政策宣传和实施力度，把政策交给移民，从而迅速扭转移民工作不利局面。市移民办充分发挥职能作用，当好市委、市政府参谋，以移民为本，在省政府确定的大政策框架内，创造性地做好政策实施以及配套政策的制定出台，维护好移民的合法利益，促进了各项工作顺利开展和稳步推进，使滩坑移民工作呈现良好的势头，主要有以下几方面创新工作：

1. 移民安置方式的创新

过去移民安置方式以政府统一定点安置为主。新形势下，这一切显然不合时宜，为此，我们在调查研究和借鉴外地成功经验的基础上，结合现阶段经济社会发展情况和库区移民实际，提出了政府统一定点有土安置、自谋职业安置、自谋出路安置，投亲靠友安置、养老保障安置五种安置方式，移民根据各种安置方式的条件和自身的实际情况，以户为单位申请选择一种符合自身要求的安置方式，这样既符合了不同条件、不同层次、不同群体移民对安置方式的不同需求，又体现了以人为本的宗旨，受到移民的欢迎。以青田县为例，人均耕地面积不足 0.3 亩，县内安置 21 300 多名移民，如果全部实行有土安置，县内将出现没有土地可以调剂的情况。而且，青田县出国华侨多，外出经商多，很多移民对土地没有依赖，自谋职业安置、自谋出路安置、养老保障安置等方式为移民提供了多种选择，为自愿移民创造了有利条件。

2. 移民安置形式的创新

过去水电站工程建设普遍存在着"重工程，轻移民"思想，相当部分移民是后靠安置的，强调靠山吃山、靠水吃水，严重影响了移民后期发展。而滩坑水电站移民安置为全部外迁安置，没有规划后靠安置，强调移民融入融合当地经济社会发展。在选择落实具体移民安置点时，结合集城镇建设规划、中心村建设和新农村建设规划，将移民安置点落实在沿江、沿路，交通比较方便，水、电、路等基础设施比较完善的集城镇和中心村，而且根据当地的经济社会发展规划，结合实际，采取集中安置和分散安置相结合。如龙泉市剑池、西街安置点建设移民新村，集中安置 2 000 余名移民，该安置点处在城区，基础设施与配套服务和城市建设同步规划建设，移民住着比城里人还宽敞的住房，过着和城里人一样的生活，享受着城市发展带来的便利，这样的安置方式，移民的满意度就很高。

3. 移民安置去向的创新

过去移民安置以政府定点安排去向为主。而滩坑水电站移民安置，采取政府主导与移民意愿相结合的方式，确定移民安置去向定点。从省到市、到县、到乡、到村，移民安置去向定点都由政府主导层面下发文件，分配任务落实到村。任务到村后，哪些移民到哪个安置点，具体办法由村民讨论决定，既可以通过抽签确定，也可以通过协商组合确定，还可以通过移民代表会议确定，充分体现移民的意愿，减少了移民的反复。截至目前，三个水平年移民全部采取政府主导与移民意愿相结合的方式确定安置点，大部分移民感到比较满意。

4. 移民安置程序的创新

过去移民安置程序比较简单，而滩坑移民安置程序比较严谨。移民安置点落实后，动迁地政府要组织代表赴安置地对安置点进行实地考察，签订政府间协议。然后由动迁地政府组织移民户主代表到安置点考察，进行移民对接，由移民户主与安置村代表签字。最后由安置地政府组织人员赴动迁地对移民对象进行复核审定。安置地、动迁地县级人民政府签订安置协议后，方可组织移民代表到安置地建房，组织移民搬迁，帮助办理相关手续，充分体现了依法移民，确保了移民迁得出，安得下，稳得住，确保了移民和谐融入，加快发展。

5. 补偿补助政策的创新

过去移民安置补偿政策以实物补偿为主。而滩坑移民安置补偿则充分考虑当地实际情况，出台政策充分考虑到不同群众的利益，政策更加细化，具有更强操作性。同时除实物补偿外，还设立移民建房补助资金，人均补助5 800元，对库区淹没实物少、生活困难的贫困移民实行政策倾斜，确保绝大多数移民能够建造起基本生活用房。

6. 安全措施的创新

过去移民安置的安全工作主要依靠政府包干，靠政府行政监管，业主、移民自觉。而滩坑移民安全生产工作则在制度规范和源头管理的基础上，利用市场经济的手段，实行安全生产准入制度。政府设定服务方资质条件，经过公开招投标，确定服务方，政府与服务方签订服务合同。移民户及有关对象只需确定服务时间，就可以享受到安全、优质服务。政府通过一系列的安全生产保障措施的创新，确保了移民建房、搬迁、防台度汛、清库、工程建设以及移民资金使用等安全，为移民工作稳步推进创造了良好条件。滩坑水电站移民动迁安置过程中，没有发生一起死人安全生产事故。

7. 责任落实的创新

滩坑水电站移民安置工作实行安置任务、资金、责任捆绑式包干的做法，同时在具体的工作实施中实行"统一领导，分级负责，责任到市县，乡镇实施"的管理体制，做到一级抓一级，层层抓落实，改变了过去哪级政府主办哪级政府包揽一切的做法，明确了各级政府的责任分工，提高了效率。创新是我们工作永葆活力的法宝。我们通过不断完善政策、创新政策、宣传政策、执行政策，实现了滩坑移民工作由乱到治，稳步推进，开创了我市滩坑移民工作的新局面。截至目前，第一、第二水平年共已搬迁移民41 444人，占移民总计划数50 301人的82.39%，第三水平年7 450名移民动迁安置的各项基础性工作基本完成，移民逐步融入融合到安置地，库区和安置地大局基本稳定。

第十九章 在移民实践中坚持 "强示范聚能量" 的党建观

中国共产党是领导我们事业的核心。中国特色的社会主义移民理论与实践，与中国共产党的领导是从本质上紧密联系在一起的，这不仅是一个理论问题，更是从一个被实践正反两个方面的经验证明了的实践问题。而党的领导不是一个抽象命题，它既体现为路线、方针、政策的正确制定，也体现为各级党组织坚强有力、卓有成效的创造性的执行和在实践中共产党员的先锋模范作用的发挥。滩坑水库库区的移民实践，正是从这三个方面充分体现了党在移民实践中的领导作用。

一、党的领导是实现工作目标的根本保障

从一般的观点来看，移民是一个人口移动的社会学问题，中国共产党的领导是个政治概念，似乎二者之间不存在必然关系。这种对移民认识的定位是不科学的，是仅从形式上看问题的一种片面的表现。事实上，移民实践和中国共产党的领导具有不可分割的内在必然联系，这种联系是由四个方面主要关系决定的。①

（一）移民的社会本质属性决定了移民实践需要有力的政治领导

无论是个体性移民或者全体性移民，其移民的动力和条件归根到底都是社会创造的，没有与之相适应的社会动力条件，任何移民实践都是不可能成功的。移民的本质内容也是以人口空间移动为载体的社会运动和社会再造。如果承认了移民的社会性本质，那么，就有必要回答移民的有序化问题。在现代社会，移民的有序化必须通过政策、法制才能实现。只有拥有政治决策权的主体才能制定政策，推进法制。在中国，只有中国共产党才能制定出符

---

① 罗晓梅、刘福银：《重庆移民实践对中国特色移民理论的新贡献》，重庆：重庆出版社 2004 年版。

合移民实际的正确的移民路线、方针和政策，才能推进移民实践中的法制建设工作并使之不断完善。事实上，任何社会的法律、政策的制定本质上都是同政党政治联系在一起的。在西方社会，政策与法律表面上是由政府颁布实施的，但是，西方社会的任何政策、法律从提出到通过或者实行，本质上都是同政治集团即政党政治联系在一起的，这已是被实践反复证明的一个公开秘密。中国共产党是领导我们事业的核心力量，移民的社会本质属性与执政的中国共产党的政治领导联系在一起，这种必然性是顺理成章的。

（二）移民实践的社会相关性和矛盾复杂性决定了需要党的坚强领导

移民工作难，其内容实际是由三个困难因素构成的：一是移民对象工作难做，二是移民牵涉社会面广难协调，三是移民过程中困难多难克服。移民实践中广泛的社会相关性的发生是必然的。因为移民就意味着社会资本的全面改变与重建；移民的客观内容涉及社会生活的各方面全过程。移民过程中的各种矛盾与困难，不过是移民社会相关性的具体表现与实践展开。移民社会相关性在实践中的一些问题，不是靠移民直接相关主体能够解决的，而是必须依靠具有驾驭社会全局的权威力量或政治力量。实践证明，解决移民实践中的社会相关性不是靠个人权威，而要靠政治力量的整体即政党。所以，做好移民工作离不开党和政府的坚强领导。

（三）移民带来的社会效应及其矛盾可能引发某些政治问题

为了顺利解决这些问题，强有力的政治领导就成为必然，因而必须加强党在移民过程中的领导作用。移民如果能够正常进行，它的社会效应一般只局限于社会领域，作为社会人口正常迁移的现象而存在。但是，移民实践的正常进程如果被打乱，移民的社会效应就会发生逆转，它会像江流演变为洪水一样由利变害，移民这一看似正常的社会问题就会转化为具有全局性影响的社会问题。当然，移民由局部正常的社会现象转化为影响全局的社会问题后，其内容首先表现为经济问题，比如移民生计无保障、移民政策问题、移民利益受损惨重等。移民经济问题的影响之所以会出现全局性影响，是因为移民主体对经济问题必然采取非理性方式，他们会把移民中的经济问题的影响力图向全社会扩散。面对移民利益受损后的种种非理性行为，迁入地和迁出地社会局部都是无力控制的。如果移民以经济问题为内容的社会全局性影响问题不能正确、及时解决，移民问题最后将演变为社会政治问题，影响一个地区乃至全国社会稳定。所以，移民问题，我们不仅要看到它的社会学意义，更要看到它是以经济为基础、为内容的政治问题。省委省政府在滩坑水库建设中，对移民问题给予了极大关注，这也说明了移民工作巨大的政治意义及政治风险，表现了中国共产党人政治上的高瞻远瞩与执政能力的成熟度。

（四）加强移民党建是新中国成立以来的移民历史经验的科学总结

在移民工程中加强党的领导，是一个整体性概念，其含义是加强各级党委、政府对移民工作的领导，不断创新移民党建工作方式，提升移民党建工作水平；移民地区的党组织和政府要把移民工作当作全党的中心工作来抓，以此来看滩坑水库移民全过程，仍然值得进一步反思与总结。

二、党组织是移民工作的领导主体

党的各级组织是实现党的领导的载体，在移民过程中，党的各级组织怎么实现对移民工作坚强而有力的领导呢？根据滩坑库区的移民实践，党的各级组织必须通过三个方面的措施，才能实现党的各级组织对移民工作实践的有力领导。

（一）党组织在移民工作中的领导作用

1. 思想认识的统一是推进移民工作的前提

滩坑水电站项目的立项上马过程就是领导层思想不断统一的过程。从 20 世纪 50 年代开始规划，历任领导都在不断地争取。尤其进入 20 世纪 90 年代以来，随着项目实施条件的不断成熟，丽水争取滩坑水电站建设的要求更加迫切，领导层对滩坑水电站作为推进城乡统筹发展的"扶贫工程"和加快构建和谐社会的"民心工程""德政工程"的认识更加统一。2003 年 5 月 13 日，国务院正式批准滩坑水电站项目。市委、市政府随即召开滩坑水电站库区移民动迁安置动员大会进行动员部署。自 2004 年开始，市委、市政府连续四年春节过后第一次会议就召开全市滩坑水电站移民工作会议，统一不同时期干部的思想认识。

滩坑水电站建设的过程也是移民群众逐步理解、支持和奉献的过程。5 万移民 5 万颗心，工作初期，移民"不理不睬不签字，不冷不热不外迁"，移民干部跟移民群众之间存在隔膜，出现了"进不去、出不来"的被动局面。为此，各级党委政府组织开展了声势浩大的宣传活动，把蓝图交给群众，把政策交给群众，帮群众算大账、算远账，提出了"为子女移民"的理念。青田县提出"用最好的土地安置移民、尽最大的财力支持移民工作、用最得力的干部做好移民工作"。景宁县开展了"树移民形象，展景宁新风"主题教育活动。莲都区开展了"假如我是一个移民""今天的客人、明天的主人"的宣传活动。

同时，社会各界对滩坑移民工作大力支持。青田县、景宁县设立了特困移民帮扶资金，收到近千万元社会捐助；青田县的一些侨领及社会知名人士还专程到库区视察、慰问移民干部。

2. 工作机制的顺畅是推进移民工作的基础

建立主要领导亲自抓，分管领导具体抓，各大班子领导协力抓的机制。每逢到关键阶段、关键时刻、关键环节，主要领导都靠前指挥，亲自坐镇。市人大专题组织在丽省市人大代表对库区和市外市内有关安置区进行了视察调研，市政协专题听取滩坑移民工作情况汇报。建立领导和部门联系制度。青田、景宁两个库区县成立滩坑水电站移民指挥部，县委副书记兼任移民办主任和指挥部总指挥，抽调 1 800 多名干部进入库区。建立健全了县领导和部门联系包干移民工作制度，每位副县以上领导和各个部门单位都联系一个移民乡镇。库区乡镇移民工作队员实行包干到村、到户、到人，形成了较为健全的横向到边、纵向到底、齐抓共管的责任机制。同时，实行责任目标跟踪制，制定了一套较为完善的移民工作考核与奖惩激励制度，把移民工作列入乡镇目标考核，实行一票否决。莲都、龙泉、遂昌、松阳、缙云都成立滩坑移民工作领导小组，由党委或政府分管领导亲自主抓移民工作。为了确保电站按时下闸蓄水，加快推进库底清理工作，景宁县还组织开展了"千人百日攻坚"活动，建立和完善了具有强制性质的倒逼机制和责任分工体系，组织1 000多名干部和众多"亲友团"，奔赴库区进行最后的合力攻坚决战，取得了显著成效。

3. 移民政策的规范是推进移民工作的核心

2003 年 5 月工程启动之初，由于移民政策出台滞后于移民进度任务，政策宣传也不到位，以及经验不足、工作不细等原因，库区连续多次发生群体性事件。"北山事件"后，市委组织调研组跑遍库区各大行政村，召开座谈会36 个，与干部群众谈心交流 660 多人次，进一步完善政策，为以后移民工作的顺利实施奠定了基础。①严格执行现有移民政策。按照《关于切实做好滩坑水电站库区移民安置工作的通知》（浙政发〔2002〕23 号）要求，认真实施移民安置规划、落实移民安置计划、加强移民资金管理。②制定和完善移民政策。研究出台了《滩坑水电站库区移民安置实施意见》《滩坑水电站工程移民安置补偿标准》和《滩坑水电站库区移民动迁安置工作程序》等一系列政策，并根据工作进展情况的变化，动态地适时调整和完善政策，完成了近 5 万字的政策汇编。青田、景宁两个库区县注重全局政策的平衡，与省、市政策衔接，制定了一系列配套政策。③严格把握各类政策。在执行移民政策过程中，始终坚持公开、公平、公正的原则，严格按照政策办事，严格执行移民工作程序，严格按照有关法律法规开展移民工作。始终做到"已定的政策不松口，未定的政策不开口"，以问答、案例等群众一看就懂的政策文本，让移民群众了解政策，支持政策。④合情合理处理移民个案。在合法合规的前提下，按照以人为本的要求，对一些政策难以包容的移民个案进行了灵活处理，保障了移民的合法权益。如景宁县针对库区有房产、户口在库外、家庭无移民的清库影响人口，分类出台了宅基地处置办法。

4. 工作方法的创新是推进移民工作的关键

创业创新是当代社会的一个重要主题，滩坑移民工作从一开始就是一项伟大的创业创新活动。做好移民工作没有固定可套的工作模式，5年来，丽水各级党委政府和各级部门，把创新精神贯穿到移民工作的各个方面、各个领域。

（1）创新政策体系。按照省政府确定的政策框架，创造性地实现移民安置工作的"七个改变"：①在移民安置方式上，改变以政府统一定点安置为主的模式，提出了政府统一定点有土安置、自谋职业安置、自谋出路安置、投亲靠友安置、养老保险安置五种安置方式。②在移民安置形式上，改变移民安置后靠的形式，采取外迁集中安置和分散安置相结合的形式。③在移民安置去向选择上，改变移民安置以政府定点安排去向为主的模式，采取政府主导与移民意愿相结合的方式。④在移民安置程序上，改变移民安置的简单程序，提出了移民安置的12个步骤。⑤在补偿补助政策上，改变以实物补偿为主的单一模式，细化了安置补偿政策。⑥在安全保障措施上，改变由政府包干的做法，利用市场经济手段从制度上加以规范。⑦在责任落实机制上，改变了移民安置哪级政府主办哪级政府包揽一切的做法，实行安置任务、资金、责任捆绑式包干。

（2）创新动迁策略。积极推行"一线工作法"，创新出了"专、韧、活、稳"的四字移民经。

（3）创新移民建房形式，坚持移民建房"四自主"原则。在移民对接分配宅基地的一些具体操作方法上，创新了"抽签及自动跳位法""高考录取法"等。

（4）创新搬迁机制。坚持政府统一搬迁和移民自主搬迁相结合，加强源头管理，"分点分批定时"的搬迁原则，制订安全保卫方案和应急处理方案。出台政府统一定时、定点、定量搬迁和移民领取人均搬迁资金自主搬迁两种方案，政策上鼓励移民自主搬迁，变政府统一强制定时搬迁为移民主动提前搬迁，实现了库区清库"零滞留"。

5. 社会稳定的实现是推进移民工作的保障

维护稳定是移民工作的前提和基础，必须始终坚持"发展是第一要务，稳定是第一责任"的理念。"北山群体事件"以后，各级党委、政府更加高度重视稳定工作，把"不出大事"作为一项硬任务和"铁"的指标，坚持一手抓移民一手抓稳定，认真处理和协调移民工作中的利益关系，调动一切积极因素，做到"发现得早、控制得了、处置得好"，积极"走进矛盾、破解难题"，及时处理好各类矛盾，维护库区、安置区稳定。

（1）做好宣传解释工作。把移民的思想引导到动迁安置的各个阶段性工作上来，积极争取移民的理解和支持，努力形成依法移民、主动移民的良好氛围。

（2）坚持通过发展来维护社会稳定，又通过维护库区社会稳定为移民工作创造好的环境。着力化解各类矛盾，坚持做到"一个贯穿三个结合"，即：切实把做过细的思想政治工作与全面准确把握执行移民政策相结合、与依法办事照章移民相结合、与解决移民实际问题相结合，把耐心细致的思想政治工作贯穿移民工作的全过程。

（3）抓小抓早抓苗头，到村到户到人头。实行住村联心制度，要求各级党委、政府和移民安置地的乡镇干部、驻村干部、村干部，都要有敏感性，有洞察力，处置问题要果敢，办法要得法。特别是处置苗头性问题一定要严，绝不能形成组织、绝不能形成气候，把这两个"绝不能"提到讲政治的高度来认识、把握和处理。而且努力争取"化坏事为好事""化被动为主动"，以此为契机，最大限度地发挥其积极一面的作用。

（4）建立维稳机制和应急预案。建立健全移民信访维稳工作网络，建立移民思想动态定期分析制度、移民信访维稳工作例会等各项制度。按照"宁愿备而不用，不能用时备而不充分"的高标准、高要求，制订包括对少数人如何实施打击措施在内的群体性、突发性事件应急预案。

（5）进行矛盾纠纷问题排查和梳理。建立了矛盾纠纷调处动态跟踪机制，定期对各类矛盾和问题进行梳理，并分类落实责任单位和责任人进行解决。以预防为主，重视信访源和矛盾纠纷排查，把矛盾和问题解决在萌芽、解决在局部、解决在初始、解决在村户，及时有效处置违法活动，掌握了工作主动权。对少数唯恐天下不乱，破坏稳定局面的不法分子，坚持"三个打击"方针，较好地处置了"北山群体事件""8·17"异常上访、"10·23"非法集会等事件，及时通报真相，对涉案人员进行严厉查处。

6. 和谐格局的形成是推进移民工作的目的

只有和谐融入，才能实现滩坑移民的长治久安。5 年来，丽水市委、市政府牢牢把握滩坑水电站工程是一项扶贫工程、民心工程、德政工程这一特殊性，围绕"创业富民、创新强市"总战略，切实抓好移民和库区群众致富工作，让库周群众"留得下，出得来，致富有门路"，在倾心帮扶中推进了 5 万移民和 5 万库周群众共享发展成果。及时调剂 9 200 多亩生产用地并分配到移民手中，将 36 000 多名滩坑移民及时纳入后期扶持，每年落实帮扶资金 2 100

多万元，连续扶持 20 年。组织开展了 4 400 多人次的种植、养殖技能培训及就业技能培训，在移民安置点设立来料加工点 103 个，培养移民经纪人 125 人。完善库区县的四个集镇功能，加快 31 条库周公路等复建项目建设步伐，落实临时过渡措施解决蓄水后库周群众出行问题，委托浙江林学院开展了《滩坑库区发展战略研究》，积极争取库周群众下山脱贫政策，提出了对滩坑水库 41 亿立方米的水资源和 70 平方公里水域面积等库区资源进行综合管理的设想，为库区今后的长远发展、库周群众的增收致富和实施公共服务均等化打下了良好基础。

（二）党委在滩坑移民工作的基本做法

"电站易建，移民难办"，是水电建设的一个普遍规律。滩坑水电站建设重点在移民、关键在移民、难点也在移民。2003 年初以来，青田县移民工作在上级党委政府的正确领导下，紧紧围绕移民工作的总体目标，认真总结开局不利的经验教训，在披荆斩棘中克服任务繁重、时间紧迫、情况复杂、经验缺乏等现实困难，打开了移民工作稳步有序推进的良好局面，取得了移民工作的全面胜利。

1. 全面动员，构筑最有力保障

青田县委、县政府把滩坑移民工作作为全县最大的政治任务和经济任务来抓，明确提出"用最好的土地安置移民、尽最大的财力支持移民工作、用最得力的干部做好移民工作"，确保了移民工作有力、有效、有序推进。

一是人力上全力保障。根据"移民工作为先、移民工作为重"原则，规定全县干部必须无条件首先服从移民工作调配，并以是否具有移民工作经验作为干部提拔使用的重要依据，形成全县优秀干部向移民工作集聚的导向。同时，按照"政治素质好、群众工作精、政策水平高"的标准挑选移民干部，实行移民干部岗位培训合格录用制和岗位业绩考核制，制定执行移民干部"十个不准""十要十不要"等作风要求，着力打造移民工作团队一流的战斗力和执行力。2003 年工程开工以来，全县先后抽调 1 548 名干部从事移民工作，其中包括 11 名副县级以上领导和 118 名科局级干部。通过投身移民工作，先后有 7 名干部被提拔到正处岗位，11 名干部被提拔到副处岗位，54 名干部被提拔到正科岗位，118 名干部被选拔到副科岗位，193 位同志受到表彰。

二是财力上全力保障。在经济欠发达、县级财政困难紧张的情况下，千方百计筹措资金推进移民工作，先后调度财政资金 4.34 亿元投入基础设施建设、3.94 亿元投入滩坑库区复建、1.1 亿元投入移民后续扶持，总计投入资金近 10 亿元。另外，还积极发动全县党员干部、华侨、企业等社会各界捐款800 余万元，设立特困移民救助资金，帮扶困难移民建房、搬迁和发展生产。

同时，依照新出台的相关规章制度，实行移民资金县级集中统一支付制度，确保移民资金使用规范、安全、高效。

三是政策上全力保障。县政府坚持把区位优势最明显的沿江（瓯江）、沿线（330国道）经济强镇作为移民安置地，安置地乡镇把靠近城镇中心区、工业区的最好区块用于移民安置，在鹤城、温溪等经济发达乡镇安置的移民占县内安置移民总数的90%移民以上耕作条件由搬迁前人均0.4亩偏远山坡地变为搬迁后人均0.5亩成片优质耕地。结合具体移民工作，制定《滩坑水电站库区移民安置实施意见》《滩坑水电站工程移民安置补偿标准》和《滩坑水电站库区移民动迁安置工作程序》等一系列政策，对移民资格确认、移民补偿标准、动迁安置程序等作了具体规定。同时，根据移民进程中不断出现的新情况，制定出台40余项配套政策，形成了近5万字的政策汇编，构建了完整的政策体系。在严格执行移民政策的同时，按照合法合规、以人为本的要求，对少数统一政策难以涵盖的移民个案进行灵活处理，最大限度保障移民的利益。

四是氛围上全力保障。始终把营造有利于移民工作的大氛围作为一项重要工作来抓，每天通过电视、广播推出滩坑专题节目，通过报纸推出《今日滩坑》专刊，并综合运用宣传车、宣传栏、宣传单、宣传横幅等宣传手段，立体式、全覆盖宣传建设滩坑水电站的重要意义和党委政府推进移民工作的强大决心，把全县干部群众的思想凝聚到关心支持电站建设和移民工作上来，形成了部门乡镇步调一致、党员干部以身作则、全县人民万众一心的工作格局，营造了"排除万难建滩坑电站、齐心协力抓移民工作"的浓厚氛围。同时，滩坑指挥部调研组深入库区召开200多个各种类型的座谈会、交流会、政策讲解会，与库区群众谈心交流960余人次，促使库区群众真正意识到异地搬迁是一次千载难逢的发展机遇，着力在库区营造关注政策、支持移民的推进氛围。

2. 全情投入，提供最贴心服务

围绕移民工作目标，确立"一切为了移民、一切围绕移民、一切服务移民"的工作理念，广泛开展移民服务活动。

一是在思想疏解上贴心引导。移民工作初期，库区群众对电站建设普遍存有抵触情绪，移民干部面临移民群众不信任的尴尬境地。广大移民干部充分发扬党的优良作风，从关心群众生产生活入手，深入田头林间帮忙干农活，主动上门代办各种跑腿审批手续，热心帮助解决家人看病、就学等实际问题，以真情和诚心拉近与移民群众之间的感情，逐步成为移民群众可以信赖的朋友。在关系融洽的基础上，移民干部深入走访移民户开展真诚沟通，促使移民群众逐步了解政策，支持政策，从而推动工程建设顺利进行。

二是在安置建房上贴心帮助。实行政府统一规划管理、移民自主建房的办法，专门成立移民建房工作领导小组和移民建房管理服务办公室，确定84个县直单位作为移民建房责任单位，抽调500余名机关干部帮助移民建房，建房责任单位干部主动帮助移民联系施工单位，安置地政府为移民提供安置房。协调整合县有关职能部门，组成专业组，免费提供图纸设计、质量监督、安全监管等配套服务。同时，降低建房成本，出台价格调控措施，为移民建房减免有关规费。根据特困移民本人申请，政府经核实后及时帮助垫付建房资金，确保每一户移民都能建好一层房屋，实现按时搬迁。据测算，滩坑移民建房成本同当地村（居）民建房相比普遍下降20%左右，为全县移民节省建房资金约1.3亿元。县内安置移民在办理划拨性质房屋 "两证" 时，全部费用由县政府承担，为移民节省办证费用约400余万元。

三是在就业致富上贴心帮扶。围绕移民 "一户一就业" 目标，开展烹饪、服装、石雕等职业技能培训累计达14 700余人次，每年举办一次 "移民就业招聘周"，帮助3 750名移民实现转产就业，移民从事二、三产业人数达68%以上。把引导发展来料加工作为促进移民增收的重要途径，全县从业来料加工移民达6 000余人，发放来料加工费累计超6亿元，全县移民劳动力就业率达到88.62%。出台《鼓励移民发展农业生产的若干意见》等优惠扶持政策，县财政累计向移民发放政策补助专项资金达1 700余万元，培育农业专业合作社6家、农业示范基地15个、种养殖业示范户127户。同时，各安置地移民充分利用区位优势，因地制宜发展 "门店经济" "房东经济"、农家乐和高效种养殖业，增收致富步伐呈跨越式迈进。据统计，2012年全县移民人均纯收入达10 800元，是搬迁前的3.82倍。

四是在基础设施上贴心规划。本着对移民高度负责的精神，对移民安置地基础设施建设和库区复建工程进行科学长远规划，确保群众安居乐业。累计投入安置地公建项目设施建设资金3.25亿元，大力推进10个移民安置地和35个移民安置点供排水、道路、教育、卫生等九大类项目建设，在每个安置点配套建设学校和诊所，适龄儿童入学率和有线电视覆盖率均达100%，移民小区道路全部实现水泥硬化，移民的生产生活条件比搬迁前得到极大改善。同时，累计投入库区基础设施建设资金10.58亿元，完成了滩坑库周公路、库区码头、镇区复建等大项目建设，极大地改善了库区条件，为库区水位160米以上5万生活在库区周边的群众提供了优越的发展空间和生态环境。

3. 全力创新，打造最有效机制

滩坑指挥部和广大移民干部把解放思想、勇于探索、开拓进取的创新精神，贯穿到移民工作的各个领域、各个方面，有效破解了堪称 "天下第一难事" 的移民现实难题。

一是创新指挥体系。按照既定管理体系，明确移民动迁由动迁地乡镇和工作片组负责，移民房建设由安置地政府全面负责、动迁地政府和对口责任单位全力配合，形成责任明确、统一高效的指挥运作系统。成立滩坑水电站工程建设指挥部，由兼任常务副县长的县委副书记担任指挥部总指挥，领导统筹协调全县移民工作。在库区，成立移民工作协调组，协调组下设科局长担任片长的14个库区移民工作片，每个工作片下设5～6个工作组，形成片自为战、协同合作的库区工作格局。在移民干部选配上，全面实行"组阁制"，先由县委聘任一位副县级领导担任协调组组长，再按照"协调组组长—片长—组长—组员"的梯次顺序，逐级自主择优选聘移民干部，将移民工作任务逐级包干到村、到户、到人，打造层级分明、凝聚力强的工作团队；在安置地，设立由安置地乡镇"一把手"担任站长的10个移民工作站，每个工作站下设3～4个移民服务组，全方位做好移民建房和服务帮扶工作；根据移民工作进展需要，先后在有安置任务的外县（市、区）设立33个外迁移民工作站，确定84个县直机关单位为移民建房责任单位，形成了移民工作内外结合、上下协调一致的良好格局。实行移民工作责任目标跟踪制，明确责任主体。同时，制定移民工作考核与奖惩制度，在乡镇目标考核中实行一票否决。

二是创新政策体系。在浙江省政府确定的大政策框架内，创造性制定出台相关配套政策并做到灵活实施，实现了移民安置工作的"七个创新"：在移民安置方式上，改变以政府统一定点安置为主的模式，创新提出了政府统一定点有土安置、自谋职业安置、自谋出路安置、投亲靠友安置、养老保障安置五种安置方式；在移民安置形式上，改变移民安置后靠的形式，创新推出了集中安置和分散安置相结合的形式；在移民安置去向选择上，改变移民安置以政府定点安排去向为主的模式，创新采取政府主导与移民意愿相结合的方式；在移民安置程序上，改变移民安置的简单程序，创新提出了移民安置的12个步骤；在补偿补助政策上，改变以实物补偿为主的单一模式，进一步创新细化了安置补偿政策；① 在安全保障措施上，改变过去由政府包干的做法，创新利用市场经济手段加以调节和规范；在责任落实机制上，改变移民安置哪级政府主办哪级政府包揽一切的做法，创新实行安置任务、资金、责任捆绑式包干的全新模式。

三是创新搬迁机制。坚持政府统一搬迁和移民自主搬迁相结合，创新出台移民搬迁资金补助政策，通过政策积极引导鼓励移民自主搬迁，变政府统一强制定时搬迁为移民主动提前搬迁。在政府出台统一定时、定点、定量搬迁和移民领取人均搬迁资金自主搬迁两种方案后，广大移民纷纷变被动搬迁为主动搬迁，有98%的移民自主提前搬迁到安置地，有力破解了3万群众举家大迁徙这一现实难题，成功实现了库区清库"零滞留"。同时，在整个搬迁

---

① 参见雷蕾：《全市滩坑水电站移民工作总结表彰大会召开》，《丽水日报》，2008年12月2日。

过程中，指挥部把"安全"和"服务"两条主线贯穿始终，切实做到搬迁前有部署、搬迁过程有服务、搬迁后有检查。针对每次搬迁的不同情况，制订安全保卫方案和应急处理方案，确保途中绝对安全。

四是创新维稳机制。按照维稳工作"到村到户到人头，抓小抓早抓苗头"的高要求，建立覆盖库区、安置地、外迁地的移民维稳工作网络，健全移民思想动态收集分析制度、移民矛盾纠纷调处动态跟踪机制、库区社会舆论引导机制等十几项维稳制度，制订20多个各类群体性、突发性事件应急预案，确保不安定因素"发现得早、控制得了、处置得好"，杜绝苗头性问题形成气候、形成组织。在动迁前不法分子煽动闹事的特殊时期，坚持"什么时候闹事什么时候打击、哪里闹事打击哪里、谁闹事打击谁"的"三个打击"方针，有力地维护了库区稳定大局。在移民整体搬迁后，移民维稳重心从库区转移到安置地，维稳手段从防范打击转移到促进和谐融入。先后出台实施安置地乡镇干部"联幢联户、联人联心"制度、移民利益诉求"联审联议"制度、机关副科干部结对重点移民户"1＋2"制度等制度，指派236名移民干部进驻移民小区开展日常服务，落实85个县直部门挂钩联系移民户，安排983名副科以上干部结对帮扶困难移民户，形成多方联动的干部服务移民工作机制。在每个安置点设立移民民主管理小组，在每个移民安置村（居）"两委"组成人员中确保至少一个移民名额并由移民推选产生，2011年全县有23名移民当选村支委委员和村委委员，移民在安置地自我管理、和谐融入的机制更加完善。

三、共产党员在移民实践中的先锋模范作用

滩坑移民工作是在当前社会转型时期特殊区域的一个复杂的系统工程，青田县四个水平年需完成库区3万多移民的动迁和县内2万多移民的安置。景宁县2镇4乡的47个行政村，需动迁移民近2万人。其中除市外安置13 000人外，其余37 000多人全部在本市范围内安置。要在这么短的时间内，解决几万移民的动迁和安置问题，可以说在整个水电站移民史上也算是空前的。正因为是这样，滩坑移民工作在前期就呈现出了错综复杂前所未有的艰难局面。移民干部对完成移民工作有着强烈的责任心和使命感，他们视自己负责的移民工作目标和保障滩坑电站按时顺利开工建设为己任，把"不辱使命"作为标准，不完成任务誓不罢休。进库区来的移民干部讲的是移民，干的是移民，想的是移民，甚至于睡梦中说的还是移民，真正做到了抛开杂念、忘我工作、一心为移民。

（一）以模范效应影响与带动移民

一是基层党组织就是一个战斗堡垒，一名共产党员就是一面旗帜。景宁金钟村党支部书记林日尧，他带领该村的党员干部，以及他们的亲友率先申报动迁，当原申报的安置点人数过多时，他就主动配合工作组做好随他申报的 30 位移民改报其他安置点。我们的广大移民干部不仅是一支特别能吃苦、特别能战斗的队伍，而且还是一支特别能忍辱负重任劳任怨的队伍。在工作组成立之初，许多移民对移民政策还不理解，特别是在"北山事件"当中，我们的移民干部真正是做到了"打不还手，骂不还口"，充分显示了共产党人的宽广心胸和共产党人的先进性。

许多下派移民干部离开繁华的城市和舒适的家庭，不分昼夜奋战在艰苦的移民工作第一线，对移民是一种真诚奉献，对家庭却是一种歉疚。但下派干部都能正确摆正事业和家庭的位置，舍小家为大家。杨晓龙同志老母亲生病住院，没能赶回家照顾，只能通过电话表示慰问和歉意，以得到家人的理解和支持。而对工作组的队员却关心备至，队员生病或家中有困难，他劝队员回家休息，自己坚守岗位。赵丰年同志曾有一个星期来回到绍兴、宁波等地 5 趟，当天来回，每天开车行程八九百公里，回到北山住地常常已是凌晨，累得头昏耳鸣。一次，他爬了十几里山路做移民思想工作时，脚扭伤了，但第二天他又坚持带着移民外出考察对接。蔡承俊同志放弃国庆休息，连续 20 天带领移民马不停蹄地奔波在青田与宁波、绍兴安置地之间，行程一万两千多公里，最后累得住进了医院。李官平同志在果木清点过程中失足腿部受伤，其他同志劝他回家休息，但他仍然以高昂的热情坚守在工作岗位。林靖东一心扑在移民工作上，累垮了身体，住进了医院，未等痊愈，又急着出院参加县内的有土安置工作。

二是完全打破了 8 小时工作制，还取消了双休日制度，在双休日采取 AB 制轮班工作，每个干部最多只能半个月回一次家，我们的移民干部甚至有两个月没回过家的情况。只要是移民工作的需要，只要是移民群众的需求，不论是上班还是下班，马上就投入到紧张的工作中去。片区移民干部还将自己的电话做成电话联系卡分发给移民，以便与移民及时取得联系。移民干部无论是因公或是因私离开库区都自觉履行请假登记手续。为了移民工作，青田移民干部张品荣，一年内失去了奶奶、外公、父亲三位至亲，穿着孝服仍坚持移民工作。黄鸣君父亲患肺癌已经三年，去世的前一天，黄鸣君仍在做外迁工作。林杰让生病的父亲提前做手术，然后在正月初三就赶回库区工作。王文自己不抽烟却口袋里始终揣着烟，为的是广交移民朋友。我们的移民干部不仅有"三过家门而不入"的经历，甚至还有进了家门却不敢直接与家人见面的尴尬。

（二）党员先锋先进事迹选编①

案例一：移民暖心人 "蔡大哥"

2004年2月，丽水市司法局法制处处长蔡承俊作为丽水市委组织部第一批选派到滩坑水电站锻炼的优秀中青年干部进驻青田库区，参与移民工作。根据库区协调组安排，他被分配到北山镇白岩第一工作片工作，成为白岩一片第三、五组的组员，同时兼任一片综合办公室副主任。一年来，蔡承俊与青田县的移民干部同甘共苦，并肩作战，共克难关，一心扑在移民工作上。他想移民所想，急移民所急，帮移民之忙，解移民之困，赢得了广大移民的信赖，在移民中有着很高的威信。

不畏艰难，政策攻坚。当时库区白岩村的移民工作形势十分严峻，有"白岩稳定则库区安"之说法，刚进村时，库区移民"门难进，话难讲，脸难看"，作为市下派滩坑的一名移民干部，蔡承俊对移民初时的冷漠态度却有独到的理解。他说："故土难离是人之常情，移民一时想不通，一时的言语过激都是常事，相信精诚所至，金石为开，只要我们是真心为着他们好，移民群众总会有理解的一天。"为此，他与青田移民干部一道不分昼夜进村入户，开展"攻心战"，主动与移民谈心交友，沟通思想，与移民建立真挚感情。

斗智斗勇，以情感人。蔡承俊来自司法战线，到库区后，他深深感到在偏僻的山区普及法律知识是多么重要。"北山事件"中，有一些善良无知的移民群众被不法分子利用，最终走上了违法的道路。而蔡承俊住的就是移民工作最复杂的区块，叫"山边底"，这里的个别移民被库区称为"重点户""钉子户"，蔡承俊主动请缨，承担了10户最难的"钉子户"的工作。刚开始时，他们根本不把蔡承俊当回事，有时连门也不让进。有的移民冲着蔡承俊拍着胸膛说，你们用枪顶着我都不搬。遇到这些失去理智的过激言语，蔡承俊并不退缩，给他们讲政策、宣传法律。徐相伟就是这10个"钉子户"中的一位，为做这户人的工作，蔡承俊动用了不少社会关系，多次上门苦口婆心做思想工作，可他就是不配合、不买账。到2003年11月30日，已有98%的移民与政府签订了搬迁协议，可徐相伟扬言要学"西安彩票"事件中的刘亮非，要把事情搞大，言语很有煽动性。针对他的狂言，蔡承俊晓之以理，动之以情，毫不退缩，义正词严，与他斗智斗勇。

蔡承俊从侧面了解到，徐相伟的母亲最近身体欠佳。知道情况后的第二天，蔡承俊就与下派干部殷晓军一起，专门联系车子把徐的母亲接到丽水就诊。细致的工作，真诚的服务，感化了徐相伟。在有土安置对接大会上，徐

---

① 《滩坑纪实》编委会编：《滩坑纪实》（内部资料），2008年。

相伟坦诚地对着电视镜头说："我曾是库区最顽固的人，可现在移民干部帮助了我，改变了我，我要特别感谢党和政府，感谢移民干部，感谢蔡大哥。"面对此情此景，蔡承俊由衷地为自己所付出的努力感到欣慰。

在移民工作实践中，蔡承俊就是以"用政策、用法律、用真情"这"三用"去做移民工作的。他前后走访了移民户180多户，直接做过230多位移民的思想工作，化解了不少移民的思想疙瘩和疑虑，也化解了不少移民的过激思想和行为。经过蔡承俊直接或间接的工作而选择外迁的移民有50户120人次。他协助的三组的责任目标数117户413人和五组的108户382人，在外迁、无土安置对接、有土安置对接率均达到100%，经工作组的共同努力，使移民从对库区建设的不理解到理解，不信任到信任，不合作到配合。蔡承俊充分感受到了移民工作的酸甜苦辣，也在实践中学到了不少在困难的环境里怎样做困难群体的思想工作的本领，同时也培养了他求真务实、实事求是、工作深入的优良品质，锻炼了应对移民工作复杂性、艰巨性、反复性的能力。

（评论：一把钥匙开一把锁。针对库区移民不同群体，不同想法，不同利益，蔡承俊找准工作突破口，能采取各种各样的工作方法，一一攻破。）

案例二："嫁"给移民的移民支书

"他呀，早已嫁给移民了。"陈丽敏的妻子，这位朴实的农家妇女，一提到丈夫陈丽敏，虽然话里有些嗔怪，却掩不住一脸的笑意："自从迷上移民工作，里里外外的农活全让我一人包了，一天到晚我也难得看到他一眼。"

在青田县北山镇下长坑村，陈丽敏是一个受人尊敬的名字，不仅因为他是这个移民村的党支部书记，更因为他本身作为移民，又反过来做移民们的思想工作，动员他们早动迁。从移民工作一开始，工作组一进驻库区，陈丽敏就主动帮助移民干部，带领他们挨家挨户地做工作。后来，熟悉了移民政策和工作，他就干脆自己充当起了移民干部的角色，一有空与村民闲聊时，就做起村民们的思想工作，给村民们讲解起移民政策。于是，工作组在下村走访时，经常可以看到这样的画面，陈丽敏蹲在田头，一边帮村民干农活，一边与村民们讲解移民政策。陈丽敏在村里有很高的威望，然而他"好管闲事"，劝解村民早搬迁，一开始也遭到了一些村民的不理解，甚至明里暗里受到指责，连家里人也附带受了不少委屈。

"北山"系列事件期间，是他最难熬的日子，他在不同场合极力反对移民的过激行为，因而成了少数移民的攻击对象。所幸的是，随着时间的推移，村民们渐渐理解了陈丽敏。后来，每每遇到移民问题，村民们都先来找陈丽敏，要他帮忙拿拿主意，分家析产时，也非要请陈丽敏去。虽然忙了、累了，但陈丽敏总是乐呵呵地帮忙，心里像灌了蜜似的，一来为村民们美好的前景高兴，二来为自己受到村民的信任高兴。下长坑片的工作组干部至今对下长坑村的那件中堂析产案记忆犹新。几十年前的老房子，有一个中堂所有权，七八户移民共有，再加上历史久远，纠纷多，一时间难以分清，而其中有两户移民还分别居住在丽水和温州，意见难以统一。工作组主持开了好几次座谈会都未能解决问题，中堂的析产问题陷入了困境。陈丽敏先是和工作组人员一起，一家一家做开了工作。末了，饭后，一个人走着走着又到了那几户移民家里，磨开了嘴皮子。一次又一次，陈丽敏"厚"着脸皮往他们家里跑，终于，这七八户移民的思想通了，最后一次坐在一起为中堂析产时，他们由衷地说："我们思想再不通，再不解决中堂的房子，就对不起我们的好支书。"外迁开始后，库区移民对外迁的情绪非常抵触。要让移民们离开祖祖辈辈繁衍生息的故土，举家搬迁到一个陌生的地方去重新创业，的确不是一件容易的事。在每一个外迁移民的心中多少都存在着"怕、恋、难"的思想，如何让他们消除顾虑，主动外迁，是摆在移民干部面前的一大难题。再加上移民们对外迁安置点的不了解和少数人的不良用心，外迁异常困难。下长坑村万阜圩自然村村民们抵触情绪更是严重，只要移民干部一谈到外迁，就闭口不讲或是干脆扭头走人。

关键时刻，陈丽敏成了带头人。他识大体、顾大局，多次和家人沟通，自愿放弃了县内的无土安置主动外迁。他的外迁安置点在嵊州市崇仁镇张家村，成了村里第一个报名外迁的人，并带动了一帮亲戚外迁张家村。

村看村，户看户，群众看干部。因为陈丽敏的外迁，带动村里不少移民选择了外迁。陈丽敏说："我是共产党员，是党支部书记，哪里有困难，我们党员就要往哪里站，在移民这样一件大事中，为村民带个好头，当好领头雁是我应该的。"他以实际行动来充分说明了这一点，他跟工作组人员一起先到外迁的安置点查看，回来后大力宣传外迁安置点的情况。为消除外迁移民的恋家恋故土情结，陈丽敏几乎天天串门入户，向移民宣传外迁的优惠政策，宣传外迁地的优越条件，给他们讲早外迁、早致富、早发展的道理，让他们树立走出去，天地更加宽的信心和勇气。在宣传外迁时，陈丽敏根据移民的意愿、发展志向及家庭条件，帮助他们选择安置方式。

除了自己主动外迁，陈丽敏还经常和工作组人员一起上门做移民的外迁工作。有一次，他和工作组人员去温州做外迁工作，由于工作难度大，在温州一待就是四天，到了第四天，他与工作组人员做移民的思想工作一直做到凌晨，移民都累了，可是他还在和移民们分析讨论外迁的意义。终于在深夜两点，移民的思想做通了。后来，在看过外迁安置点后，这位移民满意地说："是移民干部和老陈给我找了个好婆家呀。"

这位把自己"嫁"给移民的移民支书，却没有多少精力放在家里。陈丽敏家以养母猪为主，原先他在家忙着养母猪，但是自从一心扑到移民工作上后，家里的农活和养猪的重担都落在了他妻子一人的身上。一双手忙不过来里里外外这么多事，蚕豆烂在田里，青菜绿了又黄，挣钱的母猪卖掉也只剩下一头了，家里经济损失达到好几千元。但即便如此，陈丽敏和他妻子仍是无怨无悔。年迈的老父亲肝癌复发，住进了医院，急需陈丽敏照顾的时候，他却身处外地与工作组人员一起做外迁工作。等到工作完成后匆匆赶回，父亲已在弥留之际。谈到父亲，这位坚强的书记总会忍不住流下泪水。

（评论：一位普普通通的移民，一位主动请缨的移民工作者，给我们的是太多的感动。从他身上，我们看到了一名当代农村共产党员的脊梁。）

案例三：愿将余晖洒滩坑

2004 年 3 月，57 岁的景宁县工商局干部陈瑞田作出了一项出乎亲友意料的决定：去金钟乡做移民工作。这位曾在 1998 年被省工商局授予"经济卫士"，1999 年又成为丽水市工商系统第一位省级劳动模范的老党员，在临近退休之年却放弃相对安逸的机关工作而主动要求从事有"天下第一难"之称的苦差事，他究竟图个啥？在亲朋好友或赞许或迷惑的目光中，老陈义无反顾地卷起铺盖奔赴他的老家金钟乡开始了移民工作生涯，成为景宁库区机关下派的移民干部中年龄最大的一位。"滩坑电站我们盼了整整半个世纪，作为一个土生土长的金钟人，我有义务为我的父老乡亲做好服务，为他们顺利外迁送上一程，而作为一名国家干部，在即将退休之前能为滩坑电站建设再尽一份力、奉献一点余晖更是我的光荣。"这位朴实憨厚的老党员的话，让人深深感动。

是啊，不要问为什么，浓浓桑梓情，拳拳报效心，让多少移民干部放弃安逸而选择了艰辛！移民工作组进驻库区时，老陈被分配到位于滩坑库区源头的金钟乡片组，金钟乡总共涉淹到金钟、绿草、小粗、陶州 4 个行政村的 21 个自然村，移民总数为 2 068 人。老陈生于斯长于斯，曾担任金钟村党支部书记，1980 年因业绩突出，被选为金钟乡乡长，1982 年调任大都乡党委书记，熟悉的乡土民情和多年的基层工作经验增强了老陈做好该乡移民工作的信心。片里分组时，老陈主动向组长提出要落实在自己的出生地——也是移民工作任务最为繁重的金钟村。在分配任务之前，有好心的同事劝他，做移民工作最好不要选择在自己的出生地，因为亲戚朋友多，人情面子也多，工作难以把握，执行政策稍有偏差，很有可能造成整个工作的被动。对于这一点，老陈并不是没有考虑过，他说："移民的思想工作是难点，作为一名本地人，我有着'天时、地利、人和'，工作起来肯定比其他同志相对顺手，何况现在老家的亲戚族人已不多，作为一名老党员，只要严格按照政策办事，做到公正、公平、公开，是能得到乡亲们支持的。"

移民的心是如何被打开的呢？移民干部是怎样取得移民的信任和支持的呢？为这，老陈等移民干部可是动足了脑筋，下足了功夫。谈到如何走进移民内心，争取移民工作的主动，老陈说，他有三招。

经验之一："重视调查研究，才能争取工作的主动性。"去年一到金钟，老陈就和队友们一道走村串户，访民情，摸家底，听意见，逐个记录，并分门别类进行对比分析，短短一个月，就走访移民户200余次，收集整理个案32个，并及时整理归类向当地移民工作组汇报，为开展移民工作掌握了大量第一手资料。

经验之二："真情融入，才能使移民和干部一家亲。"老陈是一个非常富有人情味的人，村里大凡有红白喜事，老陈总是跑前跑后帮忙。村里有几个大龄男青年至今未婚，精神萎靡，对外迁安家立业反应比较淡漠。老陈看在眼里急在心里，亲自为他们牵线搭桥做媒人。去年村里的张春峰、陈小安两个大龄青年喜结良缘，高高兴兴地在安置协议上签了字，带着新婚妻子外出建房去了。老陈说："把移民视为自己的兄弟和亲人，真心付出、真情沟通，移民自然就会信任咱们，那工作起来就顺手多了。"

经验之三："无怨无悔，将余晖洒滩坑。"在库区做移民工作，常常是不分白天黑夜连轴转，十天半月回不了家是常事。正在老陈忙得不可开交的时候，他81岁的老父亲马上要白内障手术。老陈匆匆赶回去，但是一夜过去，他又归队了。为解决移民外迁超指标问题，老陈与同事们逐户上门谈心，几经劝说收效甚微。东阳堂鹤安置点的两个大联户中，各有一个关键人物。于是老陈打电话给其中一个关键人物，让他与另一大联户协商移民次序。辛勤的付出最终得到了回报，老陈提出的移民工作办法，妥善解决了移民超基数的问题，既保持了移民进度，又稳定了移民情绪。当问起老陈，这一年多来做移民工作，家里人对他支持不支持时，老陈笑笑说："没有家人的支持，我怎么可能这样安心在库区搞移民工作，但是说没有一点埋怨，那是假的，我老伴身体不好，儿女又不在身边，每一次回家，满腹的牢骚是少不了听的，但我都习惯了。"老陈说，"工作忙点累点倒不怕，最怕的是村民们的不理解，我们这些同志可没少挨移民的骂，特别是刚开始，有些村民由于对移民政策的不理解，产生了误解，我们除了耐心地做好解释加强沟通外，只能默默忍受了。"说到这里，老陈的眼里闪着泪光，我们仿佛看到了移民干部背后无尽的艰辛和无言的委屈。

（评论："壮志未老心血热，愿将余晖洒滩坑。"可爱的老陈，可爱的移民干部，未来的高峡平湖，百里烟波里，将见证你们的汗水，你们的足迹，你们的爱与奉献！）

案例四：火热的心源自对移民深沉的爱

2004年早春二月的一个晴天，嫩芽爬满了枝梢。李美顺背手绕着办公室踱圈子，陷入沉思："组织要下派自己到滩坑电站库区参加移民工作，心还真有点放不下。"李美顺近十个年头一直都在外学习深造，刚挂职回到遂昌，本想与妻子过几天团圆的日子，也想关心一下即将参加中考的女儿。可是，又将面对再次的分居，对于家庭和孩子，李美顺有说不出的亏欠和内疚。但这个念头随即就消失了，"百姓都能为国家建设舍小家，何况我一个党和国家培养了多年的干部！"李美顺的心坚定了，他说服了怅然的妻子，毅然服从组织决定接受了任务。2 月 25 日，市委组织部召开工作组成员培训会后，李美顺即赶赴景宁外舍乡。

从自己轻车熟路从事了二十多年的法院工作一下子走入全新的移民工作，面对的是一个迥然不同的工作环境，一切都得从头开始，李美顺认真地学，潜心地干，克服一个又一个困难。一开始下村，不会讲景宁本地方言，根本就拉不近与移民户的距离，李美顺急在心里，落实在行动上，一遍遍认真地听，拗口地学，用了不到一个月的时间，竟然能用景宁话与移民对象对话，克服了移民工作中语言交流的障碍。面对淳朴的移民群体，工作方法方式都得发生转变，李美顺自我加压，虚心求教，把自己融入整个移民队伍，融入移民群众，力求形成合力。他反复研读《滩坑水电站移民工作文件汇编》，把重要内容梳理归类，制成卡片随身携带，随时对照。与工作组一起走家串户时，他注意分析做群众工作的方法和经验，学会了针对不同对象采取不同工作方法的思维方式，很快适应了移民工作的大环境。

为了大局，为了移民，李美顺弃个人劳累于不顾，克服艰苦环境带给他的重重考验。有一天夜里，他在去移民户雷金华家的路上，脖子被不知名的毒虫咬伤，整个肿起来，左右转动、吃饭都困难，组员们劝其休息几天，他执意不肯，过了三天肿才消退。还有一次去田头村与移民户签订协议时，天下大雨，河水暴涨，路途偏偏要过渡，船工已停篙歇工了，但李美顺和工作组的同志执意要去，看着他们为了移民不顾安危，冒雨前行，船工深受感动，最终还是把他们安全送过了河。

为了节省资金，李美顺住的是十元钱的小旅馆，也因此闹了个"笑话"。一个酷热的夜晚，当地派出所查夜，旅馆老板说，四楼住的是遂昌法院的副院长。一个法院院长出差怎会住如此低档的旅馆？公安干警的职业敏感让他们警惕起来，"说不定是哪来的骗子！"上楼一查看，简陋的房间闷热难耐，只有一台老式落地风扇呼啦啦地响，一个赤膊的"膀爷"对着风扇凉快着，公安干警还真是不相信他就是老板娘口中所说的"院长"，非要李美顺出示证件不可。最后，李美顺拿出证件，说明被下派搞移民的缘由，公安干警才连声说"抱歉"，带着崇敬的心情走了。

正是这种无私奉献的精神，正是这种吃苦耐劳的精神，使李美顺不计环境恶劣，不计待遇高低，克服新困难，以饱满的热情投入到新的工作过程中，交上了一份令人满意的答卷。

利用所长之处，力解移民困难事。李美顺与移民户手挽手、心连心，他已经完全融入到纯朴的村民中，走进了移民心田里。工作组称他为"法律专家"，移民戏称他为"移民流动民事庭"和"移民政策法律热线"。

外舍乡白岸村大队林场，在该次动迁中涉及补偿金额10万余元，由于承包方和村委会一直纠纷不断，直接影响到该村近200人的动迁工作，处理不慎就会直接影响整个库区的稳定工作。李美顺先后走访了景宁县工商局、县法院和双方当事人代表，并到县档案馆查阅了20年前的档案资料，与景宁县移民指挥部、市移民办同志进行探讨、沟通，结合多年的工作经验和娴熟的法律知识，他告知双方因该纠纷原来已经工商部门裁决，裁决后又没有向法院申请复议，目前已无法另行起诉，打消了双方通过诉讼解决纠纷的念头。通过前后近四个月的大量艰苦细致的思想工作，终于使双方通过协商办法解决了这起长达20多年的纠纷，最终确保了该村移民工作的全面落实。

岭北村村民在溪滩开垦了40余亩地，栽种了二十几年，移民户心想下步防护工程可能要上马，该地段可能按重点工程的标准补偿。因此，他们提出应按高速公路征地补偿标准进行补偿，而且情绪非常大，直接影响到外迁工作。李美顺运用自身所掌握的法律知识耐心给予讲解，阐明该溪滩所新开垦土地应属国有，私自开垦无法纳入补偿的范围，况且征地补偿与移民有土安置是完全不同的。通过多方的解释、疏导，移民终于理解了政策，使该村在后期的整个动迁工作中进展顺利。李美顺用其所长，竭心尽力为移民解难事，用法律教育移民，用事例来说服移民，用政策来争取移民，用真情感动移民。从每件事到每项操作，甚至是每个细节，他都深入倾听移民呼声，详细了解移民诉求，细心地考虑移民利益。在短短的八个月时间内，李美顺走访第一年动迁的移民户达到300余次，帮助移民解决各类纠纷、困难达53件。

勇挑重担，誓为移民谋发展。移民建房是移民工作的关键步骤，直接关系到移民是否能及时动迁。宁波奉化点的区域优势比较明显，但许多移民观念陈旧，故土难离思想严重，做好移民思想的沟通衔接难度大。李美顺迎难而上，主动要求赴奉化当建房联络员，做建房安置工作。移民建房，遇到的问题比原先想象的要多得多。单从宅基地的调配等情况看，要真正把移民的心中愿望与安置地的实际情况充分结合好，绝非易事。李美顺主动与奉化市民政部门以及两镇、十二个行政村的领导、干部进行全方位的沟通，充分做好协调工作，全面维护移民利益。如江口镇尹家村15户对接任务的所有工作都衔接好了，到安置地核对后发现是16户，原来是钟江和的儿子按移民政策规定应该分户却没把他分出来，可是安置地又只能按原计划安排15户30直宅基地，要服从安置地的计划移民户必然要损失2直宅基地，要服从移民的利益安置地又必须全部重新调整。李美顺知道情况后，一方面与当地政府进行多次沟通协调，为移民户争取多加一直地基并允许移民户建房时在政策允许范围内可往外凸出部分，另一方面悉心说服钟江和儿子把户头并回去，最终将事情圆满解决。在两镇、十二个村的安置过程中，李美顺共为移民调换宅基地五户十间，增加一间，重新确定分配方案四户八间，较好地维护了移民的利益，确促安置建房顺利进行。

面对背井离乡、重建家园的移民，李美顺设身处地，关怀备至，像对待自己家人一样对待移民。每一批移民户初到奉化时，他不仅帮他们安排好临时住宿、吃饭，连移民购买生活用品他也安排人员陪着，不让移民感到丝毫的无助和不便。移民建过渡用房时，大到建材价格、质量及其工队的选择，小到烧饭的插座该装在什么地方，李美顺都一一过问，积极为他们提供参考。

有一天，下大雪，移民户无法开工建房，李美顺和组员们焦虑万分，早上六点出发，冒着严寒，顶着风雪，一个个建房点地走访，挨家挨户地慰问，每到一处嘘寒问暖，细声问候，等所有的建房点走访完回到自己宿舍，已经是夜里十点多，他们又冷又累，个个打哆嗦，腰酸背痛。就是这样，李美顺和工作组始终把移民利益放在第一位，日夜操劳，鞠躬尽瘁，换来的是移民安置地顺利进行，换来了动迁的顺利进行。

（评论："美丽人生不惑年，顺来逆受无怨言；情系滩坑别亲友，缘自移民作奉献"，李美顺正是用自己的行动默默为库区奉献，竭力为移民谋利益，践行着一个共产党员的誓言。）

第二十章　在移民实践中坚持
"为了谁依靠谁"的群众观

潍坑库区的移民干部与安置地乡镇、对口责任单位的党员干部肩并肩、手拉手，坚强地站在一起。为了移民，他们放弃休息；为了移民，他们"愧对"家庭；为了移民，他们透支生命，但他们无怨无悔。库区的山山水水可以作证，干部们在每一寸土地上都留下了深深的脚印；安置地一幢幢拔地而起的楼房可以作证，干部们在每块砖头上都刻上了"奉献"。几度风霜雨雪，干部和移民一起度过；多少酸甜苦辣，干部和移民共同品尝。正是这种血浓于水的亲情，让干部和群众走得那么近，挨得那么紧。心心相印，肝胆相照，这就是新时代的鱼水之情，是新时代群众工作结出的累累硕果。

一、移民实践中群众观点与群众路线是唯物史观的集中表现

（一）移民是唯物史观理论体系中不可分割的重要内容

唯物史观理论体系包括移民这一重要内容的原因在于，移民是人类社会实践的重要形式，是人能动地创造自己历史的重要形式，是社会物质资料生产方式发展和变化的重要模式，是历史规律重要的实现形式。总之，移民与社会有机体结构和社会发展密不可分。

1. 移民是社会实践的重要形式

马克思认为，社会生活在本质上是实践的。实践是人类能动地改造自然和社会的一切现实的物质活动。移民具有社会实践内涵要求的一切内容，移民是社会实践中的一种重要模式。社会实践的能动性，其基本含义是尊重规律和实现目的的有机统一。[①] 移民，无论是个体移民或群体移民，无论是自愿

---

① 《马克思恩格斯选集》，北京：人民出版社2012年版。

移民还是非自愿移民，凡是成功的移民都是自觉或者自发地实现了规律与目的的统一。历史上一切从根本上、总体上来说成功的移民运动，都是当时历史条件下社会发展规律的要求，也是移民自身利益所在。社会实践是一种以改造世界为内容的物质活动，这种改造包括自然、社会、人自身三个方面。历史上成功实施的移民工程对自然、社会、移民自身改造作用是明显的。社会和人与自然界的关系，尤其是人类生存同生态环境、自然资源之间的矛盾，通过移民可以促进社会生产力发展空间的扩大和诱发生产力质变，调节了生产关系的矛盾，也给移民自身素质的历史性飞跃带来契机。

2. 移民是人自己创造自己的历史的重要形式

恩格斯在《路德维希·费尔巴哈和德国的古典哲学的终结》中揭示了人们创造历史的一般模式：广大群众和整个阶级的动机→历史人物的动机→历史中起支配作用的规律。① 人们在移民实践中创造历史的过程，是完全符合恩格斯上述观点的。

一是移民是特定历史条件的产物，特别是社会经济条件和经济动因兼有的移民，但是经济动因归根到底始终居于主导地位。二是恩格斯阐述历史著名的合力论在移民实践同样适用。移民实践的结果是由移民组织者、移民积极分子或者率先示范主体、移民众多自愿主体、移民管理主体、移民相关主体等众多主体因素所汇成的合力而形成的。移民实践中的任何一个主体，都不能单独决定移民后果。三是移民过程充满了必然性与偶然性的关系，移民的必然性归根到底是经济的必然性。移民的必然性具体可以理解为两层含义，一是移民居于社会物质条件的必然动因，二是移民实现了某种经济必然性的要求或结果。无论是个体移民还是群体移民，无论是自愿移民还是非自愿移民，其移民动因的必然性都是与特定社会物质生活条件的某种必然性要求相联系的，无论这种必然动因是来自地理环境的生态问题或人地矛盾的问题，或者来自生产力的某种经济发展要求，或来自人口自身因素对人口结构布局及生活质量的追求，或来自社会政治原因。移民成败总是系于经济必然性内容的实现，换言之，任何移民结果都必须带来经济利益，对社会经济发展与移民自身生活水平"双赢"的结果是最好，某方面利益为主的次之，任何经济利益都没有的移民运动历史上还找不到。

3. 移民是社会物质生产资料生产方式发展和变化的重要模式

移民可以促进社会生产力的发展，是被古今中外移民史所证明的。移民可以为生产力的发展提供更广阔的空间。比如，在中国古代，当某个地方通过一定发展出现了"人地矛盾"的时候，实行移民可以为迁出地创造地力恢

---

① 《马克思恩格斯选集》，北京：人民出版社 2012 年版。

复空间，也可以通过开发其他地区从整体上为社会生产提供更广阔的发展空间。移民可以从质上提高生产力促使其加速变革，甚至还可以形成生产力的跨越式发展。在中国历史上，随着"永嘉之乱""安史之乱""靖康之乱"时期三次大规模人口向长江流域迁移，带去了中原地区先进的生产方式，促进了中国封建社会生产力质的提升，长江流域的经济发展水平逐步超过了黄河流域。在国外，美洲大陆的移民，实现了这个地区生产力在原始基础上向近代文明的跨越式发展，并通过几百年建设，崛起了美国这样的经济发达国家。直到今天，移民仍是美国经济保持其发展活力的重要因素。移民在生产关系质变过程的作用主要表现为加速生产关系矛盾尖锐化，促使原经济秩序紊乱和失控，为变革旧的生产关系提供主体力量等。

4. 移民是历史规律的重要实现形式

社会规律的实现形式研究的是社会规律如何从抽象"共同本质"还原为直接、具体、实践的现象问题。社会规律的实现形式是主客体因素在三个层面上整合的结果。第一个层面是特定历史条件的普遍性与特殊性的整合；第二个层面是特定历史人物与完成历史任务主体的整合；第三个层面是特定客观形势基础主体力量对比和主观指导的整合。移民是社会规律的实行形式，原因有两个：一是移民的实践结构同样是社会规律实现形式三个层面的整合。二是从历史条件的普遍性与特殊性的整合来讲，移民是特定的社会大环境与迁出地及迁入地特定条件整合的结果。

（二）移民实践中的群众观点

在移民实践中坚持唯物史观集中表现在坚持群众观点和群众路线，只有通过坚持群众观点和群众路线，才能进而全面在移民实践中坚持唯物史观的其他观点。移民中的群众观点和群众路线，是中国共产党一贯坚持的群众观点和群众路线在移民实践中的运用，其内容又形成了与移民实践相关的一系列新内容。

移民中的群众观点在滩坑移民实践中突出地表现为四个观点：

1. 尊重多数移民群众的观点

群体性移民工作要坚持多数原则，扎实推进，使多数移民从心理上的抗拒变为主动接纳。如果做不到这一点，群体性移民要取得成功是不可能的。1999 年 11 月 12 日，省委书记张德江批示："关键还是移民安置问题，此事一定要考虑周全，甚至把困难想得多一些，这样工作才能落得实，如果为水库上马，拍胸脯，把问题和困难留给后任，吃亏遭罪的是移民，是老百姓。我们不能干这种事，所以我一再强调一定要把移民问题解决好。"2003 年 5 月19—21 日，省政府陈加元副省长到丽水考察滩坑电站移民安置工作。市委书记楼阳生在向陈副省长汇报工作时讲了三点意见:一是对滩坑电站建设意义的理解:是资源的充分利用;是库区移民致富的良机;是促进全市经济社会发展的契机。二是谈了一个观点,滩坑电站建设关键是移民。要完善工作机制,落实政策,要关心移民的安居建设和发展生产问题。三是表明一个态度,要把移民问题作为市委、市政府的重要工作,列入重要议事日程,如期完成任务。

2. 强化为移民服务的观点

青田县移民办在全县农村移民外迁工作总结中提到,强化服务是创造良好移民社会氛围的根本。全县各级干部要想移民所想,急移民所急,心系移民,时刻把移民的冷暖挂在心上。他们提出了"移民工作无小事"的口号。广大移民工作的干部不断改进工作方法,提高为移民服务的自觉性,高效率地解决移民工作中的实际问题。对移民工作中的问题实行特事特办,随到随办,不分上下班,不分节假日,为移民提供了优质服务。在移民外迁的对接和搬迁中,各乡镇统一为移民联系车、船,安排食宿,为晕车的移民购买药品,移民生病了,干部牵,党员背,照顾无微不至;各乡镇为外迁移民优先兑现"三金"中的存钱,收购外迁移民家中余粮,帮助移民进行房屋、家具的残值处理等。滩坑水库为移民服务的实际行动,赢得了移民对移民政策和移民行为的认同,从非自愿移民转化成了自愿移民,走得开心,移得顺心。

3. 热情接待移民群众的观点

广大移民干部不畏艰难、沉着应对,深入安置地排解矛盾,一对一、面对面地做好移民工作,深化开展"走进矛盾,破解难题"专项行动,积极协调解决移民建房、搬迁安置过程中遇到的具体困难和问题,做好服务和管理,抓督查,促进度,切实抓好移民动迁安置工作。市移民办和安置地党委政府一起梳理并解决的涉及动迁安置、移民政策、基础设施、公共服务设施、建房、后期扶持等方面的 1 530 个问题,定期开展"回头看"。丽水市先后建立健全了市、县(市、区)、乡镇(街道)、村(居)四级信访维稳工作网络,建立了"移民利益诉求联审联议"制度,建立移民稳定形势季度分析报送制度,定期召开移民信访维稳工作例会等,把矛盾纠纷解决在基层、解决在萌芽状态。

4. "三负责"的观点

2001 年 12 月,国家移民局编辑了《开发性移民理论与实践专题征文集》,在这本文集中,上海市安置三峡移民工作领导小组张祥明、韩红根同志提出了"三负责"的观点。"三负责"的观点,是移民实践中的群众观点之一,虽然"三负责"观点并不是在滩坑水库移民实践产生的。"三负责"观点的基本内容是对社会负责,对历史负责,对移民负责。所谓对社会负责,就是实现移民与社会长治久安的统一。因为，移民是可能增加社会不稳定因素的，我们只有抱着对社会负责的态度，安置好移民，才能实现移民与社会长治久安的统一。对社会负责实现的关键是寻求各种与移民相关的各方利益的平衡点和共同点。上海市通过政府组织三级管理，融通、融合和融化，合理补贴三项措施实现了这种利益的平稳和结合。所谓对历史负责，就是让滩坑水库工程移民特别是库区移民经得住历史考验，给移民史写下真真正正成功的篇章。为此，一方面要把现有的移民"意见主体"即移民的年龄结构的"当家人"安置好，更要着眼于他们的下一代，并将各种移民资料、档案收集整理好。所谓对移民负责，就是要充分依靠各方面力量，给移民创造尽可能好的生活环境、生活水平、实际利益，使之稳得住并逐步能致富。具体而言则是精心选择安置点、采取造血型财政补助、组织技术培训、社会捐助等措施，不断实现"三负责"。

（三）移民实践中不断被制度化的群众路线

在滩坑水库的移民实践中，群众路线最大的特点是进行了制度化的尝试。也就是说，在移民实践中是否贯彻群众路线，这不是一般的工作方法或领导方法，可以有某些选择性，在移民实践中必须实行群众路线，并且要有制度化刚性的保证，而制度创新又促进了群众路线的深入贯彻执行。

移民实践中，群众路线制度化主要表现为：

1. 领导重视，移民为本

移民不稳，社会不宁，滩坑移民工作事关全局。几年来，青田县始终把移民工作作为压倒一切的首要任务来抓，坚持一切以移民工作为中心，集中全县人力，全力破难推进。

（1）配备最强的干部力量。为了做好移民动迁工作，累计抽调干部1100多人（次），按库区四个动迁年先后设立14个库区移民工作片、83个移民工作组，派遣县直部门"一把手"担任片长。为了做好移民安置工作，累计抽调干部505人（次），设立9个安置地移民工作站、32个移民服务组，安置地乡镇"一把手"担任站长。

（2）提供最大的财力保证。青田是省内欠发达地区，移民工作开始以来，县委政府以"砸锅卖铁保移民"的坚定决心，大力压缩一般性开支，调度配套资金，保证工作需要。目前，累计调度投入3.82亿元，其中财政调度3.32亿元，银行借贷0.5亿元。社会各界捐款795万元，用以支持移民工作。

（3）选择最优的安置地点。坚持把区位优势明显的沿江（瓯江）、沿线（330国道）经济强镇作为移民安置地，县城、温溪、山口、船寮、海口、腊口等经济发达的乡镇安置的移民占县内安置移民总数的79.6%。安置地乡镇把靠近城镇中心区、工业区的最好区块用于移民安置，为移民今后生产发展创造更好条件。

（4）建立最好的议事制度。建立定期议事制度，根据不同阶段出现的不同情况、不同难题，深入调研，及时召开库区片长会议、指挥办公会议，全面论证、分析，提出工作建议，提交县委常委会、县长办公会议专题研究。

2. 营造氛围，合力攻坚

宣传是滩坑移民工作的一项重要内容。几年来，青田县根据移民工作总体要求和阶段特点，突出重点，始终坚持开展宣传工作，努力营造"一切为了移民、一切服务移民"的社会氛围。

（1）宣传移民政策。印发《滩坑移民政策汇编》，发放到每户移民家庭，张榜公布移民政策、实物指标的分解、移民补偿经费的计算原则和补偿单价。充分利用广播、电视、报纸等媒体，深入持久地宣传移民政策，家喻户晓，人人皆知，尽可能地消除移民疑虑。

（2）宣传奉献精神。广泛宣传电站建设重要意义，组织干部进村入户，开展思想政治工作，把库区移民和安置地群众的思想统一到奉献滩坑、服务移民的行动上来，做到"先移思想后移人"。

（3）宣传示范人物。积极动员党员干部、社会知名人士，先行搬迁安置，加强社会宣传，树立正面典型，发挥示范带动作用，教育引导全体移民积极动迁和自力更生、生产致富。

（4）宣传法制知识。组织巡回宣讲团，印发小册子，宣传教育有关法律、信访知识，揭露破坏阻碍移民的反面例子，引导移民依法移民，依法反映利益诉求。

3. 大力创新，共解难题

创新是推进滩坑移民工作不竭的动力源泉。几年来，青田县广大移民干部走进矛盾，大胆创新，破解移民动迁安置难题，走出了一条符合青田实际的移民工作创新之路。

（1）创新制度。建立库区干部包户工作制，即每名干部"承包"30～40户移民的动迁任务，不完成任务不脱钩；建立县直部门联户负责制，实行移民动迁、建房、搬迁全程服务，不完成任务不评先。同步建立县领导联系督查制，实行跟踪督查。将移民动迁安置工作纳入动迁安置地乡镇、县直部门工作考核内容，执行"一票否决制"，确保主要精力投入移民工作。

（2）创新机制。成立县滩坑移民领导小组，县委书记亲任组长，领导全县滩坑移民工作。建立县滩坑移民指挥部，实行"县委、县政府统一领导，指挥部统筹协调，工作片组组织实施，责任单位积极配合"的移民工作机制，确保合力推进移民工作。

（3）创新政策。库区动迁地"锅底效应"明显，青田县综合考虑动迁地经济和地域条件差异，建立对应分级安置政策，实现条件较好的动迁地移民在相对优越的位置安置。同时，根据库区移民就业多元的实际情况，出台统一有土安置、自谋职业、自谋出路、投亲靠友、养老保险五种安置方式，尊重移民意愿，让移民自主选择，实行分类安置。

（4）创新方法。搬迁方法上，制定提前搬迁激励政策，实行政府集中搬迁、移民自主搬迁相结合的办法，促进了绝大多数移民提前搬迁。移民建房方法上，实行政府统一规划管理、移民自主建房的办法，既规范了移民建房的秩序，又调动了移民建房的积极性，克服了政府大包大揽带来的依赖心理，还避免了建房的盲目性，实现量力建房，确保移民不因建房而返贫。

4. 情系移民，真情服务

服务是做好移民工作的重要保证。几年来，青田县围绕移民动迁安置工作，组织干部实践、弘扬"滩坑精神"，服务移民，奉献移民，全县上下形成共识。

（1）真心融入移民。库区移民干部与广大移民群众同吃、同住，交朋友，攀亲家，真心服务移民，真心融入移民，解移民之困，释移民之惑，除移民之忧，积极做好移民搬迁动员工作。

（2）真心帮扶移民。出台具体扶持政策，积极引导安置移民进行农业开发，大力发展来料加工，促进移民的生产发展。开展移民职业技能培训，定期举办"移民就业招聘周"，发布企业用工需求信息，及时提供致富信息、推荐就业岗位，努力促进移民转移就业。目前，全县已安置移民就业率达78.13%，比动迁前提高13.7%。设立滩坑移民特困救助基金，制定具体帮扶办法，扶助困难移民同步发展。

（3）真心解忧移民。建立移民利益诉求"联审联议"等长效移民机制，定期听取移民利益诉求，及时研究解决落实。继续健全安置地村居等基层组织，强化基层组织解决矛盾纠纷，教育引导移民自力更生、自我创业、勤劳致富、主动融入安置地。

二、移民主体动力的生成及重要意义

唯物辩证法认为，任何事物的发展，其内在动力都是矛盾。矛盾是事物运动变化的根本动力。移民实践要得以顺利发展，也有其内在的动力系统。移民动力就是移民行为形成的一切驱动性因素。因此，移民动力主要由形成移民行为的社会动因和移民自身的积极性两个方面构成。移民的社会动因，即形成移民的客观条件或客观需要的各种方面。移民的积极性，即包括移民对移民行为的认知认同状况、移民的主动性与自觉性程度、对移民行为的坚持力、对移民中的各种困难克服的勇气与毅力等。

（一） 移民成功的必要条件

与移民动力相对应的是各种移民的阻力。一方面，这些阻力来自客观方面，可能存在于迁出地，可能存在于迁徙途中，也可能存在于迁入地。另一方面，这些阻力来自主观方面，可能表现为移民对于移民投入的承受力，也可能表现为移民固有的文化背景、意识水平、文化程度、生活状况等所形成的对移民工作在认识上和态度上的不相适应。因此，移民的成功有赖于移民动力因素的不断培育与发展，最后克服各种移民阻力。在移民动力发生作用的过程中，社会相互作用的过程中，社会相互作用的原理，系统社会动力学、协同学都是存在于实践之中或是有其实践指导意义的。移民动力，无论是对自愿性个体移民还是非自愿群体移民都是重要的。相对而言，非自愿群体移民对移民动力的需要更加突出，因为非自愿群体移民常常感到"移民动力匮乏"。移民动力对于移民实践的重要性，总的说来表现为三个方面：

一是移民动力决定移民的具体进程并对移民全局产生重要影响。移民动力状况与移民工作进程成正比，这是被移民实践反复证明了的。在强化组织力量保障机制的同时，青田县创新思路，出台激励政策，激发了移民自主搬迁的热情，探索建立切实有效的移民搬迁激励机制，极大地调动了移民的自主搬迁意识。仅一个月左右，第一水平年移民全部搬迁，创造了水利移民大规模搬迁的"青田速度"。青田县还对"搬迁—入住"进行全程安监服务，实现了"搬迁无事故"的工作目标。广大移民主动化整为零，按照"蚂蚁式搬家"的模式，分期、分批、提前、分散搬迁。鉴于外迁路途遥远、人地生疏，青田县聚散为众，引导移民适当集中、分批搬迁。实践表明，移民自主分散搬迁主的模式，能够充分发挥广大移民群众的创造力和主观能动性，有助于顺利实现移民第二阶段"搬得出"的目标，这是滩坑水库的宝贵经验。

二是移民动力是移民实践中一切有利的主客观因素的综合反映。移民是一种社会性行为，社会对移民的支持、有利因素必须转化为移民动力才会对移民产生实际影响，否则，那些有利因素难以真正发挥作用。所以，移民动力是社会中一切有利于移民的主客观因素的相互作用的结果。比如，青田县北山镇外迁移工作的成功，实际上就聚焦了中央的争取决策、浙江省和丽水市等有利因素所形成的吸引、移民心理自我调适、移民间相互的良性互动、移民工作领导者及时的疏导和调节等各种因素交相作用，才使艰难的外迁工作得以成功开局并获得顺利的发展。

三是移民动力对于移民成败产生实际的重要影响。移民能否成功，影响的因素固然较多而且这些因素又是动态的转化。但是，移民动力状况，对于移民成败始终要产生重要影响。在搬迁阶段，移民动力状况对于移民搬迁进度与质量产生重要影响。在进入迁入地以后，移民动力状况对于移民在迁入地的稳定、克服"不适症"和克服各种二次创业的困难、能否正确处理与迁入地的各种关系并尽快实现自觉地融合都会产生重要的影响。

总之，非自愿移民的移民动力存在主体动力先天不足的问题，存在移民的社会需求与社会提供的移民条件可能不对称的问题，存在移民组织者与动员者同移民对象的认知状况不对称的问题。这些都是在实践中产生又不断加以解决的问题。①

由此可见，非自愿群体性移民的移民动力建设的工作重点是解决主体动力先天不足的问题，具体任务是解决三个对称的问题：移民投入的总规模要与移民总人数在可能的范围内尽量实现对称；移民投入水平要尽可能实现社会投入能力与移民实际需求的对称；要通过移民对象认知状态的转化实现移民组织者与动员者同移民对象认知状态的对称与整合。这三个对称问题解决后，移民对象的注意力、期望值、认知状态就会产生根本的变化。所以，移民注意力、期望值、认知状态，又是判断移民主体动力建设的标识。

（二）移民期望值调整和注意力转换

期望值调整和注意力转换，是可以从内动力角度推进移民从非自愿移民认知状态向自愿移民认知状态转化的。② 非自愿移民转化复杂而艰巨，移民主体认知状态在移民动力系统中的作用非常重要，主要体现在三个方面：

一是认知状态转化是移民对象内在动力形成的标志。移民行为终归是要移民对象自己去完成的，如果移民对象的认知状态没有转化，他对移民行为仍然处于不认同、不理解甚至抵触的主体状态，他的期望值与注意力就仍然没达到正确水平。移民状态的转变，标志着移民对象的期望值与注意力达到应有水平，对移民行为处于认同、理解与主动配合模式。所以移民对象的内在移民动力的逻辑结构是：期望值调整→注意力转换→对移民行为认知状态的转化。

二是移民认知状态的转化对移民动力具有加速度强化作用。移民如果对移民行为的认知状态从非志愿转化为志愿，它可以强化移民动力系统全部，可以使移民的社会条件的有利因素充分发挥，也可以使移民的社会条件的不足部分矛盾缓解甚至不发挥阻碍作用，大大降低了移民组织者和动员者的工作难度与工作成本，甚至它对于社会稳定、国家长治久安都有重要的影响。滩坑电站大量移民工作实践都证明了这一问题。

---

① 陈纯柱：《论移民主体认知状态的转化》，《重庆邮电学院学报》（社会科学版）2004 年第 1 期。

② 陈纯柱：《论移民主体认知状态的转化》，《重庆邮电学院学报》（社会科学版）2004 年第 1 期。

三是移民的认知状态转化影响比移民的期望值注意力更持久。移民的期望值是一个一般性概念，由于滩坑水库移民的复杂性，就决定了在不同的地域、不同的文化程度、不同的家庭经济背景、不同群体移民会产生不同的期望值，在不同情况下对同一对象的期望值也是波动变化的，同样注意力不可能永远固定在一个点上。比如，移民在迁出地的注意力和迁入地的注意力肯定是不同的。但是，移民认知状态一旦形成，相对就比较稳定。当然，移民的认知状态也不是一成不变的，可能会动摇，出现反复性。因此，巩固移民认知转化为成果，使移民对移民行为始终处于"从非自愿移民向自愿移民"的转化状态，这是移民动力系统建设始终必须注意的问题。

移民对象内在动力的培育，也不纯粹是一个内心期望值调整、注意力转换、认知状态转化问题，建立一定的机制对于促进移民动力系统建设十分必要。这个机制根据滩坑库区实践来看，民主机制和市场机制都可以在建设移民动力系统发挥重要作用。就移民的民主机制来看，建立让"移民参与"的机制既是重要又是有效的。移民参与包含两个方面：一是让移民了解自身权益和保护权益的方法；二是让移民参与制订有关搬迁、安置的方案。这种机制可以极大提高移民搬迁的积极性，更能增强移民区的长期稳定。

三、滩坑库区移民实践中的群众路线图

滩坑电站移民工作从无序到有序，从混乱到稳定，最重要的启示是要相信群众、依靠群众和教育群众，科学有效地做好新时期的群众思想工作。市委书记楼阳生指出，做新时期群众工作，一定要坚持和发扬党的群众路线，相信群众、依靠群众、教育群众，把政策和蓝图交给群众。相信群众是一切群众工作的出发点和立足点，教育群众是把党的方针政策及时交给广大群众，依靠群众是指解决问题的基本力量在于广大群众。要团结一切可以团结的力量，积极发挥村级基层组织的作用，用移民来教育移民，用移民来引导移民，这样才能达到事半功倍的效果。要带着感情做群众思想工作，把政策交给移民，把蓝图交给移民。把群众最关心的问题向群众宣传，使群众理解和接受党的政策。让群众明白党和政府的良苦用心和移民生活美好前景，让移民工作在稳定中和谐发展。

（一）建设队伍，深入群众，用服务架起与群众之间的桥梁

市委副书记张成祖说，移民工作由被动转为主动，最大的经验是，新时期干部做群众思想工作，不要怕面对群众，更不能"躲"群众，应放下架子、低下脑袋，以"服务员"的姿态去贴近群众。副市长金建新在谈到如何做好移民工作时说，移民思想通不通的问题，实际上是群众对我们的工作信不信

任的问题，只有时刻牢记"移民工作无小事"这句话，把移民的冷暖放在心上，移民才能把你牢记在心上；移民在你的心里有多重，你在移民的心里就有多重。"北山事件"后，丽水市及青田、景宁两县移民干部讲究工作方法，探索移民规律，不断开拓创新。青田县成立"访亲小组"，做北山库区移民工作，还成立了指挥部，建立协调组，协调组下设 7 个工作片，48 个组，每个组"分包"120 户左右移民，每个移民干部"分包"30 多户、100 多个村民。这些移民干部组成"亲情工作队""政策宣传工作队""驻村服务移民工作队"，为移民解疑释惑、排忧解难。

在做移民工作过程中，不少基层干部还从中揣摩、总结新时期群众工作的规律，编成口诀。青田县滩坑水电站移民工作人员倪福标概括出了"粘""帮""情""谈"四字经。他说，以往一直觉得计划生育工作是天下第一难的工作，现在才知道移民工作才是"天下第一难"，计划生育工作还能使用一定的行政手段，而移民工作是"拆人祖屋、挖人祖坟"的事，根本不可能用强有力的行政手段，只能深入群众，用服务架起与群众之间的桥梁。经过长时间扎实细致的工作，起初对干部抱着排斥和怀疑态度的移民，抵触情绪渐消，而且还积极帮助干部做工作。2005 年 3 月 3 日下午，丽水市第二批共 32 名中青年挂职干部带着市委的重托，满怀豪情地奔赴滩坑水电站库区，帮助移民开展动迁安置和住房建设工作。这是继 2004 年 2 月 25 日我市首派 51 名干部奔赴滩坑库区工作后的第二次选派。市委副书记张成祖，市委常委、组织部长林天宁在欢送会上谆谆叮嘱下派干部，要放下架子，沉下身子，深入群众，心系移民，履行职责，求真务实，秉公办事，切实为移民解决实际问题，并在实践工作中不断锻炼自己。

（二）破冰攻坚，真情融入，完成移民在思想上的"迁移"

经过了一系列"北山事件"的风风雨雨，部分群众对政府的误会与怨气加深，移民的心早就结成了冰，库区几乎成了一座由无数颗冰冷的心结成的冰山，难以绕过。首先，移民干部要做的，就是用真情去融化这座冰山。青田北山、白岩村许多人就在街头骂政府、骂工作组，怎么难听就怎么骂；对待移民干部，他们白天关门，晚上关灯。而干部们毫不气馁，坐在门口等，或站在窗前与之谈心，谈电站的前景，谈移民的意义，谈安置地的优势，谈子女的发展。可是移民干部讲得口干舌燥，移民就是一句话都不搭理。记不得是第几次了，移民的门终于"哐当"一声开了，扔下一句"不嫌脏就进来吧"。许多同志回忆，那时的感觉真的就像三伏天吃到了冰激凌，美极了！青田张口工作片的干部为了打破坚冰，赖着移民户学做北山索面，边学边聊，到了能谈移民工作的时刻，手艺也学了个八九不离十。有移民干部一心扑在工作上，从不叫一声苦，喊一声累，可研究工作时竟因血压高晕了过去；有移民干部为了与一个打铁的移民老汉搭上话，一口气买了他五把菜刀；有移民干部不但出钱为移民置办擦皮鞋的工具，还动员身边的人去擦皮鞋"照顾生意"。青田北山籍的许多干部和联络员，他们的父母兄弟也是移民，他们日夜给亲戚和朋友劝说、讲解。慢慢地，坚冰开始融化了！移民开始和移民干部搭腔、对话了，他们开始关心安置点在哪里，补偿金有多少等，但很多移民还是不理解，仍然在心里充满排斥的情绪。

其次，良好的开局激励着干部们进一步深入，利用进驻前培训的政策知识，结合各家各户的特点，移民干部逐户去宣传、解说。没有人会拒绝真心的帮助，那时，工作片组每天开会，碰头、分析、互通信息，每当有一户有进展，就如同一座高山被跨越，每一步工作的推动都会让移民干部欢欣鼓舞。真情总能暖人心，移民干部与移民的关系开始融洽起来。移民在家，干部就到他们家中坐坐；移民上山下田，他们就帮着割草收麦；移民外出，他们则打个亲情电话，寄张问候贺卡，发张政策宣传单，把政府的关心与体贴送到千家万户。那时库区家家户户都有一张工作联系卡，上面记着工作组的责任区块、联系方式。2003年春节，是外出打工、创业移民返乡的时节。于是，干部们主动上门慰问，嘘寒问暖，趁机宣传解释移民政策。外地回乡的移民被干部的热心打动，也纷纷主动到工作片咨询政策，计划搬迁。这一年的春节，令人欢欣鼓舞的是，一直牵挂移民工作的市委书记楼阳生也来到库区，来到移民家中慰问移民，并且和普通移民干部一样，坐到了咨询台的面前，与移民面对面交谈，鼓励他们早日动迁，早日建设美好新家！移民感动了，移民干部们也感动了，他们说出了心里话："党和政府真的是为移民着想啊！"

再次，智慧与策略的较量，心灵的交锋，移民干部们经受住了考验，也为日后处理多次大规模的群体事件积累了丰富的经验。当时库区形势复杂，各种利益群体之间相互摩擦，一小股反对移民工作的暗势力又有抬头迹象，库区暗潮涌动，稳定局面再起波澜。2004年1月6日，白岩村联络员朱某因为给工作组干部带路而被一位姓张的移民等人殴打致轻伤。维稳组与公安部门果断出击，摸清底细，拘留了张某。其家属多次到白岩片内哭闹，一度引起群众的围观与谩骂，片组干部义正词严，拒绝其无理要求。副片长徐秉然为了稳定家属情绪，连夜协调看守所，去探望张某，与其促膝长谈，使他心悦诚服。3月份，白岩村连续发生多起不稳定事件。有人在村里贴小字报，发传单，撕标语，组织"老弱病残"冲击工作组驻地等，最严重的一次在三天之内连续发生5起群体性事件，人数最多达300多人次。白岩村一动，一步之遥的北山村马上呼应，张口等地也出现了串联的迹象。这一切，都在考验着工作组的维稳力度与决心。幸而，从上到下维稳组及工作片组已建立了一套高效的运作处置体系与程序，维稳责任分解到片，抓早抓小抓苗头，及时将事态平息在萌芽状态，为工作的全面推进打下了坚实的基础。

最后,领导挂帅,任务分解,举全县之力推进移民工作的格局。在景宁库区,为了与移民交心,移民工作正式启动前,全县副县级以上领导干部就投入到了移民工作前期筹备工作中。时任景宁县委书记林一,县长雷萍,县委常委、常务副县长郑力平等领导带领移民干部,深入库区涉淹乡镇开展第一轮的调研工作,摸清移民思想的各方面情况,为准确破解难题打下基础。全县还建立了县领导联系移民工作制度,县委书记、县长负责移民总体工作,每位副县以上领导干部分别负责一块移民工作"责任田",规定每位领导干部联系包干一个涉淹乡镇。为使领导干部能更深入到移民工作中,该县作出了一系列规定:每个涉淹乡镇必须有一位副县以上领导坐镇指挥,做好乡镇工作的同时,与安置地协调好关系,实行双向问责;此外每位领导还要联系3户以上的移民户。在统筹领导干部力量的同时,景宁县还按照定任务、定对象、定时间、定职责、定奖惩的方式,建立了部门联系包干移民工作制度,实行县领导包乡镇,移民工作队员包村、包户、包人的"四包"责任制,形成了横向到边、纵向到底、齐抓共管的移民工作责任网络和举全县之力推进移民工作的格局。

如果说从2003年7月至11月5日期间是滩坑库区的无序状态时期,那么从11月6日至2004年2月11日则是库区有序但移民仍对抗的"非暴力不合作"时期;而2月11日以后真正可以称得上是干群关系全面改善的"大团结、大合作"时期。2月11日这一天,在青田库区北山镇小学举行的滩坑水电站青田移民工作动员大会上,青田县四套班子领导与移民面对面地交心,面对面地回答移民关心的无土安置问题,并作出庄严承诺——保证所有移民都盖得起新房,搬得进新房!政府的庄严承诺,让移民群众吃下了定心丸。从"电站难建,移民难移"到今天的"电站在建,移民在移",变化的虽然只有一个字,花去的却是移民干部8个月的时间与精力!没有人能说得清楚这其中的甜酸苦辣,也没有人统计过工作组付出了多少的辛勤与汗水。紧接着,两县工作组以超常的耐力与毅力,在三个月的时间里完成了核"两签"、移民资格确认、分家析产、零星果木清点、林地细化、集体资产分配、房屋等级评定、安置方式的选择、无土资格的审定等一系列难度大、时间紧、工作量大、纷繁复杂的基础工作。这期间,所有的表册都需要移民户的签字、指印,所有的实物都需要移民户配合实地丈量、清点、签字。在滩坑库区最为敏感的话题之一就是签字,库区有流言"签了字你就完了,你就得乖乖听工作组的了"。而对干部来说,签字就意味着移民可以接受政府的移民政策了,这是工作中的一个重大突破。

(三)工作揣摩,思路创新,总结新时期群众工作的规律

白岩一片、二片干部总结出的"深、实、细、严"核查四字经是基础工

作的制胜法宝。所谓的"深",就是在分家析产等工作中,对家族共有财产追根溯源,查根问底,深入调查,既查清了事实,又使移民心服口服。对移民人口查根问底,不问清下落不罢休。"实",则是实事求是,该给的要给足,不该给就坚决不给,如房屋等级评定时砖木就是砖木,不可能给改成砖混,二等也不可能评成一等,杂房就是杂房,错了要坚决纠正,不使移民户蒙受损失,更不能随意支取国家财产。"细",是在工作中细心、细致,细微之处见精神。为了清点零星果木,工作组干部与移民全民动员,徒手上山一棵棵地点,烈日当头也好,暴雨倾盆也好,不点完一片不收兵,硬是在十天之内完成了全库区的零星果木清点工作。有位队员为了不随意把野生杨梅登记成栽种杨梅,坚持多走五里路,为的是对历史负责。"严",着重体现在移民资格确认和无土资格把关上。移民有多种类别和多种情况。单从库区移民的结构组成看,移民中有农嫁非、非嫁农、房产移动户、户籍移动户等,这些从事不同行业,为着共同的利益要求自发或有组织地构成一个个大大小小的不同利益群体,都想得到政策的特殊照顾,都想争取各自的利益,各移民群体间的利益难以平衡。政府每出台一个政策,都有可能引发新的矛盾,新的利益冲突。一旦因为政策或者处理出现不平衡,就会出现连锁反应。库区里就曾经发生过结婚热、离婚热、分家热、并户热等不正常现象。

一是有移民资格,才有安置资格。有不少移民明明已嫁到库外或出国去了,却偏要隐瞒真相,为的是骗取移民资格;明明没有自谋职业的能力,偏偏到外地弄张所谓"证件",试图蒙混过关。但这一切都瞒不过工作人员的火眼金睛,凭着对移民的深入了解,有时,甚至只凭一个眼神就能判断出证件的真伪!如青田县滩坑水电站工程建设指挥部监察室工作人员在查看温溪三轮车车主过户记录时,发现有重大虚假问题。于是,在县纪委和检察院的大力配合下,查明88份移民三轮车证明材料中,有86份是虚假的。在审核移民自谋职业资格条件时,工作人员发现有部分移民因利益驱动而不择手段利用假证照骗取自谋职业资格问题。为此,2004年3月26日青田县召开了滩坑移民自谋职业安置证照审核会议,成立了由指挥部、县纪委、公安局等部门组成的"滩坑移民自谋职业安置证照审核工作组",分综合、工商税务、交通运输三个小组,分别对移民申报自谋职业安置所提供的材料进行"地毯式"审核。当时北山7个移民工作片中共查到使用虚假证明材料272户,涉及人口1 042人。在审核移民资格时,青田县公安局在有关部门的大力配合下,查明假移民7人。

二是库区景宁县陈村乡为了农嫁非、非嫁农、婚嫁女、非婚生子女等事实确认,派出移民干部到广州、温州、泰顺、蒲江、诸暨等调查取证,解决了个案40多例。该县还对移民房产交易材料严格把关。2002年以前,景宁农民在库区购买房产的,只是和户主签订买卖协议,并没有取得合法的房产证。

为甄别其买卖协议是否真实、有效，该县移民指挥部专门组织人员将他们的买卖协议送到西南政法大学去鉴定。整个景宁库区共解决这样的个案有41例。

三是为了对移民的长远发展负责，工作组配合职能部门，严把审核关，决不把假冒证件放进门。青田北山村有位移民，20年前为了多分田地，虚报了一个女儿的户口，派出所也有正常的户籍，村里人也不知道。他以为这么多年的旧账总不会有人觉察。没有想到移民工作组的干部那么严格，要求人人见面才能确定移民资格！于是，谎言不攻自破。但是也不能把该上的落下。白岩村移民户徐某属二婚，服装店的营业执照却是其前妻的名字，他以为肯定没戏了，整天抱怨。干部们了解情况后，认为可以努力试试看。于是在工商局、法院、指挥部、税务局之间开始了一个多星期的奔波、取证，终于，自谋职业资格被认定。感动之余，徐某第一个填写了自谋职业安置申请书。

四是青田库区七大工作片，就有七个政策研讨小组。统计局出身的陈章平善于思考、破解难题。在每个阶段工作的切入推进时，他总能给领导提许多建议，给同事以启发，在工作中发挥了很大的作用。凭着一股子钻劲，每次有新政策出台，他总是第一个拿到手，钻研、思考、融会贯通。他担负着培训队员的职责。在他的带领和培训下，片里个个是政策高手、业务能手。白岩一片曾创下一周开了5次政策培训会的记录。

五是移民干部戏称自己是典型的"三赔"干部——"赔感情、赔亲情、赔香烟"。青田公交公司员工钟浙友的爱车一直保养得很好，进库区之后，因为工作片没有公车，他的私车就成了公车，主动担负起库内联系工作、库外接送队员的职责。库区进场公路坑坑洼洼，他的爱车伤痕累累，可他却笑着说，为了移民，值！也是这三个月的摸爬滚打，让工作组与移民鱼水相融，感情不断升华，移民干部和移民群众成为兄弟和朋友。干部能力也不断提高，动迁的氛围越来越浓厚，"要我移"变成了"我要移"。干部们也深深体会到了来之不易的喜悦与成就感。[1]

喜报传来，欢欣鼓舞！滩坑电站移民工作得到了省委、省政府领导的充分肯定。2005年6月9日，时任省委书记习近平作出重要批示，"滩坑电站建设的经验，对处理群体性事件、做好群众工作有一定借鉴意义"[2]。时任省委副书记、省长吕祖善也在讲话中指出，"滩坑电站移民工作充分发扬、升华了我党多年来的优良传统，是党的执政能力最有力的检验，是党员先进性教育

---

① 资料来源：青田县移民工作汇报总结材料（内部资料）。

② 沈雪生、王峰等：《用心工作 用情服务——滩坑电站移民工作情况调查》，《今日浙江》2005年第16期。

最生动的教材"①。

6月27日至29日，由时任省委办公厅副主任沈雪生、时任省移民办主任钱国女率队的省委调研组来丽水，专门就滩坑水电站移民工作及库区维护稳定工作做法进行了调研和总结。调研组在报告中指出："经过两年多来的努力工作，移民动迁安置工作取得明显成效，坝址及影响区移民搬迁安置任务完成，第一水平年移民动迁有序推进；电站工程建设稳妥推进，2004年7月导流洞开工，8月泄洪洞开工，10月31日滩坑水电站主体工程顺利开工。穿行于库区的青山绿水间，我们体验了大山的静谧和山区的安详，步行于安置地的街巷村舍中，我们看到了移民的笑脸和生活的美好，这一和谐的场景，充分印证了省委书记习近平'只要情系于民，用心工作，就会创造移民工作生动的局面'的肺腑之言。……滩坑水电站移民工作营造了'电站必成、移民必富'的浓厚氛围，创造了库区群众大迁移的动人局面，提供了无干扰、无障碍施工的稳定环境，铸就了万众一心、攻坚克难、真心为民、无私奉献的'滩坑精神'。"②

2005年10月13日上午，又是一个激动人心的日子！滩坑水电站工程顺利实现了大江截流，工程正式进入大坝主体施工阶段。这标志着滩坑水电站工程建设历史上又迎来了一个新的里程碑。为了表彰在库区第一线辛勤耕耘、默默奉献的移民工作者，2005年12月24日上午，省政府在丽水隆重召开全省滩坑水电站移民工作暨表彰会议，对前阶段的滩坑移民工作进行总结和表彰，并对下阶段工作进行了全面部署。时任省委书记习近平就此专门作出重要批示，时任省委副书记、省长吕祖善代表省政府发来贺电。

习近平在批示中要求各地、各有关部门和广大建设者认真落实科学发展观，继续发扬同舟共济、连续作战的精神，在工程建设上做到精心组织、科学施工、严格管理，努力建设高质量的一流工程；在移民安置上做到"迁得出、安得下、稳得住、逐步能致富"，成为移民安置工作示范工程，真正造福于广大人民群众。

时任副省长陈加元，省政府副秘书长徐震，省民政厅厅长吴桂英，省发改委副主任吴华海，省移民办主任钱国女，时任丽水市委副书记、市长刘希平，市委副书记张成祖，副市长金建新等领导以及省直有关部门负责人和移民安置地的领导参加了会议。刘希平在会上致欢迎辞。会议指出，滩坑水电站移民工作已进入决胜全局的关键时刻。目前整个滩坑水电站的移民工作进

---

① 沈雪生、王峰等：《用心工作 用情服务——滩坑电站移民工作情况调查》，《今日浙江》2005年第16期。

② 沈雪生、王峰等：《用心工作 用情服务——滩坑电站移民工作情况调查》，《今日浙江》2005年第16期。

展顺利，在 5 万库区移民中，第一水平年移民的 22 316 人搬迁任务和第一期清库工作已基本完成，第二水平年移民 15 300 人的动迁安置工作正在稳妥有序地进行中，其中的部分安置点已开始启动移民建房工作。此外，库区的复建、电站工程及其他各项工作正在有序推进。

陈加元在会上对前一阶段的滩坑移民工作和工程建设给予了充分肯定。他说，近两年来，在省委、省政府正确领导下，滩坑水电站的移民工作和工程建设都取得了突破性进展，基本实现了"稳定无反复、搬迁无事故、清库无滞留、施工无障碍"的移民工作目标。陈加元总结了前阶段移民工作经验：加强领导，落实责任，是做好移民工作的关键；科学规范，严把政策，是做好移民工作的准绳；加强协调，密切配合，是做好移民工作的保障；干部带头，作风过硬，是做好移民工作的保证；相信群众，依靠群众，是做好移民工作的基础；化解矛盾，维护稳定，是做好移民工作的前提。

广大干部在滩坑移民的深入实践中提升了三种能力。

一是提升了总揽全局的能力。滩坑移民工作的具体实践，就是广大干部思想认识不断统一、全局意识不断增强的过程。而局部服从全局、个人服从整体的全局意识又给移民工作的推进注入了新的活力和血液。面对移民这项光荣而艰巨的任务，广大干部强化"移民为先、移民为重"的全局意识，正确处理好个人和移民、其他工作和移民工作的关系，把能从事移民工作看作是人生当中的一笔财富和荣誉，把移民工作作为锻炼能力、提升自我的平台和载体。在库区，广大移民干部携带"雨伞、手电筒、草帽、记事本和解放鞋"五件法宝，满含热情、全力以赴地投入到工作中。移民工作开展以来，走过的每一步都凝聚了移民干部的无数心血和汗水，密切了干群关系，记载了移民干部忍辱负重、无私奉献的历程。

二是提升了依法行政的能力。滩坑移民工作的具体实践，就是广大干部行政能力不断增强、服务水平不断提升的过程。滩坑任务之艰巨前所未有，面对繁重的移民任务，全体干部没有退缩，而是更加强化了"全心全意为移民服务，倾力做好移民工作"的理念。通过强练内功，努力提高自己的业务水平，深入各移民户做细致的工作。在动迁基础、外迁、"无土"报名等各项重点工作开展时，各片每天进行总结，及时分析问题、破解移民工作的难题，在工作中不断提高自己。经过实践，全体移民干部深感收获甚多，特别是做农村工作、做群众工作的水平与依法行政的能力得到了大大提高。

三是提升了应对复杂局面的能力。滩坑移民工作的具体实践，就是广大干部积极"走进矛盾，破解难题"的过程。滩坑移民工作是在当前社会转型时期特殊区域的一个复杂的系统工程，涉及千家万户，涉及从移民资格确定、实物核查、对接复核、建房、搬迁、安置及后续扶持发展的各个环节，事无巨细，工作过程中各种新问题、新矛盾甚至突发事件层出不穷，对我们的决策能力、行政能力提出很高的要求。摸着石头过河，在实践中总结，在总结中提高，干部的处置事件能力和应急智慧经受住了严峻的考验。特别是经历北山系列事件后，极大地锻炼了我们的干部在纷繁复杂的环境下"走进矛盾、破解难题"的能力、驾驭全局的能力，锻炼了干部面临空前的困难和压力时无所畏惧、从容面对的良好心态。

第二十一章　在移民实践中坚持
"可持续可平衡"的发展观

"可持续发展"概括起来主要表现在生态持续性、资源持续性、经济持续性和社会持续性四个方面，它是既满足当代人的各种需要，又保护生态环境，不对后代人的生存和发展构成危害的发展。其目标是保证社会具有长期持续性发展的能力，它的核心思想是，健康的经济发展应建立在生态持续能力、社会公正和人民积极参与自身发展决策的基础上。[1]

一、移民中的库区生态环境问题

（一）千峡湖区域的地域范围

千峡湖区域是随滩坑水电站建设而形成的新兴区域。滩坑水电站是浙江省"十五"期间实施建设的最大水电工程，位于青田、景宁两县境内的瓯江支流小溪中游河段，坝址距青田县城约 32 公里，距温州约 92 公里，距丽水市约 107 公里。滩坑水库正常蓄水位海拔 160 米，日常库面面积 70.93 平方公里，水库总库容 41.55 亿立方米，总面积达 71 平方公里，是浙江省第二大人工湖。经过多方努力，丽水市对《商标注册用商品和服务国际分类》中的商品和服务两大部分，从保护千峡湖品牌价值角度出发，对 45 个大类中的 490 个群组的近 700 个商品和服务项目提出了注册申请，已达到对近 95% 的商品和服务项目的保护面。从近中期开发利用角度出发，重点对 4 类商品、2 类服务项目进行重点申报，申报注册商品或服务项目 115 个，为近中期的开发利用打下基础。

---

[1]　孟琳琳、包智明：《生态移民研究综述》，《中央民族大学学报》（哲学社会科学版）2004 年第 6 期。

（二）千峡湖库区的基本情况

1. 乡镇和行政村调整

根据丽水市移民办《滩坑基本情况概述》表述，滩坑库区规划移民51 441人。青田县移民分四个水平年完成，安置在县内9个乡镇23个安置点，以及县外的宁波、台州、绍兴三个市19个县（市区）和丽水莲都区。库区水面形成后，库区人口大量减少，两县都进行了乡镇和行政村的整合与兼并，由此形成了新的行政区划格局。

一是乡镇格局调整。库区形成后，库区乡镇作出了部分调整，由库区形成前的9个乡镇，调整为7个乡镇。其中，青田保持不变，仍然保持4个乡镇，即北山镇、岭根乡、巨浦乡和万阜乡，北山镇和岭根乡外迁人口最多，乡镇原驻地也被淹没，分别迁至泉山村和黄驮山村井坪；景宁减少2个，原大顺乡和陈村乡合并形成九龙乡，并迁至王湾为乡政府驻地，原金钟乡和外舍乡合并形成外舍管理区，管理区政府暂时设在王金垟开发区，渤海镇保留，其镇政府驻地设在鲍山头。

二是行政村落调整。近年来，行政区划调整和行政村撤并，目前两县"一区二镇四乡"中共有留存行政村70个，外加3个居委会。青田县共计留存37个行政村，其中巨浦乡10个、北山镇14个、岭根乡5个、万阜乡8个。景宁县共计留存33个行政村和3个居委会，其中九龙乡有14个行政村和1个居委会，渤海镇有8个行政村和1个居委会，外舍管理区有11个行政村和1个居委会。

2. 人口数量及其分布

本区域现有总人口约5万人，与水库建成前相比，实际减员约4.3万人。其一，规划区域内农业人口占绝大部分。户籍所在的农业人口中，青壮年劳动力大部分长期在外经商、打工，留守在家乡的基本属于老年和儿童。库区城镇化程度极低，如青田北山镇城市化率仅为4.1%。其他除景宁渤海镇为建制镇配置外，行政上皆为乡建制，非农比例人口更少。其二，规划区域范围内，巨浦乡、岭根乡、九龙乡、渤海镇、外舍管理区、共有移民约2 666户（其中约300多户为移民）。其三，规划区域崇山峻岭，平均人口密度每平方公里只有59人，远远低于库区外围。库区青田部分的人口密度为每平方公里72人，远远低于全县的135人，景宁部分人口密度为每平方公里49人，也远远低于全县的87人。

（三）逐渐显现的生态环境问题

1. 千峡湖库区的发展制约因素

千峡湖拥有上佳的生态环境，山水相映的湖光山色景观，中西合璧的文化碰撞，为建设以运动休闲和养生度假为特色的高等级旅游景区提供了良好的平台。库区周边翠绿的山林和高海拔坡地，为建设有机蔬菜基地、干水果基地提供了有利的条件。丰富优质的水资源，为开发水资源产品创造了机遇。相对较少的人口数量以及集聚下山的脱贫政策，为发展库区特色加工业提供了可能，也有利于一村一品的规划建设。

一是经济落后，缺乏产业支撑。库区蓄水后，原有城镇和大量耕地被淹没，交通条件受到极大限制，城乡经济发展面临着严峻的挑战。目前，区内产业单一，传统农林业仍占主导地位，少量加工企业集中于北山镇和外舍管理区。当地居民家庭收入的主要来源是大量劳动力外出打工获得的劳务收入。总体看，由于缺乏产业的支撑，库区经济基础仍极为薄弱，发展任务十分繁重。

二是人口分散，公共设施薄弱。库区形成后，虽然经过了村落的调整与合并，人口分散的格局总体上仍未得到有效改变。由于库区形成后水路和公路网络尚未真正形成，交通制约严重，村民的出行极其不便。复建乡镇驻地和移民安置点除北山镇政府驻地泉山村、九龙乡政府驻地王湾以及在建的外舍区块外，没有形成上规模的人口集聚点。由于人口高度分散，使交通、通讯、文化、教育、卫生、金融和商业点网等公共设施的合理布局陷于两难境地。一方面是边远居民无法或很难享用少数高度集中布局的公共设施；另一方面，如果公共设施深入偏远村落，不仅投入成本巨大，而且公共资源也不能得到充分的利用。

三是耕地稀缺，生态容量有限。规划区块除了成片的山林和连片的水域外，最缺的就是适宜耕种和适宜建设的土地资源。库区周围山高水少，并不适合土地开垦，原先残留的耕地也主要以旱地为主。库区耕地总量仅占库区周边"一区二镇四乡"总面积的5.8%。由于库区原有居民近半已经外迁，致规划区平均为1.54亩/人。其中相对较多的是岭根乡，为2.95亩/人，相对较少的是渤海镇，仅为0.88亩/人。

四是行政分割，政策保障不足。由于受交通限制，这一区域的居民生活困难，缺乏基本的医疗卫生等公共设施的保障，急需通过跨越行政界限、采取相应的政策加以解决。此外，岭根半岛为旅游总体规划中所表述的重点发展区块，为青田县和景宁县所共有，如何开发受到目前行政条块分割的限制。库区水域水质至关重要，上下游两县（甚至包括上游的庆元县）在发展和保护上虽然目标一致，但在观念上仍然存在差异，目前尚缺乏相应的政策保障。①

2. 生态环境保护与库区开发保护的矛盾

生态环境保护与建设是库区开发的关键和切入点，加强生态建设和环境保护，再造秀美山川，是库区开发的一项重大战略任务。但是，生存与生态是一对难以化解的矛盾，如何在生态保护和农民增收这一"两难"中实现双赢，关乎"可持续发展"战略能否落实。而生态移民既是恢复和保护生态环境最便捷的道路，又是解决贫困人口走上脱贫致富之路的有效途径。

人类及其生存环境皆是生态系统的组成部分，生态系统为人类的生存和发展提供了物质基础。为了维护生态系统的稳定与平衡，必须建立一种人口与资源相协调的理想的人类生态环境。② 部分山区之所以贫困，原因是多方面的，但最根本的是生态失去平衡，而生态环境恶化问题的主要根源又在于人口。生态问题的内因是生态系统脆弱；外因是人口过快增长，对生态环境扰动过度。

二、坚持生态经济区的发展方向

走经济生态区的发展道路，通过经济生态区建设，把移民与可持续发展结合起来，可以说是千峡湖库区对移民与可持续发展相统一理论的新实践和新贡献。

（一）指导思想与发展原则

1. 千峡湖区域经济社会发展的指导思想

全面贯穿落实科学发展观，深入实施省委"两创"战略和市委"三市并举"战略，以科学发展为主题，加快转变发展方式为主线，积极探索旅游富民兴区的新型发展道路，大力推进生产要素集约化、公共设施均等化、特色

---

① 参见浙江大学课题组：《丽水市千峡湖区域发展总体规划》，2011年。
② 参见桑敏兰：《宁夏生态移民与城镇化发展研究》，《西北人口》2005年第1期。从移民的目的来看，生态移民通过将生活在恶劣环境条件下的农民搬迁到生存条件更好的地区，一是可以减轻人类对原本脆弱的生态环境的继续破坏，使生态系统得以恢复和重建；二是通过异地开发，逐步改变贫困人口封闭的生存状态，加强山川之间和城乡之间经济、技术和文化交流，促进贫困群众生产生活和观念的转变以及城镇化的建设，发展民族地区经济，增进民族团结；三是减小自然保护区的人口压力，使自然景观、自然生态和生物多样性得到有效保护。如果从山区移民25万人，就可以腾出100多万亩耕地，还有大量的荒山荒坡；四是能够促进地区人口合理再分布。

产业一体化和开发建设低碳化，充分发掘山水资源和青田华侨文化、景宁畲族文化优势，加快把千峡湖区域建设成为生态环境优美、发展特色鲜明、基础设施完善的全市著名的生态功能区、全省著名的和谐发展区和全国著名的5A级生态旅游和休闲养生度假区。

2. 坚持生态立区的发展原则

立足于区域的生态环境功能定位和资源环境承载能力，妥善处理生态环境保护与山水资源开发的关系，妥善处理近期开发与长远发展的关系，科学引导绿色产业发展，大力优化生产要素配置，合理控制开发建设规模，形成生态产业、生态人居、生态文化有机融合和相互促进的发展氛围。具体而言，一是坚持民生为本。着眼于提高当地居民的收入水平，提升当地居民的生活品质，着力于改善养生度假的友好氛围和服务水平，提升外来游客的满意度，形成当地居民安居乐业、外来游客流连忘返，主客共享的发展空间。二是坚持创新发展。通过空间创新，促进生产要素的空间重组，奠定经济社会有序发展的基础。通过产业创新，培育绿色高效的特色产业，打造经济社会加快发展的平台。通过体制机制创新，增强经济社会加快发展的动力。三是坚持协调发展。根据发展条件和整体功能定位，实行区域统一规划与协调管理，统筹城乡之间、上下游之间和两县管理机构之间的关系，努力形成分工合作、优势互补和协同发展的总体局面。

（二）区域发展的总体目标

千峡湖区域经济社会发展的总体目标是：到2020年，通过大规划、大投入、大建设、大发展，把千峡湖区域建设成为生态环境优美、发展特色鲜明、基础设施完善的全市著名的生态功能区、全省著名的和谐发展区和全国著名的养生度假区。具体而言，一是建设全市著名的生态功能区。切实做好生态环境保护工作，严禁三类工业进入，防止饮用水源地及其汇水区域污染，把千峡湖区域建设成为具有水源涵养、气候调节和水土保持等功能的全市重要生态功能区，为发展生态产业、营造生态人居、弘扬生态文化奠定坚实的基础。二是建设全省著名的和谐发展区。切实做好库区移民的政策处理工作，大力培育绿色低碳的生态产业体系、高效持续的资源保障体系、安全秀美的生态环境体系、人地和谐的人居环境体系和与时俱进的生态文化体系，使千峡湖区域成为全省大型库区社会和谐、人地和谐的示范。三是建设全国著名的养生度假区。以建成国家5A级休闲养生旅游度假区和发达的旅游产业综合体两大战略目标，充分发挥生态环境优势，大力挖掘青田华侨、石雕文化和景宁畲乡文化，加快发展养生休闲度假产业，以养生度假产业为主导，带动第一、二、三产业的融合发展和转型发展，把千峡湖区域建设成为全国著名的休闲养生度假旅游区。

（三）区域发展的近期目标

除根据规划开发和建设具有区域特色的山水旅游景点、旅游项目外，还要与山水景观相协调，通过滨水、沿山、亲石、顺林等多形式实现因地制宜开发利用湖周山地资源，吸引大型国企、财团投资具有欧陆风情和畲乡文化特色的各类宾馆、度假村、疗养院、景观别墅、公寓、房产等，加快总体目标的实现。一是区域经济加快发展。特色农业稳步发展，养生休闲度假业取得实质性进展，初步形成以旅游业为主导，旅游农林渔业、旅游加工业和旅游服务业一体化联动发展的产业结构，养生度假业初步成为区域经济加快发展的新引擎。二是人居体系更加合理。外舍新区和北山等城镇建设基本完成，村落布局得到进一步调整优化，区域城镇化水平和人口集聚度明显提高，初步形成以乡镇驻地为核心，以镇区—中心村—基层村为基本构架，空间布局合理、职能分工明确的城乡居民点体系，为有序生产和提高生活品质奠定基础。三是公共服务不断完善。加快形成陆路至丽水市区、青田、景宁县城的通畅、便捷的公路交通通道，规划建设相应等级环湖及通乡镇、村公路网路、跨湖水路连接通道，使水陆交通网络更加完善。硬化公路和水路码头通达大多数行政村，实现以水上连接为主要形式的更加便捷的游客旅游和居民出行交通网络。水电和电信设施不断完善，确保饮用水安全和移动通信网络全覆盖。教育、文化、医疗、公共卫生、社会福利和社会保障等公共服务供给能力得到明显改善，公共服务达到景宁和青田两县的平均水平。四是环境质量稳步提高。水源地得到有效保护，库区水质稳定在地表水Ⅱ类以上标准。地质灾害点及隐患点得到有效治理。宜林山地全面绿化，森林覆盖率和城镇建成区绿地率明显提高，生态景观明显改善。城镇生活污水和生活垃圾得到有效处理。五是生活品质显著提升。劳务输出的组织化程度逐步提高，当地就业机会明显增加，城乡居民人均收入分别达到青田和景宁全县的平均水平。居住、交通、教育、文化、卫生等方面的条件持续得到改善，民主法制建设和精神文明建设取得显著成效。"十三五"期间千峡湖要实现从单纯的观光旅游逐步向集观光、休闲、度假、会议、体育运动为一体的综合性旅游目的地转变；旅游项目开发从平面型向水陆空立体型转变；旅游产业构成从单一的观光游览向吃住行游购娱综合产业转变；旅游客源从东南沿海为主向面向全国乃至世界游客转变；受益范围从千峡湖沿湖乡镇向青田、景宁两县及丽水市区转变；旅游文化内涵从青山秀水真正向欧陆风情和畲乡文化转变；旅游发展目标从旅游大区向旅游强区转变。

三、实施可持续发展的经济生态化和生态经济化战略

丽水市地处浙江省西南部，是"浙江绿谷"、长三角地区的生态屏障，素有"浙南林海""华东地区的天然氧吧""华东地区的动植物摇篮"等美誉，已荣获"中国优秀旅游城市""国家森林城市"、"国际休闲养生城市""中国长寿之乡""省级环保模范城市""省级园林城市"等荣誉称号。国家领导到丽水市调研时曾指出，丽水的绿水青山就是"金山银山"，守住这片净土，就守住"金饭碗"。丽水市就此抓住两个核心环节，一是把丽水的生态优势保护好作为前提，二是把丽水的生态优势发挥好作为关键。

（一）空间总体布局

千峡湖区域在空间布局上规划形成"一轴、四核、多点"的总体格局。一轴：从景宁外舍管理区开始沿狭长形的千峡湖水域及大坝下游至小溪与青田瓯江交界处为生态景观轴和经济社会发展轴。四核：指区域发展的四大中心节点，包括北山、外舍、九龙和岭根。其他重要节点包括青田巨浦、景宁渤海等。多点：以乡镇驻地和中心村为依托、有一定土地资源可供旅游开发建设的发展节点。

1. 千峡湖水域轴带的发展和布局

从空中俯瞰，千峡湖具备"龙之行、峡之深、水之蓝、谷之幽"的明显特点，由大坝及北山区域形成的龙头、干流形成的龙身、两岸支流形成的峡谷犹如巨龙的龙爪，整体犹如飞腾起舞的巨龙，曲曲弯弯形成景观走廊、生态走廊，同时也是牵动库区周边地区协调发展的经济走廊。

千峡湖东西跨度约80公里的水路不仅是风景线更是黄金线，通过整体规划分段实施，以湖为轴、串点成线，除开发以旅游为龙头的三产服务业外，还可以通过发展绿色一、二产业富民强区，通过千峡湖黄金线吸引投资，输出产品。

2. 四大核心区块的发展和布局

北山、外舍、九龙和岭根是库区经济发展的四个核心区块。这四大区块既是库区旅游资源比较丰富的四个重要节点，又将是人口相对集聚，公共设施最为完善、旅游开发最为有效的区域。重点布置适宜投资开发的产业、重点完善城镇功能、重点建设旅游设施，并兼顾各自的特色，扩大人口集聚功能，增加就业机会，吸引库区居民向核心区块集聚，吸引度假养生人群到核心区块旅游休闲。同时要十分注重与外围旅游景点的线路连接，串点成线，实现共同发展、加快发展的综合性目标。这些外围旅游景点主要包括青田龙

潭峡景区、万阜景区，景宁大均景区，石柱、杨山、下朱山等特色村落，以及已有投资商介入的西汇畲乡风情村和金钟娃娃鱼基地等特色项目等。

3. 重点乡镇和中心村的发展和布局

重点乡镇和中心村的建设和发展是库区着力需要解决的问题，特别是中心村建设不仅仅是自然村或原有行政村的兼并、数量的减少，更是如何选择地势相对平缓、避免灾害袭扰、有发展后劲、交通相对便利的原有行政村或自然村扩大规模，或者新辟宜居的村民集聚点，尽最大努力接纳深居偏僻山区的村民下山，从而使库区居民相对集聚，使公共设施更集中、更有效、更广大地惠及库区居民。重点乡镇和中心村布局要具备安全性、便捷性、规模化的特点。安全性即选择避开地质灾害点或易发泥石流等灾害的地点，以及地势相对平缓、视野相对开阔、具有用水安全等宜居区块；便捷性即方便居民出行，即可以便捷地通过陆路和水路交通（特别是公路交通）联系外界，与外界交通的便捷性一定程度上与其到达库区主干道路的距离和道路等级成正比，此外还要可以便捷地抵达生产地，下山居民可以便捷地抵达承包地或自留地从事生产活动；规模化即人口集聚达到一定的规模，尽可能加大投入，完善文化教育、卫生体育、通讯娱乐、电力设施、供排水系统和公共交通等公共设施，使公共设施的投入和使用达到最优化、最大化。

4. 优化村镇布局

一是控制人口数量。经过多年艰苦的移民工作，库区核心圈层由原先的9个乡镇合并成"一区二镇四乡"，由原先的127个行政村减少或合并至现在的70个行政村加3个居委会，减少行政村57个，然而数量的减少并不等于村镇布局的优化。村镇布局的优化在于积极推进人口内聚外迁，扩大乡镇人口容量，加快提高城镇化水平；结合下山移民安置，整合相关政策资源，实施新一轮村庄撤扩并工作，优化公共服务设施供给。从地域发展条件看，库区城镇建设或扩容重点为北山镇政府所在地泉山、九龙乡政府所在地王湾和外舍新区。特别是泉山和外舍新区，应根据地域、资源、环境和经济社会发展的要求为移民下山脱贫创造更多的便利条件。在规划建设阶段与后续发展阶段应严格控制人口数量的增长，特别要防止外迁人口的大量回流与人口规模的快速扩张。库区可容纳人口总量需要经过统筹平衡并制订实施方案，经相关部门批准后严格按管理权限施行。

二是加快中心村建设。目前，库区相对集聚的村落大多都只有100～200户人家，规模小、分布散，虽经多次拆并，但基本仍以自然村落形式保存，远没有达到实质性集聚的目的，导致公共设施投入要求高、实际使用共享度低、保障度差、效率低下。因此，应制定相关政策一方面加快中心村规划与建设，另一方面禁止在库区非宜居点继续进行住宅建设等行为，鼓励高山远山居民往中心集镇、中心村转移，争取在"十二五"期间居民集聚取得实质性的效果。中心村建设的基本要求：一是交通便捷，布局上尽量以沿庆景青公路、大大公路等主干道、抵达乡镇驻地时间在半小时交通圈内为基本原则；二是人员集聚，集聚人口总量一般要求在 1 500 人以上，通过几个邻近组团组合形成中心村；三是生产生活在空间上的隔离，逐步实现生产与生活场所在空间上相互隔离的方式，实现空间置换。

（二）加快产业培育，发挥市场在资源配置中的决定作用

以全面建设小康社会的发展要求为指引，立足于库区资源环境及社会基础等现实条件，规划期内库区产业发展的主要任务是：努力加快交通、网络通信等基础设施建设，大力发展休闲养生度假服务业，加快发展旅游农林渔业，积极培育涉旅特色加工业；着力推进社会基础产业，打造地方优势产业，培育区域特色产业；加快构建具有区域特色和竞争力的生态产业体系，力争在较短时期内使库区发展赶上丽水市乃至浙江省经济社会发展步伐，显著改善库区民众的生产生活水平，实现富民强县的整体目标。

1. 大力发展休闲养生度假服务业

充分发挥区内优越的生态环境和生态旅游资源优势，大力开发生态观光旅游、休闲度假、养生娱乐、体育健身、垂钓娱乐、探险寻幽、摄影创作等一系列养生度假旅游产品，对库区资源进行整体利用。

根据库区内的旅游资源和生态环境特色，可重点开发如下：一是生态观光旅游产品。依托库区众多的峡谷、森林、山岳、奇石等旅游资源可开发一批生态休闲观光、旅游度假、探险寻幽、摄影创作等系列旅游产品。重点包括炉西峡、九龙山、龙潭野山沟、万阜古迹览胜等旅游区。二是水上娱乐旅游产品。利用库区清新秀丽的水域风光旅游资源，依托外舍、岭根、北山等重要交通节点，可开发游轮观光、水上休闲、娱乐体验、空中观光（小型直升机）等旅游产品。三是民俗文化旅游产品。充分利用丽水山水文化、青田侨乡文化、石雕文化、景宁畲族文化等旅游资源，积极开发具有浓郁民族特色的文化展示、民俗演艺、主题娱乐等旅游产品。四是乡村休闲旅游产品。主要依托库区内众多生态环境优美的特色村落、特色农产品及滨水景观等旅游资源，结合库区组团开发的需要，积极开发乡村休闲旅游项目，大力发展侨乡游、畲家游、农家游、渔家游、农家乐等乡村休闲旅游产品，形成一批有特色的乡村旅游点。重点开发区域主要包括景宁的岗石村、岭北村、杨山村、金钟村、梅坑村、湖坑村、大顺村、鲍岸村等地，青田的石柱村、阜口村、呈山村、吴山村等地。五是山地休闲运动产品。依托中心旅游城镇，利用库区丰富的山林缓坡资源，积极开发多种形式的休闲运动产品，在政策许可的条件下适度开发山地高尔夫项目，提升库区旅游的整体品位。

2. 加快发展旅游农林渔业

水库建设使库区总体环境发生了翻天覆地的变化，在水域面积大量增加的同时，可利用土地资源明显减少，陆上可开发资源成为稀缺资源，所以应充分利用缓坡地改造和新增的水域资源，稳步提高库区民众的人均资源拥有量；依托库区旅游产业大发展的机会，统一以"千峡湖"品牌为基础，着力加强与旅游产业紧密关联的观光农业、休闲渔业、特色种植业等产业的培育，大力发展农家乐、渔家乐、果蔬专供等服务产品，重点推进高效农业基地、休闲农业基地、休闲渔业基地等"三大基地"建设，努力提高库区民众的收入水平，实现库区经济社会的和谐发展。一是高效农业基地建设。依托库区优越的生态环境，充分利用库区丰富的山林资源，可因地制宜的发展特色高效农业种植项目。规划在各乡镇现有各类小规模特色农产品种植的基础上，将其发展成为各具特色的有机农产品基地。如惠明有机茶园、高山蔬菜基地、优质竹笋基地、中药种植基地、油茶种植基地、家畜养殖基地以及山核桃、香榧、杨梅、黄花梨等果林基地。二是休闲农业基地建设。利用库区丰富多彩的乡村旅游资源，结合农业生产，积极开展多种形式的农家种养殖、吃住行、年夜饭、农家酒等系列农家生产、生活休闲旅游活动。青田的巨浦乡、万阜乡等地可开发以稻田养鱼、农家休闲、青田土菜为主要特色的旅游项目；景宁的杨山、鲍山头、大顺、鲍岸等地可开展以江鲜品尝、畲家土菜为特色的乡村休闲旅游产品，通过培育形成一批具有浓厚乡村特色的休闲农业旅游基地，带动当地村民致富奔小康。三是休闲渔业基地建设。充分利用库区的优质水域资源，在洁水保水、统一"千峡湖"经营品牌的前提条件下，促进洁水鱼养殖的顺利开展和提高养殖的综合效益。在充分发挥渔业的保水洁水作用的同时，通过绿色有机认证、品牌宣传、市场推广等手段，不断培育和提高"千峡湖"的品牌价值，达到"以鱼保水，以鱼名湖，以鱼富民"的目标，"以鱼养渔"实现渔业的健康可持续发展。

3. 积极培育涉旅特色加工业

库区加工业必须在以保水洁水为核心、严格限制污染企业进驻、统一经营"千峡湖"品牌的前提下，根据库区的生态环境条件有选择地引进与生态特色产业紧密关联的加工业。一是水资源加工业的发展。以主要城镇为依托，充分利用库区高品质的水体资源，依托库区主要城镇的基础配套条件，可适当引进水饮料加工企业的发展，开发饮用纯净水项目，以提高库区水资源的综合利用效率。二是土特产品加工业的发展。依托青田县和景宁县淡水鱼、香菇、木耳等丰富的地方土特产品，以及各乡镇的有机农产品，适度发展包装加工业，既可提升当地土特产品的品牌效应，还可以提高当地农民的收入水平。沿湖具有发展可能的乡镇和村落集体组织及村民，都可积极创造条件适度发展土特产品加工业。三是旅游品加工业的发展。充分利用库区丰富的竹、木、石等原材料，融入地方文化，大力开发具有地方特色的旅游纪念品加工业，提高产品附加值，切实增加当地农民收入。也可以视条件培育发展一批小型家庭作坊式、游客可参与互动的旅游纪念品加工业，如青田石雕、景宁畲家织布、织带等富有地方特色的小产品。①

（三）规划保障，做好长期发展

1. 大力推进区域整合协调

借鉴国内外跨行政区区域发展经验，建立千峡湖区域发展领导小组，由市政府主要领导担任组长，市政府相关部门和青田、景宁两县主要领导参加，负责监督实施区域发展规划，制定实施区域发展政策，统筹安排区域性重大基础设施项目，协调区域对外宣传，协调区域环境保护和水域开发利用等问题，指导两县库区开发管理处的工作。适时制定实施统一的区域发展综合绩效考核办法，对青田、景宁两县库区管理处和区内各乡镇分别进行绩效考评。以"绿色、休闲、养生"为主题，确立千峡湖区域的总体形象。鼓励各行各业开发建设绿色、休闲、养生产品，加快形成特色化、系列化、低碳化的产品体系，为支撑区域总体形象提供坚实的物质基础。整合青田和景宁两县相关资源，加快建设千峡湖区域发展网络平台，形成信息发布、在线订购等功能于一体化的服务载体。适时编制和实施千峡湖区域对外宣传推介计划，有效扩大千峡湖区域在长三角地区的知名度和美誉度，为招商引资和休闲养生客源市场开拓创造更加有利的条件。

2. 实施严格土地利用政策

进一步落实严格的土地管理政策。以原有的生态环境为背景，以原有土地资源利用为基础，采取分散与集中相结合的模式充分利用规划区有限的土地资源。突出土地利用的重点和特点，进行节点式开发，合理利用土地。突出保护规划区保存不多的山地农田用地——梯田，保持其四季不同的耕种习俗。特别是以原始自然景观为特色的景区建设则要严格遵循土地利用规划原则，分类规划建设，因地制宜合理调整土地利用，发展符合生态旅游特征的土地利用方式和结构。

一是集镇建设用地。主要包括北山镇（泉山新址）、九龙乡驻地（新址）、渤海镇（鲍山头新址）、外舍新区和岭根等面积相对较大、坡度相对平缓的地块。此类区块城镇及农居建设与旅游发展存在极大的关联度，特别需要处理好发展与生存之间的关系，合理调配用地需求，应在土地利用总体规划和库区生产力布局规划的指导下，根据建设与发展的需要合理安排，基本

① 参见浙江大学课题组：《丽水市千峡湖区域发展总体规划》，2011年。

保证发展要求。

二是移民安置用地。库区发展用地十分有限，可以作为移民安置点的土地资源更是少之又少，所以应从库区长远发展的角度出发，采取"宽外紧内"的高山远山移民下山致富安置政策，一方面鼓励高山远山民众向当地海拔高度相对较低、建设条件相对较好、安全保障和致富环境有利的宜居地块集聚，另一方面更要鼓励采取农地、林地集中经营、离土离乡转行发展的形式另图发展渠道。在库区范围内积极利用地形地貌合适、靠近主要城镇、交通便利的宜居之地规划建设下山移民点，全面贯彻落实国家水电站建设移民政策，真正让库区民众实现"安得下、富得起"的转型发展目标。

三是旅游建设用地。生态休闲旅游业的可持续长远发展是库区民众赖以生存的基本发展途径，是库区发展的龙头经济，需要较长时间的培育与扶持，因此依托本区域拥有的具有较高观赏价值的自然和人文旅游资源，建设相对集聚的旅游观赏、接待设施和生存生活设施，是库区发展与生存的根本选择。在旅游开发重点区域和主要功能区，要尽可能为旅游发展留下建设空间，特别是重点开发区域、重点景观资源所在区域，更要牢固树立科学发展、可持续发展的理念，加强规划控制，制止盲目建设、乱搭滥建的行为。

四是道路交通用地。在规划区范围内，道路、航道是最基础的发展设施，因此应在避免对库区生态环境造成次生破坏的前提下，进行合理规划，确保道路交通用地、停车场用地、客货运及旅游专用码头用地、空中交通基站用地等的供给。

3. 有序恢复发展山林资源

林地包括公益林地、经济林地和库区周边景观林地。据林业部门的统计，千峡湖区域的森林覆盖率高达80.5%，林业用地绿化率高达98.7%，森林成为区域整体生态环境的主体。保护与建设好山林生态环境，对于区域生态环境的改善与提升具有决定性的作用。规划通过更新造林、人工造林和公路边坡修复等方式，改造近60万亩的森林景观，基本消灭现有的无林地，有效增加林地面积，进一步提高森林覆盖率，提高阔叶林和以阔叶林为主的针阔混交林在林地总面积中的比重，全面提升森林生态系统的生态环境质量，有效改善森林生态系统的景观风貌。一是统筹规划。充分利用小溪上游的各支流源头土地资源，制定林相修复与发展规划，以保护、美化修复为主要内容适当对原始林、经济林进行开发利用。保护库周现有原始次生林、人工林和竹林，加强水源地植被保护与修复，规划建设人工观赏林，使其始终保持青山绿水、生态完好的自然风貌。有条件的山体要积极营造充分体现山区特色、利用季节变化，营造色彩斑斓的景观生态林，不断优化与湖水相映的生态景观。二是因地制宜。采用多种森林建群树种和伴生树种进行人工造林和补植改造，因地制宜营造常绿阔叶林、常绿阔叶混交林、落叶阔叶林和针阔混交林等，丰富森林植被类型的多样性，进一步增强森林生态系统在水源涵养、水土保持、气候调节、防风固沙和滞尘降噪等方面的生态功能，全面提升森林生态系统的生态环境质量。三是服务发展。根据养生度假旅游目的地建设的需要，有效改善森林生态系统的景观风貌，着力丰富重要廊道、重要区块和重要节点的森林景观多样性。增加色叶、观花、观果树种，着力营造春夏秋冬四季动态变化的美丽景观。用复层混交林和复层异龄混交林取代现有针叶纯林，提升林木树冠的美学观赏价值。

4. 切实加强水体质量保护

水资源是千峡湖区域的核心优势资源，优质水资源是千峡湖区域生态环境最原始、最具特色，也是最具开发价值的旅游资源。由于地表植被覆盖率高、工业污染轻微，小溪流域水环境质量总体较好，不少地段达到地表水 I 类标准。但在区域经济社会加速发展的背景下，水环境面临的威胁将不可避免，因此必须采取相关强有力措施，确保水环境质量能够继续满足生态功能区划、区域生态休闲旅游业发展的总体要求。一是提高生态保护意识。通过在规划区道路两侧、村镇显著位置、农村宣传栏等设置宣传告示牌，结合景区宣传向游客和居民发放生态保护和安全教育宣传手册等措施，坚持不懈地对规划区居民和游客进行生态环境保护知识和生态保护重要性的教育和宣传，提高涉湖人群的生态保护意识。二是加强水源保护建设。加强水库上游的水源涵养林和防护林建设，以封山育林和天然林更新为主，人工植树造林为辅，提高水源地生态系统污染防护能力和水土保持能力。三是落实环境保护举措。加快建设和完善上游及库周城镇与农村污水处理设施和污水收集管网，因地制宜不断提高农村污水处理率，按环保部门要求达到排放标准。全面推进垃圾减量化和资源化，提高生活垃圾无害化处理率。四是强化污染源头治理。积极调整优化农业种植结构，大力发展无公害、绿色和有机农林产品，尽量少使用或不使用化学肥料和有毒农药。全面治理畜禽养殖污染，适时推进养殖方式从家庭散养转向规模化养殖。科学规划水产养殖，积极发展有机鱼养殖，防止网箱养殖的盲目发展。加强工业污染防治。建立和实施严格的产业准入制度，严禁污染工业进入，严把建设项目环境准入关，确保从源头上杜绝工业和建设污染。库区船舶及设施经营应遵循政府主导、市场运作、有序开发、循序渐进的原则，实行总量控制。除公安、港航海事、水利、旅游、库区管理处等部门的工作艇外，严格控制其他单位和个人一切船舶及设施进入库区。有序发展和严格控制交通船、观光船、快艇和私家游艇的数量，鼓励采用轻污染和无污染的动力船舶作为库区旅游的主要游船。五是严格流域监管措施。坚持治山与治水相结合，工程措施与生物措施相结合，全面改善上游流域的生态涵养功能。有效制止乱砍滥伐、盲目采砂、电鱼毒鱼等偷捕现象。加强对水面漂浮物的管理和水域周边环境的监控。

5. 不断提高防灾救援能力

一是加强地质灾害防治。加强对复建庆景青公路沿线、新建环湖公路沿线以及规划建设的通达各主要旅游区道路沿线的护坡处理，定时监测，强化预警，尽量避免和减少山体崩塌和山体滑坡等灾害现象的发生。开辟炉西峡峡谷旅游的双层通道，消除来自于崩塌、落石、洪水、泥石流等安全隐患。加强对建有水边建筑的重点岸段进行沿岸防护工程建设，提高防护能力。二是加强洪水灾害防治。重点做好炉西峡景区、北山龙潭景区、九龙山景区的洪水灾害防治。在各主要道路和登山游步道两侧结合地形条件设排洪沟，直接将雨水导入附近溪流；在山坡地要加强自然植被保护，减少水土流失，减缓岩石露头剥蚀的速度；建设必要的沿湖、沿溪旅游设施和防洪堤坝，并根据水文特征确定防洪标准。三是加强火灾火险防治。在规划区内设置消防安全警告牌，提高游客、居民、工作人员的消防意识。在禁烟区内严禁游客及其他人员带火种入内；设立村和旅游区消防联防队，贯彻落实消防责任制；在旅游区周围设置防火隔离带以完善与周边山地的防火隔离系统；完善防火通信网络和消防通道等防火设施，充分利用规划区内水源进行灭火，沿盘山公路和山间游步道按消防规范设置消防水池，旅游景区和村落居民点配置消防器材。四是加强游客安全防护。切实加强对当地民众和游客的安全知识教育，提高安全意识。切实做好险要地段和公共场所的安全防护设施建设，加强医疗救援系统建设，建立区域应急救援中心。库区水上交通安全管理实行"谁经营、谁管理、谁许可、谁负责"的原则。船舶及设施的所有人、经营人对安全管理负全面责任，青田、景宁两县千峡湖开发管理处是企业经营管理的主管部门，对船舶及设施的安全管理负领导责任；市、县港航海事管理机构负责对库区船舶及相关浮动设施实施统一监督管理；公安、水利、旅游及沿库乡镇政府应当按照职能分工，各司其职配合做好库区船舶及设施经营管理的相关工作。

6. 着力加强区域文化培育

进一步加强畲乡文化和侨乡文化的保护与利用，重视民族文化和民俗文化素材的挖掘整理，利用专业和社会力量整理编撰一批民间传说、美丽神话等，创造一批具有地域特色的文化艺术作品，打造一批具有持久魅力的文化艺术景观，建设一批雅俗共赏的文化活动场所。通过区域文化发展，提升城乡居民的生活品质，提升资源环境的综合品位，促进城乡建设和产业发展。

第二十二章　滩坑移民实践与浙西南山区"绿色崛起、科学跨越"

　　丽水市最大的市情是经济欠发达，最大的优势是生态优势。丽水市的森林覆盖率达到80.79%，据测算，全市森林和湿地生态系统每年能提供1 800多亿元的生态服务价值。中共丽水市委在2012年第三次党代会上明确提出了"丽水从全国生态文明建设先行区向示范区跨越"的发展战略，确立了"绿色崛起、科学跨越"的战略总要求，着力打响"秀山丽水、养生福地"品牌，努力将丽水市打造成为全国山区科学发展引领区、全国生态文明建设示范区、全省绿色崛起先行区。抓生态就是抓发展、抓民生，保护好生态环境就是保护了丽水市发展的基础和源泉，就是保住了丽水市的生产力、生命线。

一、滩坑库区移民对浙西南经济社会发展的战略性影响

　　推动丽水市城乡统筹发展，是促进瓯江流域经济带建设的现实需要。作为瓯江上游经济带的有机组成部分，千峡湖库区整体经济水平相对落后，因而也是丽水市在浙西率先实现绿色崛起的关键，同时也是重点和难点。加强库区生态文明建设，优化库区经济结构和产业结构，不但对于瓯江中上游和浙西南地区有重要意义，同时对于加快库区发展，促进浙西南崛起也有着十分重要的战略意义。

（一）经济生态化战略正以生态文明建设为契机全面提速

　　生态产业是21世纪发展起来的新兴产业。发展生态产业，构建生态产业链，是促进经济模式向生态型转变的有效途径。20世纪90年代以来，随着可持续发展战略在世界范围内的普遍实施，产业的生态化发展开始在发达国家渐成潮流，生态工业、生态农业、生态旅游业发展得如火如荼，生态与产业

互动全面提速。① 2010 年 7 月，省委出台的《关于推进生态文明建设的决定》指出，我省要牢牢坚持生态省建设方略，走生态立省之路，加快形成节约能源资源和保护生态环境的产业结构、增长方式和消费模式，力争把我省建设成为全国生态文明示范区。这为我省生态产业特别是产业生态化发展指明了方向，创造了良好的发展环境和发展机遇。我省生态产业大发展、产业生态化演进大提速的局面正在形成。

长期以来，丽水市坚持生态立市、绿色崛起，先后获得"浙南林海""六江之源""华东氧吧""浙江绿谷""国家级生态示范区""浙江绿色天然屏障"等多种荣誉，生态经济品牌基本树立。到 2009 年底，全市森林覆盖率、林木绿化率均超 80%，初步走出了一条经济发展与生态建设相协调的发展道路。当前，丽水生态产业发展势头强劲，工业生态化发展良好，生态旅游业发展迅猛，生态农业不断壮大，生态文明建设呈现全面推进的良好态势，丽水生态产业集聚区建设基础扎实。

（二）海西与长三角交汇区域经济竞合格局呈现新态势

丽水地处浙江西南，东南与温州市接壤，西南与福建省毗邻，西北与衢州市相接。长期以来，受到周边交通通道发展滞后的影响，交通区位条件相对处于劣势，属于长三角区域的边缘城市。随着海西经济区上升为国家战略，丽水旋即从长三角边缘城市转变为海西和长三角交汇区域的经济相对发达城市，与福建等相邻城市间的梯度功能凸显。与此同时，凭借海西经济区优越的政策环境，与丽水紧邻的福建相关县市发展竞争力快速提升，形成与丽水全面竞争格局。面对这一新态势，丽水不紧抓机遇，将失去在边际区域发展中的传统优势地位，进而影响我省区域经济发展全局。积极支持丽水提升在周边特别是在福建相邻县市中的竞争力，构建长三角与海西交汇区域新的经济增长极，不仅是丽水巩固长期固有发展优势的迫切需要，也是我省区域经济发展战略推进的现实需要。

（三）区域统筹协调发展亟待丽水加快建设步伐

长期以来，丽水是浙江省欠发达地区，2009 年丽水人均 GDP 为 23 700元，仅为全省平均水平的 53.5%，已在很大程度上影响着全省同步实现全面小康社会的发展目标。加快丽水地区经济社会发展，促进全省区域协调发展，已成当务之急。建设丽水生态产业集聚区，集中构建集产业、科技、人才于一体的区域发展新空间，不仅有利于整合全市产业开发空间资源，而且有利

① 何永彬：《绿色经济的持续发展导向与保山绿色经济实证分析》，《保山学院学报》2012 年第 1 期。

于推进丽水市产业集群、集聚发展，更有利于落实丽水主体功能区规划，为打造浙西南发展引擎、加快"山海协作"、推动丽水建设奠定坚实基础。一是着力推进与长三角和海西区的全面接轨。既要注重接轨长三角，鼓励更多的市场主体走出去，吸引国内外企业和游客来丽水投资和旅游；又要注重接轨"海西经济区"，以对台经贸交流为重点，强化交通、商贸、物流和生态旅游产业对接，促进人流、物流、信息流的融合，着力把丽水建设成为长三角和海西区合作的先行重地；还要不断深化浙闽赣皖九方经济区协作机制，促进九方经济区的互惠合作。二是着力推进山海协作。以"山上浙江"建设为契机，发挥山区优势，合理开发利用低丘缓坡资源，充分利用当前全省大力发展海洋经济有利机遇，大力推进山海协作。特别要强化与温州、宁波等沿海港口城市的经济协作、物流往来，积极探索在温州合作建设丽水出海口，为集聚区外向型经济发展创造有利条件。三是着力建设区域统一对外品牌。结合集聚区各区块布局分散、相距较远实际，强调对外统一品牌建设，建立灵活的合作协调机制，提高整体竞争力，开创集聚区共赢大局。①

二、滩坑库区移民对浙西南经济社会发展的现实性影响

作为省委省政府提出"百亿帮扶致富建设工程"之一的滩坑水电站，同时也是一项民心工程。在省委、省政府的领导下，在各级党委政府的重视支持下，在各单位和社会各界的协助配合下，各地移民机构奋力拼搏，历经6年的努力，基本完成了移民大规模搬迁安置任务，取得了明显成效。

（一）完成了5万水库移民大搬迁

根据滩坑水电站工程移民安置实施规划，整个库区需搬迁移民人口共50 301人，滩坑水电站移民大规模搬迁安置工作已经基本结束，剩余的移民将由景宁、青田两个库区县负责安置，目前已基本完成对接复核和选点工作，正在加紧建房。在整个搬迁过程中，注重从源头上排查各种安全隐患，落实安全措施，加强全程服务，实现了"不伤、不亡、不掉一人"安全搬迁目标。在开展移民动迁安置工作的同时，分三期对滩坑库底进行清理，清理各类房屋建筑物面积177.26万平方米，林木迹地面积4.6万亩等，为电站按时下闸蓄水提供了保证。

（二）开展了库区基础设施大建设

库区集城镇迁建、专业项目复建和公建设施建设进展顺利，绝大部分建

---

① 参见《丽水市国民经济和社会发展第十二个五年（2011—2015年）规划纲要》。

设项目按计划完成并投入使用。库区集城镇迁建工作累计完成项目投资 8 000 余万元，北山镇、岭根乡、九龙乡、渤海镇已经基本建成并投入使用，相关乡镇政府已经进驻新址履行职能。市内移民安置点公建设施项目建设已累计投入省专项补助资金 2.92 亿元，相关市县进行了相当规模的配套投入，分别用于供排水、路桥交通、水利防洪、教育、卫生、文化、广电等基础设施建设和平整场地等其他项目，建设任务已基本完成，安置地基础设施条件有了较大改观。库周专业项目复建工作，由省级对口部门投入必要资金，按照复建方案和复建计划组织实施，目前交通、教育等绝大部分专业复建项目已经实施，电力、电信、广电、卫生、文物等专业项目已完成复建任务，复建的专业设施的功能和标准均优于原有水平。

（三）推进了生产生活条件大改善

通过实施移民搬迁安置，移民的生活环境比搬迁前有显著的改善。移民新村基础设施得到大改善，村内主要道路全部用水泥硬化，家家通电、通水，程控电话通到各村、各户，电视覆盖率达到 100%，适龄儿童入学率达 100%。搬迁前，移民住房主要以土木结构为主，人均面积为 39 平方米，而搬迁后，则以砖混结构为主，人均面积则达到了 80 平方米。移民拥有财产性收入大幅度增加，尤其是安置到宁波、绍兴等较发达的市（县）和市内无土安置移民，有部分成了百万资产户。相当部分移民将空余房屋出租或者开设来料加工场地，发展房产经济。安置地发展致富空间普遍较大，为今后的长远发展创造了有利条件。移民外迁的同时，库区群众发展条件也得到改善。通过库周交通等专业复建项目的建设，引导库周群众下山集聚发展，大力推进库区旅游产业发展等措施，让库周群众"留得下，出得来，致富有门路"。

（四）促进了干部执政能力大提升

为合力攻坚，破解世界级难题，全市抽调了近 2 000 名干部从事滩坑移民工作。库区青田县抽调 600 余人，副科级以上干部百余人，景宁抽调 600 多人，副科级以上干部 300 多人，组成工作组进入库区一线。下设 14 个工作片，86 个工作小组面对面地开展群众工作。6 年来，广大移民干部在"情系滩坑，服务移民"信念的鼓舞下，发扬"特别能吃苦，特别能奉献，特别能工作，特别能受委屈"的精神，尽职尽责，攻坚克难，出色地完成了各项移民工作任务，干部能力普遍提高。六年来，广大移民干部携带"雨伞、草帽、手电筒、记事本和解放鞋"五件法宝，深入动迁安置工作一线，强化"移民为先、移民为重"的全局意识，正确处理好个人和移民、其他工作和移民工作的关系，把能从事移民工作看作是人生当中的一笔财富和荣誉，把移民工作作为锻炼能力、提升自我的平台和载体，总揽全局的能力显著提升。六年来,广大移民干部在滩坑移民工作这项社会转型时期特殊区域的复杂系统工程中,从移民资格确定、实物核查、对接复核到移民建房、搬迁、安置后续及扶持发展的各个环节,都积极地"走进矛盾,破解难题",在实践中总结,在总结中提高,应对复杂局面的能力显著提升。

(五)实现了安置地移民群众大融合

经过数年的努力,不论是市内还是市外安置的移民,都积极地投身到安置地创业创新活动中,逐步和谐融入融合到当地。到 2007 年底,市内安置的已有 2.75 万名滩坑移民开始享受大中型水库移民后期扶持政策,每人每年领到 600 元的直补资金。加强移民劳动力就业技能培训,培训移民 5 700 余人。举办就业招聘周等活动,帮助移民实现就业。在安置乡镇开展来料加工服务,移民从事来料加工人数 8 600 人,来料加工费用收入达 3 500 多万元。关爱贫困移民,对因灾、因祸、因病、伤残等原因造成的特困移民给予特殊帮扶,两个库区县组织干部职工为滩坑移民捐款近 1 000 万元。部分乡镇还对考取滩坑移民子女就学给予奖励,对退职老干部和参加农医保的移民进行补助等。搬迁后,滩坑移民在安置地的生产生活水平总体有了不同程度提高,移民群众思想稳定、生产有序、生活安定。

三、引领"滩坑精神",促进"绿色崛起、科学跨越"战略

自滩坑水电站开工至今,丽水市各级各部门坚持情系移民、服务移民的宗旨,全市上下一心、众志成城,基本完成了移民动迁安置任务,滩坑水电站成功蓄水发电,滩坑移民工作圆满胜利。多年来,没有因风霜雨雪而畏难却步,没有因急流险滩而绕道而行,更没有因山高路远而望而却步,以惊人的毅力和勇气战胜了一个又一个困难,谱写了丽水发展史上的光辉篇章,铸就了"万众一心、攻坚克难、真心为民、无私奉献"的滩坑精神,这是丽水人民的骄傲。

(一)滩坑精神是科学发展观的生动实践

作为一项惠民工程,滩坑水电站不但为 5 万移民走出大山、走向富裕,而且也为丽水工业发展奠定了坚实的基础。同时,滩坑水电站集旅游、发电、生态、防洪、供水为一体,必将为丽水的可持续发展发挥重要作用。在滩坑水电站的建设过程中,我们以建设和谐滩坑为目标,始终怀着对群众深厚的感情去做工作,本着"一枝一叶总关情"的精神,将科学发展观落实到每一

个细微之处，实现了大局的和谐稳定。

（二）滩坑精神是创新创业的真实写照

做好滩坑移民工作没有固定可套的模式，滩坑水电站移民工作从一开始就是一项伟大的创业创新活动，创新成了滩坑移民工作的必然选择。丽水市各级部门和广大干部群众以情系移民、服务移民为宗旨，以科学发展为基本点，以破解难题为思路，视"挑战"为"机遇"，变"难题"为"课题"，变"压力"为"动力"，把"考验"当"砺炼"，全面探索政策、工作、决策、制度、机制、方法等因素，实现了"搬迁无事故、施工无障碍、清库无滞留、稳定无反复"的目标。丽水人走出了一条具有滩坑特色的移民之路，闪烁着广大移民干部智慧的光芒。

（三）滩坑精神是执政能力的集中体现

滩坑水电站移民工作事关丽水市的各级党委、政府和广大干部群众有没有能耐把丽水自己的事情办好，事关省委、省政府对丽水市发展的信心，事关丽水市的投资环境和形象。多年来，各级党委、政府和广大移民工作者本着对党和政府高度负责、对移民群众高度负责、对历史高度负责的崇高使命感和责任感，坚定信心、振奋精神、迎难而上、扎实工作，不断认识规律、把握规律，走进矛盾、破解矛盾，在没有任何经验可循的情况下，经受住了决策能力、执政能力、破解难题、解决问题的挑战，交上了一份满意的答卷。

（四）全面实现"绿色崛起、科学跨越"战略

纵观国内外形势，今后 5 年，工业化、城市化、信息化、市场化、国际化将加快推进，我国仍将处于可以大有作为的重要战略机遇期，经济社会发展基本面和长期向好态势不会有根本变化。特别是绿色经济、低碳经济和新兴产业的迅速发展，浙江省"三大国家战略"的实施和海西经济区的加快建设，使丽水区位条件和开放空间得到了很大改善。同时，随着省委省政府的扶贫力度加大和丽水自身潜力的发挥，丽水也面临着难得的发展机遇。但是必须看到，一些不确定、不稳定因素也在将发展过程中隐含的矛盾和问题凸显出来，资金、能源、人才、环境和土地等要素的紧张，要求经济发展方式的迫切转变，要求丽水必须坚持"补课""赶趟"两条腿走路。

基于此，丽水的发展必须抓住国内外难得的发展机遇，不惧困难，立足新阶段，破解新难题，按照"绿色崛起、科学跨越"的理念，稳步推进"富饶秀美、和谐安康"的丽水建设。绿色崛起、科学跨越是一项复杂的系统工程，必须遵循社会和经济的基本规律，着力做好五个方面工作：

一是坚持以生态为基础。致力于生态改善和环境保护,深化生态功能区调整创新,科学谋划空间开发格局,进一步拓展发展平台,进一步优化生态环境,坚定不移地走绿色发展之路,努力实现经济与生态协调发展,山水与城市交相辉映,人与自然和谐相处。二是坚持以发展为要务。牢牢把握综合实力提升这一发展最核心、最基本内容,聚精会神搞建设、一心一意谋发展,通过推进大项目、大平台、大产业、大企业建设,培育具有较强竞争力的现代产业体系,激活发展新动力,争创发展新优势,实现发展新跨越。三是坚持以文化为支撑。以社会主义核心价值体系引领瓯江文化建设,切实增强文化自觉、树立文化自信、实现文化自强,促进瓯江文化大发展大繁荣,使文化软实力成为经济社会发展的硬支撑,为全面建设小康社会提供精神动力、智力支持和思想保证。四是坚持以民生为根本。围绕"住在丽水有安全感、活在丽水有幸福感、干在丽水有成就感、走出丽水有自豪感"的目标,树立更加强烈、更加自觉的富民惠民安民意识,通过组织实施一批民生重点项目,拓展一批民生保障领域,破解一批民生发展难题,切实保障各个群体的基本政治经济文化权益,使全市人民共享改革发展成果。五是坚持以党建为保障。把党的执政能力建设和先进性建设作为主线,坚持党要管党、从严治党,贯彻为民、务实、清廉的要求,切实加强各级党组织的思想、组织、作风、制度和反腐倡廉建设,始终保持共产党人与时俱进、开拓创新、蓬勃向上的精神面貌,为科学发展提供坚强的政治保障。①

今后5年全市工作的指导思想是:高举中国特色社会主义伟大旗帜,以邓小平理论和"三个代表"重要思想为指导,认真贯彻落实科学发展观,深入实施省委"八八战略""两创"总战略和市委"三市并举"战略,围绕建设生态文明和全面小康社会两大目标,按照"绿色崛起、科学跨越"战略总要求,发展产业、完善设施、统筹城乡、关注民生、崇尚实际、强化党建,努力打造现代化宜居城市和休闲养生福地,到2016年,实现生态文明由全国先行区向示范区、小康建设由基本小康向全面小康、人均生产总值由5 000美元向10 000美元"三大跨越",为与全省同步基本实现现代化打下坚实基础。②

---

① 卢子跃:《绿色崛起、科学跨越是丽水富民强市的本质要求》,《今日科技》2012年第6期。

② 卢子跃:《绿色崛起、科学跨越是丽水富民强市的本质要求》,《今日科技》2012年第6期。

附　录　滩坑水电站移民工作大事记

（1985 年至 2008 年 8 月）

1985 年，丽水地区行政公署与华东勘测设计研究院共同组成水库淹没实物调查组，对淹没实物指标进行了实地测量调查。之后，移民安置工作确定由浙江省统筹安排，初步规划了安置去向，调查了移民安置区的环境容量。

1987 年 12 月，华东勘测设计研究院完成项目的初步设计报告。

1992 年 4 月，根据省政府办公厅〔1992〕6 号专题会议纪要精神，对滩坑水电站 160 米方案的水库淹没实物指标进行全面实地测量调查，历时 168 天。据调查，设计水平年移民人数为 5 万人。

1993 年 8 月，浙江省计经委、电力局向原电力工业部上报《滩坑水电站工程项目建议书》，水库移民安置规划部分作为附件和专题，与项目建议书同时上报。电力工业部认为，移民的安置是制约本工程上马的关键性因素，要求做深化补充工作。

1994 年 8 月，丽水地区滩坑电站筹建领导小组和华东勘测设计研究院共同编制完成《浙江省瓯江滩坑水电站移民安置规划报告》，拟定丽水地区内安置 1 万人，地区外省内安置 4 万人，经中国国际工程咨询公司评估，认为该报告满足预可阶段的深度要求。

1996 年初，鉴于原安置方案的外部条件发生了变化，丽水地区为了促进滩坑电站早日立项建设，同意市内安置移民人数由 1 万人增加为 2.5 万人，市外省内调整为 2.5 万人，编制了市内 2.5 万人的移民安置方案，向张启楣副省长汇报后得到了认可。

在落实市外省内 2.5 万移民安置方案时，提出了借鉴三峡电站经验，市内全部安置，市外对口支援的建议。

1997 年 2 月，丽水地委召开扩大会议，同意 5 万移民全部由丽水地区内安置，成立丽水地区滩坑电站移民暨筹建领导小组。

1998 年 9 月，丽水市会同华东勘测设计研究院编制完成 5 万人的《浙江省瓯江滩坑水电站移民安置规划方案》，并以丽署发〔1998〕62 号文向省政府上报。

1998年10月，地委、行署办公室下发〔1998〕61号文，要求做好土地二轮承包与滩坑移民安置的衔接工作。

1998年11月，青田县确定北山镇陈村垟村包公自然村为移民安置试点村，高湖镇作为迁入地。

1999年1月30日，省委副书记、省长柴松岳主持召开第16次省长办公会议，议定建设滩坑水电站项目，成立前期办，计划2000年立项，2002年正式开工，四年时间建成。

1999年2月13日，省委常委会议听取"滩坑水电站"有关情况汇报，认为建设滩坑水电站事关重大，必须充分论证，慎重决策。3月25日，省委书记张德江批示：滩坑水电站项目事关重大，一定要科学慎重决策，一是电站效益如何，50亿投资能否补上；二是5万移民非同小可，关系到群众的基本生产生活，没有资金保障或资金不足，将造成严重后果；三是组织专家科学论证，以论证结果决定上与不上。

1999年4月13—15日，地区滩坑筹建领导小组负责人张向北一行赴福建、黑龙江等地考察移民安置工作。

1999年8月6日，国家电力公司水利水电规划设计总院水电规划〔1999〕0011号印发《浙江滩坑水电站预可行性研究报告专家咨询论证意见》，建议早日立项兴建。

1999年9月30日，省委书记张德江再次批示，权衡利弊，根据专家意见，看来此项目早上、快上是上策。如果朝这个方向努力，还有许多工作要做，最重要的是移民的安置问题，一定要抓实。通过电站建设使移民改善生产生活条件。

1999年10月13日，地委召开委员会议，研究滩坑移民安置情况。

1999年11月12日，省委书记张德江批示："关键还是移民安置问题，此事一定要考虑周全，甚至把困难想得多一些，这样工作才能落得实，如果为水库上马，拍胸脯，把问题和困难留给后任，吃亏遭罪的是移民，是老百姓。我们不能干这种事，所以我一再强调一定要把移民问题解决好。"

1999年12月，副省长卢文舸率省移民办等部门赴丽水专题考察滩坑电站移民安置工作，提出丽水市内3.7万人，市外省内1.3万人的建议方案。

2000年7月25日，省委书记办公会议听取并原则同意省民政厅对丽水市内3.7万和市外省内1.3万移民安置任务分配建议方案。

2000年10月，副省长章猛进到丽水考察，对丽水市内3.7万安置规划编制给予了肯定。

2001年2月，省政府办公厅浙政办函〔2001〕7号文下达《关于做好滩坑水电站库区移民安置规划工作的通知》，确定了市内3.7万和市外省内宁波、绍兴、金华、台州4市26个县（市、区）安置1.3万。

2002 年 2 月 9 日，省计划发展委员会发出《关于安排温州电厂三期等项目工作计划和经费的通知》（浙度〔2002〕129 号），就 2002 年度滩坑电站移民及坝址至县城道路修建等经费作了安排。

2002 年 3 月 19—27 日，省移民办主任钱国女率丽水、宁波、金华、台州移民主管部门负责人到重庆、湖北等地考察学习三峡移民工作。

2002 年 4 月 3 日，市人民政府发布《关于禁止在滩坑水电站水库淹没影响区建房和迁入人口的通告》。

同日，市政府召开滩坑电站水库淹没损失调查动员会。省移民办、省滩坑电站筹建处、华东设计院、市有关部门的领导及青田、景宁两县的县长、分管副县长、移民办正副主任等参加了会议。副市长肖建中作工作部署，求晓明、吕志钢、廖福流等领导作讲话，青田、景宁两县的领导作表态发言。

2002 年 4 月 6 日，调查组进驻青田、景宁滩坑电站水库，淹没损失调查工作全面开始。

2002 年 4 月 23 日，省移民办主任钱国女、副主任吕志钢等一行来丽水调研。钱主任等分别与市领导谢力群、肖建中和市移民办的领导干部举行座谈，就滩坑电站移民的安置政策、规划落实、试点方案、组织领导及近期工作等交换意见看法，并提出了要求。

2002 年 4 月 28—29 日，全省移民工作会议在杭州召开。会议部署了 2002 年全省移民工作任务，对滩坑电站移民工作提出了要求。会议期间，丽水与宁波、绍兴、金华、台州的与会同志举行了移民对口衔接座谈。

2002 年 5 月 22 日，省政协副主席陈法文、省能源集团公司董事长胡江潮等一行在副市长肖建中的陪同下，考察了滩坑电站项目。

2002 年 6 月 20 日，省长柴松岳主持召开第 69 次常务会议，就滩坑电站工程的组织领导、移民安置、政策和资金扶持、工作分工等重大问题进行研究，明确了意见。吕祖善任协调小组组长，卢文舸、章猛进任副组长。市长谢力群列席会议。

2002 年 7 月 4—9 日，省长柴松岳，副省长卢文舸、章猛进率省有关部门领导来丽考察。柴省长一行在市委书记丁耀民、市长谢力群等陪同下，实地考察了滩坑电站库区、坝址和移民安置点，走访乡（镇）村干部和群众，分别听取市、县（市）党委、政府的工作汇报，并多次召开座谈会，倾听意见，研究扎实做好移民安置的政策和措施。在此基础上，柴省长对做好滩坑电站移民工作和丽水经济社会发展提出了四点要求：一是要从贯彻江泽民"5·31"重要讲话和省第十一次党代会精神的高度，充分认识建设滩坑水电站的重要意义；二是把握移民这个关键，明确有关问题，深化、细化各方面工作，扎扎实实地抓好移民安置工作；三是明确分工，落实责任，切实加强对滩坑电站工程的领导；四是丽水市各级党委、政府要进一步解放思想，抓住机遇，组织带领广大群众加快发展经济，努力开创各项工作的新局面。

2002年7月17日，省滩坑移民工作座谈会在杭州召开。丽水、宁波、绍兴、金华、台州市移民主管部门负责人参加会议。

2002年7月24日，副省长章猛进来丽水调研。在缙云听取市长谢力群及青田县关于尽早启动滩坑电站水库移民工作等情况的汇报。章副省长要求丽水市要切实抓好省政府常务会议和柴松岳省长考察滩坑水电站时讲话精神的贯彻落实，深入调查研究，做深做细移民方案，尽早启动安置移民工作，积极为工程早日开工建设创造条件。确定首批坝址移民搬迁要求。提出各级各部门要一个步伐、一条心、一个口径、一个目标搞好滩坑移民工作。

2002年7月25日，省移民办主任钱国女，副市长肖建中，市政府副秘书长、市移民办主任朱山华等研究坝址移民动迁方案及首批9 100人移民计划。

2002年7月30日，市政府召开"滩坑水库淹没损失调查成果汇报会"，省移民办副主任吕志钢、华东院副院长曹春江等参加，副市长肖建中讲话。同日，省计委向国家计委上报了《滩坑水电站工程项目建议书》。

2002年8月5日，青田县召开滩坑电站青田库区移民动迁安置工作会议，副市长肖建中参加会议。

2002年8月5—7日，副市长肖建中率市移民办、国土资源局、城建局等单位负责人深入滩坑电站库区进行调研，就移民动迁、库区复建等工作提出要求。

2002年8月12—13日，省移民办主任钱国女来丽水检查指导工作，研究制定移民动迁安置政策和实施意见，就近期重点要抓的工作与我市有关领导交换了意见。市长谢力群、副市长肖建中出席。市政府副秘书长朱山华专题汇报。

2002年8月18—19日，省滩坑电站筹建处在杭州召开滩坑水电站枢纽和施工布置专题咨询会，国家电力公司水利水电规划设计总院的专家参加会议，会议原则同意华东勘测设计研究院提出的滩坑水电站枢纽和施工布置方案。

2002年8月28日，滩坑电站首批移民在青田县高湖镇圩头垟村开始破土建房，并举行了隆重的奠基仪式，标志着滩坑电站移民动迁安置正式开始。市委副书记、市长谢力群，省移民办副主任吕志钢，副市长肖建中，以及青田县党政领导、水电站建设单位负责人等参加了仪式。

2002年9月10日，省移民办主任钱国女一行到青田高湖调研试点启动工作。

2002年9月25日，市政府常务会议审议通过《滩坑水电站库区移民安置实施意见》，丽政发〔2002〕206号文。

2002年10月8日，省政府下发浙政发〔2002〕23号《关于切实做好滩坑水电站库区移民安置工作的通知》，下达5万移民的动迁安置任务。

2002 年 11 月 24—26 日，省委书记习近平、省长吕祖善一行在丽水调研滩坑水电站移民工作。

2002 年 12 月 25 日，"全省移民系统滩坑电站移民工作会议"在丽水召开，丽水、宁波、金华、台州移民主管部门负责人参加。

2003 年 1 月 18 日，滩坑水电站进场公路开工仪式在青田县巨浦乡范村村举行，市领导施基城、肖建中，滩坑水电站筹建处负责人等出席了仪式。

2003 年 1 月 29 日，省发展计划委员会浙计投资〔2003〕77 号批复同意滩坑水电站"三通一平"项目建议书。

2003 年 4 月 1 日，市委副书记、市长谢力群赴杭参加省滩坑电站工程建设协调小组会议。

2003 年 4 月 17 日，市委、市政府成立滩坑水电站移民工作领导小组，谢力群任组长，施基城、吕子春、肖建中任副组长，朱山华兼任办公室主任。

2003 年 4 月 22 日，全省滩坑水电站库区移民安置工作会议在杭州召开，章猛进、陈加元出席并讲话，丽水、宁波、绍兴、金华、台州市分管领导参加会议。

2003 年 4 月 27 日上午，滩坑水电站首批移民包公村 22 户 91 人顺利搬至高湖村移民新居，市政府副市长肖建中出席搬迁仪式。

2003 年 4 月 29 日，市委书记楼阳生到青田县考察滩坑水电站坝址和移民安置工作，听取了青田、景宁两县的工作汇报，提出三点意见：一要树立正确的指导思想，要把移民工作作为库区群众致富奔小康的契机，把移民工作作为当前加强城镇化建设，加快人口集聚，优化生产要素配置，提高效率的抓手，更是落实"三个代表"重要思想的具体体现；二要抓住当前移民工作的关键。制订政策，确保移民稳定；安居建设，合理确定安置点；注重生产发展，为移民合理安排生产用地，同时抓好移民技能培训；三要发挥政治优势，群众工作的优势，把移民工作做到家，激发移民的主动性。

2003 年 5 月 8 日，吕祖善省长主持召开滩坑水电站工程建设协调小组会议，会议对相关政策、工程计划、经费筹集等问题进行了明确。陈加元任协调小组组长。谢力群、肖建中参加会议。

2003 年 5 月 9 日，省发改委、省移民办联合下发浙移安〔2003〕25 号文，下达滩坑水电站库区移民分年度动迁安置计划。

2003 年 5 月 13 日，国务院第八次常务会议批准滩坑水电站立项。

2003 年 5 月 19—21 日，省政府陈加元副省长到丽水考察滩坑电站移民安置工作。市委书记楼阳生在向陈副省长汇报工作时讲了三点意见：一是对滩坑电站建设意义的理解：是资源的充分利用，是库区移民致富的良机，是促进全市经济社会发展的契机。二是谈了一个观点，滩坑电站建设关键是移民。要完善工作机制，落实政策，要关心移民的安居建设和发展生产问题。三是表明一个态度，要把移民作为市委、市政府的重要工作，列入重要议事日程，如期完成任务。

2003年5月22日，省财政、民政厅联合下发浙财农字〔2003〕5号《浙江省滩坑水电站库区农村移民安置财务管理办法》。

2003年6月4日，市委副书记、市长谢力群在杭参加陈加元副省长主持召开的滩坑电站移民工作协调会。

2003年6月10日，滩坑水电站库区移民动迁安置动员大会召开，谢力群、肖建中、雷文先、叶志深等领导出席。

2003年6月11—13日，吕祖善、章猛进、陈加元来丽水调研，考察了滩坑电站移民安置点建设情况，听取我市滩坑电站移民工作和经济社会发展情况汇报。

2003年6月12日，全市移民动迁安置培训会在丽水举行。市内有关县（市）及有动迁安置任务的乡镇负责人参加会议。

2003年7月2日，市委书记楼阳生在省委办公厅紧急信息346期《景宁县滩坑库区移民拟联合青田移民进京上访》上批示："7月15日市委常委会研究移民工作，请领导小组做好准备。尤其是存在问题如何解决，下步工作措施是什么，要细要实，另把吕省长批示电传金建新、林一同志。"

2003年7月3日上午，滩坑水电站进场公路建设工作会议在青田飞鹤山庄召开。省计委副主任吴华海，市政府副市长肖建中等出席会议。

2003年7月4日下午，市委书记楼阳生主持召开市委书记办公会议，专题研究滩坑电站移民安置工作，并作了重要讲话。

2003年7月9日，滩坑水电站库区北山、白岩500多名群众冲击进场公路4—6标段项目经理部及导流洞施工现场，打砸办公设备、机械设备；13：30左右，围堵北山镇政府，冲击北山供电所。

2003年7月10日下午，章猛进副省长参加省委十一届四次全体（扩大）会议丽水组讨论并作重要讲话，要求丽水市、青田县党委政府高度统一思想，落实责任制，切实做好滩坑电站移民安置工作。市委书记楼阳生对如何做好移民工作讲了三点意见：一是要理直气壮地讲清建设滩坑电站的重大意义以及对移民带来的相关长远利益；二是要切实抓好移民工作；三是要落实相关的工作责任。

2003年7月14日，市委书记楼阳生在市委一届九次全体（扩大）会议上强调："要进一步加快重点工程建设进度，特别是要采取有效措施，努力完成滩坑电站移民安置任务，移得出、稳得住、富得起，确保滩坑电站顺利建设。"同日，他还在省能源集团有限公司《关于滩坑电站工程"7·9"事件有关情况的报告》上批示："吕省长的批示请送各位书记及子春、乃强、建中同志阅，做好移民安置、库区复建、确保无障碍施工，是当前市、县两级党委、政府的一项重大工作。全会后我、力群、成祖、子春、乃强、建中同志一并前往青田，与县委、县政府一起专题研究一次，请市政府与青田做好充分准备。"

2003 年 7 月 15 日，市委副书记、市长谢力群听取滩坑电站移民政策汇报。

2003 年 7 月 16 日下午，市委书记楼阳生在听取移民工作汇报时讲了三点意见，第一点意见：思想认识必须进一步统一到省委、省政府大的决策上来；移民安置要坚持"有土"为主，其他方式为辅；青田的移民，由青田县负责。第二点意见：相关政策要抓紧出台。大的政策一定要把握好，要注意政策的平衡性。要摸清底子，落实计划。移民的安置点要落实好，并抓紧启动建设，主要做好两项工作：一是要发扬小汤山精神，进行抢建，确保坝址、施工影响区移民安置如期完成。二是"无土"安置，坚持个人自愿。复建问题，不能再强调困难，向省里要求追加资金。要加强工作协调的主动性。第三点意见：确保坝址和施工影响区移民任务完成；确保整个移民过程平稳顺利进行；明确责任，加强领导。

2003 年 7 月 16—17 日，市委书记楼阳生到青田县检查指导滩坑电站移民安置工作，谢力群、张成祖等陪同。

2003 年 7 月 17 日，市委副书记施基城听取景宁县滩坑电站移民工作汇报。

2003 年 7 月 16 日至 18 日，楼阳生、谢力群、吕子春、张成祖、华乃强、肖建中等领导到青田现场办公，专题研究"7·9"事件处置及滩坑移民工作部署。

2003 年 7 月 17 日上午，市委书记楼阳生在滩坑电站移民工作汇报会上作了重要讲话。

2003 年 7 月 17 日下午，省能源集团公司董事长孙永森等领导赴青就进场公路建设等情况进行调研，并召开座谈会。

2003 年 7 月 18 日，丽水市政府丽政发〔2003〕51 号文出台滩坑水电站工程移民安置补偿标准。

2003 年 7 月 20 日，滩坑水电站库区北山、白岩两村及景宁县共 2 000 多名群众聚集湖云村，部分群众冲击进场公路 4 标段施工现场，驱赶施工人员。同日下午，北山、白岩两村 1 000 多名群众重新聚集，部分群众打砸北山村老人协会，冲击湖云移民工作组和滩坑水电站十二局指挥部办公地点，攻击维护现场秩序的公安干警。

2003 年 7 月 20 日下午，市委书记楼阳生主持召开市委常委会议，专题研究滩坑电站"7·20"事件处置工作。同日晚上，市委书记楼阳生主持召开专题汇报会，向省长陈加元汇报滩坑电站"7·20"事件及其处置情况。

2003 年 7 月 20 日下午，市委书记楼阳生主持召开市委常委会议，专题研究滩坑电站移民工作，并就北山、白岩村群众聚集阻挠导流洞施工问题，作了指示。一要分清是非界线，由青田县政府或公安局出公告，开展铺天盖地的宣传，要把道理讲清，把政策讲透。公告要明确撤离施工现场的时间，如果逾期不退的，将采取措施。要充分发动各方力量，一方面稳住在家的群众，另一方面阻止围攻现场干部、干警的群众，要立即请示省政府，授权我市临机处置。二要统一几条原则：事情发生之后，大量后续工作要跟上；维护态势，防止事态的恶化；有关人员要继续待命；县委、县政府办公室要掌握青田移民工作的发展态势。

2003 年 7 月 20 日晚，副省长陈加元到丽水听取滩坑电站北山群众聚众闹事事件及处理情况汇报，市委书记楼阳生讲话。随后，参加汇报会的市县级领导及有关部门负责人继续开会，研究工作，楼阳生讲话。

2003 年 7 月 21 日，吕祖善省长主持召开第 7 次省长办公会议，听取"北山事件"有关情况汇报，会议议定暂停施工，移民动迁工作暂停，要进一步研究滩坑移民的规划、方式、政策、措施。

2003 年 7 月 21—22 日，市委书记楼阳生在市委副秘书长、办公室主任王昌荣的陪同下到青田县指导滩坑电站库区群众群体性事件处置工作，并作了重要讲话。他认为要做好五项工作：一是要争取工作的主动，首先必须控制事态，控制局面，理顺群众情绪。二是正面攻势、个别工作都要进一步加强，通过宣传，使群众以建设滩坑电站的重大意义和我们的政策家喻户晓，我们要相信群众、教育群众、依靠群众。同时要做好关键人物的工作，重点是幕后策划者、打砸者和各方面的骨干人员。三是今天晚上要连夜做工作，没有特殊情况，明天工作组要进村开展工作。四是要完善预案。再有打砸行为、对人身安全构成威胁的，要采取果断措施。五是青田岭根晚上要再做工作，景宁渤海也要注重防范。

2003 年 7 月 22 日上午，市委副书记、市长谢力群赴青田指导处置"北山事件"。

2003 年 7 月 22—24 日，市委副书记、市长谢力群在青田研究指导滩坑电站移民工作。

2003 年 7 月 23 日晚，省委书记习近平主持召开会议，专题研究滩坑电站群体性事件有关问题，决定暂缓开工。市委书记楼阳生，时任副市长肖建中，市委副秘书长、办公室主任王昌荣，县委书记金建新参加。楼阳生代表市委、市政府向省委、省政府汇报了滩坑电站群体性事件处理情况。

2003 年 7 月 24 日，市委书记楼阳生到青田，传达省委专题会议精神，研究滩坑电站库区群众群体性事件处置工作，提出了"巩固局势、深化工作、掌握主动、恢复正常、严防反弹"的工作基本原则和"恢复法制秩序、恢复工作秩序、恢复生产秩序"的工作目标。

2003年7月30日,市委书记楼阳生在市领导张成祖、华乃强、肖建中等陪同下,赴青田就滩坑水电站库区移民稳定工作进行调研。

2003年8月1—5日,市委副书记张成祖在青田处理滩坑电站移民工作。

2003年8月4日,市委副书记张成祖深入库区北山镇,召开移民群众代表座谈会,同移民进行对话,倾听意见。

2003年8月8日,省委书记习近平在丽水调研。市委书记楼阳生在向习书记作工作汇报时,专门就目前滩坑电站移民工作进行了汇报。

2003年8月11日,市委副书记、市长谢力群,市委副书记施基城,市委副书记张成祖参加市滩坑水电站移民工作领导小组会议。

2003年8月12日,滩坑水电站库区北山、白岩两村少数群众打砸北山镇政府。市委书记楼阳生立即作出批示:"要高度重视,做好工作,平息事态,尽快查清煽动闹事者,并依法处理。"

2003年8月13日下午,市委召开书记办公会议,专题听取滩坑电站移民工作汇报。

2003年8月14日,市委办公室专门就滩坑电站库区"8·12"北山闹事事件向省委办公厅作了汇报。

2003年8月14日下午,库区600多名群众围堵镇政府。

2003年8月22日,市委副书记张成祖到省政府参加由陈加元副省长主持召开的滩坑移民工作汇报会。

2003年8月23日下午—28日,市委副书记张成祖在青田处理滩坑电站移民工作。

2003年8月31日下午,市委召开专题会议,研究滩坑水电站移民安置工作,市委书记楼阳生作了重要讲话。

2003年9月3日,市领导谢力群、张成祖、华乃强赴青田调研滩坑水电站进场公路建设情况,并就进场公路复工进行研究。

2003年9月9日,市委副书记张成祖参加省移民办一行来丽调研滩坑电站移民工作汇报会。

2003年9月10日,市委书记楼阳生在省移民办《省移民办对近期丽水市滩坑移民工作调研情况汇报》上批示:"滩坑移民工作近期有好的进展,但决不可掉以轻心,任务还很重。当务之急,仍要以恢复法制、恢复秩序为重点做好有关工作,尤其是吸取教训,边总结边改进,边提高边推进,打好移民工作的基础,真正做到坏事变好事。同时,要健全几方协调机制,主动汇报,主动沟通,把工作做好。"

2003年9月17日,省政府副秘书长楼小东一行到丽水青田检查贯彻省委、省政府指示滩坑移民工作的落实情况。

2003 年 9 月 19 日，市委副书记、市长谢力群参加滩坑电站移民工作汇报会。

2003 年 9 月 22 日上午，市委、市政府召开专题会议，听取了滩坑电站群体性事件专案组工作情况汇报。

2003 年 9 月 23 日至 24 日，市委书记楼阳生深入到景宁县陈村乡、大顺乡、渤海镇、金钟乡、外舒乡、鹤溪镇等地调研，与镇、村干部和农民群众进行面对面的交流。

2003 年 9 月 29 日，陈加元副省长主持召开省滩坑水电站工程建设协调小组会议，专题研究滩坑水电站库区稳定，移民安置和工程建设等有关问题，会议议定科学合理安排工作时序，工程按推迟一个水平年的时间进度进行调整。

2003 年 10 月 13 日，市委副书记张成祖陪同省计委副主任吴华海一行到青田调研滩坑电站工程建设工作。

2003 年 10 月 14 日，市委副书记张成祖陪同省移民办主任钱国女一行调研。

2003 年 10 月 15 日，中共丽水市委、市人民政府专门就贯彻省委 7·23 专题会议精神向省委及习近平书记作书面汇报。

2003 年 10 月 20—28 日，市委副书记张成祖率市移民办、公安局等有关人员到青田县滩坑电站库区专题调研移民工作。

2003 年 10 月 28—29 日，市委书记楼阳生在市人大常委会副主任张福新、副市长肖建中的陪同下，到缙云县检查滩坑水电站移民安置点落实情况。

2003 年 11 月 5 日，滩坑水电站进场公路第 3、4、5 标段恢复施工。

2003 年 11 月 1—8 日，市委副书记张成祖在青田处理滩坑电站进场公路复工的各项工作，进场公路于 11 月 5 日正式复工。

2003 年 11 月 9—14 日，市委副书记张成祖率丽水代表团赴台州、宁波、绍兴、金华等市考察滩坑电站移民市外安置点工作。

2003 年 11 月 10—17 日，市政府考察团到台州、宁波、绍兴、金华进行安置点考察，张成祖、钱国女、金建新等领导参加。

2003 年 11 月 11 日，市委副书记焦光华参加青田县人大代表视察滩坑电站移民点活动。

2003 年 11 月 19—20 日，副省长陈加元率领省直有关部门负责人，到丽水调研滩坑水电站移民安置工作。张成祖、肖建中、金建新等陪同调研，楼阳生参加工作汇报会。

2003 年 11 月 20 日，陈加元副省长召集省有关部门的负责人，专题研究部署滩坑水电站工程建设前期准备和移民安置工作。

2003 年 12 月 9—11 日，市委副书记张成祖赴景宁县有关乡镇检查滩坑电站移民安置建设并听取景宁县有关工作汇报。

2003年12月15—16日，滩坑水电站移民安置实施规划和年度计划审查会在青田召开，省移民办主任钱国女、副主任吕志钢，华东勘测设计研究院副院长曹春江，市委副书记张成祖，市政府副市长肖建中等参加会议。会议审查通过了丽水市内滩坑水电站建设征地和移民安置实施规划及年度计划。

2004年1月5日，陈加元副省长主持召开滩坑水电站工程建设协调小组会议，专题研究2004年工程建设和移民安置的工作安排。

2004年1月5日，市委副书记张成祖在市政府副秘书长朱山华陪同下，到青田县滩坑移民工作指挥部听取近期青田移民工作汇报。

2004年1月17—18日，市委书记楼阳生在市委副书记张成祖、副市长金建新的陪同下，到青田县滩坑水电站库区调研并慰问库区困难群众和工作组人员，先后主持召开库区村干部和知名人士座谈会、工作片长座谈会，听取了青田县委、县政府的工作汇报。

2004年1月7日，全省滩坑移民安置工作会议在杭州召开，丽水、宁波、绍兴、金华、台州市移民主管部门负责人参加会议。

2004年1月17—18日，楼阳生、张成祖、金建新深入滩坑库区、移民安置点调研，并慰问工作在第一线的干部和库区贫困群众。

2004年1月19日上午，市委召开书记办公会议，楼阳生主持。会议听取了滩坑水电站移民工作情况汇报。

2004年2月3日，市委副书记张成祖到青田县滩坑移民工作指挥部检查落实工作，下午陪同陈加元副省长一行到青田县北山库区调研。

2004年2月3—4日，省政府副省长陈加元一行深入滩坑库区北山等地调研，市委副书记张成祖、市政府副市长金建新等陪同调研。

2004年2月4—5日，全市滩坑水电站移民工作会议召开，市及库区县四套班子领导、市直副处以上干部，有移民动迁安置任务的县（市、区）领导、乡镇领导参加会议，市委书记楼阳生讲话，副省长陈加元参加会议并讲话。

2004年2月16日，市委副书记张成祖参加景宁县滩坑移民工作会议并讲话。

2004年3月11—12日，市委副书记、代市长刘希平在副市长金建新、市政府秘书长李一深陪同下，先后到滩坑库区北山等地，油竹新区、船寮、高湖移民安置点调研。

2004年3月29日，滩坑移民工作领导小组会议召开，代市长刘希平、常务副市长吕子春、副市长华宣奎参加。

2004年4月9日，陈加元副省长一行到景宁调研指导滩坑移民工作。市委副书记、代市长刘希平向陈加元副省长汇报移民安置工作有关情况，市委副书记张成祖等一同参加。

2004 年 5 月 2 日，市长刘希平深入滩坑库区看望移民工作组干部和当地群众。

2004 年 5 月 21 日，陈加元副省长主持召开会议，专题研究滩坑水电站库区移民动迁安置的有关工作。

2004 年 5 月 24 日，市委副书记张成祖召集景宁县、莲都区有关领导协调滩坑移民工作。

2004 年 6 月 2 日，楼阳生、张成祖、金建新深入青田腊口石帆、船寮赤岩、温溪山根和江岱移民安置点调研，看望坝址及施工影响区已搬迁入住的移民群众。

2004 年 6 月 3 日，青田举行滩坑水电站坝址及施工影响区移民搬迁入住仪式，副市长金建新参加仪式。

2004 年 6 月 11 日，全省滩坑水电站移民工作会议在丽水召开。市长刘希平、副市长金建新参加。

2004 年 6 月 16 日上午，市委副书记张成祖在青田听取有关滩坑库区稳定工作、导流洞开工准备工作情况汇报。

2004 年 6 月 21 日上午，市委召开专题会议，楼阳生主持，刘希平、张成祖、华乃强等参加。会议听取了滩坑水电站移民工作情况汇报。

2004 年 6 月 29 日，省发改委副主任吴华海，省能源集团董事长孙永森、副总经理毛剑宏一行到滩坑水电站坝址就导流洞开工进行调研。

2004 年 7 月 1 日，滩坑水电站主体工程的一项控制性工程——电站导流洞正式开工建设。

2004 年 7 月 20 日，市委副书记张成祖到遂昌县协调遂昌、景宁两县有关滩坑移民安置工作。

2004 年 7 月 21 日，市长刘希平到滩坑水电站导流洞检查安全生产工作。

2004 年 7 月 23 日，滩坑库区北山镇校复建开工仪式在泉山村举行，标志着库区复建工作全面启动。市政府副秘书长、移民办主任朱山华出席开工仪式。

2004 年 7 月 27—29 日，市委副书记张成祖在青田、龙泉检查指导滩坑水电站工程及移民工作。

2004 年 8 月 3 日，省能源集团公司董事长孙永森，省发展与改革委员会副主任刘亭、吴华海一行到青田调研滩坑水电站工程建设及移民工作，市委常委、常务副市长吕子春等陪同。

2004 年 8 月 4—5 日，市委副书记张成祖在青田检查滩坑移民工作。4 日晚上，参加由省移民办主任钱国女主持召开的滩坑水电站移民工作座谈会。

2004 年 8 月 6 日，国家发政委发政能源〔2004〕1614 号文核准浙江瓯江滩坑水电站项目。

2004年9月10—17日，副市长金建新率市移民办及青田、景宁移民办负责人，到三峡库区湖北、重庆考察学习移民工作。

2004年9月27日，市委副书记张成祖在青田县北山镇检查滩坑移民工作。

2004年10月20日，在杭召开移民办主任例会，研究滩坑移民安置问题。

2004年10月8日，市委副书记张成祖陪同青田"海外乡贤金秋滩坑行"考察团一行到青田北山镇考察滩坑移民工作。下午，听取市移民办有关滩坑水电站主体工程开工典礼准备工作情况汇报。

2004年10月28—29日上午，市委副书记张成祖在市政府副秘书长朱山华陪同下到青田检查滩坑水电站主体工程开工准备工作。

2004年10月31日，滩坑水电站主体工程开工仪式在坝址隆重举行，省委书记、省人大常委会主任习近平，省长吕祖善，省人大办公厅、省政协办公厅发来贺电。副省长陈加元，市领导楼阳生、刘希平、施基城、张成祖、贾若忠、肖建中、金建新和省、市、县有关部门负责人及宁波、台州、绍兴、金华等市党政领导出席仪式。

2004年11月11日，部分全国、省、市人大代表在青田举行滩坑移民视察情况反馈会，市人大常委会副主任张福新、副市长金建新参加会议。

2004年11月24—25日，省委书记习近平在省委秘书长李强，省委副秘书长、农办主任王良仟，省移民办主任钱国女等陪同下，到青田考察调研滩坑水电站工程建设情况和移民工作，市领导楼阳生、刘希平、张成祖、陈钟、金建新等陪同。

2004年11月26日，全市滩坑移民建房现场会在松阳召开，市政府副秘书长、移民办主任朱山华主持会议，金建新副市长到会并讲话，有移民安置任务的县（市、区）分管领导和移民办主任参加会议。

2004年12月6日，杭州莲花宾馆召开滩坑有关问题协调会，省发改委副主任吴华海主持，副市长金建新及移民办、国土、财政、计委等有关部门负责人参加。

2004年12月6日，全省滩坑移民建房工作会议在杭州召开，省发改委副主任吴华海主持，省政府副秘书长徐震到会并讲话，各市（县、区）分管领导和移民办负责人参加会议。

2005年2月18日，四川省委副书记、常务副省长蒋巨峰，四川省委常委、政法委书记欧泽高一行到丽水考察移民工作，刘希平、金建新陪同。

2005年2月28日，省委副书记、省长吕祖善在副省长王永明的陪同下，率省相关部门领导视察滩坑水电站建设，楼阳生、刘希平、张成祖、吕子春、陈钟、金建新陪同。

2005年2月22—23日，全市滩坑水电站移民工作会议在丽水召开，刘希平、张成祖、金建新出席并讲话，各县（市、区）领导在会上作表态发言。

2005年2月25日，副省长陈加元率省交通厅、发改委、财政厅、移民办等相关部门领导一行来丽水青田考察调研滩坑水电站建设和移民工作情况，并看望、慰问移民群众，移民工作组干部和电站建设者。张成祖、金建新陪同。

2005年5月11日，全省滩坑水电站移民安置工作会议在龙泉召开。省移民办主任钱国女、副主任吕志钢及市领导金建新等出席会议。

2005年6月6日，省移民办主任钱国女及华东勘测设计研究院有关领导一行到青田、景宁调研移民工作。

2005年6月29日，省委办公厅副主任沈雪生率专题调研组，到滩坑库区调研移民工作。

2005年8月10—12日，省移民办主任钱国女一行到丽水调研第一水平年移民搬迁工作。

2005年10月13日上午，滩坑水电站工程顺利实现大江截流。从此，工程正式进入大坝主体施工阶段。

2005年12月24日上午，省政府在丽水隆重召开全省滩坑水电站移民工作暨表彰会议，对前阶段的滩坑移民工作进行总结和表彰，并对下阶段工作进行了全面部署。时任省委书记习近平就此专门作出重要批示，省委副书记、省长吕祖善代表省政府发来贺电。

（2006年1月，电站发电）

2006年1月16日，滩坑水电站第一水平年移民工作表彰大会暨迎春团拜会举行，省移民办副主任吕志钢、北海水力发电有限公司总经理朱永健、副市长金建新、市移民办主任朱山华及副县级以上领导出席。

2006年1月21日，市领导刘希平、金建新、吴炳全深入滩坑库区看望慰问移民干部和工程建设者，青田县委副书记叶沙平陪同。

2006年2月8日，市委、市政府召开滩坑水电站移民工作暨表彰大会，市委副书记、市长刘希平，副市长金建新参加。

2006年2月14—15日，省移民办主任钱国女到青田调研滩坑移民工作，青田县领导卢春中、叶沙平、刘志伟陪同。

2006年2月15日，副省长王永明深入滩坑库区调研移民工作，市县领导金建新、卢春中、邝平正、叶沙平、刘志伟陪同。

2006年3月1—2日，副市长金建新到青田调研滩坑移民工作，青田县领导卢春中、叶沙平、刘志伟陪同。

2006年3月2日，市委副书记张成祖到青田调研滩坑移民工作，县领导卢春中、叶沙平陪同。

2006年3月13日，副市长肖建中、金建新到滩坑坝址检查指导工程及移民防汛工作，青田副县长刘志伟陪同。

2006 年 4 月 8 日，市长刘希平、副市长肖建中一行到青田检查滩坑水电站防汛及全县防汛工作，县领导王通林、邝平正、叶沙平、刘志伟陪同。

2006 年 4 月 12 日，市委副书记张成祖到库区检查指导移民工作，并主持召开座谈会，青田县领导王通林、叶沙平、刘志伟参加座谈会。

2006 年 4 月 13 日，市委副书记张成祖到东源、高湖调研移民工作，青田县领导叶沙平陪同。

2006 年 4 月 17 日，省移民办主任钱国女一行在市移民办副主任张少荣、李献友的陪同下，到青田调研移民工作，县领导叶沙平、季力华、刘志伟陪同。

2006 年 5 月 10—11 日，副市长金建新在市移民办主任刘海明陪同下，到青田县检查指导移民工作，县领导王建林、叶沙平、刘志伟陪同。

2006 年 5 月 22 日，市委副书记张成祖在市移民办主任刘海明的陪同下，到青田检查指导移民工作，县领导王通林、叶沙平、刘志伟陪同。

2006 年 5 月 29—30 日，全省 2006 年第三次滩坑水电站移民工作例会上在青田县新金鹤大酒店二楼会议室召开。省移民办主任钱国女出席会议并作重要讲话，省移民办副主任吕志钢主持会议。

2006 年 6 月 1 日，市委书记楼阳生到青田县调研移民工作，市领导张成祖、王昌荣、金建新，县领导王通林、邝平正、叶沙平、季力华、刘志伟陪同。

2006 年 6 月 26 日，第四次滩坑水电站移民工作例会在青田县召开，水利部移民局副局长杨嘉隆、省移民办主任钱国女、省移民办副主任吕志钢、副市长金建新等领导出席会议，县领导邝平正、叶沙平、季力华、刘志伟参加。

2006 年 7 月 24 日，市委副书记张成祖、副市长金建新到滩坑库区检查指导移民工作，市政府副秘书长朱山华、市移民办主任刘海明、县委书记王通林、副县长刘志伟陪同。

2006 年 8 月 17 日，省委常委、组织部长斯鑫良，副省长王永明一行深入青田县下访接待群众，市、县领导张成祖、林天宁、叶朝丏、王通林、邝平正、叶水源、姚建峰等参加接访活动。

2006 年 9 月 6 日，市政府召开第 5 次市长办公会议。会议听取了全省职业教育工作会议贯彻情况汇报；通报滩坑水电站移民工作与完善大中型水库移民后期扶持政策情况；听取贯彻落实全省就业和社会保障工作会议情况汇报；研究暂停张建国执行职务有关事宜；听取全省应急管理工作会议情况汇报。会议由市委副书记、市长刘希平主持，副市长庄志清、刘秀兰、金建新参加。

2006 年 9 月 5 日，省移民办副主任吕志纲在市移民办副主任张少荣等有关领导的陪同下，到景宁县检查指导移民工作。郑力平、吴德政等县领导参加了此次检查活动。

2006年9月12—13日，市委副书记张成祖、副市长金建新在县领导王通林、叶沙平、叶青、季力华、刘志伟的陪同下，到青田县检查指导移民工作。

2006年9月28日，市长刘希平深入滩坑库区看望移民干部，并致以节日的问候，市、县领导金建新、王通林、叶沙平、季力华、刘志伟陪同。

2006年10月16日，全市完善大中型水库移民后期扶持政策工作会议召开，常务副市长沈仁康，副市长金建新参加。

2006年10月30日，副省长陈加元到青田县调研移民工作，市县领导张成祖、金建新、邝平正、叶沙平等陪同。

2006年11月6日，副市长金建新赴青田县滩坑水电站工程建设指挥部检查指导工作。市政府副秘书长朱山华、市移民办副主任张少荣陪同。

2006年11月22日，市委副书记张成祖到青田县滩坑水电站工程建设指挥部检查指导移民工作，副市长金建新，县领导王通林、叶沙平、叶群力等陪同。

2006年12月15日，省移民办副主任吕志钢率队的考核组到青田县对2006年度移民工作进行全面考核，县领导叶沙平出席考核汇报会。

2007年1月9日，市政府副市长金建新、市政府副秘书长朱山华一行到青田调研移民工作，县领导邝平正、叶群力陪同。

2007年2月11日，副市长金建新带领市府办、市移民办的工作人员到景宁县检查指导移民工作。

2007年3月2日，市委、市政府召开全市滩坑水电站移民工作会议。副市长金建新出席并讲话。

2007年3月7—8日，市委副书记、市长陈荣高到青田、景宁调研滩坑水库建设和库区移民工作。副市长叶朝丏、金建新，秘书长葛学斌陪同调研。

2007年3月27日，市委副书记张成祖到青田县调研移民工作，县领导邝平正、叶群力、陈特康、倪福标等陪同。同日，副书记张成祖带领市委副秘书长、政策研究室主任李华，市政府副秘书长朱山华等一行到景宁督查指导滩坑移民工作情况。景宁县领导武昌、钟昌明、郑力平、郭海光、江少伟、翁伟荣等参加督查。

2007年4月19日，市委副书记张成祖到青田县检查指导移民工作，县领导王通林、季力华、叶群力、倪福标参加汇报会。

2007年4月24日，省移民办主任钱国女一行到青田县检查指导移民工作，市移民办主任刘海明，副县长叶群力参加汇报会。

2007年4月25日，副省长王永明到青田县视察滩坑电站建设情况，市县领导楼阳生、陈荣高、王昌荣、王通林、季力华、杨雷、叶群力、倪福标陪同。

2007 年 5 月 10 日，丽水市委副书记张成祖、丽水市政府副市长金建新带领市委副秘书长洪锦木，市政府副秘书长朱山华，市移民办主任刘海明等一行莅景督查指导滩坑移民工作情况。县领导武昌、钟昌明、郑力平、周光洪、郭海光、翁伟荣等参加督查。

2007 年 5 月 11 日，市委副书记张成祖、副市长金建新到青田县专题调研移民和谐融入发展帮扶及稳定，市县领导洪锦木、朱山华、刘海明、张少荣、林远、王通林、邝平正、季力华、杨雷、叶群力、倪福标陪同。

2007 年 6 月 11—12 日，副市长金建新到青田县调研移民工作，市县领导朱山华、刘海明、叶群力、倪福标陪同。

2007 年 6 月 26—27 日，市委副书记、市长陈荣高，副市长金建新赴缙云、莲都、景宁、青田检查滩坑移民工作，秘书长葛学斌陪同。

2007 年 7 月 25 日，副市长叶朝丏、金建新到滩坑水电站检查指导库区交通复建项目工作。

2007 年 8 月 19 日，副市长叶朝丏到滩坑库区检查指导抗洪工作，青田县领导叶群力陪同。

2007 年 9 月 5 日，副省长陈加元到青田调研滩坑移民工作，县领导邝平正、叶群力参加汇报会。

2007 年 9 月 13 日，市委书记楼阳生到景宁县督查指导滩坑水电站移民工作。

2007 年 9 月 14 日，市委副书记张成祖到青田县调研滩坑水电站移民工作，市县领导洪锦木、朱山华、林远、叶群力陪同。

2007 年 10 月 22 日，省移民办主任钱国女到丽水调研移民工作，县领导叶群力参加汇报会。

2007 年 11 月 2 日，市委副书记张成祖在市委副秘书长洪锦木、市政府副秘书长朱山华及市移民办副主任张少荣等陪同下到景宁县调研指导移民工作。

2007 年 11 月 12 日，副市长金建新带领市府办、市移民办的工作人员到景宁县检查指导移民工作。

2007 年 12 月 1—2 日，省移民办主任钱国女到景宁、青田库区检查指导移民工作。

2007 年 12 月 11 日，副市长金建新带领市府办、市移民办的工作人员到景宁县检查指导移民工作。

2008 年 1 月 7 日，华东勘测设计研究院在我市召开滩坑水电站建设征地和移民安置补偿补助资金概算调整工作座谈会，市政府副市长金建新参加会议。

2008 年 1 月 10 日，全市滩坑水电站工程蓄水阶段移民验收工作会议召开，市政府副市长金建新就做好移民验收工作提出要求。

2008 年 1 月 11 日，市委书记办公会议听取滩坑移民工作汇报。

2008 年 1 月 16 日，市政府副市长金建新主持召开全市滩坑水电站工程蓄水阶段移民验收工作会议。

2008 年 1 月 16—18 日，市委副书记张成祖、副市长金建新带领市滩坑移民外迁安置工作回访组一行，赴绍兴、宁波、金华等滩坑移民市外安置地，考察滩坑移民安置工作，代表市委、市政府感谢三地一贯对丽水各项工作特别是滩坑移民安置工作的支持。

2008 年 1 月 20—22 日，市委副书记张成祖、市政府副市长金建新到省有关部门走访衔接工作。

2008 年 1 月 25 日，副省长陈加元到青田、景宁检查指导滩坑移民工作并看望慰问滩坑库区工程建设者和移民，市政府副市长金建新陪同。

2008 年 2 月 14—16 日，省滩坑水电站工程蓄水阶段移民验收委员会工作检查组到青田县、景宁县检查自（初）验工作实施和进展情况。

2008 年 2 月 25 日，滩坑移民工作领导小组会议召开，市领导陈荣高、张成祖、金建新参加会议并讲话。同日，全市滩坑水电站移民工作会议召开，市委副书记张成祖、省移民办主任钱国女出席会议并讲话，副市长金建新作工作报告。会议由市委常委、莲都区委书记陈瑞商主持。

2008 年 2 月 26 日，省移民办主任钱国女到莲都区、景宁县检查指导滩坑移民工作，市政府副市长金建新陪同。

2008 年 2 月 29 日，全省 2008 年第一次滩坑水电站工作例会在杭州召开。

2008 年 3 月 4—7 日，省滩坑水电站工程蓄水阶段移民验收委员会工作检查组到青田县、景宁县、莲都区检查自（初）验工作实施和进展情况，市政府副市长金建新陪同。

2008 年 3 月 18 日，丽水市滩坑水电站工程蓄水阶段移民验收委员会会议召开，审议通过了初步验收工作报告。

2008 年 3 月 21 日，全省滩坑水电站工程蓄水阶段移民验收专家组第二次全体成员会议在杭州召开。

2008 年 3 月 31 日，全省滩坑水电站工程蓄水阶段移民验收委员会会议在杭州召开，市政府副市长金建新参加。同日，省移民办副主任吕志钢到青田参加滩坑水电站工程蓄水验收预评审会。

2008 年 4 月 1 日，滩坑水电站工程征地移民调整概算预审会在北京川电宾馆召开。

2008 年 4 月 11 日，滩坑水电站工程蓄水验收会议在杭州召开。

2008 年 4 月 17 日，市委副书记张成祖、市政府副市长金建新到景宁调研滩坑水电站蓄水前有关工作。

2008 年 4 月 18 日，省移民办主任钱国女到青田县检查指导滩坑移民工作，市委副书记张成祖、市政府副市长金建新陪同。

2008 年 4 月 29 日，滩坑水电站工程下闸蓄水。省委副书记、省长吕祖善宣布下闸蓄水，副省长陈加元、市委书记陈荣高分别致辞，市委副书记卢子跃主持蓄水仪式。省民政、财政、水利、发改、公安、国土、交通、林业等部门及省移民办、电力、能源集团公司主要及相关负责人等出席蓄水仪式。市领导焦光华、施基城、张成祖、陈钟、王昌荣、金建新出席蓄水仪式。

2008 年 4 月 30 日，滩坑水电站工程建设征地及移民安置用地报批协调会在杭州召开。

2008 年 5 月 8 日，市政府副市长沈仁康主持召开滩坑水电站土地报批协调会。

2008 年 5 月 20—22 日，市委副书记、代市长卢子跃沿景宁库区蓄水水位线查看蓄水后情况，并先后赴景宁县、青田县开展调研。

2008 年 6 月 11 日，市委书记陈荣高在市委副书记、宣传部长虞红鸣，市委常委、市委秘书长王昌荣，副市长陈建波等领导的陪同下到青田、景宁调研滩坑水电站蓄水后工作和检查指导防汛工作。

2008 年 6 月 17—18 日，全省滩坑第 20 次工作例会在青田召开，省移民办主任钱国女，副市长金建新参加会议。

2008 年 7 月 1 日，省人大常委会副主任冯明到滩坑库区检查指导工作。

2008 年 7 月 9—10 日，在丽省人大代表视察滩坑工作，市政府副市长金建新陪同。

2008 年 7 月 31 日，省移民办主任钱国女到我市听取移民稳定工作情况汇报，并召开滩坑水电站农村移民人口核定会议。

2008 年 8 月 1 日，省移民办主任钱国女到景宁调研指导移民工作。

参考文献

［1］迈克尔·M.塞尼著，水库移民经济研究中心编译：《移民·重建·发展——世界银行移民政策与经验研究（二）》，南京：河海大学出版社1998年版。

［2］罗晓梅、刘福银：《重庆移民实践对中国特色移民理论的新贡献》，重庆：重庆出版社2004年版。

［3］《滩坑纪实》编委会编：《滩坑纪实》（内部资料），2008年。

［4］郭杭生：《滩坑日记》，北京：中国民族摄影艺术出版社2005年版。

［5］贾永飞、施国庆：《水库移民安置人口优化配置》，北京：社会科学文献出版社2012年版。

［6］冷梦：《黄河大移民》，广州：南方日报出版社2011年版。

［7］廖蔚：《水库移民经济论》，北京：中国财政经济出版社2006年版。

［8］岳非丘：《安民为天——三峡工程百万移民的历史启示》，重庆：重庆出版社2009年版。

［9］中共中央宣传部编：《百万移民感动中国：三峡移民精神颂》，北京：学习出版社2006年版。

［10］沈月琴、吴韵琴：《滩坑库区发展战略研究》，北京：中国农业出版社2008年版。

［11］王骏：《开发性移民方针提出的实践意义和理论价值》，《新视野》2003年第4期。

［12］王骏：《开发性移民方针的提出与移民经济的发展》，《重庆大学学报》（社会科学版）2002年3期。

［13］石智雷、杨云彦：《非自愿移民经济恢复的影响因素分析——三峡库区与丹江口库区移民比较研究》，《人口研究》2009年第1期。

［14］严登才、施国庆：《农村水库移民贫困成因与应对策略分析》，《水利发展研究》2012年第2期。

［15］许佳君、彭娟等：《三峡外迁移民与浙江安置区的社会整合现状研究》，《西南民族大学学报》（人文社科版）2006年第7期。

[16] 伊庆山、施国庆等：《水利水电工程移民社会管理研究——基于诉求组织化表达的视角》，《西北人口》2013 年第 1 期。

[17] 桑敏兰：《宁夏生态移民与城镇化发展研究》，《西北人口》2005 年第 1 期。

[18] 杨文健、朱立丽等：《中国水库农村移民人力资源开发战略研究》，《经济问题探索》2004 年第 9 期。

[19] 汪雁、风笑天：《三峡外迁移民的社区归属感研究》，《上海社会科学院学术季刊》2001 年第 2 期。

[20] 郑瑞强、张春美：《水库移民主观能动性的培养与开发》，《中国水能及电气化》2011 年第 7 期。

[21] 李天碧、张绍山：《我国水库移民政策与实践》，《中国水利》2001 年第 5 期。

[22] 胡宝柱、谢怡然等：《水库移民社区安置模式探讨》，《人民黄河》2012 年第 12 期。

[23] 陈纯柱：《重庆移民实践与中国特色移民理论的创新》，《重庆三峡学院学报》2003 年第 4 期。

[24] 张莹：《基层党建工作在移民稳定发展中的作用》，《河南水利与南水北调》2013 年第 17 期。

[25] 龚益鸣、姚乐：《水库移民文化与新农村文化建设——基于南水北调丹江口水库移民迁入安置地的调研》，《当代经济》2012 年第 21 期。

[26] 李童航、毛子明：《水利水电工程移民补偿探究》，《科技创业家》2011 年第 11 期。

[27] 肖建中、朱显岳等：《库区留置农民经济贫困成因与创业创新分析——以丽水为个案》，《农村改革与发展》2009 年第 8 期。

[28] 张春：《马克思哲学视域下的人的能动性探析》，《内蒙古农业大学学报》（社会科学版）2011 年第 2 期。

[29] 胡宝柱、苏雨艳等：《水库移民中弱势群体后期扶持研究》，《安徽农业科学》2012 年第 34 期。

[30] 陈纯柱：《论移民主体认知状态的转化》，《重庆邮电学院学报》（社会科学版）2004 年第 1 期。

[31] 沈雪生、王峰等：《用心工作 用情服务——滩坑电站移民工作情况调查》，《今日浙江》2005 年第 16 期。

[32] 何永彬：《绿色经济的持续发展导向与保山绿色经济实证分析》，《保山学院学报》2012 年第 1 期。

[33] 喻婷婷：《论后移民时代三峡移民的生活融入与文化认同》，《现代商贸工业》2010 年第 9 期。

［34］翟月玲：《弱势群体存在的深层原因分析》，《山东省农业管理干部学院学报》2010 年第 1 期。

［35］王其迈、姜文娅：《从冲突走向合作政府与民众的利益关系解析——以浙江省青田县滩坑移民为例》，《学理论》2009 年第 12 期。

［36］卢春中：《我们是这样做好移民工作的》，《浙江经济》2005 年第 11 期。

［37］刘光、李明等：《水库移民人力资源规划探讨》，《山东省农业管理干部学院学报》2009 年第 5 期。

［38］刘英：《人力资源开发的路径探究》，《榆林学院学报》2006 年第 5 期。

［39］李炯光：《三峡库区产业结构的现状、问题和调整对策》，《经济与社会发展》2006 年第 7 期。

［40］张祝平：《社会支持与社会融合：水库工程和谐移民实证研究——以浙江丽水市为例》，《南京人口管理干部学院学报》2013 年第 3 期。

［41］张祝平：《经济后发达地区水库移民城镇化问题探讨——以浙江丽水市为例》，《广西大学学报》（哲学社会科学版）2014 年第 3 期。

［42］张平、刘宜霞等：《水库移民生产生活恢复状况的测度研究》，中国水力发电工程学会水库经济专业委员会：《水库经济论文集》，2003 年。

［43］金鹏：《水利工程移民管理中的政府职能定位研究》，河海大学硕士学位论文，2004 年。

［44］罗军：《大（中）型水库移民长效补偿与安置机制研究——以金沙江中游"16118 移民安置方式"为例》，云南大学硕士学位论文，2011 年。

［45］黄毅：《三峡库区移民迁校后学校存在的问题研究——以重庆市云阳县为个案》，西南师范大学硕士学位论文，2005 年。

［46］浙江大学课题组：《丽水市千峡湖区域发展总体规划》，2011 年。

［47］《丽水市国民经济和社会发展第十二个五年（2011—2015 年）规划纲要》。

后　记

　　大规模群体性非自愿移民一直是世界公认的重大难题，尤其是大中型水库工程建设移民，在非自愿移民中所占比例较高，并直接涉及辖区的生态环境再造、当地居民的社会关系重组以及相关的切身利益，其工作任务的复杂性、艰巨性和长期性，历来为国内外政府所重视。我们对水库移民问题的关注由来已久，一是由于成长的村庄是移民村，居住着大量的新安江水库移民；二是长期从事农村社会调查研究，与各时期的水库移民（作为乡村社会农民群体的重要组织部分）也有大量的接触。而最触动我们的还是童禅福先生所著《国家特别行动：新安江大移民》一书，阅读此书后使我们确实有该为这一群体做点什么的冲动。2011年以来，我们连续承接了几项有关浙西南地区水库移民社会融入、生产扶持、新型城镇化与移民区社会建设方面的课题，加深了对水库移民和移民问题的认识和理解。

　　滩坑水电站工程位于浙西南山区，是浙江省五大百亿脱贫工程之一，政府的移民工作实践有诸多的创新，既坚持了国家开发性移民的工作方针，又有对开发性移民方针的实践发展和理论丰富。编写本书的目的主要是想对浙江省特别是浙西南地区水库移民工作的政府创新实践进行一些梳理，书作本身并没什么理论创新，无非是希望通过对这一重大民生工程实践的尽量充分的资料收集和整理，更加充分地展现工程建设中移民工作的整个过程，发挥一点历史资料的作用，也或可为后来的移民工作提供一点借鉴。在本书的编写过程中，我们组织课题组深入库区和移民迁入地，进行了较为广泛深入的调查访谈，增加了更多直观的感性的认识，也搜集了大量的资料，如移民干部工作日记、移民户生产发展和移民区产业开发的个案，以及工程启动实施中的一些政策文件等，全省各地特别是丽水市的移民干部为调查工作和本书的编写提供了大量的支持和帮助，提供的大量资料（包括已内部发行工作文稿、规划、总结、会议通稿、讲话稿、体会文章等）为本书所采纳；同时，本书在编写过程中也参考引用了业内学者的大量相关研究成果，在此一并致谢！或有因引用、采纳而未一一标明之疏漏，也望能见谅。

　　参加本书调研、资料采集和编写工作的还有杭州社会科学院的陈明鑫助理研究员、沈芬助理研究员，嘉兴市委党校楼海波老师，浙江工商大学硕士研究生黄益飞等。其中沈芬、黄益飞承担第一编的编写任务，陈明鑫承担第二编的编写任务，楼海波承担第三编的编写任务。浙江师范大学硕士研究生曾方对本书的编写亦有贡献。

感谢杭州社会科学院提供出版资金支持！感谢暨南大学出版社陈绪泉编辑为本书的出版付出的努力！

作 者

2017 年 3 月